本书获得北京科技大学校级规划教材一般项目（2022JCB020）、

北京市社会科学基金规划项目（23GLB022）资助

投资行为学

王未卿　刘　澄　孙　峰　主编

刘祥东　刘慧园　汪刘凯　副主编

INVESTMENT
BEHAVIOR

经济管理出版社

ECONOMY & MANAGEMENT PUBLISHING HOUSE

图书在版编目（CIP）数据

投资行为学 / 王未卿，刘澄，孙峰主编 . -- 北京 ：
经济管理出版社，2025. -- ISBN 978-7-5243-0235-3

Ⅰ . F830. 59

中国国家版本馆 CIP 数据核字第 2025YB6859 号

组稿编辑：杨　雪
责任编辑：杨　雪
助理编辑：付姝怡
责任印制：许　艳
责任校对：蔡晓臻

出版发行：经济管理出版社
　　　　　（北京市海淀区北蜂窝 8 号中雅大厦 A 座 11 层　100038）
网　　　址：www. E-mp. com. cn
电　　　话：（010）51915602
印　　　刷：北京晨旭印刷厂
经　　　销：新华书店
开　　　本：787mm×1092mm/16
印　　　张：18. 75
字　　　数：442 千字
版　　　次：2025 年 5 月第 1 版　　2025 年 5 月第 1 次印刷
书　　　号：ISBN 978-7-5243-0235-3
定　　　价：68. 00 元

· 版权所有　翻印必究 ·
凡购本社图书，如有印装错误，由本社发行部负责调换。
联系地址：北京市海淀区北蜂窝 8 号中雅大厦 11 层
电话：（010）68022974　　邮编：100038

前　言

投资行为学作为一门新兴学科，突破了传统金融理论只注重最优决策模型的局限，以人们的实际决策心理为出发点，融合了心理学、行为学、金融学等多个领域的知识，通过对投资者的投资行为特征进行深入分析，揭示了投资者在复杂多变的金融市场中如何做出决策，并探讨这些决策背后的心理机制和行为规律，为投资者避免投资决策失误、制定正确的风险控制措施和投资策略提供理论和实践指导。

鉴于此，本书通过对投资者行为进行全面、系统的介绍和阐述，希望能为发展投资理论、进行有效的投资决策提供有益的借鉴。

本书包括导论和六章内容。

导论部分对投资行为学的研究范围做出了科学界定，介绍了投资者的不同分类和测定投资者属性的方法。

第一章介绍投资行为学的理论基础，主要对行为经济学、行为金融学中的相关理论进行了集中阐述，在此基础上简要介绍了几种基于投资行为学的投资策略在实际中的应用，这一章是全书的理论基础。

第二章对个人投资者投资行为进行分析，主要介绍了个人投资者的投资行为特征，总结了投资者存在的行为偏差，分析了投资方法和投资策略，以及相应的风险控制，重点介绍了投资行为偏差和投资策略。

第三章对证券公司投资行为进行分析，重点分析了证券公司的投资行为特征、投资过程中存在的理念及行为偏差，介绍了证券公司的投资策略和几种典型的操作手法。

第四章对基金投资行为进行分析，在对基金投资行为特征总结的基础上，重点分析了私募基金、证券投资基金、社保基金的投资行为，结合各自的投资行为特征、选股持股特征，简要总结了相应的投资策略与风险控制措施。

第五章对其他机构投资者的投资行为进行分析，分别对合格境内机构投资者（QDII）、合格境外机构投资者（QFII）、保险公司及主力机构投资者的投资机构行为特征进行了总结，阐述了相应的投资策略和风险控制措施，重点讨论了庄家的投资策略和炒作手法。

第六章阐述投资行为操作方法，介绍了投资者应具备的心理素质，分析了不同市场阶段的投资策略与操作方法。

本书具有以下几点鲜明的特征：

一是实用性。本书在体系设计、内容取舍、行文方式等方面都试图突出实用性特色，不仅可供教学使用，并且可用于指导投资者实践。通过大量翔实的案例分析，引导读者快速掌握投资行为分析的精髓，提高投资决策的有效性。

二是全面性。以实用性为主线，本书几乎囊括了投资行为领域的全部内容，涵盖投资行为理论与投资操作实践，包括对证券公司、基金、机构投资者和个人投资者的投资行为分析，系统总结了普遍存在的投资行为偏差，并给出了相应的投资策略和风险控制方法。本教程通过简洁明晰的阐释为学生提供了投资行为研究的全景概览。

三是知识性。本教程通过案例、专栏等形式为读者提供了大量投资行为分析领域的背景知识，一方面可以激发读者对投资行为学的学习兴趣，另一方面可以为提高读者分析解决问题的能力提供相应的知识储备。

本书第一版于 2012 年出版。编者根据最近 10 多年来的教学反馈，结合最新的行为金融理论和实践的发展，历经 6 年修订而成。参与修订的有王未卿、刘澄、刘慧园、刘祥东、汪刘凯、孙峰等，全书由王未卿、刘澄统稿。

受编者水平所限，书中错误和遗漏在所难免，恳请读者批评指正。

刘澄

2024 年 4 月于北京

目　录

导　论

学习目标

- 了解投资者分类；
- 了解投资行为学的概念；
- 了解投资行为学的研究范围和研究方法。

一、投资行为学概念

投资行为学是以心理学、行为学为基础，以人们的实际决策心理为出发点，通过对投资者的投资行为特征进行研究，为投资者避免投资决策失误、制定正确的风险控制措施、提供投资策略理论和实践指导的一门学问。它注重投资者决策心理的多变性，突破了现代投资理论只注重最优决策模型，简单地认为理性投资决策模型就是决定证券市场价格变化的实际投资决策模型的假设，使人们对金融市场投资者行为的研究由"应该怎么做决策"转变为"实际是怎样做决策"，研究结论更接近实际。

二、投资行为学研究范围及研究方法

投资行为学的研究范围比较广泛，具体研究投资心理、投资理念、投资者行为特征、投资策略等。

（一）投资心理

投资心理是投资者在投资过程中所表现和经历的心理活动。由于受教育程度、出身、社会环境的不同，投资者之间心理活动的差异可以通过投资行为外显出来。

（二）投资理念

投资理念是投资者对投资、市场、风险、理论知识等方面所形成的明确的、较为固定的看法。投资理念对投资方法和投资策略具有显著的影响。有什么样的投资理念，就决定了投资者根据自身的能力和条件主要所采取的投资方法，再结合不同的市场环境就形成了不同的投资策略。对投资和投机的区分、对市场和投资者自身的了解、对证券投资理论的学习、对证券市场历史的认识均是投资理念形成的基础。

投资理念按不同的标准可以分为不同的种类。

1. 价值投资与价格博弈

相信证券具有内在价值且价格围绕价值波动的人，其投资理念就是价值投资，在市场价格低于内在价值时买入，在价格高于其内在价值时卖出。如沃伦·巴菲特、彼得·林奇就是价值投资理念最著名的实践者。

价格博弈是与价值投资相对应的投资理念，价格博弈者把交易看成一场游戏，不断低买高卖，以获得满意的价差收益。他们不在乎证券本身是否有价值。

2. 积极主动投资与消极被动投资

投资是否积极主动，主要是指投资理念，有时也指投资策略和投资方法。相信自己能够战胜市场的投资者就会积极主动投资，通过各种方式去了解、分析证券，采取自己认为最合适的交易行为，以获得最大的利益。如果认为自己不能战胜市场的投资者就会消极被动投资，如采取指数化的组合投资或购买指数基金。

3. 长期投资与短期投资

长期投资是指不准备在一年或长于一年的经营周期之内转变为现金的投资。

短期投资是指持有各种能够随时变现、时间不超过一年的有价证券以及不超过一年的其他投资。短期投资的变现能力非常强。

上述三种对投资理念的分类是可以交叉的，比如价值投资一般是积极主动投资者，既可以是长期投资者，也可能是短期投资者；积极主动投资者也可能是价格博弈者；长期投资并不等同于消极被动投资，既可以积极主动，也可以消极被动。

（三）投资行为特征

投资者在投资活动中外显出的各种行为表现可概括为投资行为特征。

（四）投资策略

1. 投资策略

投资策略是基于不同投资哲学和理念，结合不同时期市场背景的具体投资模式。

实践中，一般存在以下投资策略：

（1）相信价值投资哲学的投资者必然以投资低市盈率和低市净率的价值低估股作为主要投资策略。

（2）相信成长型投资哲学的机构必然以投资业绩增长股票作为主要投资策略。

（3）噪声交易者必然倾向于短线投资。

（4）技术分析学派会以技术指标和图表模型为参照进行投资。

（5）相信随机游走理论的投资者会选择复制指数或购买指数基金进行投资。

（6）相信数理模型的投资者按照资产定价模型的组合进行投资。

（7）对市场判断为牛市的投资者必然选择买入并持有的策略。

（8）认为市场是平衡市的投资者必然选择波段操作策略。

（9）将市场定性为熊市的投资者肯定会选择短期套利策略等。

2. 资产配置策略

资产配置策略分为以下四种：

（1）买入并持有策略。这种策略在确定恰当的资产配置比例、构造投资组合后，在较长的持有期内不改变资产配置状态，属于消极性的长期再平衡方式，适用于有长期计划水平并满足于战略性资产配置的投资者。这种策略可以分享由于股票市场价值不断上升所带来的收益，且投资股票市场的比例越高，股票市场优于其他市场时，该策略的业绩越好。

（2）恒定混合策略。保持投资组合中各类资产的固定比例，当股票价格相对其他资产上升时，则需要卖出股票并且再投资于其他资产，从而保持投资组合的构成比例不变。

这种策略适用于风险承受能力较稳定的投资者，在市场处于震荡、波动状态时，可能会优于买入并持有策略。

（3）投资组合保险策略。将一部分资金投资于无风险资产从而保证资产组合的价值不低于某个最低值的前提下，将其余资金投资于风险资产并随市场的变动调整风险资产和无风险资产的比例，从而不放弃资产升值潜力的一种动态调整策略。当风险资产收益率上升时，风险资产的投资比例随之上升。当股票市场上涨时提高股票投资比例，反之则降低投资比例。

（4）战术性资产配置策略。根据资本市场环境及经济条件对资产配置状态进行动态调整，从而增加投资组合价值的积极策略。

3. 股票投资策略

股票交易所采用的投资模式与方法，具体可分为以下类型：

（1）消极的股票投资策略。包括买入并持有策略和指数法。买入并持有策略非常简单，就是按照某种标准购买一组股票并在投资期内一直持有这些股票。一旦投资组合确定了就不再发生积极的股票买入和卖出行为。

指数法是另一种消极投资策略，通过跟踪某个股票指数的构成进行组合投资，或者直接购买指数基金。指数基金属于非时机抉择性的投资策略，一旦构成组合就很少调整，其目的就是获取市场平均收益率。

（2）以技术分析为基础的积极投资策略。以股票市场价格与成交量为基础开发一系列交易规则，不考虑除市场交易数据以外的任何其他因素，其首要原则就是预测股票的供求变化并根据预期的变化进行股票选择。目前，纯粹依靠技术分析的投资策略在机构投资者中很少采用，而是结合其他分析方法被广泛采用，如作为基本分析的辅助手段进行买卖时机抉择。以技术分析为基础的投资策略属于积极投资。

（3）以基本分析为基础的积极投资策略。这类策略构成了当今投资策略的主体。具体包括：

1）价值策略。投资者购买股票主要是为了获取现金股利。市盈率、市净率、市销率、股息率、价格现金流比率等指标都是价值投资策略中的工具。

2）增长策略。增长策略投资者认为上市公司主营业务和利润的增长意味着股价的上升，购买股票的目的是获得资本利得（价差），而非红利。成长型投资者将行业公司调研预测上市公司未来收益作为股票投资的主要依据。增长策略通常关注的指标有每股收益的增长率、销售利润率、净资产收益率等。

3）市场中立多空策略。投资者分析单个股票的期望收益率，并划分为"高期望收益率股票"和"低期望收益率股票"，投资者可以购买高期望收益率股票、卖出低期望收益率股票，或在购买高期望收益率股票的同时卖出低期望收益率股票。

4）市场异常策略。有历史统计数据表明，一些投资策略曾经创造了较高的超常收益，如小公司效应、被忽视的公司效应、日立效应等。

5）风格管理组合。不同的风格管理是一些投资策略的统称，比如根据 P/B 的高低可以将股票分为增长型和价值型，不同的投资者可能偏向于投资其中的一类。除此之外，根据股本或市值的大小可以分为大盘股或小盘股；根据行业的周期性可以将股票分为周期型、防御型和增长型股票等。

6）意料外收益。这种策略认为具有正的意料外收益的股票往往可以获取超常收益，于是投资者将其主要精力放在识别这类股票上，这也正是这种策略实施的难点所在。

7）重估净资产。将企业账面的资产与负债按照市场价值进行重估，得到企业的真实价值，从而作为判断股票价格高低的依据。

8）经济增加值。此指标以企业的经营利润与资本成本之间的差额来表示，而常规的会计利润没有考虑股本的成本。经济增加值越高的公司为股东创造的实际价值越大，越值得投资。

（五）投资行为学研究方法

投资行为学的研究结论主要通过实证研究、实验研究获得。具体研究方法包括：现场实验、计算机模拟、对大脑思维进行跟踪等。

三、投资者分类

（一）按投资主体性质分类

1. 个人投资者

以自然人身份从事股票买卖的投资者，一般称为散户。其数量多而资金量小，投资行为非理性较机构投资者更加明显。

2. 机构投资者

从广义上讲是指用自有资金或者从分散的公众手中筹集的资金专门进行有价证券投资活动的法人机构，主要包括：以有价证券收益为其主要收入来源的证券公司、投资公司、保险公司、各种福利基金、养老基金及金融财团。其中最典型的机构投资者是专门从事有价证券投资的共同基金。

（二）按不同风险承受能力分类

1. 保守型投资者

在个性上，本能地抗拒冒险，不抱碰运气的侥幸心理，通常不愿意承受投资波动对心理的煎熬，追求稳定。其主要目标是保护本金不受损失和保持资产的流动性，希望投资收益极度稳定，不愿用高风险来换取收益，通常不太在意资金是否有较大增值。

2. 中庸保守型投资者

在个性上，不会很明显地害怕冒险，但承受风险的能力有限。稳定是重要考虑因素，希望投资在保证本金安全的基础上能有一些增值收入。希望投资有一定的收益，但常常因回避风险而最终不会采取任何行动。

3. 中庸型投资者

在个性上，有较高的追求目标，对风险有清醒的认识，但通常不会采取激进的办法去达到目标，总是在事情的两极之间找到相对妥协、均衡的方法，因而通常能缓慢但稳定地进步。渴望有较高的投资收益，但又不愿承受较大的风险；可以承受一定的投资波动，但是希望自己的投资风险小于市场的整体风险，希望投资收益长期、稳步地增长。

4. 中庸进取型投资者

在个性上，通常很有信心，具有很强的创造能力，知道自己要什么并甘于冒险去追求，但是通常也不会忘记给自己留条后路。专注于投资的长期增值，常会为提高投资收益而采取一些行动，并愿意为此承受较大的风险。

5. 进取型投资者

在个性上，非常自信，追求极度的成功，常常不留后路以激励自己向前，不惜冒失败的风险。高度追求资金的增值，愿意接受可能出现的大幅波动，以换取资金高成长的可能性。为了最大限度地获得资金增值，常常将大部分资金投入风险较高的品种。按不同风险承受能力分类的投资者如图 0-1 所示。

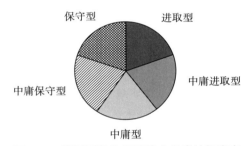

图 0-1　按不同风险承受能力分类的投资者

（三）按投资方法和模式分类

1. 价值投资者

他们主要依靠对公司财务表现的基础分析，找出市场价格低于其内在价值的股票。这种战略最早可以追溯到 20 世纪 30 年代，由哥伦比亚大学的本杰明·格雷厄姆和大卫·多德提出，最佳实践者当然是巴菲特。

2. 成长投资者

他们致力于寻找那些经营收益能够保证公司内在价值迅速增长的公司。著名投资者兼作家菲力浦·费舍尔在 20 世纪 50 年代最早采用这种价值投资战略的变种，麦哲伦基金经理彼得·林奇在 20 世纪 80 年代对其进行了大胆的扩展。

3. 指数投资者

他们通过购买股票来复制一个大的市场细分，如标准普尔 500 指数基金。先锋基金的创始人约翰·伯格在 20 世纪 80 年代推广了这种战略。

4. 技术投资者

他们采用各种图表收集市场的行为，以此来显示投资者预期是上升还是下降、市场趋势如何以及其他"动力"指标。这种战略被《投资者商业日报》的创始人威廉·奥尼尔所大力推崇，并在 20 世纪 90 年代末被人们广泛采用。

5. 组合投资者

他们明确知道自己能够承受的投资风险水平，并通过建立一个多元化的投资组合来承担这个风险水平。这个理论在 20 世纪 50 年代被提出，并在 70 年代被获得诺贝尔奖的经济学家所完善。20 世纪 70 年代初，这种战略因普林斯顿大学的经济学家伯顿·麦基尔的名著《漫步华尔街》而开始流行。

专栏 0-1	不同的投资者：投资大师彼得·林奇与乔治·索罗斯

彼得·林奇是富达公司的经理、投资领域的传奇人物，1977 年，他接管麦哲伦基金。到 1990 年时，麦哲伦基金的总规模成长了 2700%，年复利增长 29.2%，换句话说，如果在 1977 年投资 1 万美元到该基金的话，到了 1990 年就可获得高达 27 万美元的回报。彼得·林奇取得如此辉煌的成就，使他被评为美国第一理财专家。

林奇的投资理念基本上是以价值为中心，他认为逻辑是股市投资时最有益的学问，虽然股市的走势经常完全不合逻辑。他比较注重对投资企业的价值量化评估，尽管他也看重企业非量化的内在价值，比如企业的管理能力进一步加强、企业的新产品推向市场等。

乔治·索罗斯与林奇的投资理念完全相反，索罗斯认为世界是不可知的，人类永远无法完全了解世界，在这种世界观的基础上，他提出了著名的反身性理论。反身性理论的内容主要是：参与者的思想与他们所参与的事态都不具有完全的独立性，两者之间相互作用、互相决定，不存在任何对称或对应，而且在政治、经济、历史等领域中，也普遍地存在着这样一种反身性的关联。

林奇和索罗斯都是非常出色、战绩赫赫的投资经理，在 20 世纪 90 年代初，索罗斯可能在业绩上稍逊于林奇，但林奇并不符合每一位投资人的胃口，对于那些想在短期内奇迹般复制钞票的投资人来说，索罗斯是他们最理想的选择。

AQR 资本管理公司研究报告《投资巨星》指出，乔治·索罗斯不仅是最早的一批对冲基金经理之一，而且可以说是有史以来最成功的对冲基金经理之一。他专注于全球宏观策略，尤其以外汇交易闻名。他最成功的基金之一——量子基金，最广为人知的战绩或许就是在 1992 年英国货币危机期间卖空英镑，并因此获利大约 10 亿美元，且为索罗斯赢得了"击垮英国央行的男人"的声誉。

索罗斯以发展繁荣/萧条周期和反身性理论而闻名，该理论基于价格与基本面之间的正负反馈（强调自我强化的正反馈的作用）。鉴于他对趋势和货币的关注，其"量子基金因子"包括：市场因子、趋势因子、货币（动量和价值因子）。相比索罗斯的投资策略，林奇的投资主要包括市场因子、市值因子、价值因子、动量因子、质量因子、低风险因子。

四、投资者行为属性测试

在成为投资者之前，需要了解自身素质是否可以从事高风险投资活动。

投资者投资行为属性测试是一个复杂而多维的过程，旨在评估投资者的投资行为特征、风险偏好、决策能力等关键属性。这一测试不仅有助于投资者自我认知，还能为金融机构提供个性化的投资服务依据。

（一）理论层面

1.理论基础

投资者行为属性测试的理论基础主要来源于行为金融学、心理学、决策科学等多个学科。这些学科通过研究投资者的心理机制、决策过程和行为模式，揭示了投资者在投资过程中的非理性行为和认知偏差，为测试投资者行为属性提供了坚实的理论支撑。

一是行为金融学，研究投资者在金融市场中的实际行为，揭示了投资者在决策过程中受到情绪、认知偏差等非理性因素的影响，导致其行为与经典金融理论预测的不一致。

二是心理学，特别是认知心理学和实验心理学，为研究投资者的心理机制、风险偏好和决策过程提供了理论支持。

三是决策科学，研究人类如何在复杂和不确定的环境下做出决策，对投资者在投资过程中的决策行为进行深入剖析。

2.测试方法与工具

（1）心理测评量表。心理测评量表，如修订的人格调查表 NEO-AC，通过评估投资者的严谨性、外向性、开放性、宜人性和神经质等人格特质，来预测其投资行为特征。高开放性或外倾性的投资者可能更愿意承担风险，而神经质得分低的投资者在投资中可能更冷静、理智。

心理学测评量表基于心理学理论和实证研究，通过标准化的测试流程，为投资者提供一个关于自身心理特征和行为倾向的全面了解，能够较为准确地揭示投资者的心理特征和行为倾向。

（2）模拟投资测试。利用模拟投资平台，让投资者在虚拟环境中进行投资决策，观察其投资行为特征和市场表现，从而直接评估其风险偏好。

模拟投资法能够模拟真实的投资环境，检验投资者的实际投资能力和风险偏好。

（3）投资者风险偏好量表。投资者风险偏好量表是一种用于评估个人或机构在投资活动中对风险的接受程度和偏好的工具。这些量表通常通过一系列问题来收集投资者的信息，进而量化其对不同类型风险的态度和偏好。风险偏好量表在金融市场、投资顾问服务以及个人理财规划中扮演着重要角色，帮助投资者更清晰地了解自己的风险承受能力，从而做出更合理的投资决策。

通过编制专门的量表，采用文献回顾、开放式访谈等方法形成预测量表，并对被试数据进行信度分析及测量恒等性检验，最终得到正式量表。该量表能够直接测量投资者在不同方面的风险偏好特性，包括截面上的风险偏好、时间序列上的风险偏好以及主观折现偏好等，进而为其提供相应的投资建议。

（4）风险偏好测试表。这类测试表通常包含一系列与投资决策相关的场景或问题，通过投资者的回答来评估其风险偏好。例如，通过询问投资者在面对投资亏损或盈利时的反应、对高风险高收益投资项目的态度等问题，来量化其风险偏好程度。

随着互联网技术的发展，越来越多的在线风险偏好测试工具应运而生。这些工具通常以简洁明了的界面和操作流程吸引用户参与测试，并通过大数据分析和人工智能技术为用户提供实时的风险偏好评估结果。虽然这些在线工具的准确性和专业性可能因平台而异，但它们为投资者提供了一种便捷、快速了解自身风险偏好的途径。

（5）风险决策偏好测试。这类测试专注于研究个体在不确定性条件下的风险决策偏好，通过设计一系列与财务、健康、社交等方面相关的特定行为项目，来评估投资者在面对不同风险和收益情况下的偏好程度。

（6）行为实验。利用实验经济学的方法，设计一系列投资决策情景，测试投资者在信息不完全、时间紧迫等情况下的决策速度和准确性，以揭示其内在的心理机制和决策逻辑，评估其投资决策的理性程度。

行为实验法通过实验手段控制变量，能够更精确地研究投资者的行为属性。

不同的测试方法适用于不同类型的投资者和不同的测试目的，在实际应用中需要根据具体情况选择合适的测试方法。

测试结果的准确性和可靠性也受到多种因素的影响，如问卷设计的合理性、投资者的诚实程度、实验环境的控制等，导致评估结果存在一定的偏差。

（二）实践层面

1. 测试流程

（1）问卷调查。通过设计科学合理的问卷，收集投资者的基本信息、投资经验、风险偏好（对潜在亏损的容忍度）、决策风格、预期的投资回报率、投资期限等方面的数据。

问卷调查法是一种常用的、直接的数据收集方式，能够系统地获取投资者的多项行为属性信息。

（2）数据分析。通过分析投资者过去的交易记录、盈利率、投资品种等数据，评估其投资行为模式和决策过程。数据分析法依赖于大量历史数据，能够客观地反映投资者的投资行为和绩效。

2. 测试结果应用

（1）个性化投资服务。根据投资者的行为属性测试结果，为其量身定制投资方案和服务，提高投资满意度和成功率。

（2）风险管理与控制。针对高风险偏好的投资者，加强风险教育和管理，引导其理性投资；对低风险偏好的投资者，则提供更为稳健的投资选择。

（3）投资者教育。通过测试结果反馈和投资者教育课程，帮助投资者了解自身投资行为特征，提升投资决策的科学性和合理性。

3.注意事项

（1）测试的科学性和公正性。确保测试工具和方法具有科学性和公正性，避免主观偏见和误导性信息。

（2）投资者的自我认知。引导投资者正确认识自身投资行为属性，避免盲目自信和过度乐观或过度悲观影响投资决策。

（3）持续跟踪与评估。投资者行为属性并非一成不变，需要持续跟踪和评估其变化情况，及时调整投资策略和服务方案。

总之，投资者投资行为属性测试是一个理论与实践相结合的过程，旨在通过科学的方法和工具评估投资者的投资行为特征、风险偏好和决策能力等关键属性，为金融机构提供个性化的投资服务依据。同时，投资者应积极参与测试并正确认识自身投资行为属性，以提升投资决策的科学性和合理性。

（三）投资意向测试

投资是既令人神往又充满风险的活动。很多人常被投资困惑，想知道自己是否有发财的潜能，那就要通过投资意向测试来了解自己是否适合做投资者。

投资意向测试一般包含以下问题：

（1）你是否意识到投资对不同的人来说意义不同？

（2）你是否意识到没有一个人能通晓所有的投资项目？

（3）你是否认识到一个人可能会说某种投资是会盈利的，而另一个人可能会说同一种投资很糟糕，而这两种观点都有确凿的证据？

（4）你想以开放的心态来学习投资、虚心听取有关投资的不同观点吗？

（5）你是否意识到致力于特定的产品或程序并不一定就是在投资？

（6）你是否意识到对别人有好处的投资项目对你可能毫无益处？

如果你对上述问题的否定答案超过4个，则说明你还没有从思想上做好成为一名投资者的准备，对别人来说成功的投资活动并不一定适合自己。

专栏0-2　你做好当投资者的思想准备了吗？

J.P.摩根有个朋友曾经问他："我买了股票以后，天天睡不着。"J.P.摩根回答："把股票卖掉，直到你能睡着为止。"

（四）风险素质测试

该项测试主要了解自己是否具备承受风险的能力。

一般进行风险素质测试需回答以下问题：

1.请描述一下您选择投资的最主要原因。

（A）应付通货膨胀的压力　　　　　（B）增加目前收入

（C）实现资本增值　　　　　　　　（D）资本增值和未来收入的增加

2.假设您的工作收入可以选择固定薪水和佣金提成，或者说是两者的混合，您会如何选择？

（A）全部是固定薪水　　　　　　（B）主要是固定薪水

（C）固定薪水和佣金提成各占一半　（D）主要是佣金提成

（E）全部是佣金提成

3. 您是否有过投资股票、基金和债券的经历？

（A）没有　　　　　　　　　　　（B）有，但是少于 3 年

（C）有，在 3~5 年　　　　　　　（D）有，超过 5 年

4. 当您做出一个较大的投资决定之后，您通常的感受是什么？

（A）十分悲观　　　　　　　　　（B）有点悲观

（C）有点乐观　　　　　　　　　（D）十分乐观

5. 某百货公司正在进行打折销售，满 5000 元才会有折扣，您会：

（A）完全不会心动　　　　　　　（B）视有没有合适的产品而定

（C）赶快凑到 5000 元，才能有折扣

6. 如果有人给您内幕消息，某股票即将大涨，您会：

（A）哪有这么好的事情，才不上当　（B）找出股票走势图，看看是否值得买入

（C）赶快凑钱买入，等待暴涨的刺激

7. 如果朋友向你借钱，您会：

（A）通常不会借钱给人

（B）先问借钱的动机，然后考虑自己方便不方便

（C）有的话就借，即使手头不宽裕也会帮他想办法

8. 您希望多长时间您的投资开始盈利？换句话说，您的投资期限一般是多长？

（A）少于 1 年　　　　　　　　　（B）1~4 年

（C）4~6 年　　　　　　　　　　（D）6~8 年

（E）超过 8 年

在上述问题中，每题的问答按顺序赋予 1~5 分。

如果你回答的得分超过 10 分，说明你已经具备了一定的风险承受能力，可以从事适当的投资活动了。

（五）风险偏好测试

该项测试主要了解自己的风险偏好。

一般进行风险偏好测试需回答以下问题：

1. 你进行一项投资，在一个月后跌去了 15% 的总价值。假设该投资的其他任何基本面要素没有改变，你会：

（A）坐等投资回到原有价值

（B）卖掉它，以免日后如果它不断跌价，让你寝食难安、夜不能寐

（C）买入更多，因为如果以当初价格购买时认为是个好决定，现在应该看上去机会更好

2. 你进行一项投资，在一个月后暴涨了 40%。假设你找不出更多的相关信息，你会：

（A）卖掉它

（B）继续持有它，期待未来可能更多的收益

（C）买入更多，也许它还会涨得更高

3. 你比较愿意做下列哪件事：

（A）投资于今后六个月不大上升的激进增长型基金

（B）投资于货币市场基金，但会目睹今后六个月激进增长型基金增长翻番

4. 你是否会感觉好，如果：

（A）你的股票投资翻了一番

（B）你投资于基金，从而避免了因为市场下跌而会造成的你一半投资的损失

5. 下列哪件事会让你最开心？

（A）你在报纸竞赛中赢了 100000 元

（B）你从一个富有的亲戚那里继承了 100000 元

（C）你冒着风险，投资的 2000 元期权带来了 100000 元的收益

（D）上述任何一项，你都很高兴获得 100000 元的收益，无论是通过什么渠道

6. 你现在住的公寓马上要改造成酒店式公寓。你可以用 80000 元买下现在的住处，或把这个买房的权利以 20000 元卖掉。你改造过的住处的市场价格会是 120000 元。你知道如果你买下它，可能要至少花六个月才能卖掉，而每个月的养房费要 1200 元。并且为买下它，你必须向银行按揭贷款并支付首付。你不想住在这里了，你会怎么做？

（A）就拿 20000 元，卖掉这个买房权

（B）先买下房子，再卖掉

7. 你继承了叔叔价值 100000 元的房子，这套房子已付清了所有的按揭贷款。尽管房子在一个时尚社区，并且会预期以高于通货膨胀率的水平升值，但是房子现在很破旧。目前，房子正在出租，每月有 1000 元的租金收入。不过，如果房子新装修后，租金可以有 1500 元。装修费贷款可以用房子来抵押获得。你会：

（A）卖掉房子

（B）保持现有租约

（C）装修它，再出租

8. 你在一家私营的呈上升期的小型电子企业工作。公司在通过向员工出售股票募集资金。管理层计划将公司上市，但至少要 4 年以上。如果你买股票，你的股票只能在公司股票公开交易后方可卖出。同时，股票不分红。公司一旦上市，股票会以你购买的 10~20 倍的价格交易。你会做多少投资？

（A）一股也不买

（B）一个月的薪水

（C）三个月的薪水

（D）六个月的薪水

9. 你的老邻居是一位经验丰富的石油地质学家。他正组织包括他自己在内的一群投资者，为开发一个油井而集资。如果油井成功，那么它会带来 50~100 倍的投资收益；如果失败，所有的投资就一文不值了。你的邻居估计成功概率有 20%。你会投资

多少？

（A）0

（B）一个月的薪水

（C）三个月的薪水

（D）六个月的薪水

10. 你获知几家房产开发商正积极地关注某个地区的一片未开发的土地。你现在有个机会来买这块土地的部分期权。期权价格是你两个月的薪水，你估计收益会相当于10个月的薪水。你会：

（A）购买这个期权

（B）随便它去，觉得和自己没关系

11. 你在某个电视竞赛中有下列选择，你会选：

（A）1000元现钞

（B）50%的机会获得4000元

（C）20%的机会获得10000元

（D）5%的机会获得100000元

12. 假设通货膨胀率目前很高，硬通资产如稀有金属、收藏品和房地产预计会随通货膨胀率同步上涨，你目前的所有投资是长期债券。你会：

（A）继续持有债券

（B）卖掉债券，把一半的钱投资基金，另一半投资硬通资产

（C）卖掉债券，把所有的钱投资硬通资产

（D）卖掉债券，把所有的钱投资硬通资产，还借钱来买更多的硬通资产

13. 你在一项博彩游戏中已经输了500元。为了赢回500元，你准备的翻本钱是：

（A）不来了，现在就放弃

（B）100元

（C）250元

（D）500元

（E）500元以上

评分标准：

1.（A）3；（B）1；（C）4

2.（A）1；（B）3；（C）4

3.（A）1；（B）3；

4.（A）2；（B）1

5.（A）2；（B）1；（C）4；（D）1

6.（A）1；（B）2

7.（A）1；（B）2；（C）3

8.（A）1；（B）2；（C）4；（D）6

9.（A）1；（B）3；（C）6；（D）9

10.（A）3；（B）1

11.（A）1；（B）3；（C）5；（D）9

12.（A）1；（B）2；（C）3；（D）4

13.（A）1；（B）2；（C）4；（D）6；（E）8

测试结论：

10~20 分：相当保守，即使有可能取得很大的利润，也不愿意拿自己的钱来冒险；

21~25 分：比较保守，在掌握充分信息的情况下，愿意冒一点风险；

26~35 分：比较愿意冒险，当你认为预期收益大于预期风险时，愿意冒险；

36~40 分：很愿意冒险，不放过每一次赚钱的机会，即使在风险大于预期收益时也是如此。

（六）投资风险承受能力测试

该项测试主要了解自己的投资风险承受能力，可以为你从事投资活动提供投资品种选择建议。

一般进行投资风险承受能力测试需回答以下问题：

1. 选择最适合于你对投资理念的描述

（A）我的主要目标是得到最高的长期回报，即使我不得不忍受一些非常巨大的短期损失

（B）我希望得到一个很稳定的资产增值，即使这意味着比较低的总回报

（C）我希望在长期回报最大化和波动最小化之间进行平衡

2. 你会把 5000 元投入下面的项目中吗？请分别回答 YES/NO：

（A）有 70% 的可能性，你的资产翻一倍到 10000 元，而有 30% 的可能性把 5000 元都输光

（B）有 80% 的可能性，你的资产翻一倍到 10000 元，而有 20% 的可能性把 5000 元都输光

（C）有 60% 的可能性，你的资产翻一倍到 10000 元，而有 40% 的可能性把 5000 元都输光

3. 当你购买股票或者基金的时候，请对下列因素分别回答：

（A）非常重要；（B）有些重要；（C）不重要

（1）资产升值的短期潜力

（2）资产升值的长期潜力

（3）对于股票，这个公司被其他人收购的可能性

（4）过去六个月盈余或亏损的情况

（5）过去五年的盈余或亏损的情况

（6）朋友或者同事的推荐

（7）股价或净值下跌的危险性

（8）分红的可能性

4. 假设你要在下面两只基金中做选择，你会选哪个？每只基金都含有 6 只不同种类的股票，在过去 12 个月中，下表显示了每只股票的收益情况：

基金 A		基金 B	
股票	收益（%）	股票	收益（%）
A	15	H	7
B	−8	I	6
C	25	J	5
D	12	K	4
E	8	L	6
F	−8	M	2

5. 如果你的 10000 元的投资亏了 2000 元，你会怎么办？

（A）割肉，卖掉基金

（B）保留着，有 50% 的机会反弹，有 50% 的机会再损失 2000 元

（C）不知道

6. 假设你在一只基金上投资了 10000 元，但一个星期内亏了 15%，你看不出是什么原因，大盘也没有跌这么多，你会怎么办？

（A）补仓

（B）清仓，然后投入一个波动小的基金中

（C）卖掉一半

（D）等着价格反弹再卖掉

（E）什么都不做（觉得这是正常的）

7. 下表中显示两只基金在过去两年中每季度的收益情况，你会选择买哪只？

基金 A	基金 B
8%	4%
−3%	7%
13%	0
13%	3%
−12%	3%
24%	1%
−5%	3%
9%	5%

8. 作为一个投资者，和其他人相比，你怎么评估你的投资经验？

（A）非常有经验

（B）比平均水平高

（C）平均水平

（D）比平均水平低

（E）基本没有经验

评分标准：

1.（A）15；（B）0；（C）7

2.（A~C）Yes 5，No 0

3.（1）：（A）0；（B）1；（C）2。（2）~（5）：（A）2；（B）1；（C）0。（6）~（8）：（A）0；（B）1；（C）2

4.（A）10；（B）0

5.（A）0；（B）10；（C）10

6.（A）15；（B）0；（C）5；（D）0；（E）10

7.（A）10；（B）0

8.（A）20；（B）15；（C）10；（D）5；（E）0

测试结论：

0~11分：请避免风险，建议购买货币基金；

12~33分：建议购买低风险债券；

34~55分：建议购买高风险债券；

56~77分：建议购买股票债券混合式基金、大盘股、蓝筹股；

78~99分：建议购买股票和股票基金；低分买大盘价值型股票，高分买小盘或者大盘成长股；

100分：去赌博吧。

思考练习题

一、名词解释

1. 投资行为学
2. 个人投资者
3. 机构投资者
4. 价值投资者
5. 组合投资者

二、简答题

1. 投资行为学主要研究什么问题？
2. 投资行为学有哪些分类？
3. 作为一个股市投资者，你可以从"选美比赛"中学到哪些东西？
4. 资产配置策略包括哪些类别？
5. 股票市场交易中存在哪些股票投资策略？

6.投资者按不同风险承受能力划分包括哪些类别?

7. 1997 年,英国《金融时报》(*Financial Times*)进行了一项比赛。比赛的设计如下:读者在 1~100 之间(含 0 与 100)任选一个整数,报社将所有参赛者选的数字加起来取平均值,然后再取该平均值的 2/3。谁选的数字最接近该平均值的 2/3,谁就获奖。例如,有五人参赛,他们选的数字分别为 10、20、30、40、50,平均值为 30,平均值的 2/3 为 20,因此选 20 这个数的人将获奖。那么,读者应该选哪个数字才有可能获奖?为什么?

三、分析题

采用本章的风险测试题,测试本人的风险投资偏好,并结合自身的投资实践,评估测试结论的合理性。

第一章　投资行为学理论基础

学习目标

· 了解行为经济学、行为金融学的发展历程和主要的理论观点；
· 掌握噪声交易者理论、有限套利理论、投资者心态理论、行为资产定价模型、
　行为投资组合理论、行为公司财务理论、预期理论、认知偏差、投资者情绪理论；
· 掌握反向投资策略、动量交易策略、成本平均策略和时间分散化策略、价值平均策略、
　利用行为偏差策略、投资组合策略、购买并持有策略、捕捉并集中投资策略

第一节　行为经济学理论综述

一、行为经济学研究的发展历程

传统经典经济学以其严密的逻辑和严格的理论假设，运用现代数学工具构建精密的经济学模型来分析经济金融问题以及社会中的个体和组织行为。Von Neumann 和 Morgenstern 从公理化理性偏好假定出发，发展了期望效用函数理论。Arrow 和 Debreu 将其吸收进瓦尔拉斯均衡框架中，成为处理不确定性决策问题的分析范式，进而构筑起现代微观经济学并由此展开的包括宏观、金融、计量等在内的理论大厦。然而，现实中，特别是金融市场中诸如"羊群效应""股权风险溢价""处置效应"等很多决策行为，无法用期望效用函数来解释；现代经济学片面注重逻辑演绎和数学定量的研究，忽略了人的主观因素和具体的实验分析方法，导致传统经济学不断面临着来自现实和理论的挑战。

行为经济学对传统经济学假设过于众多和精确提出疑问，把行为因素纳入经济学分析框架之中，对现实中的经济金融现象加以解释和分析，使得经济学研究更贴近于现实世界。1954 年 Markowitz 的"财富的效用"和 1961 年 Ellsberg 的"风险、不确定性与原始的公理"针对"期望效用理论"的反常规推论提出挑战；1955 年 Stroz 对"贴现效用模型"的指数形式的贴现函数提出异议。这些论文都对后来行为经济学的发展产生了深远的影响。

1979 年 Kahneman 和 Tversky 在《期望理论：风险状态下的决策分析》一文中，提出了人类行为与经典投资基本决策模型假设存在冲突，并将这种现象称为"认知偏差"和"框架依赖"。20 世纪 80 年代，Thaler 关于股票回报率的时间序列、投资者心理账户等问题的研究，使得行为经济学逐步被学界认同而成为一个新兴的学派。由于对行为经济学里程碑式的贡献，Kahneman 获得了 2002 年度诺贝尔经济学奖。目前，心理学融入经济学已经得到经济学领域众多学者的逐渐认可，确立了其在主流经济学中的地位。

二、行为经济学的心理学理论

行为经济学是一门研究在复杂的、不完全理性的市场中的投资、储蓄、价格变化等经济现象的学科。行为经济学认为，每一个现实的决策行为不仅受到自身固有的认知偏差的影响，还会受到外部环境的干扰。行为经济学承认经济人理性在传统解释范围内的有效性，与传统解释所不同的是，该理论把经济人理性视为一种特例，理性要与理性之外的其余部分结合起来，才能构成人类行为的整体。因此，解释人的经济行为时可能涉及人的心理学范畴的讨论。

（一）认知偏差

认知偏差是指人们在决策过程中存在的信念及价值判断方面的各种偏差，主要有过度自信、损失厌恶、心理账户、保守主义和后悔厌恶等。

这些认知偏差不容易消除，并且能够使人们对风险环境下的选择方案形成错误的偏好序列，从而最终导致人们在决策过程中产生系统性的偏差。

1. 启发式认知偏向

人们解决问题的策略可分为算式认知与启发式认知。

算式认知精确地指明解题的步骤，按照其规则操作，就能得到问题的解，对应的是思维系统的思维判断。

启发式认知是凭借经验的解决方法，是一种思考上的捷径，是解决问题的简单方法；其通常是笼统的规律或策略，也称为经验法则。

启发式认知偏向即人们在作判断的过程中，走思维捷径而导致的判断偏差。

许多情况下，人们一般无法充分分析涉及经济判断和概率判断的环境，启发式认知偏向揭示了在不确定条件下进行判断与传统经济理论所假定的那种理性发生系统偏差的机理。

（1）代表性偏向，是指在判断时常常对先验概率不敏感，反而过分关注比较具有代表性的数据事实。具体包括以下现象：

1）简单地用类比的方法去判断。

专栏 1-1　名词解读：龙头股现象

龙头股现象：股票市场上一个板块龙头股的上升或下跌，经常带动板块内的其他股票的上升或下跌。

解读：由此可见，人们衡量股市涨跌趋势根据的是某只个股的涨跌在多大程度上代表了这个市场，而很少考虑其他股票的相关概率。

2）判断者不能正确理解统计样本大小的意义，容易以小样本的统计结果代表真实结果产生偏差（小额数量法则），或者低估大样本与全体人口的相似性。

专栏 1-2　　**赌徒的谬误**

如果硬币有几次没有国徽在上了，赌徒会肯定下一次就是；相应地，在金融分析中，由于高估三次就有一次是错误的概率，人们会过分相信一个连续正确预测三次的分析师的水平。

实验说明，人们认为小样本和大样本都具有对总体同样程度的代表性，但由概率理论可知，大样本的方差更小，更能稳定地代表总体。赌徒谬论也是对偶然性误解的很好诠释。

3）对可预测性的不敏感。

专栏 1-3　　**学生成绩预测**

预测上学期成绩全是 A 的学生甲和上学期成绩是 A+ 和 B- 的同学乙在本学期的成绩：人们对于有高度相关重复信息的同学甲的预测表示了更大的信心。

实验说明，对于预测的结果，当存在相关的、重复的信息时，人们对于预测的信心会大大增加，但根据自相关的特点，当自相关性增加时，预测的方差会变大，预测的准确性会下降。

（2）可得性偏向，是指当人们需要做出判断时，往往会依赖快速得到的信息，或是最先想到的东西，而不是去致力于挖掘更多的信息。

可得性偏向主要受到以下四个因素的影响：

1）事件的可追溯性所造成的可得性偏向（见表 1-1）。

表 1-1　事件的可追溯性所造成的可得性偏向及事例

可得性偏向	事例
事件发生的频率越高，人们越容易记住	你可以不假思索地判断 1 月下雪的可能性比 10 月高
对事件的熟悉程度，人们倾向于对自己熟悉的事件做出判断	足球迷会很快地对足球队的输赢做出判断
不同寻常的事件留下的记忆深刻，更容易让人记住	连续十个跌停板的股票比连续三个跌停板的股票更容易记得住；温州炒房团经过媒体大肆报道，成了代表性事件
事件发生时间越近，记忆越清楚	目睹一次交通事故后立刻开车，你会马上紧张起来

2）被搜索集合的有效性所造成的可得性偏向。

专栏 1-4　　**字母检索的误区**

英语单词以 r 为首字母的单词多，还是以 r 为第三个字母的单词多？

许多人认为是前者多，但事实正相反。原因是，搜索以 r 字母开头的单词集合比搜索以 r 为第三个字母的单词集合更方便。

3）幻觉相关所造成的可得性偏向，即当 B 事物在 A 事物之后发生，会给人造成一种这两者之间有一种因果关系的幻觉。

专栏1-5 天气判断股市

当连续两个雨天股市全线上涨，第三天转晴股市下跌，某些人就会在第四天根据天气情况判断股市的涨跌。

4）人们不理解向平均回归的意义。

专栏1-6 股票投资的平均回报率

一个人一直在股票投资上表现平平，突然有一天有了一次不同寻常的获利，他就认为自己从此之后有能力一直会这样出色地表现下去，但接下来的一次投资又回到平均回报率，此时这个人会为再回到平均状态寻找各种借口，而没有意识到回报率总是围绕平均回报率波动的这一事实。

现实中人们并不按数学定理进行思考，根据平均回归定理，不难看出股票回报率的时高时低是正常现象，这正是向平均回归的体现，而并不是各种借口所起的作用。因此，对平均回归的误解导致人们错误地评价股票收益率。

现实中的大概率事件比小概率事件更容易发生，因而可得性偏向有着客观上的合理性，当事件的记忆可得性与客观频率一致时，可得性偏向比较准确；但事件的显著性、新近性、相似性都会影响事件的记忆可得性，导致人们对事件发生概率的高估或低估，从而导致认知偏差。

（3）锚定效应，是指当人们需要对某个事件做定量估测时，会将某些特定的数值（比如以前的股票价格）作为起始值，这些起始值就像"锚"一样使估测值落于某一区域中。

1）人们在估测某一数值的时候，会受到某些起始数值的影响，做出不准确的估测。

专栏1-7 旧车交易

顾客知道奔驰某款新车的价格是 120 万元，但对该款旧车的价格却无法估计，车行销售员就先开一个接近 120 万元的价格（锚定一个高价），然后再把价格慢慢地降下来，让顾客觉得价格比较便宜，值得购买。

初始值的选择受到问题表达方式的影响，有心理形成的机制需要调整时，往往是不充分的，于是不同的初始值就产生了不同的偏向。

2）人们偏向于高估连续事件发生的概率，而低估独立事件发生的概率。

专栏1-8　取球实验

独立事件：从一个红球、黑球各占50%的袋子中拿出一个红球（P=0.5）；

连续事件：从一个红球占90%，黑球占10%的袋子中可放回地连续取出7个红球（P=0.48）

在对这两种事件下赌注时，绝大部分人选择对连续事件下赌注。此实验说明，人们常常以每个环节完成的高概率作为初始值，倾向于低估一个复杂工作出问题的概率。

3）人们在估测某一数值的置信区间时，这一心理置信区间往往过于狭窄。

专栏1-9　股市波动预测

如果股市现今为5000点，一周后股市点数的预测区间是多少呢？在估计这个置信区间的时候，人们一般都是先预测一个期望值，然后向上向下各调整10%作为两个界限值，人们的预测区间一般比较狭窄。

如果这些"锚"定的方向有误，那么估测就会产生偏差。锚定心理的存在使人们产生了后面的心理账户。

2. 心理账户

心理账户是指人们根据资金的来源和用途等因素对资金进行归类，将具有相同参考结果、能够一同进行评价的一系列结果列入一个账户。

专栏1-10　门票事件

假设你对音乐会是中性偏好，你在去听音乐会的路上丢了10元钱，而门票正好是10元，在下列几种情况下，你还会去吗？

A：10元钱就是买门票的；

B：10元钱没有特定用途。

在A情况下，不去听音乐会的人统计性显著大于B。因为这笔钱被事先界定在某个预算内了。

解读：钱和音乐会门票分属两个账户，所以丢失了没有特定用途的钱不会影响音乐会门票所在账户的预算和支出，大部分人仍旧选择去听音乐会。但是丢失的买门票的钱和后来需要再买门票的钱都被归入同一个账户，所以看起来就好像花了20元钱听一场音乐会一样。人们觉得价格偏高，所以就不去了。

心理账户的研究主要关注三个因素：

（1）收入的来源。根据钱来源的不同，人们会将它们分到不同的账户中去，不同账户的边际消费倾向是不一样的。人们会把自己辛辛苦苦挣来的钱存起来，不舍得花；但如果是一笔意外之财，可能很快就花掉了。

（2）收入的支出。人们会将收入分配到不同的消费项目中去，各个项目之间资金不具有完全替代性。比如当人们将本月收入的一部分作为储蓄，剩余部分分摊到食品、房租、水电等项目中去后，就很不愿意再去动用储蓄这个心理账户中的钱，但钱在其他账户之间的流动性较强。

（3）对心理账户核算的频率。对心理账户是每天核算、每周核算，还是每年核算，对人们的决策行为有很大的影响。

3. 框架效应

框架效应是指对相同的决策任务，不同方式的描述会影响决策者对备择选项的认知，其基础是预期理论。

专栏1-11　　肺癌治疗的经典实验

医院现可以提供手术和化疗两种方式治疗肺癌。

1. 生存框架

手术：90%存活，60%活一年以上，30%活五年以上；

化疗：100%存活，70%活一年以上，20%活五年以上。

2. 死亡框架

手术：10%手术中死亡，40%一年内死亡，70%五年内死亡；

化疗：没人死于化疗，30%一年内死亡，80%五年内死亡。

结论：虽然上述两种方式是完全相同的说法，但是结果却明显不同：在生存框架中，18%选择化疗；死亡框架中，40%选择化疗。

解读：在生存框架中，生存是一种获得，人们显示为风险规避，故选择化疗的很少；而在死亡框架中，死亡是一种损失，人们显示为风险爱好，故人们选择化疗多一些。

金融市场中的框架效应主要表现在三个方面：

（1）根据事件的表达方式，框架效应可分为正框架效应和负框架效应。

（2）框架效应的一种表现是享乐式编辑，即人们偏好将利己的信息分别记入不同的心理账户，将损己的信息记入同一账户。

（3）框架效应的另一个表现是狭窄框架，即只关注事件的某几个方面而忽视了其他方面。

（二）偏好理论

1. 关联效应

关联效应是指一个人在决策的时候，往往会受到在这一决策之前的某个决策的关联影响，从而使最终的偏好选择产生偏差甚至逆转。主要的具体表现形式是权衡反差。

权衡反差是指人们在选择的时候，由于受多重选择的影响，导致每次选择的结果差异较大，并不表现出稳定的偏好。

例如，有以下两个实验：

实验一：

选择	被选比例（%）
现金六美元	64
精美 Cross 钢笔一支	36

实验二：

选择	被选比例（%）
现金六美元	33
精美 Cross 钢笔一支	55
普通无名钢笔一支	12

实验一有两个选择，实验二则有三个选择，虽然其中原有的两个选择没有变，但是普通无名钢笔的出现明显大大增加了精美 Cross 钢笔的份额，甚至超过了现金六美元。这与偏好的一致性矛盾。

2. 极端逆转

极端逆转的基本内容是在一个选择集中，那些具有极端值的选择往往比那些处于中间状态的选择来得差。这明显与偏好选择实现效用最大化的理论相悖。

总之，人们的偏好凸显出了强烈的反差，在不断变化的选择面前，所谓一致的、稳定的偏好也开始变得飘忽不定，这恰好体现了行为学的特征。

3. 经验法则

行为金融学中信念理论的核心是经验法则。人们常常并不依据概率规则或者统计学原理，而是依靠一些粗浅的经验，这种依据粗浅的经验进行决策的现象称为经验法则。

经验法则主要有三种：

（1）代表性经验法则。代表性经验法则导致人们的判断系统性地违背基率、样本大小、复合事件概率等概率规则与统计学原理。

（2）易得性经验法则。依据易得性经验法则进行判断时，人们依据自身能够记忆起该类型事件的容易程度来评估事件的发生概率。这种容易程度受到人们对类似事件的熟悉程度、类似事件的显著特征等的影响。

（3）定位与调整法则。在判断事件发生的概率时，人们常常从一个起始值开始，然后对这一起始值进行调整，从而得出最后值。这一起始值可能来自需要对之进行判断的问题本身，也可能是人们自己的推断。这一法则被称为定位与调整法则。

在现实生活中，人们倾向于将成功归因于自己的技巧、能力，而很少考虑运气在帮助自己成功中所起的作用。人们总是相信，即使是在完全由偶然性控制结果的活动中，他们也是可以控制事件发展的，这种由于过度相信自己对事件发展过程的影响力而导致的对自己的成功概率的过度高估、对偶然性作用的估计不足的倾向被称为"控制力幻觉"。对偶然性作用的估计不足导致人们对风险估计不足，而在金融市场中，股票的价格变化等常常是一个随机过程。

三、预期理论

卡尼曼（Kahneman）和特维斯基（Tverskey）在1979年提出预期理论［Expectation Theory，也叫前景理论（Prospect Theory）］，对传统的风险决策理论作出了修正，证明人们在不确定条件下的判断和决策，许多都系统地偏离了传统的经济学理论，特别是偏离了期望效用理论。

然而人们也并不总是风险规避的。假定你刚刚赢了2000元，你面临两个选择：

A：100%要损失1000元。

B：50%的可能损失2000元，50%的可能什么都不损失。

在这种情况下，大部分人选择B，这又表明人们认为 $u(2000) > 2u(1000)$，是追求风险的。实际上，这个问题同期望效用的问题是完全等价的，然而，我们却看到了风险规避和风险偏好两种截然不同的情况。

传统的预期效用理论无法完全描述个人在不确定情况下的决策行为。预期理论能够很好地解释上面的现象，它借助价值函数和心理概率实现了不确定情况下的风险决策。

价值函数的三个基本理论观点是：

（1）敏感度递减：面临获得，价值函数凹向原点，体现决策者对收益的风险厌恶态度；面临损失，价值函数凸向原点，体现决策者对损失的风险偏好态度。

（2）参照依赖：获得和损失是相对于参照点而言的，即实际情况与参照水平的相对差异比绝对值更加重要。

（3）损失厌恶[①]：价值函数对损失的敏感性高于收益，等量的损失比等量的获得对人们产生的影响更大，即损失带来的痛苦往往大于收益带来的快乐。预期理论价值函数见图1-1。

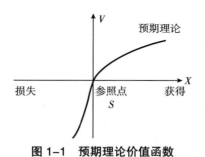

图1-1　预期理论价值函数

与期望效用理论相比，预期理论的"概率"不再沿用 p，而是采用心理概率，即效用值的心理权重，其对于小概率，赋予相对较大的权重；而对于大概率，则赋予相对

---

① 这里的损失厌恶和萨勒（Thaler）在1980年发现的禀赋效应有明显的相似之处：当一个人将要获得一样东西时，他会认为这样东西比自己尚未拥有时更有价值。

较小的权重。

预期理论风险决策的依据是预期前景（Expected Prospect，EP）的大小比较：

$$\sum \pi(p_i)V(x_i - S) > \sum \pi(p_j)V(x_j - S) \tag{1-1}$$

其中，S 是参考值，$\pi(\cdot)$ 是该收益发生的心理概率，$V(\cdot)$ 是主观感受形成的价值函数。

上述公式称为权重函数。权重函数的一个重要特征是：$\pi(p)$ 是 p 的增函数，而且 $\pi(0)=0$，$\pi(1)=1$。也就是说，不可能事件被忽略不计。

除此之外，权重函数还有四个特征：

一是小概率事件的次可加性：如果 $0 < r < 1$，那么，$\pi(rp) > r\pi(p)$。

二是对于小概率事件而言，$\pi(p) > p$。

三是次确定性：对于任意 $0 < p < 1$，有 $\pi(p) + \pi(1-p) < 1$。

四是次比例性：对于固定比例的概率，与大概率相比，小概率对应的决策权重的比例更接近于整体 1。

根据权重函数的性质，决策权重与概率的关系见图 1-2。

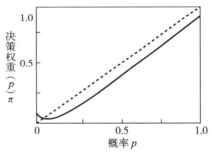

图 1-2　决策权重和概率的关系

专栏 1-12　传统的风险决策理论

（1）期望值理论（Expected Value Theory，EV）。期望值理论是最早的风险决策理论，是由 Laise Pascal 等学者在 17 世纪中叶提出的。这个理论认为，人们都是风险中立的，大家是根据风险决策的期望值大小来进行选择的，其收益值 X 与效用值 U 是线性关系，即其风险决策依据是：

$$\sum p_i x_i > \sum p_j x_j$$

其中，p 代表收益值 x 下的概率。

例如有两个选择：

A：30% 的可能性赢 2000 元。

B：70% 的可能性赢 1000 元。

这两个选择的期望值分别是 600 和 700。

根据期望值理论，人们会选择 B 而不是 A。

（2）期望效用理论（Expected Utility Theory，EU）。事实上，人并不一定是风险中立的。Daniel Bernoulli 在其论文《一个风险测度的新理论》中，提出了著名的期望效用理论。这个理论假定人们都是风险规避的，因而财富的边际效用是递减的，效用曲线凹向原点，其风险决策的依据是期望效用而不是期望值，即：

$$\sum p_i u(x_i) > \sum p_j u(x_j)$$

其中，$u(\cdot)$ 代表 x 的效用函数。

例如以下两个选择：

A：100% 能赢得 1000 元。

B：50% 的可能赢 2000 元；50% 的可能一分钱也拿不到。

从期望值来说，B 的期望值（1000 元）等于 A 的期望值（1000 元），但是真正面临这样两种选择时，大部分人会选择 A。这是因为根据边际效用递减规律，$u(2000) < 2u(1000)$，故 A 的效用比 B 大。

四、行为生命周期假说

行为生命周期假说是由 Thaler 和 Shefrin 共同提出的。宏观经济学中有一个著名的"生命周期假说"。这一理论假设人们能够事先估计一生的收入，然后通过合理安排储蓄和消费来平滑一生的消费，这样就能达到货币效用最大化。遗憾的是，在现实生活中，人们的行为并非如此。

专栏1-13	行为生命周期案例

一对双胞胎兄弟，弟弟一生的收入来源主要在年轻时赚取（比如他是一位篮球明星），而哥哥一生的收入来源主要是中年时赚取（比如他是一位律师）。按照生命周期理论所言，弟弟会在年轻时进行储蓄以供中老年时期使用，而哥哥会在年轻时进行借贷，以期先消费后还贷。但事实数据表明，个人的消费量和收入量呈很高的相关性。研究表明，随着退休后收入的减少，人们的消费也会减少，因为退休前的储蓄并不足以支持同过去相同水平的消费。

行为生命周期假说最核心的部分是为原先的理性假说添加了三个重要的行为学变量。

（1）自我约束变量。传统的经济学家有一个隐性的假设，那就是人们有很强的自我约束力。但事实上人们对自身施加约束也是一种成本，就拿上面的例子来说，当钱在手时，人们常常没有意志力去遏制自身的消费冲动。这也就是为什么政府需要提出养老金计划，强迫人们将现在的一部分收入延迟消费。

专栏 1-14　　餐桌事件

　　一位正在减肥的人和朋友一起去吃饭，在去餐厅前和离开餐厅后，他明明知道不应该吃他喜欢的巧克力蛋糕，而应该选择小麦面包加蔬菜，但偏偏在点菜的那一瞬间，他情不自禁地又点了巧克力蛋糕。

　　（2）心理账户变量。很多家庭在消费时将财产归属于不同的心理账户，不同的账户消费倾向不同。研究表明，人们对现金的消费倾向较大，而对房契等财产的消费倾向很小。

　　（3）心理定格变量。行为学的模型假设人们在作决策时受参考点的影响。比如同样得到一笔数额较大的奖金，一次性得到和将这笔钱按月支取，对人们消费行为的影响不尽相同。

　　"行为生命周期假说"通过指出人不能完全理性地进行"自我约束"这一潜在的问题，试图运用心理账户和心理定格的行为因素，创新性地提出如何通过外部干预来平滑一生的消费。该假说还提出，即使人们有充分选择的权力，也不能自行做出效用最大化的消费、储蓄分配决策，因此养老金等外部干预储蓄计划，对最大化个人一生的货币效用有积极的意义。这一理论不仅有很高的学术价值，而且在对政府制定储蓄补贴等经济政策方面有很大的应用价值。

五、投资者情绪理论

　　投资者情绪是行为金融学近年来兴起的研究领域。投资者情绪是噪声投资者在资产投资和交易过程中产生的认知偏差。市场中的噪声投资者在羊群效应作用下，只盲目考虑其他噪声投资者的噪声信息，而不考虑自己的私人信息，因此产生了投资者情绪，而且这种投资者情绪会不断传播至越来越多的噪声投资者。例如当市场中出现利好／利空消息时，一些噪声投资者误判市场信息产生过度乐观／过度悲观的投资者情绪，其余噪声投资者在羊群效应下模仿这些噪声投资者的决策也纷纷产生了投资者情绪。投资者情绪不仅会影响投资者的投资行为，使投资者产生非理性的投资决策，而且能够对上市公司的股票收益率产生较强的影响，使股票价格发生向上或向下偏离股票价值的波动。

（一）投资者情绪理论的产生背景

　　投资者情绪理论是基于传统金融理论关于投资者完全理性和完全信息假设进行放松的研究。传统金融理论假定投资者是完全理性的并拥有完全信息，能够及时根据信息调整投资决策，从而股票价格已经对信息进行了充分反映，股票市场因而也是有效的。这就是 Fama 于 20 世纪 70 年代提出的有效市场假说理论，该理论将金融市场分为弱式有效市场、半强式有效市场和强式有效市场。

　　弱式有效市场是股票价格已经充分反映了公布的历史信息，投资者不可能通过运用技术分析来获取超额收益，这种股票价格体现出"随机游走"的趋势，也就是说当期股票价格与上一期股票价格不存在确定的相关性，两者是随机变动的。

半强式有效市场是股票价格已经充分反映了当前的信息及公布的历史信息，这些信息包括公司财务报表、附注事项、业务运营和重要事项的定期、及时公布，投资者不可能通过分析历史信息来获取超额收益，也不可能通过分析当前信息来获取超额收益。

强式有效市场是股票价格不仅充分反映了当前信息以及公布的历史信息等公共信息，还包括未被公布的被少数人掌握的内幕信息，这些人包括公司董事、高级管理人员、大股东、证券机构员工等相关人员，这是对市场有效性最严格的强式约定，没有人可以从信息中获取超额收益。

有效市场假说理论提出后，许多学者对于该假说进行了理论及实证上的研究，并分别按照有效市场假说的三种市场划分进行针对性的检验，以便能够对股票价格的变动状况作出理论上的解释。Sharpe 于 20 世纪 70 年代提出了资本资产定价模型（CAPM），认为某种资产的收益率可以分解为无风险收益率和由风险因素产生的收益率，某种资产的风险溢价取决于同市场比的 β 值。Fama 和 French（1993）通过市场风险、规模、价值三因子对股票市场的平均收益进行衡量，提出了 Fama-French 三因子定价模型：

$$R_{it} - R_{ft} = \beta_i(R_{mt} - R_{ft}) + s_i SMB_t + h_i HML_t + \varepsilon_{it} \tag{1-2}$$

其中，R_{ft} 表示 t 时期的无风险收益率；R_{mt} 表示市场收益率；R_{it} 表示资产 i 在时间 t 的收益率；SMB_t 为时间 t 的股票市值因子的模拟组合收益率，为小市值公司与大市值公司股票收益率的差，代表规模因子；HML_t 为时间 t 的账面市值比因子的模拟组合收益率，为高账面市值比因子与低账面市值比，以及公司股票收益率的差，代表价值因子。β_i、s_i、h_i 分别是三个因子的系数。

在 Fama-French 三因子定价模型基础上，Carhart（1997）对该模型进行了改进。除使用市场因子、规模因子、价值因子外，增加了动量因子（短期回报率因子 PRIYR）对股票市场价格进行衡量，这便是四因子模型：

$$R_{it} - R_{ft} = \beta_i(R_{mt} - R_{ft}) + s_i SMB_t + h_i HML_t + p_i(PRIYR_t) + \varepsilon_{it} \tag{1-3}$$

其中，$PRIYR_t$ 为表现最佳的 30% 股票当月收益率与表现最差的 30% 股票当月收益率之差。

这些理论通过对股票市场定价进行衡量，有力地支持了有效市场假说理论。与此同时，也有一些学者对有效市场假说提出了质疑，因为从 20 世纪 80 年代起涌现出大量无法解释的异象，如股权溢价之谜、规模溢价之谜、一月效应、周末效应等。Chou 等（2012）认为，对于市场某种程度的有效性方面如果投资者并非完全风险规避而是拥有非对称偏好，那么规模、BM（账面市值比）和过去收益的溢价也可能呈现出非对称的模式。

从上述分析得知，传统金融理论假设投资者是完全理性和完全信息的，投资者了解完整的市场状况及变动信息、公司经营情况及发展动向、其他投资者的决策意向及变化等一切信息的发生、发展状况。这些投资者无须考虑其余投资者的意向，自己通过掌握的信息和具备的能力独自对股票价格作出正确的判断和决策。其对股票市场价格的衡量未考虑投资者非理性的因素，主要通过财务状况和经济状况等因素加以衡量。

（二）投资者情绪对资本市场的影响

对于金融市场中出现的大量难以解释的市场异象，自20世纪80年代起，行为金融理论逐渐发展起来。行为金融理论放弃了投资者是完全理性和完全信息的假设，认为投资者在做出决策时由于个人知识、资产投资经验、风险偏好、心理变化等不同，对资产定价会产生认知偏差和异质信念，投资者的这种非理性现象称为投资者情绪。这些表现出非理性投资行为的投资者被称为噪声交易者，也就是说，他们由于缺乏足够信息和理性，对资产定价及变动趋势作出错误决策，其对股票价格的判断和投资偏离了价格运行的正常区间，投资决策使股票价格表现出或过度上涨，或过度下跌，对于股票市场价格运行产生了非理性的噪声信息。

Black在1986年首先提出了"噪声"的概念，对噪声交易、噪声交易者进行了定义，创建了考虑噪声交易者的资产定价模型，认为不拥有内部信息却非理性地当作拥有有用信息进行噪声交易的投资者是噪声交易者。他指出，人们经常依赖于与基本面无关的噪声进行交易，在交易过程中表现出过度乐观或悲观的情绪，导致股票实际价格脱离了基本面价值。

与理性投资者对资产定价的合理认知不同，情绪因素的存在使非理性投资者偏离了合理的资产定价认知，成为盲目投机的噪声交易者。在弱有效市场中，存在着大量过度自信行为的噪声交易者，或者对市场预期过度乐观，或者对市场预期过度悲观。这些非理性的噪声交易者与理性投资者共同构成市场主体，相互之间进行投资博弈，决定着资本市场的投资配置与发展。

当进行首次公开上市发行（IPO）时，为获取股票发行的较好效果和提高发行量，公司一般将股票发行价定价较低。在首日上市后，投资者一般会狂热追逐，使股票交易价格快速上升，投资者的这种行为就是IPO发行的投资者情绪。在公司经历了股票IPO初期的繁荣后，股票价格一般已远远超出其内在价值，处于高位运行，这将会引起股票长期低绩效。Ljungqvist在2006年建立了在热的发行市场中的IPO定价模型，解释了低定价与长期低绩效间的联系。公司在热的市场中上市，随后经历低绩效，对于首日交易价和报价均是如此。

在经济全球化的今天，商品生产和交易已经跨越一国的边界，融入许多国家中开展；金融市场也不例外，一个国家的证券市场已不是独立发展，而是受国际证券市场发展的影响。我国推出的合格境外机构投资者（Qualified Foreign Institutional Investors，QFII）和合格境内机构投资者（Qualified Domestic Institutional Investors，QDII）机制，就是顺应证券市场这一国际间影响和合作的结果。当一国的证券市场出现利好/利空消息时，该国投资者可能产生过度乐观/过度悲观的投资者情绪，这种投资者情绪会通过国际化的溢出效应，传播到其他国家的证券市场中，引起其他国家的投资者产生投资者情绪。

投资者情绪一般会经历一段时期的传播，证券市场中的相邻期间的投资者情绪并不是独立的，正如证券市场中的股票价格运行有时在一段时期处于高位而有时在一段时期处于低位一样。

（三）个体投资者情绪

过度自信是最为常见的一种投资者情绪，随着投资成功次数的增加和投资收益的增长，投资者会越来越过度自信，经常会高估自己把握市场行情的状况及变化、公司业务经营情况、投资股票的组合业绩等的能力，低估自己面临投资损失、投资错误等的风险。Bondt 和 Thaler 在 1985 年发现，过度自信也许是人类最稳固的心理特征，人们在决策时会对不确定性事件发生的概率估计过于自信，而且由于自我强化归因偏差的存在，人们经常把好结果归于自己的能力，而将坏结果归于外部环境因素，这将导致人们动态的过度自信。

当市场行情表现为上涨状况时，某些投资者受其他投资者的热情感染，认为市场行情将发生大幅上涨，因此非理性地买进大量股票，而不再对股票运行情况进行理性基本分析和技术分析，这种盲目投资的热情称为过度乐观。这种过度乐观的情绪会对交易量造成扩大效应，形成股票运行将极度繁荣的假象，并且这种过度乐观的情绪会对其他投资者形成感染，使其余一些非理性投资者也形成和扩大过度乐观的情绪。同时，一些理性套利者预测到这种过度乐观的非理性情绪的大量存在，会利用这种非理性情绪调整自己的投资策略以赚取更多的收益，他们也会大量买进股票使股票价格进一步推高，因此实际上这些理性套利者已转化为噪声交易者。

与此相反，当市场行情表现为下跌状况时，某些投资者受其他投资者的投资低落情绪感染，认为市场行情将处于极度低迷状态，不再继续参与市场交易，不再进行理性基本分析和技术分析，投资者的这种低落情绪称为过度悲观。这种过度悲观的情绪会影响其他投资者，使其余一些非理性投资者也形成和扩大过度悲观的情绪。Bondt 和 Thaler（1985）指出投资者受到代表性启发的影响，会认为过去状况将持续下去，对股市过去的遭受损失者会过度悲观，而对股市过去的获得盈利者会过度乐观追捧，这使股票价格和基本面价值的偏离越来越大。

某些投资者在进行投资决策时，偏好于依据过去掌握的投资事实和信息来判断股票价格的运行状况，而不再对新出现的一些信息进行仔细分析，这种缺乏理性的投资行为称为保守性偏差。保守性偏差使股票投资的行为决策并非最优的，比如，在股票处于不断上涨行情时因缺乏理性判断而提前卖出股票，在股票处于不断下跌行情时因缺乏理性判断而错过了低价买入股票的良好时机。

投资者在投资过程中对股票价格运动的状况形成了事前主观判断的观念，认为股票价格将按照这种判断进行变动，对于新出现的情况和信息，投资者只注重支持这种判断成立的情况和信息，而忽视了对不支持这种判断成立的情况和信息的关注，这种现象称为投资者的证实性偏差。投资者在进行投资时只对容易获得的情况和信息进行关注，认为这些情况和信息将左右着股票价格变动的方向和程度，而不关注其他情况和信息，这种现象称为投资的易得性偏差。Tversky 和 Kahneman 在 1973 年描述了投资者的易获得性偏差，即"容易令人联想到的事件会让人误以为这件事常常发生"。造成这种现象的原因是个人不能完全从记忆中获得所有有关信息，因此会更加关注容易记起来的事情，认为其可能性更大。

投资者偏好于获得投资决策中的收益，而对投资决策中遭受的损失表现出厌恶态度，通过各种方法避免出现投资损失，这种现象称为投资者的损失厌恶。一般来说，这种投资者属于风险规避型投资者，即避免投资过程中会出现较大的投资风险。按照前景理论，对于同样大小的获利值和损失值，投资者对于损失得到的价值感要高于对获利得到的价值感；表现在图像中，投资者在损失区间的斜率变化要大于在盈利区间的斜率变化。Benartzi 和 Thaler 在 1995 年发现短视的投资者往往会过分关注短期损失，从而不愿意承担风险，将这种现象称为短视的损失厌恶。Chen 在 2013 年指出，相对于悲观的投资者情绪，乐观的投资者情绪使预期收益变化更加强烈，显示出投资者因为不愿出现损失而表现出损失厌恶。对于行业收益来说，乐观的投资者情绪和悲观的投资者情绪对于收益变化的非对称性，类似于前景理论的价值函数的参考点，收益和损失有着非对称性的前景影响值。

投资者在做出投资判断时会参考事先确定的某种情况或数值，而这种情况或数值对于真实的投资决策状况并没有多大相关性。投资者的这种非理性投资行为称为锚定效应。锚定效应的存在使投资者受到过多的事先情况的影响，在做出决策时偏离了正确的投资判断标准，从而使投资者投资行为出现偏颇，遭受损失。

投资者在投资过程中遭受一定的损失，事后将造成这种损失的原因归于没有对某些情况和信息及时、恰当发现；或者在投资过程中当股价上涨时卖出股票获得了一定的收益，但股票卖出后价格还在继续上涨，投资者事后也会埋怨没有获得更多的收益，将原因归于未对某些情况和信息及时、恰当发现。这种现象称为"投资者的后见之明"。

对于市场运行和公司经营过程中新出现的一些信息，虽然这些信息属于较为突发但不重要的信息，但投资者对这些信息的认识产生扩大效应，认为这些信息将引起股票价格的较大幅度的变动，在投资决策时会推动这种股票价格发生更大幅度的波动，这种现象称为投资者的过度反应。在理性决策情况下，投资者按照贝叶斯决策法则，依据对事件发生概率的判断，从效用函数中取得效用最大化；当新信息出现后，投资者会修正后验概率判断，进而做出理性决策。投资者的这种理性决策是对信息的恰当反应，而过度反应则偏离了这种理性决策的过程。Bondt 和 Thaler（1985）首先系统提出了"过度反应"假说，指出投资者在投资时对一些突发性的和戏剧性的信息产生过度反应，并且他们基于 50 多年的经验数据检验了该假说。

（四）群体投资者情绪

对于个体投资者来说，可能存在着上述不同类别和程度的投资者情绪。随着周围投资环境和状况的变化，个体投资者的情绪在不断转化，同时个体投资者的情绪常常汇集、合并，引起群体的投资者情绪的产生和变化。关于群体投资者情绪的研究较多地对羊群效应进行分析。羊群效应是某些投资者在做出投资决策时，不注重自己收集的关于市场运行和公司经营等的信息并进行理性分析，而是参照、模仿其余多数投资者做出的投资决策，从而产生了非理性的从众投资行为。比如在市场出现某种利好消息时，一些投资者对这种利好消息进行判断做出了大量购买某些股票的决策，其余投资者观察到这些投资者的大量购买行为并受他们的感染和影响，不再仔细对市场和公司相关情况进行理性分析，而是出现了过度乐观的情绪，纷纷做出购买这些股票的决策，随着这种过度乐观的情绪在更多的投资者间传播，就出现了广泛的羊群效应。

对于羊群效应的分析模型主要包括序列羊群行为模型、非序列羊群行为模型和随机性羊群行为模型。序列羊群行为模型是假定群体内投资者按顺序进行决策，后决策者能够观察到先决策者的投资决策，后决策者依次将先决策者的决策结果进行判断和同样模仿，最终出现群体同样决策结果的信息瀑布（Information Cascade）。非序列羊群行为模型则放宽了这种严格按顺序依次决策的假设，认为两个投资者之间存在相互的决策影响，进而对羊群行为进行分析。随机性羊群行为模型认为同一群体内不同投资者的决策相互影响是随机发生的，使该群体内出现了做出同样决策的羊群效应，而不同群体间则存在投资决策的差异。Banerjee 在 1992 年提出用序列决策的模型对羊群行为进行分析，每个决策者都观察前面的决策者做出的决策，这样做是理性的，因为可能前面的决策者掌握了市场和公司运行过程中非常重要的一些信息，投资者使用前面决策者的决策而不对自己拥有的私人信息进行分析，这样做的结果可能导致市场运行非均衡出现。投资者的序列决策，即依据其他投资者的决策和市场噪声依次进行决策的情况，会导致信息瀑布的出现。

对于引起羊群效应发生的原因主要集中于不完全信息、声誉和报酬三方面的模型分析。不完全信息羊群效应模型假定先决策者按照理性决策原则通过分析自己收集的信息和信号做出投资决策，后决策者观察到了先决策者采取的决策行动，但无法获知先决策者的信息和信号内容，这表明后决策者是拥有不完全信息的决策者；后决策者通过分析得知参照前决策者的行动将会获取效用最大化，而不用考虑自己收集的信息和信号，这种方式传递下去就形成了信息瀑布，羊群效应就此产生了。Bikhchandani 在1992 年提出了基于不完全信息的羊群行为模型，假定投资者按既定顺序依次决定是否对某股票进行投资，投资者决策前得到相对独立的关于投资结果的信号，当不同投资者顺序投资决策时产生了信息瀑布，不仅取决于前面投资者收到了多少好信号和坏信号，而且取决于投资者收到信号的顺序。

声誉羊群效应模型认为投资者十分重视投资过程产生的声誉，会采取措施极力避免出现声誉损失。这表现在市场交易中如果投资者通过采取同大多数投资者一样的决策而获得了收益，则投资者声誉得以维护，并且投资者一般会将其归因于自己的能力从而导致过度自信；相反，如果投资者采取同大多数投资者同样的决策但遭受了损失，则投资者认为其声誉也没有多大损失。这种现象在分析师身上同样存在，普通分析师通过参照、模仿优秀分析师的决策建议，如果按照建议获取了收益，则会将之归因于自己的能力，而如果按照建议遭受了损失，则其声誉相比之下也没有多少损失。

报酬羊群效应模型认为基于基金管理的委托—代理关系，基金代理人接受投资者的委托管理其资产，委托人为防止资产投资低效率或代理人发生道德风险问题，由于对代理人存在信息不对称，委托人采取参照市场基准代理人的业绩给予报酬。在这种情况下，基金代理人会参照和模仿基准代理人的决策行为，这样基金代理人在业绩评估时不会处于劣势，因而其报酬不会遭受很大损失。

羊群效应通过非理性同样决策在投资者间的不断传递和扩散，加速了投资者情绪在群体传播的速度，越来越多的投资者受羊群效应影响成为非理性的噪声交易者。这些噪声交易者通过投资决策会对股票市场价格产生影响，在行情上涨时会扩大上涨的幅度和速度，在行情下跌时也会扩大下跌的幅度和速度，从而在市场实际运行过程中扩大资产价格的波动。

（五）投资者情绪的衡量

通过上面对不同层次、不同种类的投资者情绪理论分析，可以得知，由于投资者情绪的作用，投资者会发生非理性投资决策，从而影响股票市场价格的波动；如果忽视投资者情绪变量的重要影响，将会导致无法准确分析股票市场价格波动。

投资者情绪变量属于难以直接观测的心理因素变量，只能通过间接方式予以测量。Robert（2005）发现当投资者情绪高涨时，他们有更多热情进入市场交易，投资者新开户数将会增加。Malcolm 和 Jeremy（2004）发现成交量不仅反映了市场的流动性，而且反映了投资者的参与程度，可以被认为是投资者情绪的间接代表变量。Baker 和 Wurgler（2006）基于封闭式基金折价、交易量、IPO 数量及上市首日收益、股利收益和股票发行/证券发行比例 6 个单项情绪指标，构造了一个度量投资者情绪的复合指数。

姚德权等（2010）将"中国证券分析师指数"作为机构投资者情绪指数，对沪深两市数据进行实证检验，表明中国机构投资者情绪与同期股票收益正相关，情绪波动与股票收益负相关。宋泽芳和李元（2012）通过选取封闭式基金折价率、月度 IPO 数量及上市首日收益、月新增开户数和交易量作为情绪变量，构造了情绪指数和反映股票收益对情绪变化敏感性的指标—情绪指数，结果显示投资者情绪指数走势基本与大盘一致，很好地反映了市场的整体情绪。

第二节　行为金融学理论综述

行为金融学是一门利用心理学和其他社会科学的研究工具来解释金融市场现象的学科，分析人的心理、行为以及情绪对人的金融决策、金融产品的价格以及金融市场发展趋势的影响，是投资行为学的一个重要分支。

一、行为金融学研究的发展历程

行为金融学是心理学与金融分析相结合的研究方法和理论体系，它研究个体心理因素所产生的行为变化对金融决策以及金融市场的影响，从而解释金融市场现象、预测金融市场的变化和发展趋势。

行为金融学试图将心理学特别是认知心理学同金融经济学结合起来，从心理学的角度研究人们在金融市场中面对不确定性与风险时是如何决策的。行为金融学有两个主要理论支柱，一是套利的有限性，二是人类理性的有限性。

首先，传统金融学认为，套利保证同一价格法则的实现与市场的效率性，但行为金融学认为，套利受到多方面的限制。由于套利的这种有限性，市场不可能完全消除"免费的午餐"，因此完全效率市场不可能实现。

其次，传统金融学继承了经济学中的一个传统的假设，即人类是理性的，他们具有无限的认知、计算能力。心理学研究证明，人类的心智、生理能力受到各方面的约束，因此人类的理性是有限的。行为金融学认为，在不确定环境的决策中，人类理性的有限性会导致其决策出现偏差。

行为金融学是行为经济学的重要分支，它的形成是在对传统金融理论不断挑战中逐渐发展起来的。行为金融理论的研究可以追溯到 20 世纪 50 年代，O.K.Burrel 在 1951 年发表的《以实验方法进行投资研究的可能性》中认为应该把人的心理行为和实验投资模型研究结合起来。Paul Slovic 在 1972 年发表了一篇启发性的论文《人类判断的心理学研究对投资决策的意义》，开拓性地把金融学和心理学结合起来，更注重投资者的心理研究。然而当时认知心理学尚处于形成阶段，行为决策理论也还没发展成熟，传统金融理论又比较完美，所以这一主张并没引起足够重视。1979 年 Kahneman 和 Tversky 提出了对行为金融理论影响最大的期望理论（Prospect Theory），该理论是行为金融学的核心内容和代表学说，是行为金融理论研究的奠基石。随后，Werner de Bondt、R.H. Thaler、Shefrin 相继发表了对行为金融理论进行研究的成果。

在将心理学上的发现应用于解释金融市场运行的基础上，行为金融学这一新的研究领域在 20 世纪 80 年代初正式确立并迅速发展起来。

20 世纪 90 年代，Lars Tvede 出版了《金融心理学》，并创办了《金融分析家杂志》，在 1999 年该杂志最后一期以专辑形式专题研究了行为金融学。由此行为金融理论研究也进入了黄金时代。

对于行为金融学的发展前景，Shiller 做出了非常乐观的估计：随着时间的推移，行为金融学将越来越不能被看作金融学中一个微不足道的分支，而是会逐渐成为严肃的金融理论的中心支柱。可见行为金融学的重要性以及未来与主流经济学融为一体的趋势。作为现代金融学的一个新兴领域和重要研究方向，行为金融学并不是对传统金融学进行全盘否定。简单地说，两者的区别仅在于行为金融学添加了心理学的研究成果，对传统金融理论进行了修正和补充，突破了传统的最优决策模型，使对投资者的决策研究方向从"应该怎么做"转变为"实际该怎么做"，从而更加符合实际情况。

尽管如此，行为金融理论的发展仍然处于初级阶段，其主要理论和模型还比较零散，尚未形成如同传统金融理论一样统一的理论体系。在现有理论和模型的基础上，整合和发展为一套统一的行为金融理论体系是接下来亟须解决的问题。

二、行为金融学理论与传统金融理论的关系

（一）行为金融学理论与传统金融理论的区别

1. 关于有效市场假说

传统金融理论认为，市场是有效的，有关股票的信息都会反映到股票价格上，价格与其基本价值相符，任何投资者都不可能在市场上获得超额利润。有效市场假说关于投资者行为的假定可以分为三个层次：

（1）投资者是理性的，能够合理地评估证券价格。

（2）即使存在非理性投资者，他们的非理性行为在总体上能够相互抵消，因此对证券价格的净影响为零。

（3）即使非理性行为在总体上不能抵消，套利者的存在会使证券价格回到基本面决定的价值。

市场有效假说被认为是传统金融理论的核心之一，它充分地反映了传统金融的研究脉络，如现代金融理论主要包括 Markowitz 的均值—方差模型和投资组合理论，Sharpe、Lintner、Mossin 的资本资产定价模型，Fama 的有效市场理论和 Black–Scholes–Merton 的期权定价理论等都是基于这一理论。

有效市场假说依赖三个基本假设：完全信息、完全理性和完备的市场，只有在三个假设成立时，有效市场假说才有可能被证明。在实际市场中，这三个条件不一定得到满足，如道德风险与逆向选择问题就打破了完全信息的假设。

行为金融学理论认为市场并非总是有效的，经验驱动的偏差与架构效应会引起市场价格偏离基本价值，错误与决策架构会影响市场价格。行为金融学的无效市场理论解决了传统经济学所无法解释的日历效应、股权溢价之谜、期权效应、封闭式基金之谜、小盘股效应等金融现象。

2. 关于投资者是不是完全理性

传统金融理论把投资者设为一个完全意义上的理性人，认为投资者是理性的。理性人在不确定条件下的决策是严格依照贝叶斯法则计算的期望效用函数进行的；市场上存在的非理性行为属于非系统的，可以相互抵消；即使不能完全抵消，套利行为也可以使市场恢复均衡，从而实现总体理性。

然而市场决策者受到自身行为理念的影响，如过度自信、过度乐观、后悔厌恶等，造成认知的偏差，形成系统偏差，市场无法达到总体理性。

行为金融学理论关于投资者的假定是非完全理性，即有限理性。心理学研究表明人们的实际投资决策并非完全理性的。对理性决策的偏离非常普遍，偏差并不能因为统计平均而消除。

这些领域可以简单地分为三类：

（1）个人没有遵循理性规则来评价有风险的赌局。简单地说，就是评价赌局时，对损失比收益更加敏感（厌恶损失），这种偏好导致损失函数比收益函数更陡峭，有助于解释许多金融问题。

（2）对不确定结果预测时，个人系统偏离贝叶斯规则和其他概率理论。如人们利用短期数据和经验寻找长期投资模式，从而预测未来不确定的结果，但是，他们常常没有充分注意到短期历史数据可能是由偶然因素引起的，而不是由构建的模型产生的。这种采用直觉、经验处理问题的方式在生活中非常常见。

（3）框架依赖，即根据不同的问题表达方式，做出不同的选择。这在框架效应一节中有详细的阐述。

3. 关于市场完全性和随机性

传统金融理论假设金融市场是完全的而且市场交易也是随机的。市场的完全性体现在一旦市场上出现了关于某一证券基本价值的消息时，证券的价格就应做出迅速而且正确的反应，以体现这一消息。相应地，没有关于证券的基本价值消息时，证券的价格应该保持不变。在风险中性的假定下，市场交易可简化为随机游走假说，即投资者不可能通过股票过去的收益对未来的走势进行预测。

经济学家采用序列相关系数对市场进行检验，考察股票当前的收益与未来几期收益之间的相关关系。结果表明，绝大多数股票自身的相关系数显著不为零。这就表明，无论相关系数为正还是为负，市场交易的随机假说都不成立，投资者可以利用股票的价格对未来作出预测。

行为金融学理论认为金融市场是非完全市场，市场的交易也不只是随机的，而是取决于个体和群体行为的表现。作为市场的投资主体，投资者的心态、心理以及行为决定了投资对象的交易价格。现实市场中的投资者形成投资理念，对证券进行评估，随后进行交易。投资者的心态理论可以为证券的价格和收益的变化提出比较明确的预测。

4. 关于理性预期均衡

绝大多数资产定价模型都是使用理性预期均衡框架，他们假设交易者不仅是个人理性的，而且信念也是一致的。这就要求交易者不但能准确处理新信息，而且收集到有关经济结构足够的信息使得交易者能绘出准确的分布。

行为金融学理论通过放松理性假设而偏离理性预期均衡。Kahneman 和 Tversky 在1979 年做的一系列心理学实验显示，现实中人们的许多行为，都违背了理性预期的基本假定条件，从而提出了偏离标准的决策模型，放宽了理性假设条件。

关于资产定价理性预期存在着格罗斯曼—斯蒂格利茨（Grossman-Stiglitz）悖论。在完全竞争的证券市场中，如果资产组合产生财富的随机性仅仅来源于证券未来收益的随机性（一个维度的不确定性），则完全揭示的竞争性理性预期均衡不具有稳定性，甚至是不存在的。因为完全竞争市场中的交易者是价格接受者，他们的个体行为不影响市场均衡价格；如果均衡价格完全揭示私人信息，那么交易者都有"搭便车"的动机，即不愿意自己搜寻有成本的私人信息，而只想从价格中推测信息。如果多数或全体交易者都不愿搜寻私人信息，只等待从价格中推测信息时，价格根本就没有什么私人信息可以汇总和传递。在此情况下，不可能存在一个稳定的均衡，因为价格取决于人们对未来收益的预期，未来收益的随机性会诱导交易者产生一种搜集信息的"天性"，以尽量减少未来的不确定性，提高预期的精确性。当价格无私人信息可传递成为共同知识时，也是由于竞争性假设，个体行为不影响均衡价格，同时又具有搜集私人信息的动力（特别是搜寻成本不太高时），人们希望提前知道价格的未来走势，获得信息报酬，故无私人信息的均衡也是不稳定的。这就是 Grossman–Stiglitz 悖论。

（二）行为金融理论与传统金融理论的优缺点

（1）传统的金融学依据精确的假设和严密的逻辑，运用先进的数学工具，有很强的定量特征。

（2）传统的金融学运用演绎方法构筑了近乎完美的理论体系。

（3）传统理性金融学几乎不能够成功运用到实际的金融市场当中，其无套利均衡、有效市场理论、净现值决定、金融衍生品的定价方法本身就有其局限性。

（4）金融市场中出现的大量异常现象都不能用传统金融理论加以解释，其理论往往被实验和市场所证伪，因此受到行为金融学者的质疑和挑战。

行为金融学结合了经济学、金融学和心理学，是在三个学科的基础上产生和发展的，它与传统的金融学形成了互补关系。行为金融学基于市场的实证研究，能够解释传统金融学所不能解决的金融市场异象问题，弥补了传统金融理论的不足。

由于行为金融学和传统金融学的研究对象都是以研究投资者行为作为出发点，都认为投资人最终趋于理性，它们之间也有很多的一致性。行为金融与传统金融理论的融合是未来金融学最有可能的发展趋势。

三、噪声交易者理论

（一）噪声交易的概念

安德瑞·西勒弗（Andrei Shleifer）提出了噪声交易者理论和有限套利理论来挑战有效市场假说。

噪声交易者是指那些不是根据期望收益和风险来买卖资产的交易者，也指那些对收益和风险做出非理性预期的交易者。根据假设，噪声交易者的交易需求与预期收益不相关，因此在模型中 Shleifer 将噪声交易者的交易需求视作空噪声；而其他投资者被假设为风险规避型的效用最大追求者，并假设他们能做出理性的预期。

噪声交易是指人们依据噪声所进行的交易，用来代表非理性投资者的行为。在金融市场中，人们一般是基于信息进行交易的，希望通过交易获取利润，但有时人们可能主观上把噪声误认为是实质性的信息，依据噪声进行交易。

在这些假设下，资产的价格与资产的基本价值会有显著的差别。而且资产的价值会显示出向均数复归的现象：当资产的实际价格高于其基本价值时，平均而言后一期的价格会下降；反之，当资产的实际价格低于其基本价值时，平均而言后一期的价格会升高。

噪声交易是作为理性交易的对立面出现的，它是非理性投资者基于噪声而不是真正的信息进行的交易。噪声交易可以划分为两类：一类是噪声交易者之间的交易；另一类是理性交易者利用噪声交易者的错误定价所进行的套利交易行为，但一般将理性交易者所从事的套利交易活动视为理性行为。

专栏1-15	噪声交易的利与弊

标准金融理论认为，非理性的噪声交易者作为一个整体将遭受损失，而理性交易者作为一个整体将获得利润。根据市场选择理论，噪声交易者在市场中将不可能长期存在，但是噪声交易并非完全是有害的，它为市场提供了不可缺少的润滑剂，也为市场提供了流动性。噪声交易越多，市场的流动性就越强，因为大量的交易使人们可以清楚地观察到价格。人们基于噪声而进行交易，实质上是将噪声误认为实质性的信息，因此他们对自己所进行的交易是十分自信的，虽然他们不进行这样的交易会更加有利。由于噪声交易的存在，股票的价格是其价值带有噪声的估计，而且根据公司盈利对股票价值所做的估计本身也带有噪声，从而为市场资产定价创造了风险，限制了套利交易的程度和范围；噪声交易者在创造获利机会的同时，也为自己创造了生存的空间。

噪声交易者给股票价格带来的噪声是积累性的，噪声只能通过基于信息的交易者对其的研究和交易来抵消。

（二）噪声交易的基础

H.A.Simon 在 1957 年首次提出了有限理性的概念，认为人类仅具有有限理性，因此人的行为有时会偏离经典经济学所假设的最优化模式，并且在 1972 年最终正式形成有限理性理论。Simon 认为，有限理性是理性选择在考虑到"决策者在知识和计算能力方面认知能力的限制"时的一个变种。

1. 有限理性

在噪声交易研究中，典型的行为经济人是具有有限理性的正常人，被称为噪声交易者，有限理性是噪声交易理论分析的起点。有限理性假定了两个方面的有限性：一是知识和信息方面的有限性，二是优化计算能力的有限性。关于后者，Simon 认为交易者由于自身的限制，并不是对每次决策都进行最优化计算并做出最优的决策。

2. 搜索与满意化

在有限理性假设下，决策机制的描述依赖于两个核心概念：搜索和满意化。决策者在进行选择时，如果初始的选项没有给予，则必须进行搜索，因此有限理性中包含了一些搜索理论。

有限理性假设存在影响决策者对其找到的选择进行判断的某种期望，一旦决策者发现了一种选项可以满足他的期望水平，他就会终止搜索，选中该项，这就是所谓的"满意化"。

研究表明，基于经验规则或者"启示"的选择趋于将搜索导入有希望的区域，这样决策者一般会在搜索了全部空间中极小一部分后就会发现题解。有限理性学说最重要的贡献在于描述了决策者如何在合理的计算下进行实际决策的机制，在这一过程中决策者使用了非常不完的信息，而不需要去进行那种他实际上不可能完成的最优化过程。

（三）噪声交易的分类

根据噪声交易成因的不同将其分为四个类型：基于有限理性的噪声交易、基于信息不对称的噪声交易、基于"个体理性"的噪声交易和基于保值交易策略的噪声交易。

1. 基于有限理性的噪声交易

在有限理性假设下，投资者是具有有限理性的正常人。他们在进行投资决策时会存在许多认知偏差，使他们的决策过程并非标准金融理论所描述的最优决策过程，而是在有限理性约束下的满意结果。

2. 基于信息不对称的噪声交易

根据投资者拥有的信息量的多少，可以将其分为I型交易者（Informed Investor）和U型交易者（Uninformed Investor）。

I型交易者不仅有更强烈的愿望去搜集信息，也具有信息搜寻成本上的优势，这样I型交易者就会获取较多的信息量；而U型交易者由于存在信息搜寻上的不作为以及成本约束，信息获取的量较少。U型交易者由于没有可利用的充分信息，很可能会轻信市场中的传言，听从"投资专家"的建议甚至模仿其他交易者的行动进行交易，从而形成噪声交易。

3. 基于"个体理性"的噪声交易

基于"个体理性"的噪声交易包括个人理性和信息聚集。

个人理性是指当市场中存在噪声交易者时，理性交易者为了获取自身最大利益，并非基于基础信息的变动而进行的交易行为。信息聚集是指大部分投资者"理性地"关注于同一信息源而非不同的信息集合。如果这一信息与基础价值无关，那这些交易当然是噪声交易；纵使这一信息与基础价值有关，也可能由于聚集了过多的交易而造成对该信息的过度反应，从而对整个市场而言仍然是一种特殊的噪声交易。

从个人理性和信息聚集这两点就可以看出，理性交易者并不总是遵循市场理性进行交易而增进市场效率的，他们遵循个体理性行动，在很多情况下会违背市场理性。在一些特殊的条件下，他们会成为实际上的噪声交易者。因此，传统意义上的理性交易者与噪声交易者的划分可能是不完善的。

4. 基于保值交易策略的噪声交易

交易者出于防范风险、减少损失的目的，往往会采取能够控制损失数额的交易方式，如设定止损点和组合保险等。前者是在价格达到某一设定值时就买入或卖出以规避损失，后者是利用期权、期货或模拟期权等衍生金融工具将未来收益稳定在某一水平上。

专栏 1-16　趣味噪声

在一个实验中，受试者被告知有一个人是随机从100个人中挑选出来的（这100个人包括70名工程师、30名律师），并对该人有如下描述：该人30岁，已婚，无小孩。他的能力和才识卓著，在该领域非常成功，并深受同事们的喜欢。

这个描述是纯噪声的，因为它没有揭示任何与该人是工程师还是律师相关的信息。实验的结果是，判断该人是工程师的概率为0.5，而忽视了先前论述的工程师占总人数的70%。所以，当给出有用的证据时，先验概率会被合理地使用，而当给出没有价值的证据（噪声信息）时，先验概率却被忽视了。

交易者在采取这两种交易方式时，就会对价格的变化起到正反馈作用，即价格上升时要求买入而推动其进一步上升，价格下跌时要求卖出而促使其进一步下跌。这些策略仅以价格作为唯一的考虑因素，完全没有考虑与基础价值相关的信息。这些策略在许多情况下会导致资产价格远远偏离其基础价值，并且会导致较大的价格波动，对证券市场而言是一种明显的噪声交易。

四、有限套利理论

有限套利理论（Efficient Markets Hypothesis，EMH）奠基于三个逐渐弱化的假设之上：

第一，投资者被认为是理性的，所以他们能对证券做出合理的价值评估；

第二，在某种程度上，某些投资者并非理性的，但由于他们之间的证券交易是随机进行的，所以他们的非理性会相互抵消，所以证券价格并不会受到影响；

第三，在某些情况下，非理性的投资者会犯同样的错误，但是他们在市场中会遇到理性的套利者，后者会消除前者对价格的影响。

有限套利理论的三个逐渐弱化的假设以严密的逻辑为其理论构筑了三道防线。当行为金融学突破前两道防线进而触及第三道防线时，EMH理论以"套利是保持市场有效性的关键力量"的命题驻守，行为金融学质疑套利对于维持市场有效性的能力，"有限套利"的概念得以提出。

第一道防线：投资者是理性的，并且信息是充分的，投资者总能确定出每种证券的基本价值，即证券未来的现金收入流量经风险调整后折合的净现值。当没有新的信息冲击时，基本价值保持不变，价格也不变；当新的信息冲击发生时，投资者能够迅速做出反应，以其买卖行为将新信息准确地反映到价格上，使证券价格随新的现金收入流量净现值变动调整到相应水平。

行为金融学却认为：投资者完全理性的假设并不成立，而且信息也并不充分，许多投资者的决策依据并非与证券基本价值相关的有效的真实信息，而是一种被称为"噪声"的非有效信息。这种非有效信息既可能是投资者的情绪等非理性因素，也可能是投资者自身的认知偏差。总之，投资者以此进行决策，对价格产生了冲击，使价格偏离了基本价值的水平。

第二道防线：在很多情况下，尽管投资者并非完全理性，市场仍然是有效的，因为非理性投资者在市场中的交易是随机进行的。当这种类型的投资者大量存在且他们的交易策略相互独立时，他们之间的交易很可能会通过相互作用抵消自身的错误。在这种市场中，尽管非理性投资者相互之间的交易量非常大，但证券价格却一直保持在基本价值附近。

行为金融学举证了心理学的研究成果来推翻这一论点：人们并不只是偶然偏离理性，而是经常以同样方式偏离。没有经验的投资者在多数情况下是按照自己的投资理念来买卖股票，他们的买卖行为之间有很大的相关性；他们之间的交易也并非随机进行，而是在大致相同的时间都去买或卖相同的股票。如果在某种情况下，他们根据流言或是他人的行为做出决策，那么这种买卖的相关性就会更加显著。

更为严重的是，除了个人投资者，机构投资者的行为也会受到非理性的影响。在现代金融市场的委托—代理制下，绝大部分资金由代表个人和公司理财的养老基金和共同基金的职业经理人来掌管。这些基金经理也是普通人，因此影响个人投资者的偏见同样会影响他们。在某些时候，基金经理其实也是标准的噪声交易者；而且由于拥有的资金量非常巨大，他们的非理性行为给市场价格带来的冲击也会更加巨大。

第三道防线：即使投资者的交易策略是相关的，市场有效的结论仍能成立。如果有一种证券的价格由于被没有经验的投资者或非理性的投资者抢购而高估，理性的套利者将卖出甚至卖空这种证券，同时买进本质相似的其他证券进行风险对冲。只要能找到这种可替换的证券，套利者又能对之进行买卖，价格被高估的证券价格便会恢复基本价值；反之，价格被低估的证券也会被套利者积极买进而恢复到基本价值水平。

除此之外，市场本身也具有选择机制。非理性投资者总是买进价格高估的证券而卖出价格低估的证券，因此他们总是在蒙受损失，而这种局面不可能一直持续下去，随着财产一天天减少，他们最终会被市场所淘汰。也就是说，从长期来看，因为市场选择的存在，市场的有效性也会一直持续下去。

行为金融学却认为，套利并非如传统金融想象得那么完美。由于受诸多条件的制约，套利在维持市场的有效性上仅能发挥有限的作用。至此，"有限套利"的概念得以提出。

噪声交易者理论和有限套利理论可以解释许多不能用理性选择解释的异常现象，大致分为两类：

（一）反应不足

表现为股票、证券等的价格变化没能瞬时反映公布的信息，而是要经过几周甚至几个月的调整，才能对这些信息做出充分反应。这也就表明价格的初始上扬，平均而言会跟随着可预见到的价格进一步上升。即短期内股票价格波动，在时间序列上呈现正相关，因为当股票价格稍有上涨时，市场上的噪声交易者会买进，导致市场的需求量和价格都会追涨。

（二）反应过度

表现为一组对公司有利的信息常常会导致相应的股票被高估，当这种高估现象逐渐消失时，这一股票的回报率会下降，即长期内股票价格波动时间序列上的负相关，这是由于一段时期后，股票的价格又回归于其实际价值。

Shleifer发现投资者受心理因素的影响，错误地将世界视作两个维度的交互。尽管投资收益在时间上的轨迹应该是随机游走的，但投资者在对收益的预期进行判断时，会分为以下两个维度：第一个维度是均值回归，第二个维度是趋势效应。这种决策方式很自然地会导致反应不足和过度反应。

专栏 1-17 反应不足与反应过度之间的博弈

当投资者认为收益均值回归的时候，那些"被低估的"股票是指市场价格低于真实价值的股票，价格的初始上扬会被投资者视作一个偏离平均收益的异常点。因此一个正的信息冲击不会使投资者过分偏离原先的投资决策，这就会造成反应不足；然而当一串正的信息冲击不断强化，最终使投资者落入趋势效应这一维度的时候，价格在上升过程中会产生"惯性"，即在价格已充分反映了资产价值的时候，因投资者认为价格上升的趋势会持续，而导致价格上升到高于资产真实价值的水平，这就会引发过度反应。

五、投资者心态理论

（一）过度自信

过度自信是指在行为者当中，无论是理性行为者还是非理性行为者，他们都自认为是掌握了一定信息和一定专业知识的，因而在面对投资决策的时候，往往过于相信自己的判断力。

过度自信有两种表现形式：一是投资者进行概率估价时，准确率很低；二是投资者指定给估计数值的置信区间过于狭窄。

过度自信包含了对凭借个人努力获得成功的过度乐观。Frank 在 1935 年发现人们过高估计了其完成任务的能力，并且这种过高估计会随着个人在任务中的重要性而增强，人们对未来事件有不切实际的乐观主义。Miller 和 Ross 在 1975 年发现在许多不同的环境中都可以发现这种乐观，在金融市场中这种过度乐观表现尤为明显，这也很好地解释了某些年度证券交易量变化的困惑。

专栏 1-18 "难度效应"

过度自信作为投资者的心理特征在金融市场中表现明显。

研究表明，人们在面临困难的任务时会表现出过度自信的特征，而且面对的问题难度越大，就越容易产生过度自信，这就是"难度效应"。

在金融市场上，金融资产的价格预测是一个难题，因此，不仅是新手，连专家也表现出明显的过度自信。研究表明，人们做出某种决策的时间越短，对该决策准确性的自信心就越大。在金融市场上，投资者常常需在较短的时间内做出准确的投资决策，因此，投资者的行为常常出现过度自信的特征。

过度自信也会产生于公司的高层管理者中，高层管理者的过度自信会影响公司的生产经营，并对内部员工和外部股东等的决策产生影响。

一般人们通过观察自身行动的后果来了解自己的能力，而在交易过程中，交易者因为存在自我归因偏差，即回顾过去的成功时会高估自己的贡献，并且比起与失败有关的信息交易者更容易回想起关于成功的信息，从而加重了投资者的过度自信心理。

过度自信导致投资者会专注于自己的信息而忽略公司基本面或者其他投资者带来的信息，错误地认为私人信息比公共信息更为准确；投资者在观察信息时，会特别注意那些与他们判断一致的信息来加强自信，而忽略那些与他们信念不同的信息，即他们明显高估了自身的估价能力，低估了估价过程中预测的方差。

过度自信投资者会受到市场政策和信息的影响。若政策不明朗、不稳定，过度自信投资者对股票的需求量或抛售量会比理性投资者要大，过度自信投资者通常会推动股市大起大落。因为牛市买入的信号多，过度自信投资者对股票的需求会超出理性，进一步推动股市向泡沫的方向转化；在熊市卖出的信号多，过度自信投资者对股票的抛售会超出理性，进一步推动股市向萧条的方向转化。特别是政策不明朗不稳定情况下的熊市，过度自信投资者对股票的抛售超出理性，从而会抵消部分利好消息对股市的拉升。若股市政策明朗稳定，股市政策所带来的风险会减少，理性投资者与过度自信投资者均会增加对股票的需求。

过度自信投资者，其信心程度实际上是一种过度自信的情绪，它具有传染性，能传播给理性投资者，从而导致过度自信投资者增加，理性投资者减少。

（二）后悔厌恶与损失厌恶

后悔厌恶是指当人们做出错误的决策时，会对自己的行为感到痛苦。为了避免痛苦，人们常常做出许多看起来似乎是非理性的行为。所谓"后悔"，是指个人因为做了某一个决定，而使自己丧失原本较好结果而带来的痛苦。

损失厌恶是指用于描述投资者按照自己心理账户的平衡来作投资决策，在调整资产结构时，往往卖出组合中某些"盈利"的品种，而留下仍然"亏损"的品种的投资行为。这种损失厌恶的行为在行为金融上又称作处置效应。

专栏 1-19　后悔厌恶选择实验

个人会因为后悔自己的决策，而觉得自己应该为所做错的事负责。

假设有两个人：A 先生排队买票，戏院老板说他是第 100000 位顾客，可以得到 100 元；B 先生在另一个戏院排队买票，结果排在 B 先生前面的顾客是该戏院的第 100000 位顾客，可以得到 1000 元，而 B 先生得到了 150 元。现在问受访者，希望自己是 A 先生还是 B 先生？

结果显示，大部分受访者都认为宁愿做 A 先生，因为他会比较高兴；而 B 先生尽管得到了 150 元，但会由于损失了得到 1000 元的机会而惋惜。

从专栏 1-19 的后悔厌恶选择实验中可以看出，个人后悔心理确实存在，并影响着人们的决策行为。大部分受访者选择 A 先生表明人们倾向于避免后悔，这种心理就称为"后悔厌恶"或者"后悔规避"。后悔对个人来说，是一种除了损失之外，还自认为必须对损失要负责的感受。因此，后悔对个人来说比损失还要痛苦。Shefrin 和 Statman 在 1994 年发现，为了避免后悔，在股票市场上投资者往往对亏损股票存在较强的惜售心理，即继续持有亏损股票，不愿意实现损失；投资者在盈利面前趋向回避风险，急于套现价格已经上涨的股票，并愿意较早卖出股票以锁定利润。他们将这种现象命名为"处置效应"（Dispostion Effect）。具体见专栏 1-20 的分析。

专栏 1-20	处置效应

假设某投资者月初以 50 元买进股票 A，月底该股票价格为 40 元，预期该股票未来不是上涨 10 元就是下跌 10 元。此时投资者要决定是继续持有还是卖出该股票。

Shefrin 和 Statman 认为投资者会将此决策过程编辑成以下两个赌局的选择：一是立即出售该股票，马上确认 10 元的损失；二是继续持有该股票，有 50% 的可能性再损失 10 元，另外 50% 的可能性可以扳回损失（Breaking Even），根据前景理论，价值函数在损失阶段是凹函数，此时投资者是风险偏好者。因此投资者不会愿意确认损失，而会尝试可能扳回损失的机会，所以投资者会继续持有该股票。这种现象和赌徒在赌输情况下希望翻本的心理是一样的。

如果该股票月底价格是 60 元，我们同样可以根据价值函数推出投资者此时是风险规避者，更倾向于卖出股票实现盈利，同样类似于赌博中的"见好就收"的心理。

Barber 和 Odean 利用前景理论来解释处置效应，他们认为投资者会以股票的买入价格作为参考点，来决定是否继续持有该股票。同样，我们可以利用前景理论中参考点的变化对前面引用 Thaler 的例子进行解释。A 先生获得的价值为 V（100），而 B 先生获得的价值是 V（150）+V（-1000），此时他的参考点已经变成了 1000 元，因此除了 150 元的收益外，他还有承担对 1000 元失之交臂的痛苦。A 先生所获得的正效用大于 B 先生，这也就是为什么大部分人选择成为 A 先生的原因。

（三）羊群行为

人类社会中存在的一个基本现象是经常相互交流的人群的思维常常非常地相似，人们的决策也常常走向一致，这种现象被称为羊群行为。

羊群行为是指投资者在信息环境不确定的情况下，行为受到其他投资者的影响，模仿他人决策，或者过度依赖于舆论（即市场中的压倒多数的观念），而不考虑自己的信息的行为。

金融市场中的羊群行为是指市场中的各类参与者在进行决策时影响他人或受到他人影响而忽略私有信息，并采取了相似的决策，且最终被反映在资产价格中。投资者的羊群行为是符合最大效用准则的，是在群体压力等条件下体现的非理性行为，有序列型和非序列型两种模型。

専栏 1-21　　真伪羊群行为

从内在发生机制来看，羊群行为可分为真羊群行为和伪羊群行为两种类型。

真羊群行为是市场参与者对他人行为的模仿和跟从。而伪羊群行为指投资者在面临相似的问题和信息时采取相似的决策。

例如，当中国人民银行宣布将存款利率下调时，将会导致银行存款的吸引力下降，这会使一部分投资者将资金从银行抽出而投资于股票市场、债券市场等以期获得更大的收益。在这里，虽然投资者采取了一致的行为，但产生这种现象的原因是人们在面临相同的决策问题和同样的信息集时采取相同的行动，而非模仿或跟从他人的行为而做出相似的决策，所以并非真正的羊群行为。我们称之为伪羊群行为。

伪羊群行为是信息被有效利用而产生的结果，而真羊群行为则并不一定是有效的。但对于外部观察者而言，如果不知道决策者的私有信息，就很难判断人们是因为观察到他人的行为后进行模仿和跟从，还是因为面临同样的信息独立做出一致的决策。因此，有效区分真羊群行为和伪羊群行为并非易事。

从羊群行为的定义看，决策者参与羊群行为，可能是理性的，也可能是非理性的，这取决于他参与羊群行为是否可以使得其经济利益增加。如果参与羊群行为可以增加他的经济福利，那么这种羊群行为就是理性羊群行为；反之，就是非理性羊群行为。理性的羊群效应认为，由于信息获取的困难、行为主体的激励因素以及支付外部性的存在，使得羊群行为成为主体的最优策略。而非理性羊群行为主要研究行为主体的心理，认为行为主体只会盲目地相互模仿，从而忽视了理性分析的重要性。

一般情况下，非理性的羊群行为导致市场不稳定。在经历了几次大的金融危机之后，羊群行为曾一度被认为是引起金融市场动荡的"罪魁祸首"之一。众多投资者和基金管理者被指责没有经过"深思熟虑"便盲目"跟风"。正是这种模仿行为导致了价格的剧烈波动并迅速从一个市场传递到另一个市场。对金融危机起了"推波助澜"的作用。这些作用主要表现在以下几个方面：

1. 羊群行为导致金融资产价格大幅度波动

由于羊群行为参与者往往抛弃自己的私人信息而追随别人，这会导致市场信息传递链的中断。羊群行为由于具有一定的趋同性，从而削弱了市场基本面因素对未来价格走势的作用。当许多投资者在同一时间买卖相同股票时，会导致单个股票价格大幅度变动，破坏市场的稳定运行。

2. 羊群行为推动金融市场泡沫的膨胀或破灭

泡沫是指价格偏离基础价值的现象，其本身是一种价格行为。由于心理预期不稳定和投资者的羊群行为，泡沫成为金融市场中定期出现的必然现象。在泡沫的膨胀过程中，市场资金不断被吸纳过来；在泡沫崩溃过程中，资金则迅速撤离。

在价格泡沫发生、发展和破裂的过程中，羊群行为扮演着不可忽视的角色。因为所有羊群行为的发生基础都是信息的不完全性。一旦市场的信息状态发生变化，如新信息的到来，羊群行为就会瓦解。这意味着羊群行为具有不稳定性和脆弱性，并直接导致了金融市场的不稳定性和脆弱性。

3. 羊群行为与金融危机

即使一国宏观经济不存在薄弱环节，一个流言就足以使证券投资资本从一个国家大量流入和流出，从而使一个开放的小国面临资本流动带来的泡沫和灾难。在1997年的亚洲金融危机中，金融市场贷款者的羊群行为不仅加快了危机发生的速度，还使危机在广度和深度上蔓延。

对于人们存在羊群行为的原因有三种解释：

第一种是信息阶梯式传播理论。这一理论认为，在进行决策时，人们不是依据他个人拥有的信息来选择自己的行动，而是依据他对别人的观察来作出选择，而选择的结果是模仿别人的行动。这种模仿导致人们行动的一致性。

第二种是社会压力理论。人们常常受到来自社会各方面的压力，这种社会压力迫使他们服从社会规范；即使是面对非强制性的社会压力，人们也不自觉地服从。这种服从可能导致羊群行为。

第三种是对权威的服从理论。人们常常盲目服从于权威但同时却没有意识到自己的行为正是服从权威的结果。一旦社会中形成权威，人们就会服从它。对权威的服从导致人们行动的一致性。

（四）代表性偏差

人们在信息不充分的情况下通常采取代表性判断方法，但是人们依据相似性或者代表性来判断往往会存在系统性偏差。

1. 对结果的先验概率（Prior Probability）不敏感

对代表性没有影响而对概率应该有重要影响的因素之一是结果的先验概率，或者是结果的基率（Base Rate）。

专栏1-22	先验概率不敏感实验

用一个实验对"人们对结果的先验概率不敏感"这一假设进行检验，在实验中先验概率是被控制的。提供几个人的简要个性描述，这些人是从100个专业人员（工程师和律师）中抽取的。现在要求我们估计每一个描述属于工程师而不是律师的概率。在一种情况下，我们被告知抽取个性描述的组是由70名工程师和30名律师组成的；在另一种情况下，由30名工程师和70名律师组成。任何一个具体的描述属于工程师而不是律师的概率在工程师占大多数的第一种情况要高于律师占大多数的第二种情况。

在专栏1-22的实验中，与贝叶斯法则极为矛盾的是，在两种情况下产生了事实上相同的概率判断。明显地，在我们估计某一描述属于工程师而不是律师的概率时根据的是这个描述与这两类专业人员特征的代表性程度，而很少或根本不考虑先验概率。当人们没有别的信息时，往往能够正确使用先验概率。例如在不提供个性描述时，他们判断一个人是一个工程师的概率在两种情况下分别为0.7和0.3。但是当引入一种描述时，先验概率就被忽略了，即使这种描述完全不提供任何信息。

2. 对样本规模的不敏感

为了评估在一群特殊人群中抽取的样本中获得一个特定结果的概率，人们一般会采用代表性启发式论据，导致结果出现偏差。

3. 对概率的误解

人们认为一个随机过程产生的一系列事件，即使这个系列是短的，也代表这个过程的基本特征，导致出现对过程特征的认知偏差。

4. 对预测性的不敏感

人们有时用特定数字作为对未来股票价格、商品需求或是足球比赛的预测结果。这会出现明显的结果偏差。

5. 有效性幻觉（选择性偏差）

人们经常通过选择那些与输入信息（例如：对一个人的描述）最具代表性的结果（例如：职业）来做出预测。他们在预测中的自信主要在于代表性的程度（也就是选择结果与输入信息的匹配质量），而很少或者根本不考虑限制预测准确性的因素。这种由于预测结果与输入信息非常匹配而产生的无根据自信可以称之为有效性幻觉。

也就是说，个人在不确定情况下往往将所得信息与头脑中已存在的类似某种原型的概念进行比较，当偏差小的时候，便快速判断该信息很可能代表原型概念。但是这种简单、快速的判断可能受到上面所提到的各种偏差的误导。

正是由于投资者行为在证券市场上受到代表性启发式的影响，Bondt 和 Thaler（1985，1987）指出投资者在进行概率修正时常倾向于反应过度，对于近期的信息赋予较大的权重而对整体基率赋予较低的权重，其对盈利数据的过度反应会推动股票价格暂时偏离基本面价值。由此推断，在前段时间表现不佳的股票很可能比表现出色的股票更具投资价值，也就是出现反转交易策略。

（五）易得性偏差

人们可能通过他能想到的例子或者事件来评估一类事件的概率或是一个事件的可能性。例如，一个人可能通过回忆他熟人里面出现心脏病的事件来评估中年人出现心脏病的风险。相似地，人们可能通过想象生意可能会遇到的各种困难来评价某项生意失败的可能性。这种判断上的启发式论据被称为易得性偏差。

1. 事件重现的偏差

如果一类事件的概率是通过有关例子的易得性来判断的，那么那些例子易于重现的事件就会比那些不易重现的等概率事件出现的次数更多。

专栏 1-23　事件重现的因素

一个人听到著名人物性格描述的一个列表，其中有男有女，然后让他们判断是否在这一列表中男的比女的多。向不同组的人提供不同的列表，在一些列表中男的相对比女的有名一些，而在另一些列表中女的相对于男的有名一些。这样在每一个列表中，人们会错误地判断有更多著名个性描述的一种性别是占更多数的。

除熟悉之外，还有其他因素影响例子的重现，比如，看到一间房间在眼前燃烧比在当地报纸上阅读火灾的相关报道对主观概率上的影响可能更大；而且，近期的事件往往比早期事件更易获得。人们普遍会有这样的经历，当一个人看到一辆车翻倒在马路边上，那么他对发生交通事故的主观概率暂时就会提高。同样在证券市场上人们也存在这样的思维，例如近几年中国股市的长期低迷给投资者留下了很深的印象，以至于即使政府连出利好投资者也还是无法很快摆脱熊市思维。

2. 想象力偏差

在现实中，想象在概率的评估中起着重要的作用。例如，一个人通过想象探险中不能应付的意外事故来评估探险活动中所包含的风险。如果许多此类困难被描绘得很生动，那么人们可能觉得这个探险非常危险，虽然很可能想象到的多种灾难并没有反映其真实可能性。相反地，如果一些可能的危险不易被理解或只是没有被想到，那么人们很可能就会低估某项任务所含有的风险。

证券市场上的投资者也经常依据他们的想象来行动，但这种想象并不能总是正确地反映现实，于是他们就会做出不正确的反应。尤其，当世界进入互联网时代，信息的易得性被极大提高，使得易得性偏差变得更加显著。Shiller 在其著名的《非理性繁荣》中分析了新闻媒体对投资者行为的影响，认为媒体能积极地影响公众的注意力和思考方式，也能形成股市事件发生时的环境。媒体在使大众对新闻更感兴趣的同时，也成了投机性价格变动的主要宣传者，使过去的价格变化引起进一步的价格变化，从而引起其他一连串事件的发生（这里指的是注意力的连锁反应）。易得性偏差使投资者往往对熟悉的事件表现出偏好，而对模糊的事件表现出厌恶，从而影响投资者做出理性的反应。

（六）锚定和调整

Tversky 和 Kahneman（1974）认为在许多情况下，人们往往通过对初始值进行调整来进行评估。初始值或者开始点可能只是问题的简单陈述，或者只是部分计算的结果。在任何情况下，调整往往是不充分的。从不同的开始点得到不同的估计值，估计值是偏向于初始值的，这种现象称为锚定。

锚定不仅发生在开始点被给定的情况下，当估计值建立在不完全计算的结果上时也会发生。一个用直觉估计数字的研究说明了这种效应。A 组对 $8 \times 7 \cdots \times 1$ 乘积式进行估计，而 B 组估计 $1 \times 2 \times \cdots \times 8$ 的结果。为了快速回答这个问题，人们可能先进行几步计算然后再进行外推或者调整来估计。因为调整一般来说是不充分的，所以这个过程将导致 B 组的结果被低估。

锚定效应在股市上表现为保守主义偏差，往往与反应不足联系在一起。例如，股评效应就是锚定效应的一种表现。证券市场上的投资者往往参考专家的股评建议来行动，即使投资者并不相信股评，但是由于他们习惯于依据股评经过调整来决策，而且他们的调整往往是不充分的，所以他们的行动还是会受到股评的影响。由于锚定效应的存在，人们往往不能对新信息做出充分反应，在证券市场上就往往表现为反应不足。

专栏1-24	幸运轮实验

在一个幸运轮实验中，要求被试验者对非洲国家在联合国中所占席位的百分比进行估计。由于分母是100，事实上只需要对分子进行估计。实验首先要求被试验者旋转摆在其前面的幸运轮随机选择一个在0~100的数字，其次被试验者被暗示该数字比实际分子数值更高或更低，最后再让被试验者确定他们的估计值。实验发现，被试验者的估计值明显受到幸运轮随机产生的数字的影响。比如，当幸运轮停在10的位置时，被试验者对分子数值的平均估计值为25；而当幸运轮停在65位置的时候，被试验者对分子估计值达到45。由此可见，尽管被试验者知道轮子数值的平均估计值达到盘产生数字的随机性，他们对该数字也做了相应的调整，但他们最终还是将估计值锚定在这一数字的领域内。

（七）参照系偏差

参照系偏差（框架依赖）最初是由 Kahneman 和 Tversky（1979）在前景理论中提出的。在证券市场上参照系偏差（框架依赖）主要表现在以下两个方面：

1. 红利之谜

专栏1-25	红利之谜

20世纪70年代发生了能源危机。在能源危机期间，纽约城市电子公司准备取消对股东的分红，可是广大股东竭力反对。这种状况用传统金融理论是无法解释的，因为按传统金融理论的分析框架，广大股东只会对公司股价的波动敏感，而不会对公司暂不付红利如此激动。

按照"M-M"的套利定价理论，在不考虑税收和交易费用的情况下，分红能够由资本利得取代，也就是"自制红利"。可是行为金融学认为，"自制红利"有别于直接分红，因为投资者习惯于将红利和资本利得放入不同的参照系，因此对两者的评价也是不一致的。投资者将红利放入"安全参照系"，而将资本利得放入"风险参照系"，所以对红利的变动投资者往往做出过大反应，而对资本利得的变动会有更好的承受力。此外"自制红利"可能会留下遗憾，比如当出售这只股票后，价格上涨，就会给投资者带来遗憾。所以，投资者认为公司分红不能通过"自制红利"来代替。

2. 处置效应

处置效应指投资者往往急于卖出获利的股票，而长期持有亏损的股票。人们之所以会这样做也是由于参照系偏差造成的。投资者看待获利和亏损有着不同的心理感受，或者说投资者将获利和亏损放入了不同的参照系中。

（八）心理账户

心理账户（Mental Accounting）于 1958 年由康奈尔大学心理学家 Thaler 提出，他认为，小到个体、家庭，大到企业集团，都有明确的或潜在的心理账户系统。

心理账户就是投资者在心理上无意识地把财富划归不同的账户进行管理，不同的心理账户有不同的记账方式和心理运算规则。

一个人在做决策时并不会综观所有可能发生的结果，而是将决策分成好几个小部分来看，即分成好几个心理账户，对于不同的心理账户会有不同的因应之策。由于心理账户的存在，使投资者在行为决策时常常偏离基本的经济人理性原则。

心理账户有两个最基本的本质特征：一是心理账户的非替代性；二是心理账户具有不同于经济学的特定运算规则。心理账户的这两个本质特征能够反映出投资者的思考方式和行为方式。

1. 心理账户的非替代性特征

Thaler 在研究中发现，根据财富的不同来源、财富的不同消费支出以及财富的不同存储方式，心理账户可以分成多种类别，这些类别之间具有非替代性。

（1）不同来源的心理账户之间具有非替代性。

专栏 1-26　不能替代的 300 美元

假设有两对夫妻外出旅游钓到了好几条大马哈鱼，这些鱼在空运中丢失了，航空公司为此赔了他们 300 美元。这两对夫妻拿这笔钱找个豪华饭店大吃了一顿，花了 225 美元，他们以前从来没有在饭店花过那么多钱。但是如果换一种情况，这两对夫妻得到的是他们各自一年的工资增加额的 150 美元，这么奢侈的饭局就不会发生了。从金钱的数量来看，不管是航空公司的赔偿款还是年工资增加款，每对夫妻获得的都是 150 美元，为什么人们的消费行为会有如此大的差异呢？

上述案例在生活中并不少见，然而与传统的经济理论相背离，因为它违反了金钱的可替代性原则。按照经济规则，金钱不会被贴上标签，它具有替代性。但在心理账户中，金钱却常常被归于不同的账户类别，不同类的账户不能互相替代。在上述案例中，这两对夫妇显然把这 300 美元划入了"意外横财"账户和"食品"账户，因此他们的消费行为就一反常态。可见在心理账户中，人们把不同来源的钱分得清清楚楚，意外之财和辛苦得来的钱不具替代性。一般来说，人们会把辛苦挣来的钱存起来舍不得花，而如果是一笔意外之财，可能很快就花掉了。

（2）不同消费支出的心理账户之间具有非替代性。假设今天晚上你打算去听一场音乐会，票价是 200 元；在你马上要出发的时候，你发现你把最近买的价值 200 元的电话卡弄丢了。你是否还会去听这场音乐会？

实验表明，大部分的人仍旧会去听。可是如果情况变一下，假设你昨天花了 200 元钱买了一张今天晚上的音乐会票，在你马上要出发的时候，你突然发现把票弄丢了。如果你想要听音乐会，就必须再花 200 元钱买张票，你是否还会去听？实验结果是大部分人不去了。不管丢掉的是电话卡还是音乐会票，总之是丢失了价值 200 元的东西，从损失的金钱上看，并没有区别。为什么人们的选择差异如此大？原因就在于人们的心理上把电话卡和音乐会门票归到了不同的消费支出账户中，不同类别的消费支出账户具有非替代性。所以丢失了电话卡不会影响音乐会所在账户的预算和支出，大部分人仍旧选择去听音乐会；但是丢了的音乐会门票和后来需要再买的票都被人们归入同一个账户，所以算上去相当于要花 400 元去听一场音乐会，人们当然觉得这样不划算。

（3）不同存储方式心理账户之间的非替代性。

专栏1-27　存储方式的差异

　　有学者对 50 个家庭设计了这么一个实验：假定王先生一家每个月的收入是 10000 元，儿子今年 5 岁，一家人每个月所有的日常开支是 3000 元，他们每个月固定存 5000 元准备 5 年后买房用（已经存了 10 万元），余下的 2000 元作为临时支出。现在由于王先生工作变动，急需买一辆车，车价 10 万元。你认为王先生是选择把 10 万元存款拿出一次付清车款，还是选择贷款 10 万元、每个月分期付款 180 元的方式买车？结果表明，选择一次付清车款的有 8 人，选择分期付款的有 42 人。尽管大家都知道 10 万元的存款利息比 10 万元的贷款利息低得多。

专栏 1-27 揭示了投资者对自己的财富在心理上会划分为固定账户和临时账户。固定账户的钱如果有了预定的开支项目，投资者一般不愿意由于临时购买计划挪用这笔钱，而是希望通过临时账户或者其他方式筹集这笔钱。对这个家庭来说，存起来准备买房的钱已经放在了购房这一固定账户上，而当另外一项开支（买车）挪用了这笔钱，这笔钱就不存在了。虽然从理性上来说，这个家庭的总财富不变；但是投资者的心理感觉不一样，因为财富改变了他们心理账户的位置，固定账户和临时账户具有非替代性。因此，当某笔开支属于投资者预定以外的心理账户时，投资者宁可出高额利息去贷款，也不愿挪用存款。

2. 心理账户与投资者的风险态度

（1）期望效用函数。传统的投资组合理论是建立在期望效用函数的基础上的。投资者的效用可以被认为是投资者对各种不同投资方案的一种主观上的偏好指标，由于无法直接比较不同的投资方案，因此经济学的惯用做法是比较不同投资方案带来的财富值，因此投资者的效用函数可以表示为 $u(\omega)$，也就是说，投资者的效用是其财富的函数。

一项投资所能带来的未来财富是不确定的，可视为数学上的随机变量。经济学中用 Von Neumann-Morgenstem 期望效用函数来刻画投资者的效用。考虑到不同结果发生的概率为 P_i，在满足一些严格的数学公理的条件下可以构造期望效用函数 $Eu(W) = \sum u(\omega_i)P_i$，见图 1-3。

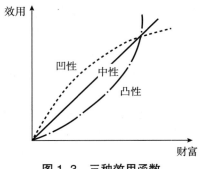

图 1-3　三种效用函数

（2）价值函数。为探讨心理账户如何影响人的经济决策行为，Kahneman 和 Tversky 在 1979 年引入价值函数这一概念。与以往经济理论中的效用函数相比，价值函数具有更为丰富的内涵。

第一，价值函数是定义在相对于某个参考点的利得和损失，而不是一般传统理论所重视的期末财富或消费。参考点的决定通常以目前的财富水准为基准。

第二，得与失是相对的而不是绝对的，投资者对某一价值的主观判断是相对于某个自然参照点而言，他们感觉到的是得到或失去，而不是绝对的财富量。即参照点的变化会引起投资者主观估价的变化，投资者更关注的是围绕参照点引起的改变而不是绝对水平。

第三，投资者在面临得与失（赢与亏）的心理体验是不同的，盈利曲线为凹形，亏损曲线为凸形，形成一条 S 形的曲线形态（见图 1-4），而且离参照点越近的差额投资者越敏感。

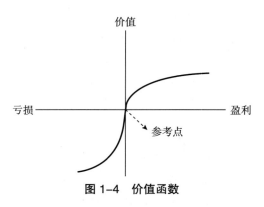

图 1-4　价值函数

专栏 1-28　理性人假设实验

有人对 100 名研究生做了一个实验：

情境一：如果你去一个离家 1 千米远的超市买了 5 千克大米、2 千克鸡蛋和 3 千克蔬菜，你会不会打出租车回家？实验结果表明，回答"会"的只有 5 人，回答"不会"的有 95 人。

情境二：如果你去一个离家 1 千米远的商场买了一台电脑，电脑主机和液晶显示器及配件分装在两个箱子里，一个重 5 千克，一个重 4 千克，你会不会打出租车回家？实验结果表明，回答"会"的有 86 人，回答"不会"的有 14 人。

从经济损失来看，两种情境下都是损失 10 元左右车费；从两种情境的客观情况来看，情境一的东西更重，东西更不好提，为什么人们的选择差异会这么大？其原因在于，心理账户的存在影响了人的行为，使其背离了经济学的理性人假设。

人们一般将情境一中的商品归入小消费品账户，而将情境二中的电脑归入大消费品账户。当小消费品账户里增加 10 元钱的支出时人们感觉更敏感，觉得不值得；而当大消费品账户里多增加 10 元钱的支出时，人们几乎感觉不到。因此人们感觉到 5 元到 10 元的差额似乎比 80 元到 90 元的差额更大，这反映了价值曲线的边际递减特征。

第四，同样数量的得与失，损失对人的影响大于获得的效用。价值函数的斜率在损失状态时比处于收益状态时要陡，即投资者在相对应的收益与损失下，其边际损失比边际收益敏感，损失一单位的边际痛苦大于获取一单位的边际利润，也就是个人有损失趋避的倾向。Thaler 将这种情况称为"禀赋效应"。

六、行为资产定价模型

Markowitz 的投资组合选择理论是传统金融经济学研究的奠基之作，该理论假设证券市场上所有投资者都是理性的，他们只关心投资的收益和风险，并利用均值和方差作为证券收益与风险的代表，通过对不同证券收益之间协方差的关注，认为充分分散化的投资组合可以减少风险。由此 Markowitz 提出最优的投资策略应该是投资于均值—方差有效边界上的投资组合，即在承担相同风险条件下取得最大收益的投资组合，或在取得相同收益条件下承担最小风险的投资组合。

在此基础上，Sharpe 于 1964 年提出资本资产定价模型（CAPM）。在该模型中，Sharpe 将某种证券所承担的风险划分为两种：一种是非系统性风险，这种风险可以通过分散化投资消除，所以承担非系统性风险不应获得风险补偿收益；另一种是系统性风险，或称市场风险，它无法通过分散化投资策略消除。因此，CAPM 模型认为，一种有价证券的风险补偿收益应当等于它的 β 系数乘以有风险资产的市场组合的风险补偿收益。

CAPM 模型不否认金融市场上的参与者可能面临的不确定性，但由于假定参与者是完全理性的，所以能够估计出可能发生的事件及其概率，并就此达成协议，结果不确定性转化为可计算的风险，参与者通过最优化均值—方差法来寻求给定收益下的最小风险组合和给定风险下的最大收益组合。

在 Sharpe 等的早期模型中，投资者需要权衡的仅仅是金融资产的收益和风险，金融资产以外的因素很少被考虑，直到 Merton 在 1973 年提出了消费资本资产定价模型

（CCAPM），使用资产收益率与总消费增长率的协方差描述风险，即消费 β。通过这种处理，CCAPM 不仅引入了投资者的效用函数，使用投资者的相对风险规避系数来刻画投资者行为，而且能够在资本资产定价模型中同时考虑消费和投资的决策，这就把产品市场、要素市场和金融市场上的各种变量通过消费和投资的关系联系起来，由此真正获得对资产组合决策的一般均衡分析。CCAPM 模型的提出是金融学的一次重大飞跃，将金融学的研究建立在一般均衡基础上，具有重大的理论价值，在现代资产定价理论中有着重要的影响。但是 CCAPM 模型无法解释股票溢价之谜和无风险利率之谜所展示的所谓金融市场"异常"现象，说明 CCAPM 模型有严重理论缺陷。

行为资产定价理论认为，股票溢价之谜等实证难题来源于使用错误的效用函数来刻画投资者的行为，从而在此效用函数基础之上构造出来的消费—投资导致错误地度量投资者的相对风险规避系数。也就是说，过去的理论没有真正理解现实的投资者行为，如果能够把效用函数的构造建立在对决策者心理活动规律的把握上，那么就能够恢复投资者的真实效用函数，这些实证难题也就迎刃而解。通过吸收 Kahneman 等发展的行为经济学的一些基本原理，行为资产定价理论重新模型化投资者的决策行为，并把这些真实的决策行为嵌入过去的资本资产定价模型中，获得了巨大的成功。

行为资产定价理论通过对投资者行为的重新思考和模型化，逐渐替代过去的资本资产定价模型，成为现代金融理论解释金融市场活动的新基石。尤其是 DSSW 模型、BAPM 模型、BSV 模型、HS 模型、BHS 模型、DHS 模型已经成为行为资产定价理论的几个标志性成果，这些模型成功解释了多类金融异象，本部分将一一详述。

（一）DSSW 模型

尽管 Kyle（1985）较早地提出了"噪声交易"的术语，但他用这一术语表达的只是流动性交易的含义。这与通常理解的噪声交易具有实质性的不同，因为基于流动性的交易本质上还是一种实际的交易需求，而噪声交易则完全与实际的交易需求无关。Black（1986）在就任美国金融学会主席的演讲中最先全面地阐述了噪声交易研究的真正意义，指出噪声交易是金融市场存在的基础，同时也给金融市场带来了问题。尽管 Black 的文章寓意非常深刻，然而，作为一篇就职演讲，它终究只能提纲挈领而没有全面展开。所幸的是，这篇纲要式的文章启发了大量的关于噪声交易的研究，后来几乎所有的关于噪声交易的研究都是以 Black 的文章为思想源泉的。

由于外生信息劣势而形成的噪声交易，似乎是 Black 定义噪声交易的经验基础。这不仅与人们对噪声交易的直观认识相一致，而且直接引出了噪声交易者在长期内亏损的推论。最早涉及这一种噪声交易的文献是 De Long 等于 1990 年发表的噪声交易模型。DSSW 通过一个简化的迭代模型，描述了具有外生有偏信息禀赋的投资者交易行为，并分析了这些噪声交易者的生存能力。DSSW 模型解释了噪声交易者对金融资产定价的影响及噪声交易者为什么能赚取更高的预期收益。

1.关于交易者的假设

在 DSSW 模型中，存在两类投资者，一类为理性交易者，另一类为噪声交易者。

噪声交易者错误地认为他们拥有对风险资产未来价格的特殊信息。他们对这种特殊信息的信心可能是来自技术分析方法、经纪商或者其他咨询机构的虚假信号，而他们的非理性之处正在于他们认为这些信号中包含了有价值的信息，并以此作为投资决策的依据。

作为对噪声交易者行为的回应，理性投资者的最优策略应该是利用噪声交易者的这些非理性观念作为自己赚取利润的机会。他们会在噪声交易者压低价格的时候买进，而在相反的时机卖出，这种策略称为"反向交易策略"。这种反向交易策略在一些时候会使资产价格趋向其基本面价值，但并不总是能达成这种效果。也就是说，理性投资者的套利策略对于资产回归其基本面价值的作用不宜夸大，因为在很多情况下，套利的功能是有限的。在 DSSW 模型中，即使在不存在基本面风险的情况下，噪声交易者的行为也会让从事套利活动的理性投资者面临风险，从而限制其套利的功能。

DSSW 模型实际上揭示了一种极为重要的噪声交易来源，即由于一部分投资者（即噪声交易者）具有信息质量问题，他们对风险资产的基本面存在一定程度的认知偏差，从而对其产生与理性交易者相比过度或者不足的需求量，并进而对风险资产的价格产生影响。而噪声交易者对资产价格的这种影响能有效存在并具有普遍性，则是产生于理性交易者的套利限制，这种套利限制起因于理性交易者的投资期限的短期性。由于理性交易者的投资期限是短期的，他们有可能遇到一种风险，即资产的价格在理性交易者必须清算之前变得更加恶化，从而使其本应盈利的套利机会变成亏损的结局。这正是 DSSW 模型强调的噪声交易者风险。噪声交易者的生存基础正在于它们通过自己的资产需求行为给理性投资者带来了一种额外的风险，使这些理性投资者的无风险套利机会变成有风险的，从而形成套利限制。有了这种套利限制，噪声交易者才能够生存。这一生存逻辑正是 DSSW 在文章中所说的"创造自己生存空间"。

2. 套利的有限性

套利可以定义为：在两个不同的市场中，以有利的价格同时买进和卖出同种或本质相同的证券的行为。套利在分析证券市场中发挥着关键的作用，因为正是通过它的作用，证券价格被带回到与基本价值相符的水平上。然而，行为金融学认为，套利受到四个方面因素的制约，只能发挥有限的作用。

第一，套利受市场不能提供完全替代品的限制。套利机制的作用是否有效的关键是要找到能完成套利的证券替代品。为了回避风险，套利者在卖出或卖空价格高估的证券的同时，必须能买进同样或相似且价格没有高估的替代证券。对于许多所谓的衍生证券来说，如期货、期权等替代品容易找到，如 S&P 500 指数期货，该指数典型的卖价一般在构成该指数的股票组合的基本价值附近。所以当有人以偏离这一组合的价格卖出期货合约时，套利者就可以在别人低价出售时买进，而在别人高价买进时卖出。但在绝大多数情况下，市场并不能提供这种合适的替代证券，大量的证券没有替代组合，所以即使由于某种原因证券的价格出现偏差，套利者也无法进行无风险的对冲交易。

而且，即使在本质上可以完全替代的证券，如在任何条件下都支付同样红利收益的两种证券，按照套利者以一种证券可以毫不保留地转化为另一种证券的要求，也不是完全意义上的替代。

第二，套利受噪声交易者风险的限制。当噪声交易者造成证券价格偏差后，套利者能否消除这种偏差，还要看他们有无能力击败噪声交易者。由于噪声交易者心态的变化不可预期，所以一种风险就可能存在：如果噪声交易者对某种证券的前景缺乏信心，证券价格已经被压低到低于基本价值，套利者在做出购买决策之前就不得不考虑到，在不久的将来，噪声交易者可能会由于更悲观而使证券价格进一步走低。如果套利者在价格回到正常以前必须平仓，这就不可避免地要遭受损失。套利者如果对此心存疑虑，他在开始选择套利头寸的大小时就会受到限制。同样，如果在噪声交易者强烈看好后市，价格上涨，套利者卖空资产时也必须考虑到：噪声交易者明天可能会更加乐观，证券价格会进一步走高。有鉴于此，为应付将来回补仓位时面临的风险，套利者就必须留足流动性头寸。这种由于噪声交易者心态变化导致对正常状态更远偏离形成的风险，被称为噪声交易者风险（Noise Trader Risk），任何在短期进行套利的套利者都必须承受这种风险。噪声交易者风险会随着噪声交易者人数的变化而变化，当面对的噪声交易者人数越多时，资产价格波动越厉害，套利的作用越有限。

第三，套利受活动时间的限制。套利者稳定市场的作用还受到他们套利活动时间跨度的影响。从理论上说，考虑问题的时间跨度越长，他们越主动，越有可能把资产的价格保持在基本价值附近，市场也就越有效率。时间越长的套利者越有时间和机会将资产变现，以分散一些风险；如果价格能回到平均价格水平，他们还有机会获利，所以市场也更稳定。相对于噪声交易者的错误估价来说，套利者持有证券的时间如果长于前者维持错误心态的时间，市场还可以在套利者的控制之下；如果短于这一时间，套利者将受制于噪声交易者的错误。

第四，套利受出资人的限制。套利者所用的资本金并不完全是自有资金。更为普遍的现象是，套利由少数具有高超专业技能的职业投资家吸收外部资本而以其专业知识进行管理。这种外部资本的来源有的是通过公开募集来自几百万个投资者的资金，如共同基金；有的是通过私下募集来自富有的个人、银行、捐赠等，如对冲基金；还有的就是一些银行贷款。这种出资与管理相分离的模式便引发了委托—代理问题。作为出资人，他们不可能去了解套利者的具体操作思路与过程，他们只能根据套利者过去的收益情况来理性选择投资还是撤资，也就是行为金融学所说的以业绩为导向（Performance-based）来评估投资者的绩效。如果业绩不佳，套利者的资金来源就可能受到限制，甚至还会面临被撤资的危险，如开放式基金被出资人赎回、贷款被收回等。于是尴尬的境况出现了：当市场行情不好的时候，也就是获利机会最好的时候，套利者的资金却受到最严格的限制，因为这时正是其经营业绩最差的时候，而出资人只看到目前暂时的浮亏，拒绝进一步出资甚至反而撤资，根本不管这时其实是套利者最佳的套利机会。由于套利者预见到这种情况可能发生，其在一开始就会减小对价格偏差证券的攻击力度。

3. 噪声交易者模型

假定市场中的交易者由噪声交易者和套利者组成。噪声交易者是指对风险资产未来收益形成错误理念的投资人，他们根据错误的观念来选择证券组合。与此相对应，套利者的最优策略就是利用噪声交易者的这种错误，将证券价格推回到与证券基本价值相符的水平，但这并不意味着他们能完全做到这一点。

DSSW 的基本模型是一个由两期生存的行为人组成的两期代际模型（年轻人和老人）。为简化起见，假定第一期时没有消费，不考虑劳动供应和遗产因素，因此所有行为人投资所用的资源都是外生变量，他们所要做的唯一决定就是要在年轻时如何选择他们的资产组合。这种经济中包括两种资产，它们支付完全相同的红利收益：一种是无风险资产 s，每期支付固定的实际红利收益 r，这种资产的供给有完全弹性，这就意味着，在两个时期中，一单位的该种资产可以随时被创造出来，且一单位的资产与一单位的消费品可自由转换。如果以每期的消费作为价值尺度来计算的话，无风险资产的价格恒为 I，所以支付给无风险资产 s 的收益 r 也就是无风险收益率。另一种资产是风险资产 u，也像无风险资产 s 一样获得同样固定的实际收益但 u 的供给并非完全弹性，而是数量固定不变，标准化为 1 单位。在时期 t，风险资产 u 的价格表示为 P_t。如果每种资产的价格正好等于按照未来红利收益计算的净现值，那么无风险资产 s 和风险资产 u 便可以完全替代，在每期的转让价格也完全一样：但不能把这理解为在噪声交易者存在时的价格就是这样决定的。我们讨论的是投资者心态相互关联，且套利者承受风险能力又有限的 DSSW 模型。

假设有两种行为人，理性预期的套利者（用 a 表示）和噪声交易者（用 n 表示），我们假定在这一模型中噪声交易者的份额为 u，那么套利者的份额就是 $1-u$，同一类型的投资者没有差别。假定两种类型的投资者事前各自对风险资产 u 在 $t+1$ 期的价格分布设想的平均值已经给定，他们在年轻时所做的就是按照预期效用最大化的原则来选择证券组合，年轻的套利者在时期 t 对风险资产预期价格的错误估价是独立分布的正态随机变量 ρ_t，

$$\rho_t \sim N\left(\rho^*, \sigma_\rho^2\right) \tag{1-4}$$

其中，平均的错误估价 ρ^* 用来衡量噪声交易者平均的"看涨人气"（Bullishness），σ_ρ^2 是噪声交易者对每单位风险资产预期收益错误估价的方差。我们下面的推理要依赖于未来投资者心态的不可预期，这种心态的具体表现形式并不重要。给定下期红利，P_{t+1} 在该期的方差和他们对下期 u 的价格分布的错误估计均值 ρ_t 高于真实估价值，噪声交易者就可以最大化他们的预期效用了。每个人的效用是以当他年老时所拥有财富的稳定的绝对风险回避函数来表示的：

$$U = -e^{-2\gamma\omega} \tag{1-5}$$

其中，γ 是绝对风险回避系数，ω 是年老时所拥有的财富：假定他们的想法不变，年轻时他们要决定 u 和 s 的组合比例。当年老后，他们将把拥有的 s 变为消费品，以 P_{t+1} 的价格将 u 卖给下一代的年轻人，他们将消费掉自己的全部财富。

假定持有每单位风险资产的收益是正态分布，式（1-5）预期值最大化时对风险资

产的需求与设想的预期收益成正比，与设想的预期收益的方差成反比。套利者拥有的风险资产 U 的数量为 λ_a^t，噪声交易者拥有的风险资产为 λ_n^t，在 t 期时，理性预期 u 在 $t+1$ 期的价格为 P_{t+1}，那么：

$$t\sigma_{P_{t+1}}^2 = E_t\{[P_{t+1} - E_t(P_{t+1})]^2\} \tag{1-6}$$

其中，P_{t+1} 就是提前一期的方差。风险资产的购买数量 λ_a^t 和 λ_t^i 是它当前价格预期价格及方差和噪声交易者的错误估价的函数。可以允许套利者和噪声交易者的需求为负。也就是说，如果他们愿意，可以进行卖空操作。具体的需求为：

$$\lambda_t^i = \frac{r + tP_{t+1} - (1+r)P_t}{2\gamma(t\sigma_{P_{t+1}}^2)} \tag{1-7}$$

$$\lambda_t^n = \frac{r + tP_{t+1} - (1+r)P_t}{2\gamma(t\sigma_{P_{t+1}}^2)} + \frac{\rho_t}{2\gamma(t\sigma_{P_{t+1}}^2)} \tag{1-8}$$

4. 定价函数

为了计算均衡价格，我们可以把持有证券要卖出的老年人与作为需求者的青年人分别看作同一个体。从式（1-7）和式（1-8）可以看出：

$$P_t = \frac{1}{1+r}[r + tP_{t+1} - 2\gamma(t\sigma_{P_{t+1}}^2) + \mu\rho_t] \tag{1-9}$$

式（1-9）表明，风险资产在时期 t 的价格是噪声交易者在该期的错误估价（ρ_t）、模型的技术系数（r）和行为系数（γ）以及提前一期价格 P_{t+1} 分布的势差的函数。由于我们只考虑稳定态均衡，也就是把无条件分布等同于 P_t 的分布，风险资产 u 提前期内生的价格分布通过递归解法从式（1-9）中消掉后得到式（1-10）。

$$P_t = 1 + \frac{\mu(\rho_t - \rho^*)}{1+r} + \frac{\mu\rho^*}{r} - \frac{2\gamma t\sigma_{P_{t+1}}^2}{r} \tag{1-10}$$

在式（1-10）中只有第二项是可变的，因为 γ、ρ^* 和 r 都是不变的，P_t 的下期方差只有这一代噪声交易者错误估价不变方差 ρ_t 的一个简单稳定函数。

$$t\sigma_{P_{t+1}}^2 = \sigma_{P_{t+1}}^2 = \frac{\mu^2\sigma_P^2}{(1+r)^2} \tag{1-11}$$

u 的最终价格形式，依赖于外生变量和作为公开信息的噪声交易者对现在和未来的错误估价，即：

$$P_t = 1 + \frac{\mu(\rho_t - \rho^*)}{1+r} + \frac{\mu\rho^*}{r} - 2\gamma\frac{\mu^2\sigma_\rho^2}{(1+r)^2} \tag{1-12}$$

5. 模型解析

式（1-12）的最后三项表示的是噪声交易者对风险资产 u 价格形式的影响，随着 ρ_t 的分布逐渐向 0 收敛，均衡价格函数（1-12）也将收敛于基本价格 1 上。

式（1-12）的第二项表示的是改变而引起的风险资产 u 的价格波动。如果一代人中噪声交易者看好后市的人占多数，他们将推动 u 的价格上升，而当看淡后市的人在这代人中占多数，u 的价格将下降；如果他们的看法正好适中，即 $\rho_t = \rho^*$ 时，该项为零。

式（1—12）的第三项表示的是，当噪声交易者错误估价的平均值不为零时，P_t 对基本价值的偏离程度。如果噪声交易者普遍看多，这种价格压力效应将推动风险资产的价格属于它应该有的水平。相对于一般情形来说，乐观的噪声交易者承受的价格风险份额也较大。

式（1—12）的最后一项是模型的核心所在。除非对在由噪声交易者看淡未来而引起的风险资产价格不跌所形成的风险得到补偿，套利者将不会去持有风险资产。在时期 t，即使噪声交易者和老谋深算的投资者都知道资产的价格已经出现偏差，但因为 P_{t+1} 不确定，没人愿意在此时持有更多的筹码；在边际水平上，增加这种每个人都相信定价有偏差的资产（不同的投资人认为价格偏差方向不同）的持仓量所带来的收益被额外承担的价格风险正好抵消。这样一来，噪声交易者就为自己的操作创造出了空间：下期噪声交易者心理的不确定性，使从本质方面看来并无风险的资产 u 变得充满了风险，价格也由此走低，收益提高。尽管噪声交易者和套利者常常持有基本风险水平同为零的证券组合，上述现象还是会发生；但从经济整体来看，其实并无风险存在。

上述结论依赖于对模型的三个基本假设：跨期代际结构，风险资产的供给量不变和噪声交易者引起的系统性风险。这三个方面都有深刻的经济学意义值得探讨。

（1）跨期代际结构模型有两方面的作用：第一个作用是在模型中，只要持有风险资产的收益常常是不确定的，均衡就会存在，在跨期代际结构中，没有最后一期前述结论也是成立的。因为如果存在最后一个时期，这时对风险资产支付的也不是随机的红利，且这种效益可以卖掉的话，套利者和噪声交易者将试图寻求在他们看来并没有风险的套利。这样一来，对风险资产的超额需求函数将不能确定，但是在资产 U 的基本红利收益都有风险的模型中，并没有必要做出有最后一个时期的假定，因为 u 和 s 已不再是完全替代品了。在这种情况下，没有哪个投资者能主观地确定风险资产的收益为多少，所以即使知道了明确的结束日期，模型中有关均衡的定性方面的特征还是能得以保留。代际模型的第二个作用是要确保每个投资人的时间跨度都是短期的。套利的时间跨度非常重要，如果他们考虑的时间跨度长于噪声交易者对风险资产看多或看空的持续时间，就会在低价时大胆投进，因为他们确信价格会回到价格水平的平均值。

（2）假定风险资产供给固定，套利者将无法通过其他途径来获利（如当风险资产价格过高时，将其转换成无风险资产；或者在价格过低时，采用相反的操作）。如果不做这样的假定，套利机会将会增加很多，有效市场也就可以实现了。从历史上看，在市场价格泡沫非常多时，证券供应量增加是一个非常突出的现象。

（3）假设噪声交易者风险是系统性风险，它要么会影响整个市场，要么会波及所交易的部分证券。如果这一风险仅存在于个别资产，它不可能在形成均衡价格时表现出来。

（二）BAPM 模型

Shefrin 和 Statman 在行为金融理论的框架内提出 BAPM 模型。相比 CAPM 模型，BAPM 模型不仅包括了理性趋利特性，而且包括了价值感受特性等诸多因素。BAPM 模型将证券市场上的投资者分为信息交易者和噪声交易者两种类型。信息交易者类似于 CAPM 模型下的投资者，他们从不犯认知错误，利用贝叶斯法则对收益做出估计，且不同个体之间表现有良好的统计均值—方差特性；而噪声交易者会犯各种认知错误，不遵守贝叶斯法则，且不同个体之间具有显著的异方差性。

将信息交易者和噪声交易者以及两者在市场上的交互作用同时纳入资产定价框架是 BAPM 模型的一大创举。利用这一模型，Shefrin 和 Statman 首先描述了均衡价格的结构和收益的分布，并分析了市场中的噪声交易者是如何影响波动性和超额收益的。接下来，他们具体分析了噪声交易者的两种错误认知对于证券的均衡价格、收益的波动性、成交量、利率期限结构和期权价格等方面的影响。这两种错误认知分别是：对基础信息的低估，即交易者在形成预测时，倾向于高估最近发生的事件，而低估较早发生的事件；对概率的错误认知，即赌徒谬误或者小数定律。

BAPM 模型通过对噪声交易者和市场信息结构的引入，得到反映交易者信念和折现函数的价格，从而揭示了信息不对称条件下的市场均衡定价。由于噪声交易者的参与，市场的波动性变大了，而且出现了市场的异常回报。

在价格有效的情况下，证券的价格以及其波动性是由单一驱动力决定的。这个单一驱动力用最少的必要的新信息来推断市场组合收益分布的变化。它驱动着均值—方差有效边界、市场组合的收益分布、风险溢价、利率期限结构和期权价格。同时，单一驱动力意味着长期利率的波动性为零。另外，期权价格中的收益的矩也是必要统计量的稳定函数。事实上，长期期权价格中的收益的矩是与时间无关的。同样地，风险溢价是 β 值和市场组合收益分布的稳定函数，而股权的市场价值和利率的期限结构等其他变量都不会影响风险溢价。然而，价格有效性的条件并不是经常存在的，于是，噪声交易者成为第二种驱动力，他们的存在导致市场中的价格不再有效。

在价格无效的情况下，新的信息不再是必要的统计量。旧的信息会继续影响价格、波动性、风险溢价、利率期限结构和期权价格等。噪声交易使市场组合的风险溢价，与长、短期利率差别的变化之间的关系变得较为复杂。在不同的证券之间和不同的时间段里，噪声交易者对市场造成的影响是不同的。比如，与对于市场组合收益率的影响相比，噪声交易者对利率期限结构的影响更为显著；对于期限结构来说，长期利率的波动性尤为显著；噪声交易者可以造成期限结构的无效逆转；噪声交易者还可以通过影响包括波动性在内的相关收益的矩来扭转期权的价格。而在考虑到噪声交易者带来的波动性的情况下，Black-Scholes 模型是不成立的。

噪声交易者带来的冲击在所有的证券市场中都很普遍。这种冲击可以反映在利率的期限价格、风险溢价和期权价格的相关关系上。从这个角度上看，期限结构和期权的价格应该有助于解释风险溢价。另外，噪声交易者对交易量也会产生影响。对于风险溢价的分析有助于进一步理解超额收益和 β 值之间的关系，噪声交易者的存在削弱了证券收益和 β 之间的关系，但是却加强了超额收益和 β 之间的正的条件相关关系。值得注意的是，当价格有效时，噪声交易者并不会从金融市场中消失。事实上，价格的有效性在某种程度上保护了噪声交易者，而噪声交易者的存在会导致交易量的增加。然而，并不是所有的噪声交易者都会受到市场的保护，Shefrin 和 Statman 还讨论了一些关于特定的认知偏差的适用性。

总之，行为资产定价模型认为市场期望收益是风险和由于投资者认知偏差所引起的错误估价共同作用的结果，少数人的非理性甚至可能会造成整个市场系统性的偏差，这一结论合理解释了市场中的某些异常现象。

BAPM 模型最大的成就是把噪声交易者风险纳入了资产定价模型，但它仍然不能对市场组合收益率和无风险收益率的来源及其大小进行解释，只是以噪声交易者风险对市场系统风险的内涵进行了丰富。

（三）BSV 模型

Barberis 等在 1998 年提出一个投资者情感模型。该模型建立在认知心理学两个发现——保守主义和代表性启发式的基础上。投资者容易对单独的收益变动反应不足，而对同方向收益的连续变动过度反应。

1. BSV 模型的心理学基础

（1）保守主义（Conservatism）。很多心理学家证实存在这样的现象，即人们很缓慢地改变其信念。虽然他们根据新的信息调整其想法，但这种调整通常是不充分的。保守主义对反应不足有一定的解释力。保守主义者可能忽视一个收益（或其他公开的）公告完整的信息内容，或许是因为他们认为这个数字包含很大一部分暂时的因素，因此至少部分地坚持他们之前对收益的估计。因此，保守主义者对公告做出不充分的反应。

（2）代表性启发式（Representativeness Heuristic）。Tversky 和 Kahneman（1973）的研究指出，遵循代表性启发式的人在评价不确定事件或一个样本时，会依赖其基本特征与总群相似的程度，以及在多大程度上反映了产生这一事件的过程的显著特点。例如，如果对某个人性格的具体描述，很符合主体对从事某一特定职业的人的了解，那么主体倾向于高估这个人从事这一职业的概率。代表性启发式一个重要的表现就是，人们认为他们在随机的过程中发现了某些模式，这对过度反应有一定的解释力。当一家公司几年来收益一直增长；投资者可能会断定过去的历史代表了潜在的收益增长。而事实上，这种收益增长可能并不会重复。

（3）Griffin 和 Tversky 在 1992 年对保守主义和代表性启发式进行了统一的描述。在他们的框架中，人们根据新信息的力度（Strength）和权重（Weight）来更新他们的想法。力度是指信息的显著性（Salience）和极端性（Extremity），权重（或可信度）指的是统计信息的重要程度，如样本大小等。Griffin 和 Tversky 用一封推荐信来解释这两个概念：力度是指推荐人对被推荐人肯定的程度，权重是指推荐人的声望以及其推荐在多大程度上可信。将这些概念运用到收益上，收益的力度可能是收益的大小，而权重是该收益对预测下期收益的意义。

根据 Griffin 和 Tversky 的观点，在修正自身的预测时，人们过多依赖于信息的力度，而对信息的可信度缺乏重视。人们在面对力度小、权重大的信息时，会产生保守主义；而当面对力度大、权重小的信息时，会产生与代表性启发式相符合的过度反应。

2. BSV 建模

基于以上两种认知偏差，学者们建立了投资者的情感模型。在 BSV 模型中，收益是随机游走的。但是投资者并没有意识到这一点，他们错误地认为存在两种收益范式：在范式 1 中，收益是均值回归的（Mean-Reverting）；在范式 2 中，收益具有某种同方向的趋势。收益在不同的范式中由不同的模型决定，在每个模型中，t 时期收益的变化只依赖于 $t-1$ 时期的收益变化。两个模型唯一的区别在于转换概率。在模型 1 中，收益变化可能在下个时期反转，因此一个负的收益变化可能跟随一个正的收益变化，而不是另一个正的收益变化。在模型 2 中，一个正的收益变化之后出现的是另外一个正的收益变化。

假设 t 时期的收益为 $N_t = N_{t-1} + y_t$，y_t 是 t 时期的收益变化，取值 $+y$ 或 $-y$。投资者相信 y_t 的值由模型 1 和模型 2 之中的一个决定，依赖于经济所处的"状态"或"范式"。两个模型各自的转移矩阵如下：

模型 1	$y_{t+1} = y$	$y_{t+1} = -y$
$y_t = y$	π_L	$1 - \pi_L$
$y_t = -y$	$1 - \pi_L$	π_L
模型 2	$y_{t+1} = y$	$y_{t+1} = -y$
$y_t = y$	π_H	$1 - \pi_H$
$y_t = -y$	$1 - \pi_H$	π_H

这里的关键是 π_L 的值小，而 π_H 的值大。一般假定 π_L 在 0~0.5，π_H 在 0.5~1。换言之，在模型 1 中，t 时期一个正的收益变化在 $t+1$ 时期持续的可能性较小，更可能的是反转；在模型 2 中，t 时期一个正的收益变化很可能在 $t+1$ 时期持续。投资者确信他们知道参数 π_L 和 π_H，而范式的转移概率在投资者的头脑中是固定的。而状态的转换同样遵循马尔可夫过程，即目前的状态仅依赖于前一状态。状态的转换矩阵为：

	$S_{t+1} = 1$	$S_{t+1} = 2$
$S_t = 1$	$1 - \lambda_1$	λ_1
$S_t = 2$	λ_2	$1 - \lambda_2$

其中，S_t 为时期 t 所处的状态，如果 $S_t = 1$，则处于状态 1，此时在时期 t 的公司盈利冲击 y_t 由模型 1 决定；同样地，如果 $S_t = 2$，则处于状态 2，此时在时期 t 的公司盈利冲击为 y_t，由模型 2 决定。λ_1 和 λ_2 是决定从一种状态转换到另一种状态的参数。BSV

模型集中讨论了 λ_1 和 λ_2 取值较小时的情况，此时意味着状态转换的情况较少发生。同时特别规定 $\lambda_1 + \lambda_2 < 1$，并认为 $\lambda_1 < \lambda_2$。总的来讲，投资者认为模型 1 出现的可能性大于模型 2。

因而，为了对证券的价格进行估值，投资者需要对公司未来的盈利进行预测。由于投资者对于公司盈利的判断由两个范式中的一个来产生，所以投资者的主要任务是决定哪个模型决定着目前公司盈利的变化。因此投资者通过观察公司每期盈利的数据，尽量使用这些数据对目前决定公司盈利的状态模型做出好的判断。

特别地，在时期 t，如果投资者观察到公司盈利的冲击为 y_t，并估计 y_t 由模型 1 产生的概率为 q_t，则投资者会使用新的数据对其前期得到的 q_{t-1} 进行更新，即 $q_t = \Pr(S_t = 1 \mid y_t, y_{t-1}, q_{t-1})$。假设投资依据贝叶斯法则更新数据，从而得出：

$$q_{t+1} = \frac{\left[(1-\lambda_1)q_t + \lambda_2(1-q_t)\right]\Pr(y_{t+1}\mid S_{t+1}=1, y_t)}{\left[(1-\lambda_1)q_t + \lambda_2(1-q_t)\right]\Pr(y_{t+1}\mid S_{t+1}=1, y_t) + \left[\lambda_1 q_t + (1-\lambda_2)(1-q_t)\right]\Pr(y_{t+1}\mid S_{t+1}=2, y_t)} \quad (1\text{--}13)$$

而如果在时期 $t+1$，公司盈利的冲击 y_{t+1} 与 t 时期的冲击 y_t 相同，则投资者使用 q_t 更新为 q_{t-1}，即：

$$q_{t+1} = \frac{\left[(1-\lambda_1)q_t + \lambda_2(1-q_t)\right]\pi_L}{\left[(1-\lambda_1)q_t + \lambda_2(1-q_t)\right]\pi_L + \left[\lambda_1 q_t + (1-\lambda_2)(1-q_t)\right]\pi_H} \quad (1\text{--}14)$$

当观察到两个连续的同方向冲击后，在投资者的心目中模型 2 的权重将增加。反之，如果在时期 $t+1$，公司盈利的冲击 y_{t+1} 与 t 时期的冲击 y_t 相反，则投资者使用 q_t 更新 q_{t-1} 的方式为：

$$q_{t+1} = \frac{[(1-\lambda_1)q_t + \lambda_2(1-q_t)](1-\pi_L)}{[(1-\lambda_1)q_t + \lambda_2(1-q_t)](1-\pi_L) + [\lambda_1 q_t + (1-\lambda_2)(1-q_t)](1-\pi_H)} \quad (1\text{--}15)$$

从而当观察到两个相互反方向的冲击后，在投资者的心目中模型 1 的权重将增加。

因此在 BSV 模型中，可以认为证券的价格即投资者对该证券价值的感知，即：

$$P_t = E_t\left\{\frac{N_{t+1}}{1+\theta} + \frac{N_{t+2}}{(1+\theta)^2} + \cdots\right\} \quad (1\text{--}16)$$

该表达式的前提假设是，投资者并没有意识到公司盈利变动事实上遵循的是随机游走的规律。如果投资者意识到了这一点，那么在随机游走的前提条件下，盈利预期将简化为 $E_t(N_{t+1}) = N_t$，此时价格等于 N_t / θ。然而，在 BSV 模型中价格并不等于该值，原因在于投资者并不是按照随机游走模型而是按照非随机游走模型的模型 1 和模型 2 来对公司盈利进行预测的。由此，BSV 模型给出了两个命题。

命题 1：如果投资者相信公司盈利是由以上分析的状态转换模型决定的，那么证券价格为：

$$P_t = \frac{N_t}{\theta} + y_t(p_1 - p_2 q_t) \quad (1\text{--}17)$$

其中，p_1、p_2 是由 π_L、π_H、λ_1 和 λ_2 共同决定的常数。式（1-17）中的第一项是投

资者使用随机游走规律预测盈利所得到的价格，而第二项是价格对基本价值的偏离。这就意味着当反应不足时，第二项的平均值即对基本价值的偏离值为负值，而当反应过度时其值为正值。

命题2：如果参数 π_L 和 π_H，λ_1 和 λ_2 满足：

$$kp_2 < p_1 < Kp_2, \quad p_2 \geqslant 0$$

则命题1的价格函数就可表现为对盈利的反应过度和反应不足，其中 $\underline{k}$ 和 K 是由 π_L、π_H、λ_1 和 λ_2 决定的常数。

3. 参数估计

检验基本参数 π_L、π_H、λ_1 和 λ_2 的取值范围，使得其同时满足过度反应和反应不足。从 $\lambda_1 = 0.1$ 和 $\lambda_2 = 0.3$ 开始，用小的值来保证状态转换并不是经常发生，$\lambda_2 > \lambda_1$ 表示投资者相信市场更经常地处于范式1。同时，严格设定 π_L 和 π_H 取值范围：$0 < \pi_L < 0.5$ 且 $0.5 < \pi_H < 1.0$。

图1–5中的阴影部分表示满足条件的 π_L 和 π_H。在取值范围内，当 π_L 和 π_H 都接近取值区间的底部或上部时，即都较大或都较小时，不能同时满足反应过度和反应不足。其原因在于假设 π_L 和 π_H 都很大，这意味着无论是处于何种状态，投资者都认为下一次盈利冲击将很有可能是同方向的，从而能产生反应过度，但是不一定会产生反应不足。在一个正的收益变化之后，投资者预期另一个正的收益变化，而由于真正的收益变化过程是随机游走的，从而平均回报是负的。因此在一个正的收益变化之后的平均回报比在一个负的变化之后的平均回报低，这是反应过度而不是反应不足的特点。另外，如果 π_L 和 π_H 同时取较小的值，则无论处于何种状态，投资者都认为下一次的盈利冲击将很可能是相反方向的；从而对本次盈利冲击产生反应不足，但不一定会产生反应过度。

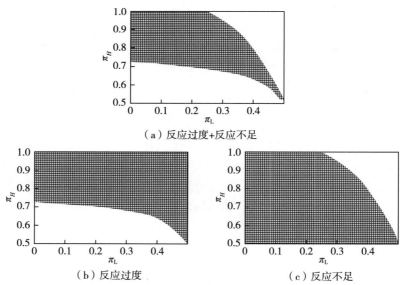

（a）反应过度+反应不足

（b）反应过度　　　　　　　　　（c）反应不足

图1–5　当 $\lambda_1 = 0.1$ 和 $\lambda_2 = 0.3$ 时，满足反应过度与反应不足时的（π_L, π_H）

当 λ_1 和 λ_2 取其他值时，研究表明，上述关于 (π_L, π_H) 取值范围的结论同样成立。

（四）HS 模型

HS 模型，又称为统一理论模型（Unified Theory Model），是 Hong 和 Stein 在 1999 年提出的。统一理论模型区别于 BSV 模型和 DHS 模型之处在于：它把研究重点放在不同投资者的作用机制上，而不是投资者的认知偏差方面。

在 HS 模型中，设定了两个有限理性的投资者群体：消息观察者（News-Watchers）和动量交易者（Momentum Traders），这两个群体只能处理全部可获得信息的子集，即他们交易所依赖的信息集都不完整。消息观察者对价格的预期完全依赖于自己所观察和获得的信息，忽视历史信息价值；动量交易者则完全依赖于历史信息，只注重股票近期价格变化。

模型假设私有信息在消息观察者中的扩散是缓慢的，也即具有反应不足的倾向，从而在股价上产生动量；此时动量交易者察觉到了动量，进行套利交易，将价格推向极致。

HS 模型的分析主要分为两部分：一是在只有消息观察者的情况下，价格对新的信息反应缓慢，存在反应不足但不存在反应过度。其原因在于消息观察者并不从价格中推断信息，而信息在消息观察者中的扩散是缓慢的。二是加入动量交易者的作用，其以观察过去的价格为条件，利用消息观察者造成的反应不足进行套利。在存在有效的风险容忍度的情况下，可以期望其行为将促使市场接近有效。然而，在动量交易者只是受限于使用简单的动量策略的情况下，上述直觉判断是不正确的。当动量交易者只能在时期 t 根据时期 $t-2$ 和时期 $t-1$ 的价格变化进行交易时，其利用消息观察者引起的反应不足进行套利的结果，将导致最初的向基本面变化的价格最终加速，形成对消息的反应过度。在动量交易者是风险中性时尤其如此。

在此，动量交易者使用简单的交易策略是得到上述结果的关键，即投资者不需要以任何公开信息为条件。在上述情况下，简单的跟随策略能够获得利润，但如果投资者能够考虑更多的信息，那么该策略在某些情况下将比在其他情况下更有优势。特别地，这种策略在动量循环的早期能获得利润，但在动量循环的晚期更有可能亏损，因为在动量循环的晚期已经超越了长期价格均衡水平。

从而，一个关键的看法是，早期的动量交易者的参与给后期参与的"动量交易者"加入了负向的外部性。理想情况下，使用动量策略是由于基本面的利好信息没有在股价上得到完全的反映。然而，有时价格的上涨并不是由于利好信息而是前期动量交易的结果。因为"动量交易者"并不能获得确切的消息，也无法判断目前处于动量循环的哪个阶段，从而不得不面对在其购买时，早期的动量交易者已经将价格推升至超过均衡水平的情况。

HS 模型由两部分组成，一是只有消息交易者参与的参与模型，二是加入动量交易者的参与模型。

1. 只有消息观察者的参与模型

假设市场中存在某种风险资产，每个时期 t，消息观察者都会对该风险资产进行交易，并且在未来的 T 期，该资产会向投资者一次性清偿红利。假定所有的消息观察者都有相同的风险规避（CARA）效用和风险厌恶参数，而且他们都能活到终期 T，则该资产的最终价值为：

$$D_T = D_0 + \sum_{j=0}^{T} \varepsilon_j , \quad \varepsilon_j \sim N\left(0, \sigma_\varepsilon^2\right) \tag{1-18}$$

假设消息观察者被分为了 Z 个规模相同的组，从而股利的变化 $\varepsilon_j = \varepsilon_j^1 + \varepsilon_j^2 + \cdots + \varepsilon_j^Z$，并且 $\varepsilon_j^i \sim N\left(0, \sigma_\varepsilon^2/Z\right)$，其中 $i = 1, 2, \cdots, Z$。在 t 期，关于 ε_{t+Z-1} 的消息开始出现，并且在 Z 个组的消息观察者中逐渐传播。为了便于理解，本部分将消息 ε_{t+Z-1} 分为 Z 个更小的信息包，即 $\varepsilon_{t+Z-1} = \varepsilon_{t+Z-1}^1 + \varepsilon_{t+Z-1}^2 + \cdots + \varepsilon_{t+Z-1}^Z$。假定在 t 期，第一组的消息观察者观察到消息 ε_{t+Z-1}^1，第二组的消息观察者观察到消息 ε_{t+Z-1}^2，以此类推，第 Z 组观察者观察到消息 ε_{t+Z-1}^Z，所以每组交易者均观察到消息 ε_{t+Z-1} 的 $\dfrac{1}{Z}$ 部分。当时间推移到 $t+1$ 时刻时，信息开始循环交换，即第一组的消息观察者观察到消息 ε_{t+Z-1}^2，第二组消息交易者观察到消息 ε_{t+Z-1}^3，以此类推，第 Z 组消息交易者观察到消息 ε_{t+Z-1}^Z。所以，直至 $t+Z-1$ 时，每组消息观察者都会知道消息 ε_{t+Z-1}，也就是说消息 ε_{t+Z-1} 将成为公开信息。

由此可见，Z 的大小与信息的传播时间是成正比的，即 Z 越大，消息的传播时间也就越长。

假定市场上只存在消息交易者，设无风险利率为 0，则 t 时刻的风险资产价格为：

$$P_t = D_t + \left[(Z-1)\varepsilon_{t+1} + (Z-2)\varepsilon_{t+2} + \cdots + \varepsilon_{t+Z-1}\right] / Z - \theta Q \tag{1-19}$$

其中，θ 是消息交易者风险规避和 ε 方差的函数，为了简化，假定标准化风险规避为 $\theta = 1$，Q 为固定的资产供给。

式（1-19）表明关于股利变化的信息在 Z 期中被线性地反映到价格中。这说明在短期，价格存在正序列相关且其不会超过长期价值，即任何时间范围都不存在负的收益序列相关。

2. 加入动量交易者的参与模型

在理性预期下，仅有消息交易者参与的模型并不能解释价格的过度反应现象，只有加入了动量，交易者才能对其进行合理解释。动量交易者同样具有 CARA 效用，与消息交易者不同的是，动量交易者具有有限的投资期限。假定在每 t 期都有新的动量交易者参与交易，每个交易者都买入，并持有 j 期，直到 $t+j$ 期；同时假设 j 是外生参数。"动量交易者"通过市场指令与消息交易者进行交易，其给出数量指令，但并不知道这些指令的执行价格；价格由消息交易者之间的竞争产生，其同时具有做市商的身份。

动量交易者在 t 期决定交易规模时，需根据资产过去价格变化来预测（$P_{t+j} - P_t$），并以此决定指令的大小。为了简化，假定唯一的条件变量是过去 k 期累计价格变化（$P_{t-1} - P_{t-k-1}$）。根据证明，k 的精确值是并不重要的，因此简单设置为 $k=1$，则 t 期的预测变量为：$\Delta P_{t-1} = (P_{t-1} - P_{t-2})$。较为显著的是，模型限制动量交易者利用过去的价格变化进行单变量预测，同时简单地认为投资者不具备进行复杂的多变量回归的计算能力。

第 t 代的动量交易者指令流为：

$$F_t = A + \phi_\Delta P_{t-1} \tag{1-20}$$

其中，常数 A 和弹性参数 ϕ 均由动量交易者的最优化形式所决定，并且指令流 F_t 会被消息交易者所吸收，由于消息交易者不以证券的过去价格为判断基础，所以其会将此指令流视为不知情的供给冲击，消息交易者的指令流是供给变化的唯一来源。因此，设市场上任何时点均存在 j 代动量交易者，则市场对消息交易者的供给 S_t 为：

$$S_t = Q - \sum_{i=1}^{j} F_{t+1-j} = Q - jA - \sum_{i=1}^{j} \phi_\Delta P_{t-i} \tag{1-21}$$

进而假设在任何时期 t，消息交易者买入并持有证券直至时期 t 股利得到清偿，则用 S_t 代替 Q，价格可表示为：

$$P_t = D_t + \left[(Z-1)\varepsilon_{t+1} + (Z-2)\varepsilon_{t+2} + \cdots \varepsilon_{t+z-1} \right] / Z - Q + jA + \sum_{i=1}^{j} \phi_\Delta P_{t-i} \tag{1-22}$$

式（1-22）包含了价格是由消息交易者和动量交易者共同决定的。其中常数 Q 和 A 不起作用，可忽略。因此由动量交易者的目的最大化可知：

$$\phi_\Delta P_{t-1} = \gamma E_M \left(P_{t+j} - P_t \right) / \mathrm{var}_M \left(P_{t+j} - P_t \right) \tag{1-23}$$

其中 γ 是动量交易者所能忍受的总风险，E_M 和 var_M 表示给定信息 $_\Delta P_{t-1}$ 下的条件均值和方差。所以式（1-23）可以写为均衡状态下参数 ϕ 的表达式：

$$\phi = \gamma \, \mathrm{cov}(P_{t+j} - P_t, _\Delta P_{t-1}) / \mathrm{var}(_\Delta P_{t-1}) \mathrm{var}(P_{t+j} - P_t) \tag{1-24}$$

在达到均衡状态时，均衡即为一个固定的点，均衡时的 ϕ 由式（1-24）给出，同时价格 P_t 由式（1-22）给出。在只针对协方差静态均衡的研究下，能够证明得到协方差静态均衡过程的条件为 $|\phi| < 1$，因而只需要动量交易者的风险容忍度 γ 充分小，即可使 $|\phi| < 1$，进而保证均衡状态的存在。在加入动量交易者的模型中，其均衡具有在任何协方差静态均衡中，$\phi > 0$ 的性质，即动量交易者的理性行为是跟随价格变化的趋势。此外，在 $\phi = 0$ 的情况下均衡不存在（只要动量交易者的 γ 足够小，就能保证 $|\phi|$ 充分小，则均衡就存在。在协方差稳态均衡中，$\phi > 0$，即理性动量交易者必定追逐趋势，采取行动）。

3. 模型主要结论

HS 模型得出的主要结论有：

（1）在协方差静态均衡情况下，时期 t 当任一单位正向冲击 ε_{t+z-1} 在消息交易者中扩散时，存在下述现象：①一般存在反应过度现象，即价格的累积最高点远大于 1；②如果动量交易者的存在期 $j \geq z-1$，则累积冲击在时期 $t+j$ 达到最高点，随后下降为 1；③如果动量交易者的存在期 $j \leq z-1$，则累积冲击不会在时期 $t+j$ 达到最高点，但最终仍会下降为 1。

（2）在协方差静态均衡情况下，如果价格变化具有短期的正自相关性，则在存在风险中性的"动量交易者"时，价格的变化必然会在小于等于 $j+1$ 的时期出现负自相关性。

因此，在 HS 模型中，消息交易者和动量交易者间存在相互作用的交易机制。当消息交易者观察到利好消息时，即进行买入行动，最初的买入产生的价格动量较小，在某种程度上可理解为反应不足。其后，部分动量交易者观察到起初的价格动量后立即跟随进行买入，从而其行动引起价格产生更大的变化（动量），对后来的动量交易者施加了负面影响，使他们错误地理解为有更多的利好消息到达；从而导致越来越多的动量交易者加入，过多的买入力量推动价格远远超过利好信息所能引起的应有涨幅，产生价格的反应过度，最终导致价格趋势反转下跌。反之亦然，当消息交易者观察到的是利空消息时，价格将向下反应过度，最终反转上升；从而在 HS 模型中，动量交易者作为噪声交易者，在其与消息交易者的相互作用下，导致价格的反应不足或反应过度。

综上所述，HS 模型认为证券市场之所以出现反应过度或反应不足现象的根本原因在于：证券内在价值信息的扩散是一个循序渐进的过程，并且这一过程是造成证券市场波动的唯一外部冲击，这也正好符合了模型构造的"简单原则"。一方面，由于包含证券未来价值的私人信息扩散是缓慢的，消息交易者的投资交易会导致证券价格变化的动量效应，而这一信息会极易被动量交易者捕捉并利用到，从而开始进行动量的投资交易，并期望能在私人信息的逐渐扩散中获利。另一方面，由于动量交易者无法观察到私人信息的实际扩散速度和传播情况，因此他们的交易行为也势必会将证券价格推向远离其基本价值的极端，从而造成反应过度，并最终造成证券价格的反转。

（五）BHS 模型

Barberis 等（1998）指出，人们不仅关心当期消费水平，而且关心财富价值变动水平，将 Lucas 于 1978 年提出的消费型资产定价模型、Kahneman 和 Tversky 于 1979 年提出的前景理论与 Thaler，Richard 和 Johnson1990 年关于前期经营成果对投资者风险选择的影响研究进行综合考虑，提出了一种行为资产定价模型——BHS 模型，能够较好地解释资本市场中的某些异象。

1. 理论背景

Barberis 等在前人研究的基础上，将期望理论引入资产价格的动态均衡模型与进一步改进基于消费的模型这一思路不同，BHS 模型从改变投资者的标准偏好形式出发，重新定义了投资者的效用函数。在 BHS 模型中，投资者的效用来源于两个方面：一是消费；二是由所持有的风险资产的价格变化中得到效用。从而当投资者制定投资决策时，对两种效用都进行考虑，这不同于标准理论假定的当选择投资组合时，投资者考虑的只是这种资产所带来的未来消费效用的现值。

在考虑由资产价格波动所带来的效用时，投资者表现出两个非常重要的特点：第一，投资者关心的是金融资产的价值变化而不是财富总值；同时与资产价格的上升相比，投资者对于所持有资产的价格下降更为敏感，即投资者是损失回避（Loss Aversion）的（损失回避可以看作是风险回避的一种变形）。第二，损失回避的程度取决于投资者前期的投资表现。在经历前期投资获利之后，投资者的损失回避程度会下降；而在前期损失之后，投资者损失回避的程度会上升。也就是说，在模型中投资者风险回避的程度是变化的。具体来说，随着资产价格的上升，投资者风险回避的程度会有所降低，因为本期的收益可以弥补下期有可能发生的损失；反过来，随着资产价格的下降，投资者风险回避的程度会上升，因为接下来可能发生的损失对已经历损失的投资者来说变得更加无法接受。风险回避程度的变动通过影响贴现率最终反映到资产的价格变动上，这样模型中的资产回报率就比红利增长率有着更大的波动性。

值得一提的是，BHS 模型引入了两个在心理学研究中由来已久的概念：首先，投资者关心的是金融资产价值的变化，并且在价格变化面前投资者是损失回避的，这一假定是期望理论的核心观点；其次，投资者前期表现会影响接下来的风险回避程度，这为许多研究文献所支持，如 Thaler 和 Johnson1990 年提出的 "私房钱（House Money）效应"，用来表明在连续赌局中，参与人的决策行为如何受前期赌局输赢的影响。

2. BHS 模型

BHS 模型仍然沿用 Lucas（1978）研究中提出的假定，但此时投资者的目标函数变化为：

$$E\left[\sum_{t=0}^{\infty}\left(\rho^t \frac{C_t^{1-\gamma}}{1-\gamma} + b_t\rho^{t+1}v\left(X_{t+1},S_t,z_t\right)\right)\right] \tag{1-25}$$

式（1-25）第一项为标准的消费效用函数，ρ 表示时间折现因子，$\gamma>0$ 表示相关风险厌恶大于消费冲击。第二项表示由投资者拥有的风险资产价值波动所带来的效用，其中 $X_{t+1}=S_t R_{t+1}-S_t R_{f,t}$，是投资者在 t 至 $t+1$ 时间内投资者的收益或损失，$R_{f,t}$ 为 t 期的无风险收益率，S_t 表示 t 时刻风险资产的价值。z_t 是用来衡量投资者前期收益或损失的状态变量，其值随投资表现发生波动，即：

$$z_{t+1}=\eta\left(z_t \frac{\bar{R}}{R_{t+1}}\right)+(1-\eta)(1) \tag{1-26}$$

b_t 用来决定第二种效用所占的比重，定义为 $b_t=b_0\bar{C}_t^{-\gamma}$，其中 b_0 为常数，$\bar{C}_t$ 为每单位资产对应的全社会消费总量，这样可以避免随着财富数量增加使第二种效用完全占优于消费效用的现象出现。

接下来我们假定消费与红利的增长服从不同的过程，即：

$$\log\left(\frac{\bar{C}_{t+1}}{\bar{C}_t}\right)=g_C+\sigma_C\varepsilon_{t+1}$$

$$\log\left(\frac{D_{t+1}}{D_t}\right)=g_D+\sigma_D\varepsilon_{t+1} \tag{1-27}$$

其中 $\begin{pmatrix} \eta_t \\ \varepsilon_t \end{pmatrix} \sim i.i.d.N \left(\begin{pmatrix} 0 \\ 0 \end{pmatrix}, \begin{pmatrix} 1 & \omega \\ \omega & 1 \end{pmatrix} \right)$，$g_D$ 为股息增长率。

$v(X_{t+1}, S_t, z_t)$ 是期望理论型的效用函数，也就是说投资者关心的是风险资产价值的变化而非资产的绝对数，同时在资产价值波动面前投资者是损失回避的。由于投资者损失回避的程度受前期投资表现的影响，因而效用函数 $v(X_{t+1}, S_t, z_t)$ 分别有 $z_t > 1$，$z_t < 1$，$z_t = 1$ 三种形式，见图 1-6。

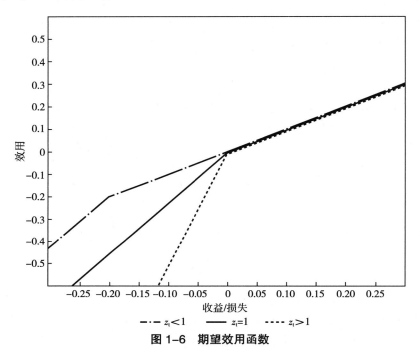

图 1-6　期望效用函数

注：当 $x < 0$ 时，由上至下分别为 $z_t < 1$，$z_t = 1$ 和 $z_t > 1$ 时的效用函数；其中当 $z_t > 1$ 时，效用函数的斜率 $\lambda(z_t)$ 是 z_t 的函数，为 $\lambda(z_t) = \lambda + k(z_t - 1)$，$k$ 表示投资者损失回避的程度；$\lambda = 2.25$ 是由 Tversky 和 Kahneman（1992）实验得到的。

3. 均衡价格和波动率

在 BHS 模型中 z_t 是一个非常重要的变量，它的变动决定了投资者风险回避程度的变动情况。为此建立一个一因素马尔可夫（One-Factor Markov）均衡，其中无风险利率为常数，进而定义 P/D 是状态变量的函数，即：

$$P_t / D_t = f_t = f(z_t) \tag{1-28}$$

并且可以找到 $f(z_t)$ 使存在满足这一假定的均衡状态。收益率的计算公式变化为代入均衡状态下最优化欧拉方程：

$$\begin{cases} 1 = \rho R_f E_t \left[\left(\overline{C}_{t+1} / \overline{C}_t \right)^{-\gamma} \right] \\ 1 = \rho E_t \left[\left(\overline{C}_{t+1} / \overline{C}_t \right)^{-\gamma} \right] + b_0 \rho E_t \left[v(R_{t+1}, z_t) \right] \end{cases} \tag{1-29}$$

P/D 的变化过程见图 1-7。

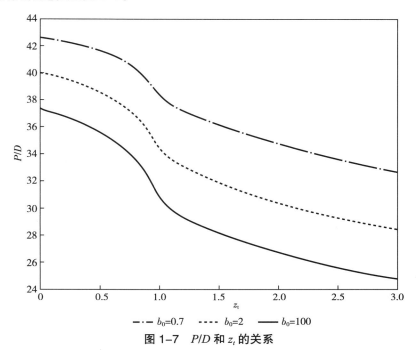

图 1-7 P/D 和 z_t 的关系

注：图中三条曲线分别表示 b_0 取 0.7、2 和 100 时 $f(z_t)$ 的形状；可见随着 z_t 的增加，价值红利比逐渐下降。

在生成 z_t 时间序列的同时，同样可以由最优化欧拉方程得到 R_{t+1} 的时间序列。固定参数的取值，对 R_{t+1} 的时间序列进行统计分析，当取 $b_0 = 2$，$k = 3$ 时，模型中股票对数回报率的标准差达到 20.87%，超过红利对数增长率的标准差，并与 S&P 经验值 20% 相一致。由此可见，通过引入 P/D 的波动从而使得行为模型中股票收益率的波动率超过红利增长率的波动，并与经验事实相一致。

对模型直观的理解。假定本期股票的红利有一个正的增长，这会使投资者所持有的股票产生一个较高的回报率，进而增加前期投资收益的累积。随着投资收益的增加，投资者风险回避的程度会降低，因为投资者认为未来可能发生的损失会被增加的累积收益所补偿，从而会更加踊跃地去购买股票这种风险资产（也就是说会以一个较低的贴现率来贴现未来的红利收益），从而使股票价格进一步上升；反过来，如果红利出现负增长，则会使股票的回报率降低，减少前期收益或进一步扩大前期的投资损失。这样投资者会变得更加风险回避，风险回避程度的增加使股价进一步下降。由此可见，引入投资者风险回避程度的变动使得股票回报比红利增长率有着更大的波动。

总之，引入期望理论的 BHS 模型与基于消费的资产定价模型相比更好地解释了资本市场的波动规律。首先，它通过引入由资产价格波动带来的投资者风险回避程度的变动，从而在坚持固定无风险利率的前提下，解释了股票价格波动性之谜；其次，基于消费的模型不可避免地得出股票回报率与消费显著相关的结论，而这在真实数据中是不存在的，BHS 模型中影响股价波动的投资者风险回避程度的波动归根结底是由投资组合红利的变化而引起的，因为红利的增长与消费仅有较弱的相关性，因而在 BHS 模型中，投资回报只表现出与消费有较弱的相关性。

（六）DHS 模型

Daniel 等（2001）提出了一个关于过度反应和反应不足的行为模型——DHS 模型，DHS 模型依赖的心理学基础是过度自信和有偏的自我归因，它将投资者分为知情者（Informed）和不知情者（Uninformed）两种，股价由知情者决定，但知情者容易受到上述两种认知偏差的影响，导致对私人信息的过度反应和对公开信息的反应不足。

1. DHS 模型的心理学依据

（1）过度自信（Over Confidence）。大量的研究发现，在很多领域都存在过度自信，包括心理学家、医生和护士、工程师、律师、企业家、经理、投资银行家以及市场专业人士，如证券分析师和经济预测家。而且，一些证据显示，专家比相对缺乏经验的人更倾向于过度自信。在金融市场上，分析师和投资者通过一系列方式来获取信息，如会见公司的主管人员、核实传言、分析财务报表，这些方式涉及不同程度的技巧。如果投资者过高地估计其处理信息的能力或识别被他人忽略的现有数据的能力，他就会低估其预测的错误。DHS 模型将过度自信的投资者定义为高估其私人信息的准确性，但对公开信息的准确性不存在过度自信的投资者。

（2）有偏的自我归因（Biased Self-Attribution）。它是指人们在观察到其行为结果时，有偏地更新其对自己能力的自信。根据 Ben 的归因理论，人们过分强烈地将证实其行动正确的事件归因于自己的能力，而将证实其行动错误的事件归因于外部的噪声或破坏。

当公开信息和投资者自己的信息一致时，模型中投资者的信心增加；但是当公开信息与其私人信息相矛盾时，投资者的信心并不是等量地减少，他们倾向于将这个结果归因于坏运气，而不是自己的能力不够。这样，如果投资者一开始对其能力的估计是无偏的，平均来说，新的公开信息是确认私人信息准确性的。这意味着公开信息能够引发对之前一个私人信息的过度反应。这样持续的过度反应导致证券价格的动量，但是随着进一步的公开信息逐渐将价格回归到基本价值，这样的动量最后会反转。因此，有偏的自我归因意味着短期的动量和长期的反转。

2. DHS 建模

DHS 模型说明投资者对私人信息过度反应，对公开信息反应不足。当私人信息包含了好消息，股价上升过高；而当私人信息包含了坏消息，股价下跌过低。如果接下来的公开信息确认了私人信息，则会导致进一步的过度反应。当后来的公开信息最终显示股价过高或过低时，会出现价格调整，但是价格调整比之前的过度反应缓慢得多，这导致了长期的反转。

（1）自信不变时的预期价格路线。图 1-8 描述了 DHS 模型的主要内容。粗实线表示预期价格，细实线表示完全理性的价格水平。在时间 1，知情者得到一个有噪声的私人信号，过度自信导致他对这个信号反应过度，股价高于合理水平。在时间 2，有噪声的公开信号到来，部分修正偏离的价格。在时间 3′，另一个有噪声的公开信号到来。在时间 3，确定的公开信号到来，价格完全被修正。时间 1 之前所对应的部分称为"反应过度阶段"，之后的部分称为"修正阶段"。

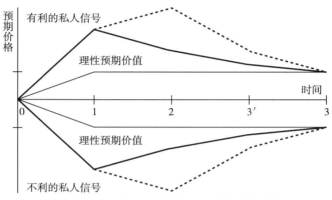

图 1-8　由过度自信的投资者决定的价格函数

不同于这样一个普遍的看法，即正的回报自相关是对新信息反应不足的表现，而负的回报自相关是对新信息反应过度的表现，DHS 模型认为正的回报自相关可以是持续过度反应的结果，之后是长期的修正。这样，短期正的自相关和长期负的自相关相符。

学者们将这一模型与近来许多事件的研究发现联系在一起。很多研究发现，事件后的平均异常价格趋势和事件日平均的初始价格反应有相同的信号。这种现象通常被解释为市场对事件反应不足。但 DHS 模型认为，对这种基于事件的回报可预测性来说，对新的公开信息反应不足，既不是一个必要条件，也不是一个充分条件。只有当这个事件是针对市场错误定价而采取的一种对策时，反应不足才能产生可预测性。例如，假设时间 2 的信号不是公开的，而是公司经理们（或分析师）获得的私人信息，他们采取行动（"事件"），并被公众观察到。当经理们发现公司股价被低估时，他们通过回购或提供债转股等方式来"获利"。这一公开信号使市场相信该公司股价被低估，股价开始缓慢地调整。而当某一事件并不是知情者（如经理）对市场错误定价的反应时，如银行为满足资本金要求而采取的行动，并不会产生事件后的趋势（Post-Event Drift），因此不存在可预测性。

（2）自信依赖于行为结果时的预期价格路线。以上的描述是基于投资者不变的自信水平。而心理学研究表明，行为的结果影响自信。将有偏的自我归因这一心理模式反映到模型中，就是图 1-8 的虚线部分。由于有偏的自我归因，公开信息平均来说增加了投资者的信心，强化了反应过度。所以当时间 2 有噪声的公开信息到来时，股价并未开始修正，而是进一步地反应过度，进一步偏离合理价值，直到重复的公开信息将价格回归基本面。在这种情况下，事件漂移可以看作是噪声的公开信息到来后持续的过度反应，或者是对之前错误定价的反转。

七、行为投资组合理论

在投资实践中，来自基金公司等专业投资机构的金融分析师们建议的投资组合，往往与用 CAPM 模型按照均值—方差分析得出的资产组合有很大的差异。Shefrin 和 Statman 意识到了这种情况，借鉴 Markowitz 的现代资产组合理论（Modern Portfolio Theory，MPT），提出了行为资产组合理论（Behavioral Portfolio Theory，BPT）。该理论打破了现代投资组合理论中存在的局限——理性人局限、投资者均为风险厌恶者的局限以及风险度量的局限，更加接近投资者的实际投资行为。

行为资产组合理论主要讨论两方面的问题：资产组合构建和证券设计。本书侧重介绍资产组合构建方面的内容。图 1-9 是 Hersh Shefrin 给出的行为资产组合的金字塔结构。从金字塔的底部到顶部，资产的风险逐渐增大，从右到左资产的收益逐渐增加。金字塔的底部是为投资者提供安全性而设计的金融资产，包括货币基金和银行存款等；金字塔的顶部是风险最大的资产，也是最投机的资产。

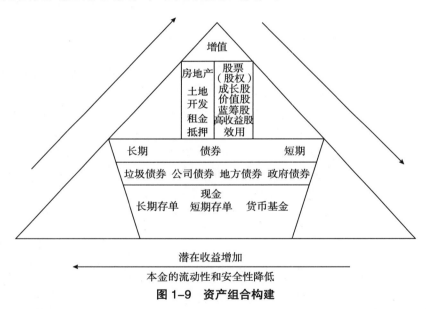

图 1-9　资产组合构建

按照行为组合理论的观点，投资者认为本地股票比外地资产风险更低，所以更加愿意持有本地股票，所以就会产生"本土偏好"现象。但是投资者并没有意识到，外地股票与本地股票的相关性较低，持有外地股票更能够降低整个投资组合的风险。同样，投资者对红利的偏好对公司的红利政策具有很大的影响，由于投资者青睐于稳定支付红利的公司，而且对公司增加和减少红利的态度有不对称性，即对减少红利表现较强的厌恶心理，所以一般公司尽可能稳定现金红利的支付水平。当投资者具有风险偏好时，公司就会分配股票红利；如果投资者具有规避风险的心理，支付现金红利会更好。行为组合理论基于心理账户很好地解释了"本土偏好""红利之谜"等传统金融理论无法解释的金融市场现象。

（一）单一账户行为资产组合模型（BPT-SA）

该模型借助了 Arzac、Bawa 的"安全第一理论"、Lopes 的"安全、潜力和渴望理论"（SP/A 理论）。

1. 安全第一理论

Arzac、Bawa 假设：决策者的投资组合收益是服从正态分布的，即：$w \sim N(\mu_p, \delta_p)$；假设一固定水平的收益 A 为最低期望收益，定义若投资组合收益低于该最低期望收益则视为"破产"，并定义该破产概率为一变量 α。则决策者的最优投资组合是：在满足 $P(w \leqslant s) \leqslant \alpha$ 的条件下，其期望收益 $E(w)$ 与破产概率 α 决定的最优效用。该最优投资组合可以用 $((E(w), \alpha)$ 描述。

2. SP/A 理论

Lopes 假设：决策者面对两个时期 0 和 1，时期 0 即为投资组合的买入时期，且投资组合收益为一离散变量；时期 1 为该投资组合收益存在状态，且收益排列为：$w_1 \leqslant w_2 \cdots \leqslant w_n$，并有 $P_i = \mathrm{Pr\,ob}(w_i)$。则时刻 1 时该决策者的收益水平期望是：$E(w) = \sum_{i=1}^n P_i w_i$；进一步地，Lopes 改写收益期望为：令 $D_i = \mathrm{Pr\,ob}(w \geqslant w_i)$，$P_i = D_i - D_{i+1}$；$D_1 = 1$；$D_n = P_n$；推导得到收益期望公式：$E(w) = \sum_{i=1}^n D_i(w_i - w_{i-1})$；且 $D_i = \mathrm{Pr\,ob}(w \geqslant w_i)$；$w_0 = 0$。

Lopes 认为决策者有两种情感：害怕和希望。害怕过于偏重坏结果，因此对于决策者而言，其认为收益水平概率上相对有较大的 P_1 和较小的 P_n；而希望过于偏重好结果，因此对于决策者而言其认为收益水平概率上相对有较小的 P_1 和较大的 P_n。由此 Lopes 引入主观的收益概率：

（1）在害怕下，有 $h_s(D_i) = D_i^{1+q_s}$；其中 $q_s > 0$ 表示害怕程度；

（2）在希望下，有 $h_p(D_i) = 1 - (1 - D_i)^{1+q_p}$；其中 $q_p > 0$ 表示希望程度；

（3）Lopes 认为决策者是同时存在害怕与希望的，因此其主观的收益概率为两者的综合。

由此，在 SP/A 理论下，时期 1 决策者主观期望收益水平为：由此在 SP/A 理论下时期 1 决策者主观期望收益水平为：$E_n(w) = \sum_{i=1}^n r_i w_i$，$r_i = h(D_i) - h(D_{i+1})$。

（二）多账户行为资产组合模型（BPT-MA）

该模型目前多使用两种心理账户：低期望水平账户和高期望水平账户。

该模型假设：

低期望账户的效用函数：$U_s = P_s^{1-\gamma} E_h(w_s)^{\gamma}$；$P_s$ 为不到最低期望收益水平 A 的概率，w_s 为收益，γ 为非负权重参数。

高期望账户的效用函数：$U_r = P_r^{1-\beta} E_h(w_r)^{\beta}$；$P_r$ 为不到最低期望收益水平 A 的概率，w_r 为收益，β 为非负权重参数。

由此可以推导，决策者会首先给予低期望账户一定的分配。这对解释弗里德曼—萨维奇难题（Friedman–Savage Puzzle）显然是有意义的。

行为组合理论对家庭偏见（Home Bias）以及 Friedman–Savage Puzzle 等问题提供了

比较合理的解释。但也可以看到行为组合理论还有许多问题，比如：① BPT 中收益是离散化的。②就算在离散化的情况下，求最优解也是非常困难的。③多账户 BPT 还停留在两账户分析上。

到目前为止，BPT 还缺乏足够多的实证研究支持。尽管存在许多的问题，作为新兴理论的行为组合理论仍然为行为金融理论体系注入了新的活力。

八、行为公司财务理论

（一）非理性投资者与管理者的基本理论

行为金融及管理决策行为的研究推动了行为公司财务理论的兴起和发展。行为公司财务理论关注两种非理性对公司资本配置行为及绩效的影响：资本市场投资者非理性和公司管理者非理性，即表 1–2 中的Ⅲ和Ⅳ象限。

表 1–2　股票市场与上市公司管理者理性组合

	股票市场理性	股票市场非理性
公司管理者理性	Ⅰ（理想状态）	Ⅲ
公司管理者非理性	Ⅱ（代理模型，信息不对称模型）	Ⅳ

非理性投资者与管理者的基本理论概括为：

第一，非理性投资者表现为：非理性使价格偏离基本价值，并且这种状态能够持续一段时间。

第二，非理性管理者表现为：股份制公司的行政高管人员制定与实施决策时具有过度自信行为特征。

第三，投资者情绪很可能扭曲公司投资行为。例如，当投资者过于悲观时，对公司股票严重低估，股票市场或私募等外部融资成本过高，或者根本筹集不到股权资本，迫使公司不得不放弃一些好的投资机会。当投资者对公司未来过于乐观时，尽管公司管理者致力于公司真实价值最大化，但如果拒绝投资于投资者认为可盈利的项目，投资者将抛售公司股票，导致公司股票价格下降，管理者面临解雇取代的风险。另外，由于代理问题的存在，公司管理者可能使其他目标最大化，如公司规模。

（二）市场时机假说、资本结构理论与红利政策

第一，市场时机假说。假设股票市场非理性，但管理者是理性的，致力于公司真实价值最大化。在这种情况下，非理性的投资者可能影响股票发行时机，但不会影响公司融资计划。该种情况被称为企业融资"市场时机假说"（Market Timing Hypothesis）。

如果管理者认为公司股价被过分高估，理性管理者应该发行更多的股票以利用投资者的过度热情。但管理者不应该将募集资金投入任何新项目中，而应该保留现金或投资于资本市场上其他公平定价的证券。投资者认为公司拥有许多净现值（NPV）大于零的投资项目，而理性的公司管理者十分清楚，这些项目实际上不可能实现正的净现值。如果从公司真实价值出发，应该放弃这些项目。如果管理者认为公司股票价格

被市场不合理地低估时，应该利用低价的有利时机，回购股票，而不是撤回实际的投资项目。

第二，资本结构理论。按照市场时机假说，公司资本结构只是一段时间内财务决策行为的结果。假设两家公司在规模盈利能力、固定资产构成、现阶段市值与账面值比例等这些传统上认为会影响资本结构的因素方面大体类似。假设过去一段时间内，A 公司的市值与账面值比例比 B 公司高很多。根据市场时机假说，公司 A 的管理者必定利用市场可能高估的时机增发股票，所以在公司 A 的资本结构中，必将有更多的股权资本。

第三，红利政策。行为公司财务理论认为，投资者对红利的偏好驱动了公司的红利政策，或者说公司管理者迎合投资者的红利偏好制定红利政策。

Shefrin 和 Statman 从投资者自我控制角度提出了一个解释为什么投资者偏好现金红利的模型。他们认为，现金红利可以使投资者克服自我控制问题。同时，公司支付现金红利有利于投资者从心理上容易区分公司盈亏状况、避免遗憾心理，增加投资者的主观效用。

Baker 和 Wurgler 提出了红利迎合理论（Catering Theory of Dividends）。他们认为，由于投资者通常将公司分成支付现金红利的公司和不支付现金红利的公司两类，投资者对这两类公司的兴趣及红利政策偏好时常变化，对股票价格产生影响。公司管理者通常迎合投资者偏好制定红利政策，迎合的最终目的在于获得股票溢价。即当投资者倾向于风险回避时，对支付现金红利的股票给予溢价时，管理者就支付现金红利；当投资者偏好股票红利，对股票红利给予溢价时，管理者就改为股票红利，如果股票价格与公司管理者补贴收入相关，管理者更有可能取悦投资者、抓住股票溢价机会改变股利政策。Baker 通过实证检验认为，红利迎合政策比其他模型可以更好地解释为什么公司红利政策随时间推移而变化的现象。

九、投机性泡沫、非理性繁荣与股市异常现象解释

（一）投机性泡沫和非理性繁荣

20 世纪 90 年代后期，美国的股票市场在新经济神话的刺激下呈现前所未有的繁荣状态。在投资者高涨的投资热情刺激之下，美国股票市场的道琼斯指数、标准普尔 500 指数以及纳斯达克指数不断创历史新高。作为一名经济学家，罗伯特·希勒（Robert J. Shiller）教授以其敏锐的洞察力发现了表面繁荣背后所隐藏的危机，不仅用事实数据论证了投机性泡沫的存在，还进一步研究了过度波动存在的原因。

金融学中的有效市场模型认为：股票价格是根据风险水平调整过的未来预期收入的现值。也就是说，股票的价格波动和该股票所代表的资产的预期收入的波动，两者应该是一致的。Shiller 认为，事实上股价的波动并不是与股息的波动密切联系的；他列举了 1929 年 9 月的股市高峰和 1932 年 6 月的低谷，根据 S&P 实际指数，股市下跌 81%，而实际股息只下跌了 11%。观察到的实际价格和实际股息的互动现象，Shiller 认为股价可能与股息对相同的因素做出不同的反应，这些因素可能包括投机性泡沫非理

性地影响着价格。总的来说，股价有它自己的规律，不是简单地随着收益或股息的变动而变动的。

Shiller用事实数据论证了投机性泡沫的存在，研究了过度波动存在的原因。

1. 引发性事件

引发性事件，如互联网热、网上交易的激增、共同基金的发展、分析师愈益乐观的预测等都推动着股市的繁荣发展。

2. 反馈性的机制

引发性事件导致了经济的繁荣景象，而反馈性的机制又会将这些因素的作用放大。当看到过去的价格增长，个人投资者会进行数学计算以调整自己的信心和期望。如在牛市的一个显著特征是，投资者对股市持有很高的信心，最初的价格上涨会因投资需求的增加导致更高的价格上扬。第二轮价格上涨增长又反馈到第三轮，然后反馈到第四轮，以此类推。因此，催化因素的最初作用被放大，产生了远比其本身所能形成的大得多的价格上涨。

3. 心理依托

事实上，股市并没有得到基本面的依托，人们甚至对股市的"正常"水平一无所知。严谨的心理学研究显示，的确存在一些充当股市依托的人类行为模式。投资者总是努力去做正确的事情，但是当投资者无法把握自己行为的准确性时，有限的能力和特定的行为模式就会决定他们的行为。Shiller着重研究了两种依托：数量依托和道德依托。

（1）数量依托。数量依托是指给出股市应该达到的水平，人们以之为标准来衡量股市是定价过高还是过低，以及是否应该买进。在判断股票的价格水平时，最可能的数量依托就是记忆中离现在最近的价格，因此使股价日复一日地趋同。其他数量依托有过去的股价，这一点也就成为股价发展势头会被逆转的原因之一。

（2）道德依托。道德依托是指决定促使人们购买股票的原因，人们应该购买股票还是将已投入（或能投入）股市的财富转向其他用途。

根据数量依托，人们用数字衡量价格，即确定股票（或其他资产）是否定价正确；根据道德依托，人们将主张投资于股市的情感或直觉力量与他们的财富和当前的消费需求相权衡。

4. 从众行为

从众行为也称为追风行为、羊群效应。不可否认，人们认为"当大部分人都做出相同判断时，那么差不多可以肯定，他们是正确的"。从众行为的力量会驱使人们继续做别人都在做的事情，如果这种基本力量是乐观或贪婪，市场就会持续繁荣。

专栏1-29　警句

任何一个人，作为个体来看，都是足够理智和通情达理的，但是，如果他作为群体中的一员，立刻就成为白痴一个。

——弗里德里希·席勒（Friedrich Schiller）

不管从众行为的诱因是哪一方面，其行为结果对市场的影响都是一致的。概括来说，从众行为的市场效应有三个方面：

第一，由于从众者往往抛弃自己的私人信息追随他人，这会导致市场信息传递链的中断。这一情况有两面性：如果被模仿者的行为正好是指向市场效率优化的一面，那么，从众行为会强化这一指向，从而出现有效率的格局；如果被模仿者的行为是指向效率下降的一面，从众行为只会加重效率的下降和扭曲，这一点是人们极不愿看到的。

第二，从众行为一旦越过某一限度，将诱发另一个重要的市场现象——过度反应的出现。在上升的市场中（如牛市），盲目追涨越过价值的限度，只能制造泡沫；而在下降的市场中（如熊市），盲目杀跌只能加深危机。

第三，所有从众行为的发生基础都是信息的不完全性，一旦市场的信息状态发生改变，如新信息的到来，从众行为就会瓦解。这意味着从众行为具有不稳定性和脆弱性，直接导致了金融市场的不稳定性和脆弱性。

长期以来，尽管理性泡沫引起了理论界和实务界足够多的关注，但是关于它存在条件的争论一直没有停止过。关于理性泡沫存在性的理论研究大致可以分成两类：部分均衡框架下的论证和一般均衡框架下的论证。

在部分均衡框架下，对于有限责任的资产而言，从来不可能存在负的理性泡沫。原因在于，如果存在负的泡沫，则在将来某个时间，资产的价格将变成负的，这与有限责任相矛盾。除此之外，有限责任资产价格的泡沫一旦破灭，不可能再重新产生，即泡沫不可能在资产交易的过程中产生。这是因为，一旦泡沫在某个交易日值为零，则它将来的预期值也为零；由于泡沫不可能是负的，所以要使泡沫将来的预期值为零，它将来的值必定为零。

在一般均衡框架下，在一个具有有限个体的理性经济中，如果时间是无穷的并且证券卖空机制不被限制，则该经济中不可能存在泡沫。

作为一个投资者，只有当他确信在将来能卖出证券以获取资本利得时，他现在才肯买入证券。因为投资者是理性的，所以当他知道别的投资者已经获得收益后，他是不会参加这种负和博弈的。尽管投资者知道泡沫是变大的，但当投资者的个数有限时，他知道并不一定能够找到买方，从而有可能被这个"烫手的山芋"黏住。

理性泡沫的三个特征为：第一，理性泡沫具有连续性。如果仅仅依据股票的基础价值来预测股票的价格，回归分析的残差项的期望值将不等于零，取得正值的时候更多一些。这种单边误差的持续性就形成了理性泡沫。第二，理性泡沫具有连续的膨胀性。投资者认识到价格超过了基础价值，但他们相信泡沫将继续膨胀，产生更高的、足以补偿泡沫破裂概率的风险的收益。即使股价被高估，由于投资者相信考虑风险因素后仍将获益，他们理性地选择继续滞留在市场。第三，理性泡沫不可能出现负值，即基础价值的增长速度永远低于实际股价的增长速度。

股票市场的价格剧烈波动往往超过理性泡沫模型可以解释的范围，即表现出非理性的一面。非理性泡沫的出现将使投资者可获得的预期回报率受到影响。

（二）股市异常现象解释

公司股票上市中存在三个异常现象：一是"热市"，即股票上市呈现明显的周期性；二是低价上市，即公司的股票常常以过低的价格发行；三是上市公司长远业绩欠佳，即上市 3~5 年之后，公司给投资者带来的回报远远低于同期其他方面同上市公司大致相当但没有发行股票的公司给投资者带来的回报。

这三个异常现象都违背了效率市场理论。行为金融学认为，这三个异常现象是投资者的过度乐观导致的。

当投资者过度乐观时，他们对 IPO 的需求增加，公司管理者利用投资者的这种过度乐观提供的机会窗口发行股票，从而导致 IPO 热市；投资者对 IPO 公司过度乐观，因此对 IPO 公司估值过高；股市随后对这种估值偏差的纠正必然导致股票价格的下跌。通过影响公司股票发行等融资决策，投资者的情绪变化可以影响公司的资本结构。

具体来说，投资者对公司的过度乐观导致公司股票的价格高于其内在价值，而公司管理者则利用投资者这种过度乐观情绪发行股票。因此，在很大程度上，公司的资本结构是公司长期过程中利用机会窗口选择上市时机的融资决策的累积结果。公司没有一个目标资本结构，一系列的利用机会窗口择机上市的融资决策形成了公司的资本结构。

投资者的情绪变化可以扭曲公司的投资决策。投资者的过度乐观导致公司的股票价格被高估，而股票价格被高估的公司的投资量也相应大，而且这些公司投资的项目常常是净现值小于零的项目。这种现象产生的原因之一是市场驱动迫使公司管理者进行这种损害公司财富的投资，以避免公司成为收购对象及公司被收购后自己失去工作。

分红问题是公司财务中至今仍然存在很大争议的问题。关于分红的争议主要是围绕分红是否能够影响公司以及股东的财富。对于这一问题，有三种不同的看法：右翼的看法认为，分红的增加会增加公司的价值；左翼的看法认为，分红会减少公司的价值；中间观点认为，分红对公司的价值没有影响。上述三种观点都没有回答一个关键问题：投资者为什么偏好分红，并且要求分红？

股东为什么要求分红是分红之谜的一个方面。行为金融学家提出的解释投资者分红偏好的理论主要有四种：

一是自我控制。根据这一理论，投资者存在自我控制问题——可能因为消费过度而过早消费股市投资的资本，而分红可以帮助投资者控制自己的消费，即投资者为自己设立如下规则来约束自己的消费：日常消费不能超过分红现金。

二是享乐边际。分红可以帮助投资者进行享乐边际分析——按自己的需要将收益与损失单独考虑或者合并考虑，以增加自身的效益。

三是避免遗憾。在股票价格上涨时，分红可以帮助投资者避免遗憾。

四是安全幻觉。这一理论认为，投资者喜欢分红是因为他们认为分红高的股票比不分红的股票安全，是"安全股"。

公司为什么分红是分红之谜的另一个方面。最近的研究表明，分红可能是公司管理者迎合投资者对分红的需求的结果。按照这一理论，公司管理者的分红决策是由投资者的需求驱动的，分红决策的实质就是投资者要什么，公司就给他们什么。分红是理性的公司管理者对股市定价失当作出的反应，而在管理者看来，这种定价失当是由于投资者对分红的偏好导致的。

第三节 基于投资行为学的投资策略研究综述

市场上投资者的非理性造成的行为偏差导致了证券价格的偏离，合理利用这一偏差将给投资者带来风险调整后的超额收益，这就构成了投资行为学的投资策略的理论基础。

人类的心理决策特征是在长期演化过程中逐渐形成的，是稳定的和跨文化的。相应地，投资行为学的投资理念和投资策略也具有相当的持久性。

目前金融市场中比较常见且相对成熟的考虑投资行为的投资策略包括反向投资策略、动量投资策略、成本平均策略和时间分散策略等。

一、反向投资策略

反向投资策略是指对于反应过度和反应不足而言，投资者应该买进过去表现差的股票而卖出过去表现好的股票从而进行套利，即"追跌杀涨"的策略。

行为金融理论认为，投资者在实际投资决策过程中，对股票近期的表现比较关注，从而导致对业绩差的公司股价的过分低估和对业绩较好的公司的股价过分高估，这就为投资者利用反向投资策略套利提供了机会。

反向投资策略要求投资者应该密切关注证券市场中的股票价格，并把它与股票的价值进行比较，寻找远离价值的股票，构建投资组合，在股票价值回归时获利。在实际的股票交易中，投资者可以选择低市盈率、低市净率的股票和历史收益率低的股票。这样在股票未来价值回归中，投资者就有较大的获利空间。

实践证明，利用反向投资策略选出的投资组合，在牛市有较强的盈利能力，而在熊市中又有较强的抗跌能力，反向投资策略的超额获利能力是令人兴奋的。从学术的角度讲，反向投资策略的存在已经开始动摇现代金融理论的基石——有效市场理论。

反向投资策略具体分为收益型反向投资策略和价格反向投资策略。

收益型反向投资策略是投资收益型的股票证券。B/M（账面价值与市场价值比率），E/P（收益价格比），U/P（现金流价格比）比率较高的股票以及 G/S（销售增长率）较低的证券被认为是收益型的，反之则被认为是成长型的。收益型策略要求购买那些价格相对收益、股利、现金流、历史价格、账面价值或其他价值测度而言价格较低的证券，并持有较长的时间。

价格反向投资策略是指投资现在因价格较高而不被大众投资者看好，而未来具有较高成长性的证券的策略。

二、动量交易策略

动量交易策略也称相对强度交易策略，该策略认为，如果某个股票在前一段时间内有较好的涨幅，那么在下一段时间内仍将会有良好的表现。对应的股票交易策略是买进前期表现较好的证券，卖出前期表现较差的证券，即"追涨杀跌"的策略。

动量交易策略要求在分析股票短期（一般指 1 个月至 1 年）的表现时，事先对股票收益率和交易量设定"筛选条件"，只有当条件满足时才买入或卖出股票。该策略起源于对股票中期收益延续性的研究，它的提出与投资者的反应不足和保守性心理有关。

研究发现，在一段较长的时间内，表现差的股票在其后的一段时间内有强烈的趋势经历相当大的逆转；而在给定的一段时间内，最佳股票则倾向于在其后的时间内出现差的表现，这就是反转效应。在实际的动量交易策略运用中，应该特别关注特定市场中的动量持续时间周期和规律，以便在这段时间中投资者普遍反应不足时买入强势股票，卖出弱势股票，从而进行获利交易。

动量交易策略的超额收益在一定程度上证明了股票价格并非随机游走的，而是由于投资者对信息的非理性反应而有向同一方向持续变化的惯性。

对于动量交易为什么能够获利的问题，有着许多不同的解释。

第一，由于股票价格对信息反应不足，从而导致了股票价格的趋势能够延续一段时间。

第二，当股票收益的增长超过预期，或者当投资者一致预测股票未来收益会出现增长时，股票的收益会趋于升高，即收益是由于股票基本价值的变动带来的。

第三，动量交易策略的超额收益来源于风险溢价。

专栏 1-30　动量交易策略案例 [①]

　　2007 年 8 月 18 日，综艺股份公布其半年报：2007 年 1~6 月共实现营业收入 3.82 亿元，同比增长 30.08%，实现净利润 4408.94 万元，同比大幅增长 154.82%。

　　在诸多利好消息的推动下，该公司股票延续并超越上一阶段的上涨势头，开始疯狂上涨，一举超越大盘，出现明显超涨；自 9 月 10 日涨停启动开始，换手率明显放大，增量资金介入迹象明显，以连续涨停的方式构筑了陡峭的上升通道。2007 年 9 月 25 日，该公司股价触顶开始下跌。

　　2007 年 10 月该公司股票再次出现上涨，涨幅仍然超过大盘，到 2008 年 1 月 18 日再次触顶，股价开始追随大盘狂泻一番。考虑到该公司股票的上述涨跌特征，通过对历史数据的对比可以发现该股作为网科龙头历史股性活跃，对于消息面的反应异常的灵敏，往往因为各种利好的消息而出现超涨，加上具备热门的创投概念，经常出现强势涨停表现；该股也可能因为某些利空消息的出现而出现

---

① 资料来源：笔者根据综艺股份数据自行分析。

超跌，该股股价走势呈现明显的动量特征。因此，投资者就可以在综艺股份出现超跌，低于大盘走势的时候增持该股票，而在当股票上涨超越大盘的时候再次抛出，通过"追涨杀跌"的动量策略获得不小的收益。

三、成本平均策略和时间分散化策略

成本平均策略又称为币值成本平均策略（DCA），要求按定期的时间段（对许多投资者而言是一个月），无论市场价格如何变化，均投资固定数量的资金。

时间分散化策略是指承担投资股票风险的能力可能会随着投资期限的延长而降低，建议投资者在年轻时让股票占其资产组合较大的比例，而随着年龄的增长将这种比例逐渐减少而逐渐增加债券投资比例的投资策略。

具体的时间分散化投资策略可概括为两种：①根据投资者自身不同阶段，选择不同投资方式的比重；②根据持有资产的时间以及对应的风险选择不同的投资策略，如短期选择债券，长期选择股票。

在运用成本平均策略时，应该制定好分批投资的价格规定，而且需要有一定的资金留存比例，这样就能在市场的波动中选择恰当的时机分配资金，降低投资成本。

在运用时间分散化策略时，应该注意股票的真实价值，并且计划好股票买卖的频繁程度，通过时间分散化回避基本风险。

成本平均策略和时间分散化策略有很多相似之处，都是在个人投资者和机构投资者中普遍采用并广受欢迎的投资策略，同时都被认为是收益较差的投资策略，与传统主流金融理论的预期效用最大化原则明显相悖。

在执行投资计划时，由于投资者会受到认知错误的影响，投资者的自我控制是非常重要的。成本平均策略的规则有助于弥补投资者自我控制的不足，使投资者在股市前景不被看好时仍然在熊市中坚持买进股票，有利于投资计划的顺利完成。

投资者将资金在储蓄和消费上进行分配时经常面临着消费的诱惑。因此在执行一个储蓄计划时，制订规则是非常有用的。从短期来看，只需考虑现在的消费；但是从长远来看，不仅要考虑现在的消费，而且要考虑为将来进行储蓄，一些规则如只消费红利不动用资本有助于投资者做到自我控制。不要动用资本就是投资者用于约束自己消费的一个规则。

四、价值平均策略

价值平均策略（VA）是一种更具弹性的公式化投资策略，通过集中精力于事先确定的价值增长，要求投资者秉承价值平均理念，在股票价格低时多购买股票，在股票价格高时多卖出股票。

价值平均投资策略有两个主要特点：①平均投资策略的平均买入价格小于等于各

期价格的平均数；②该投资策略与投资者原有投资结构有关。

价值平均策略与币值成本平均策略的重要不同在于：股价的大幅上涨导致的是股票的卖出而不是买入，而币值成本平均策略最多只能在股价较高时较少地买入股票。如果价格上升得足够多，价值平均策略规则所要求的一个月的价值增长，可以仅由组合价值的增长所满足，这种情况下投资者不需要再进行额外的投资。而当股价特别低时，价值平均策略不仅如币值成本平均策略那样"逢低买入"，而且会买入得格外多。当然"低"是相对于前期价格而言，并不能保证这个所谓的低价有任何绝对意义，或是相对未来价格的低价。

由于具有加速买入和有机会就卖出的投资特点，价值投资策略在短期和中期投资时段内给投资者更多提高收益率的机会，同时相对于币值成本平均策略并未增加下跌风险。

在长期中，投资者所使用的策略在其投资总回报中起到的作用就比较小了，即使是使用价值平均策略，坏的年景仍然是坏的年景，投资者所选择的投资品种比投资者所运用的策略要重要得多，最好在非常多样化的投资上运用价值平均策略，如投资范围很广的共同基金，特别是指数基金。

五、利用行为偏差策略

行为金融学认为市场是非有效或不完全有效的，由于投资者受经验法则的谬误和情绪因素的影响，将会导致证券的市场价格偏离理论价格。投资者通过发现这些偏差，买入低估的股票，卖出高估的股票，可以获得超额的收益。

例如，根据行为金融学相关理论，市场中的投资主体可能会对市场中的信息反应迟缓，在利好消息造成某种证券价格上涨后，这种上涨的趋势就有可能会持续一定的时间。因此，买入价格开始上涨的证券，卖出价格开始下跌的证券的惯性交易策略就成为基金经理可以选择的投资策略。

六、投资组合策略

行为金融学认为，证券市场并不是有效的（一般指半强式有效）。这就意味着传统的证券组合投资理论中"在有效市场中，投资者不可能获得与其所承担风险不对称的额外收益"的提法在实践中是不成立的。也就是说，通过选择合适的组合投资策略，投资者将可能获得额外收益。

七、购买并持有策略

个人或者机构投资与股票应执行几种能帮助控制认识错误和心理障碍的安全措施。控制这些心理障碍的关键方法是所有类型的投资者都要实施一种严格的交易策略——

购买并持有策略。投资者在为组合购入一只股票时应详细记录购买理由，而且要指定一定的标准以利于进行投资决策。投资者长期采取购买并持有策略，通常业绩将超过高周转率的短期交易策略。

八、捕捉并集中投资策略

行为金融理论下的投资者应该努力超越市场，采取有别于传统型投资者的投资策略，从而获取超额收益。

要达到这一目的，投资者可以通过三种途径来实现：一是尽力获取相对于市场来说超前的信息优势，尤其是未公开的信息。二是选择利用较其他投资者更加有效的模型来处理信息，而这些模型也并非越复杂就越好，关键是实用和有效。三是利用其他投资者的认知偏差等心理特点来实施成本集中策略。

一般的投资者受传统投资理念的影响，注重投资选择的多样化和时间的间隔化来分散风险，从而导致收益随着风险的分散而降低；而行为金融投资者则在捕捉到市场价格被错误定价的股票后，率先集中资金进行投资，赢取更大的收益。

思考练习题

一、名词解释

1. 框架效应
2. 易得性偏差
3. 锚定效应
4. 噪声交易
5. 羊群行为
6. 心理账户
7. 反应不足
8. 反应过度
9. 后悔厌恶
10. 损失厌恶
11. 动量交易策略
12. 处置效应
13. 投资者情绪

二、填空题

1. 有效市场假说需要依赖三个基本假设：_____、_____、_____。

2. _____是指当人们做出错误的决策时，对自己的行为感到痛苦。

3. 认知偏差是指人们在决策过程中存在的_____及_____方面的各种偏差。

4. 损失厌恶的行为在行为金融上又称作_____。

5. 从内在发生机制来看，羊群行为可分为_____和_____两种类型。_____是市场参与者对他人行为的模仿和跟从行为；而_____指投资者在面临相似的问题和信息时采取相似的决策。

6. 从羊群行为的定义看，决策者参与羊群行为，可能是_____，也可能是_____；一般情况下，_____羊群行为导致市场不稳定。

7. 羊群行为的发生基础是_____。

8. 羊群效应的分析模型主要包括_____模型、_____模型、_____模型。

9. _____使投资者往往对熟悉的事件表现出偏好，而对模糊的事件表现出厌恶，从而影响投资者做出理性的反应。

10. _____函数有三种不同的形状：凹形、凸形和线形，它们分别表示投资者对风险是持_____、_____，还是_____。

11. 金融学中的有效市场模型认为：股票价格是根据_____调整过的未来预期收入的现值。

12. 行为资产定价模型认为市场期望收益是_____和_____共同作用的结果。

13. 反向投资策略是指对于反应过度和反应不足而言，投资者应该买进_____的股票而卖出_____的股票从而进行套利的投资方法。

三、简答题

1. 行为金融学经历了什么主要发展历程？
2. 行为金融理论与传统金融理论的优缺点分别是什么？
3. 研究行为金融的理论意义和现实意义是什么？
4. 启发式认知偏向包括哪几种，各自的含义是什么？
5. 什么是羊群行为？它在金融危机中起了什么作用？
6. 羊群行为是一种理性行为，还是非理性行为？为什么？如何避免这种现象发生？
7. 代表性偏差一般有哪些表现？
8. 证券市场上参照系偏差（框架依赖）主要表现在哪些方面？
9. 前景理论的主要内容是什么？
10. M女士投资了一只股票，刚开始时觉得比较划算，但回家后越想越觉得吃亏，第二天一早便脱手了，为什么？
11. 行为资产定价模型（BAPM）与传统理论中的资本资产定价模型（CAPM）相比，突破了哪些方面？
12. 在中国股市，投资者可以采用的策略主要有哪些？
13. 如何衡量投资者情绪的高低？主要采取的计量方法有哪些？

四、论述题

1. 过度自信影响人们的经济行为。试设想一项研究以证明过度自信可能如何影响人们在经济活动中的决策。

2. 就代表性经验法则、易得性经验法则、定位与调整法则各举一个日常生活中的例子。

3. 在一个网上经纪公司的广告中，一个投资者在再三犹豫之后，点击鼠标，进行了一次交易，该广告随即说"不要害怕"。该广告利用了人们的哪些心理？

4. 个体投资者情绪的主要类别及其各自特点是什么？

5. 过度自信的投资者更可能接受效率市场假说，还是拒绝效率市场假说？为什么？

6. 引起羊群行为发生的原因有哪些，这些原因各自有什么典型特点？

7. 公司雇主常常以度假等方式奖励员工，而不是直接用现金，这种方式在很多情况下更能激励员工。试以本章的理论解释这一现象。

8. 信息阶梯式传播与羊群行为可能导致 IPO 失败。为防止信息阶梯式传播与羊群行为可能导致的 IPO 失败，公司可以采取怎样的上市策略？

第二章　个人投资者投资行为分析

学习目标

· 掌握个人投资者的投资行为特征；
· 掌握个人投资者的行为偏差及其分类；
· 熟悉个人投资者投资策略；
· 了解个人投资者投资方法与投资心态；
· 了解个人投资者控制风险的基本策略。

第一节　个人投资者投资行为特征

一、个人投资者的基本状况

1. 受教育程度方面

分析表明，投资者的受教育程度与其股市的投资规模存在一定的相关性，即受教育程度较高的投资者，其股市的投资规模也相对较大；但在较低学历者中，受教育程度与股市投资规模间的相关性并不强。

2. 职业构成方面

中国股市的主要投资者群体为机关干部、工人、科教文卫新闻工作者、商业服务业人员和个体工商户、私营业主。通过对不同投资规模投资者群体（如50万以上投资规模和5万以下投资规模）的职业结构比较，可以大致推定中国股市相对弱势的投资者群体为工人、商业服务业人员和待业、无业人员，而强势群体为个体工商户、私营业主和科教文卫新闻工作者。

3. 收入和资产构成

投资者的年收入水平普遍不高，但与此相对应的是，投资者的投资规模相对较高，这种现象既降低了投资者的市场风险承受能力，也大大提高了股市波动所可能产生的社会风险。股票和基金是投资者最主要的金融资产，其次是银行储蓄和现金。国债、保险、企业债券所占比重很小。在被调查者中，其股票投资总额平均占家庭总资产的50%左右。存在少部分大行举债的炒股者。

二、个人投资者的行为状况 [1]

1. 入市动机

绝大多数个人投资者入市的主要原因是想通过股票的买卖价差而获利，只有极少

---

[1]　资料来源：笔者自行调查。

数的个人投资者进入股市是为了获得公司分红的收益；不到四成的投资者因有闲置资金而把股市看作是一个长期投资的场所；在中国证券市场上以"炒股"为主要职业的个人投资者加上"没有工作，通过炒股找点事做"的个人投资者，加上专门从事证券投资的个人投资者比重约为两成。

2. 证券投资知识

绝大多数个人投资者的股票投资知识来自非正规教育，主要通过亲朋好友的介绍、股评专家的讲解以及报纸、杂志的文章等；在做具体的投资决策时，投资者依据"股评推荐""亲友引荐""小道消息"所占的比重达一半以上；在投资决策的方法上，两成以上的个人投资者决策时几乎不做什么分析，而是凭自己的感觉随意或盲目地进行投资。投资者进行投资决策的主要方法是进行公司的基本面分析和技术分析；大多数投资者在评价投资失误时，往往将失误归咎于外界因素，如国家政策变化、上市公司造假以及庄家操纵股价等，而只有少数个人投资者认为是自己的投资经验或投资知识不足；大部分投资者对新出现的金融品种的认知程度有限。

3. 投资风险意识

中国股市个人投资者对证券投资具有良好的风险意识，其中，90%以上投资者认为股市投资"风险很大"或"风险较大"；绝大多数投资者认为中国股市的投资风险主要来自市场不规范（如内幕交易、价格操纵、虚假信息等）和国家政策变化；在股市风险的承受能力方面，个人投资者的风险承受力不容乐观，有近一半的个人投资者自认为风险承受能力很弱。

4. 投资策略

一半以上的投资者的投资策略是做3~12月的所谓中线投资，个人投资者的投资策略与其知识结构、收入结构的相关性不大，但与其年龄结构、资金规模有一定程度的联系，其中年龄较大或资金规模较大的投资者更倾向于中长线投资；在所投资股票的类型方面，大部分个人投资者偏好于投资中价、中盘、绩优类股票，而对高价、大盘、绩差类股票兴趣较低；约六成的投资者购买过ST或PT类股票，其购买的主要理由是认为有投机机会；近一半投资者没有购买过封闭式基金，投资者购买基金考虑的主要因素是"分红"和"净值"，而考虑"基金管理人的能力"和"基金管理公司的规范程度"的投资者极少，两者相加不足一成。

5. 投资行为

在股票的平均持有时间方面，70%的投资者持有1只股票的时间在6个月以下，投资者短期行为明显；在投资者的年交易次数方面，40%的投资者年均交易次数在"13次以上"，90%以上的投资者年均交易次数在3次以上，投资者交易次数频繁、交投活跃。

在投资者受股价波动而买卖股票的行为方面，90%以上的投资者会在股票上涨幅度达30%之内即抛出，80%以上的投资者会在股票下跌幅度在20%以内即抛出；在投资者处理深度套牢股票的方式方面，选择"长期持有，直到解套"的投资者为数最多。

6. 影响投资行为的因素

在投资信息来源方面，个人投资者通过报纸获取信息的人数最多，其次是电视，两者相加约为总数的八成，通过互联网来获取信息的约为一成；投资者对上市公司信息的关心程度不高，投资者对上市公司各种信息"不太关心"的主要原因分别是：认为信息不可靠；觉得没用，因为庄家早就知道这些信息了；投资者对上市公司基本面最想了解的信息分别是：财务报表、发展战略、临时公告、股权结构和管理团队；投资者关注的上市公司财务指标主要是：盈利数量指标、成长性指标和利润分配指标，而资产状况指标、现金流量指标、偿债能力指标、营运状况指标等则关注者很少。

个人投资者在投资时会产生一些行为偏差，这主要归因于投资者自身的心理偏差和不确定的外部环境。投资者自身的心理偏差来源于信息处理的三个过程：信息收集过程中的确认偏差；信息加工过程中的认知偏差；信息输出过程中的心理偏差。上市公司、机构投资者、证券中介机构、政府与个体投资者的博弈过程是投资者面对的外部不确定性的主要来源。同时我们认识到，投资者自身的心理偏差和不确定的外部环境并不单独存在，而是相互依存的（吴中春和杨文超，2006）。

7. 投资业绩

投资业绩与投资者的年龄结构、知识结构、收入结构以及资金规模等因素密切相关，相比较而言，年轻、文化程度高、资金规模大的投资者优势较为显著。

8. 中国投资者常犯的错误

（1）迷信股评。绝大多数散户者都喜欢收看全国各地电视台每天播出的股评节目，而且相当一部分人都比较迷信这些股评。对股评家推荐的个股常常不作具体的思考，就匆匆买入。结果被套，吃尽苦头。

散户们可能都不清楚，那些电视台的股评节目，都是投资咨询机构、投资公司自己花钱在电视台做的目标是吸引中小投资者加入他们的会员，这些机构指导会员操作或替会员操作，每月或每季度收会员费。

（2）一夜暴富。绝大多数散户有一夜暴富的心态，都想买到一只翻倍或翻几倍的股票，恨不得一天就把所有的亏损都扳回来的想法。所以，总想自己的股票天天涨停板。

但是，他们对自己手中持有的股票一天跌几个点却又很不在乎，不去认真地分析和研究，寻求解决的办法，只会到处打听小道消息，追寻哪个庄家在做哪只股票。

究其原因主要有以下几点：许多散户都有急功近利、走捷径、不劳而获的思想；从来没有好好认真地研究过政策面、基本面以及市场的技术走势；在个股的把握上，也不是认真地潜下心来做功课，而是心浮气躁，四处打听消息。

（3）知错不改。在股市中的散户投资者有一个最大的缺点：愿赌不服输。有时盲目跟风买错了股票，事后明明知道自己做错了，却就是不知道及时改正错误。

散户投资者如果当时认输出局的话，最多就是损失 5% 左右，并且可以把资金掌握在自己手中，随时都可以等待下一次机会。结果投资者总是想等着涨上来再卖，结果不但没有涨上来，反而越套越多，损失也一下扩大 20% 甚至更多。

（4）不会空仓。中小投资者的一个特点是手中总是持有股票，在股市反弹时，虽然手中的股票没有完全解套，但毕竟损失减少了很多，但却不知道出局，非要等到全部解套才肯出来。有的中小投资者等到全部解套了，但又要说持有了如此长时间，总该赚点钱出来，所以又舍不得出局，结果反弹终结后，股价又回落。

所以对于中小投资者而言，只有学会空仓才是赚钱的前提，只有空仓回收了资金，才能在股市大跌时拥有资金买入，从而赚钱。

（5）广种薄收。许多散户在买股票时都有一个通病：喜欢买很多股票，理由是买的股票多可以减少风险，这是看起来很富有投资理念的策略实际是中小投资者胡乱投资的表现。

首先，散户之所以选择持有多只股票实际上是自己对所选的股票没有信心，散户根本没有认真研究过所买的股票，因此对每只股票都不是很熟悉了解，所以只能依靠多选几只的策略来赌一下。总是存在着会有一只或几只股票赚钱的侥幸心理。

其次，散户资金比较少，如果持有多只股票，每只股票的持有量都会很少，这样即使股价上升投资者也不会赚到很多钱。

最后，如果投资者走运，自己的投资组合里有一只股票在上升，会赚到一部分钱，但由于组合里上升的股票少于下落的股票，使投资者在一只上升股票中获得的收益抵不上下落股票的损失。

（6）从众心态。个人投资者的从众心态受诸多因素的影响，主要表现在以下两个方面：第一，个人对影响预期价格的信息只能有限掌握。首先，在当今股票市场中，信息流量很大，个人不可能完全掌握相关信息，因为他们绝大多数是非专业的投资者，时间和精力十分有限。其次，获取信息的多寡与所耗成本呈正相关，在超过费用预算控制范围时，投资者就会考虑费用和收益的匹配性；再加上股票市场的信息不对称性，个人投资者完全处于弱势地位。所有这些势必会造成个人的交易信息处于残缺状态。最后，人类步入"知识经济"社会后，信息的流动非常迅速，反映在股票市场中，个人很难及时把握预期价格变化，即只能接受预期价格而不能对预期价格加以影响，而市场中各种相关信息通过众多市场主体的整合以价格的变动体现出来，个人投资者在多数情况下依赖其他人的行动来决定自己的行为。因此，从众心态是一种被动适应的表现，"羊群效应"则是从众心态的具体体现形式。

第二，个人的知识结构和知识存量有限，知识更新缓慢并存在思维定势。在资本市场中存在着大量的专门知识，尽管可以通过文献、书刊、网络等途径去学习和积累，但个人的能量是极其有限的，不可能掌握所有的相关知识；更何况市场当中拥有大量的专用的默认知识，如分析企业是否有被市场低估的资产、所持股份是否存在未知的风险、如何发掘企业内在价值等，这些不可交流的知识往往是投资者的经验，这些经验对投资决策有重要影响。很显然，这些投资策略不可能为所有投资者掌握。此外，个人投资者往往非资本行业圈内人士，由于受到工作经历的影响，因而很难具备股票投资的专业知识结构和投资心理素质。俗话说"隔行如隔山"，个人投资者很自然地趋

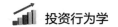

向于听取更专业化的投资者的分析，并把它作为自己买卖股票的依据。这样，从众心态就成为个人投资者克服知识结构缺陷和知识存量有限的一种手段。

三、个人投资者的权益状况

1. 投资者对投资者权利的认知状况

在质询与建议权上，绝大多数的投资者，或者认为行使质询和建议权没有意义，或者不知道如何行使，或者不愿费心费力去行使；对投资者出席股东大会并参加表决的权利，七成以上的投资者对这一最基本的股东权利没有认识；近六成投资者不知道股东对公司盈利分配事项有决定权；五成知道紧急情况下投资者有要求召开股东大会的权利，多数投资者认为法律赋予中小投资者这项权利是没有意义的[1]。总体上看，中国股市投资者对股东权利的认识情况非常有限。

2. 投资者维护自身合法权益的情况

多数投资者从来没有查阅过上市公司的公司章程、股东大会记录和公司财务报告等重要材料。通过自行调研，发现大部分投资者不去阅读上市公司重要材料的原因，并不是因为可以从报刊上获得上市公司的有关信息，而是因为广大投资者对披露信息的信任程度不高；曾经参与过股东大会投票的中小投资者占被调查对象总数的一成不到。大部分未曾参加过股东投票的被调查者主要因为自己的投票权份额过小、参与投票的成本高等原因而未参与投票，但多数人明确表示愿意委托自己的投票权。

3. 投资者对权益保护状况的主观感受

大多数投资者感觉自己的权益受到严重侵犯。投资者权益受到侵犯的感受在不同年龄、不同投资规模的投资者之间差别不大，但低收入者受侵犯感觉比高收入者稍高。

4. 投资者对证券市场投资者权益保护状况的评价

多数个人投资者对证券市场个人投资者权益保护的现状不满意，其中，投资者认为最突出的问题是缺乏应有的保护措施。大多数投资者在自身权益受侵犯时，应对措施消极；投资者权益保护存在问题的主要原因是监管不力与法规不完善。调查发现，在投资者对当前证券监管部门有关保护投资者权益行动的评价上，近九成的被调查者表示支持。但是，投资者对这些行动的预期效果信心不高。

5. 投资者对权益保护方面最为重视的问题

防范上市公司的违法行为和加强市场监管，是广大投资者在权益保护方面最为关注的问题；在上市公司治理存在的主要问题中，董事会、监事会未能真正发挥作用是投资者反映最为突出的问题；投资者最支持的三项投资者权益保护措施分别是证监会加强监管力度、完善信息披露制度和建立民事诉讼与赔偿机制；一半的投资者认为，打击上市公司的违法违规行为是中小投资者在权益保护方面最急迫的要求。

---

[1] 资料来源：笔者自行调研。

第二节　个人投资者投资方法与投资心态

一、个人投资者投资方法

（一）投资三分法

投资三分法是投资者将金融资产分配在不同形态上的一种方法，也是进行证券投资的一种策略。这种方法在西方国家较为流行。

投资三分法的具体操作是：将全部资产的1/3存入银行以备不时之需，1/3用来购买债券、股票等有价证券作长期投资，1/3用来购置房产、土地等不动产。在上述资产分布中，存入银行的资产具有较高的安全性和变现力，但缺乏收益性；投入有价证券的金融资产虽然有较好的收益性，但具有较高的风险；投资于房地产的资产一般可作投资亏本时保本翻本之用，但缺乏变现力。如将全部资产合理地分布在上述三种形态上，则可以相互补充，相得益彰。

在有价证券中，也可以实行投资三分法。一部分购买债券或优先股票，另一部分投资于普通股，再一部分作为预备金或准备金，以备机动运用。在这种三分法中，投资于债券的部分虽然获利不大，但比较安全可靠，许多国家的投资者一般都愿意在手头拥有这部分安全可靠的债券；购买股票虽然风险较高，但往往能够获得比较优厚的红利收入，甚至还能获得较为可观的买卖差价收入，颇受投资者欢迎；而保留一部分资金作为准备金，则可以在股票市场上出现较好的投资机会时进行追加投资，也可在投资失利时，用作失利后的补充和用作承担损失的能力准备。

投资三分法兼顾了证券投资的安全性、收益性和流动性三原则，是一种可具参考性的投资组合与投资策略。

（二）固定金额投资计划法

固定金额投资计划法，又称定额法和常数投资计划法，是证券投资的方法之一。固定金额投资计划法中，投资者把一定的资金分别投向股票和债券，其中将投资于股票的金额固定在一个水平上，当股价上升使所购买的股票价格总额超过固定金额的一定比例时，就出售其增值部分，用于增加债券投资；反之，当股价下跌使所购买的股票价格总额低于其固定金额时，就动用现金或出售部分债券来增加股票的购买，使投资于股票的价格总额始终保持在一个固定的水平。

> **专栏2-1　固定金额投资法案例**
>
> 　　某投资者将10万元资金投资于有价证券，其中，6万元资金投资于进攻型（攻击型）资产——股票，4万元资金投资于防御型资产——债券，并且将投资于股票的资金总额按变动着的市价予以固定。当所购股票的市价增至7万元时，则售出超过固定金额的1万元，使股票的市价总额仍保留在6万元的固定水平上；若所购股票的市价降至5万元，则出售部分债券，购进相当于1万元的股票，使之保持6万元的股价市值水平。

固定金额投资计划法的优点是容易操作，不必过多顾及投资的时机问题，对于初涉股市的新手来说，不失为可供选择的投资策略；而且，由于这种投资方法奉行了"低进高出"的投资原则，在一般情况下能够确保盈利。但如果所购股票的行市是持续上升的，投资者不断卖出股票就容易丧失更多的获利机会；同样地，如果股票持续下跌，由于投资者要不断出售债券来补进股票，以维持事先确定的股票价格总额，从而会失去股价继续下跌后以更低的价格购进股票的机会。所以，固定金额投资计划法在两种情况下不适宜采用：一是涨势不衰的多头市场；二是跌风难遏的空头市场。

（三）固定比率投资法

固定比率投资法，又称定率法和不变比例计划法，是对股票投资风险的一种投资组合策略。固定比率投资法的操作是将投资资金分为两个部分：一部分是保护性的，主要由价格波动不大、收益较为稳定的债券构成；另一部分是风险性的，主要由价格波动频繁、收益幅度相差较大的普通股票构成。这部分的比例一经确定，便不宜轻易变化，并且还要根据股市价格的波动来不断维持这一比例。

专栏2-2　固定比率投资法案例

某一投资者1万元资金以50%对50%的固定比率分别购买股票和债券。当股票价格上涨，使他购买的股票从5000元上升到8000元时，那么在投资组合中，其风险性部分的股票金额就大于保护性部分的债券金额，打破了原先确定的各占50%的平衡关系，这样投资者就要将股票增值的3000元，按各占50%的比例再进行分配，即卖出1500元股票，并将其转化为债券，使其继续维持各占50%的比例关系。反之，当投资者购买的股票从5000元下跌到4000元时，就要卖出债券500元以购买股票，使债券价格总额与股价总额仍然恢复到50%对50%的比例。

固定比率投资法基本上是固定金额投资法的变形。它与固定金额投资法的区别是：固定金额投资法要维持固定的金额，并不注意股票总额和债券总额在总投资中的比率；而固定比率投资法则只考虑在一定的总投资额中维持债券金额与股票金额的固定比率。至于两者的比率如何确定，取决于投资者对前景的预期和个性偏好。

如果投资者喜欢冒险，富于进取，则投资于股票的份额就可能要大些；如果投资者比较稳健，则投资于债券的份额就可能很大，相应地，投资于股票的份额就较小。

固定比率投资法的优点与固定金额投资法相类似，具有操作简单、易于掌握的特点。投资者采用固定比率投资法，即使股票损失惨重，但因债券的收益相对稳定，不至于把血本赔光。但由于固定比率一经确定就不宜轻易改变，因此它是一种比较保守的投资策略，投资者容易丧失一些较好的投资机会。

（四）变动比率投资法

变动比率投资法又称变率法和可变比例计划法，是以固定比率投资法为基础，允许证券组合中的股票和债券的比例随证券价格的波动而适时变更的投资方法。变动比率投资法并不要求股票和债券的比例始终维持在预先确定的固定比率上。假定某投资者投资于股票和债券的比例在开始时各占50%，当以后股价上升超过某种水平时，就出售股票以减少股票的比例，并增加债券的比例；反之，则增加股票的比例，并减少债券的比例。

变动比率投资法的基础是确定一条股票的预期价格趋势线，当价格在趋势线以上时，就卖出股票；当价格在趋势线以下时，就买入股票；并在买卖股票时，相应地买卖债券。当趋势线确定后，还要以决策线为边线。决策线反映股票的买卖。

（五）等级投资计划法

等级投资计划法，又称尺度法，是进行股票投资的方法之一。其具体操作是：在确定以某种股票作为买卖对象之后，继而确定所选股票市场变动的某一等级作为买卖时机，当以后股价每下降一个等级时，就买进预先确定的一个单位的股数；当股价每上升一个等级时，就出售一个单位的股数。

专栏2-3 等级投资计划法案例

某投资者选定A公司股票作为投资对象，确定股价每变动1元为一个等级，每次买卖1000股。若第一次按每股10元买进1000股，当市价降到9元时，再买进1000股；当市价降到8元时，又买进1000股。假定现在市场价格开始上升，价格升到每股9元时，卖出1000股；价格上升到每股10元时，再卖出1000股；价格上升到每股11元时，又卖出1000股，其买卖结果如下表所示：

A公司股票买卖结果

市价（元）	买进股数（股）	买进金额（元）	卖出股数（股）	卖出金额（元）
10	1000	10000		
9	1000	9000		
8	1000	8000		
9			1000	9000
10			1000	10000
11			1000	11000
合计	3000	27000	3000	30000

根据上表，最终交易结果表明，共计投入资金27000元，卖出后收回资金30000元，收支相抵后尚有盈余3000元（未除去手续费等成本开支）。

需要指出的是，等级投资计划法不宜在股价持续上涨或股价持续下跌的行情中运用。如果股价在较长时期内持续上涨，那么这种分段抛售的方法，就可能使投资者失去本来可以获取的更大利润；反之，如果股价在较长时期内持续下跌，投资者要是按照事先确定的分级标准不断地购买，就有可能在高价被"套牢"，而失去股票出手的机会。

（六）分段买高法

分段买高法，又称买平均高法，是投资者为了减少风险而分段逐步买进某种上涨股票的投资策略。

股票价格波动很快，其行情走势对于一般投资者也很难准确把握，如果投资者将全部资金一次投入来购进某种预计会上涨的股票，那么当该种股价确实大幅上涨时，投资者通过抛出变现后，就能获得十分丰厚的利润；而一旦预测失误，股价不是上涨而是反转下跌时，投资者就会蒙受较大的损失。

由于一次投入存在较大的风险，所以不少投资者往往在股价上涨的过程中，将资金分次分段逐步投入市场。这样一旦行情出现反转下跌，投资者可立即停止投入，以减少损失。

分段买高法的优点是能有效地降低风险和减少投资损失，但也存在着减少投资收益的缺陷。分段买高法比较适合进行中长线的股票投资。如果市场行情一直看涨，采取一次投入的方法就会比分段买高法获取更多的收益。

专栏 2-4　分段买高法案例

某投资者预计某种每股 20 元的股票的价格会上涨，但又怕承担过大风险，而不敢将全部资金 1 万元全部投入，故而采用了分段买高法的投资策略。即先用 2000 元买进第一批 100 股该种股票，等到股价涨到每股 22 元时，买进第二批 100 股，当上涨到每股 24 元时再买进第三批 100 股……在此过程中，一旦股价出现跌势，投资者既可立即停止投入，也可根据获利情况出售已购股票，以补偿或部分补偿因股价下跌而带来的损失。假如投资者在买进第三批 100 股后，股票价格呈现跌势，此时投资者应立即停止投入，不再购入第四批。同时，还要根据股价下跌的态势来决定是否出售已购股票。如果当股价下跌到每股 22 元且股价仍趋向下跌时，投资者则可考虑抛出全部已购股票。这样，购买第三批股票的损失可以用第一批股票的盈利来弥补，保证 1 万元本金不受损失或少受损失。

（七）顺势投资法

对于那些小额股票投资者而言，谈不上能够操纵股市，因此要想在变幻不定的股市战场上获得收益，只能跟随股价走势，采用顺势投资法。

当整个股市大势向上时，以做多头或买进股票持有为宜；而股市不灵或股价趋势向下时，则以卖出手中持股而拥有现金以待时而动较佳。这种跟着大势走的投资做法，似乎已成为小额投资者公认的"法则"。凡是顺势的投资者，不仅可以达到事半功倍的效果，而且获利的概率比较高；反之，如果逆势操作，即使财力极其庞大，也可能会得不偿失。

采用顺势投资法必须确保两个前提：一是涨跌趋势必须明确；二是必须能够及早确认趋势。这就需要投资者根据股市的某些征兆进行科学准确的判断。就多头市场而言，其征兆主要有：

（1）当不利消息（甚至亏损之类的消息）出现时，股价下跌；

（2）当有利消息见报时，股价大涨；

（3）除权除息股，很快做填息反应；

（4）行情上升，成交量趋于活跃；

（5）各种股票轮流跳动，形成向上比价的情形；

（6）投资者开始重视纯益、股利；开始计算本益比、本利比等。

当然顺势投资法也并不能确保投资者时时都能赚钱。比如股价走势被确认为涨势，但已到回头边缘。此时若买进，极可能抢到高位，甚至可能接到最后一棒，股价立即会产生反转，使投资者蒙受损失。另外，股价走势被断定属于落势时，常常就是回升的边缘，若在这个时候卖出，很可能卖到最低价，懊悔莫及。

（八）保本投资法

保本投资法的基本假设是：任何人的现金都是有限度的。因为保本投资法的关键不在于买进而在于卖出的决策。

为了作出明智的卖出决策，首先，保本投资者必须定出自己心目中的"本"，即不容许亏损净尽的那一部分。其次，保本投资者必须确定获利卖出点。最后，保本投资者必须确定停止损失点。

专栏2-5　保本投资法案例

若某股票投资者心目中的"本"定为投资总额的1/2，那么他的获利点即为所持股票市价总值达到最初投资额的150%时，此时该股票投资者可以卖出持股的1/3，先保其本。然后，再定所剩下的"本"，比如改定为20%，它表示剩下的持股再涨20%时，再予卖掉1/6，即将这一部分的"本"也保下来了。以此类推，再定出还剩的持有股票的本。

上述获利卖出点的确定是针对行情上涨时所采用的保本投资法策略。至于行情下跌时，则要确定停止损失点。停止损失点是指当行情下跌到达股票投资者的心目中的"本"时，即予卖出，以保住其最起码的"本"的那一点。如假定某股票投资者确定的"本"是其购买股票金额的80%，那么行情下跌20%时，就是股票投资者采取"停止损失"措施，即及时退身以免蒙受过多亏损的时候了，这就是保本投资法的关键在于卖出决策的道理所在。

保本投资法比较适用于经济景气明朗时，股价走势与实质因素显著脱节时，以及行情变化怪异难以估量时。操此法进行投资的人，切忌贪得无厌。

（九）利乘法

利乘法是股票买卖的操作策略之一。其操作过程是：在股价的上升过程中，分批购进某种股票，随着股价的涨升，所持股票经不断地加码也越来越多。但一旦大势反转向下而跌至某一点时（通常回跌3%左右），就迅速将所持股票一并卖出。

专栏 2-6　　利乘法案例

　　某投资在每股价格为 15 元时，买进股票 1 万股，其后股价上升至 15.5 元时，再加码买进 2 万股，尔后再涨升 3%，即再加倍买进至资金用完为止。至于卖点的选择，通常也以 3% 为限。按上述规律，投资者以每股 15 元的价位买进某股后，若股价一路上扬至每股 20 元时，股价开始回落，一旦股价由 20 元的价位下跌 3% 至 19.4 元时，投资者即将所持股票全部抛出而转作观望。

　　由于利乘法是采用了"买涨不买跌"的追价策略，因而在多头市场中，一般是有利可图的。如若遇上暴涨行情，往往获利更丰。但由于利乘法是"越涨越买"，如若把握不好，有时可能在最高价大量买进；而在行情反转时，又没有及时脱手，终致亏损累累。因此，采用利乘法的投资策略，应在投资过程中把握行情的基本走向，尤其是对股价高峰的到来应有基本的预测。

（十）守株待兔法

　　守株待兔法具体的做法是：投资者可以将每天挂牌上市的股票各购进一股或几股。这样一来，任何股票涨跌都有可能获得收益而不至于全亏（当然，由于系统性风险而引起的整个股市下跌是一种例外情况）。

　　使用这种方法的人应该自己首先订立一个原则，如涨跌幅度超过两成则可售出或买进。具体地，若甲股票涨了两成卖掉它；下次轮到乙股票涨了两成也卖掉它；丙股票跌了两成买进，丁股票跌了两成也补进。这样做就不必为股票的选择而大动脑筋，省去很多麻烦，也降低了投资对象选择中的风险，收益可观。

　　但是，守株待兔法并不是最高明的办法，只是在选择投资对象没有绝对把握时才采用，采用这种方法需注意以下三点：

　　（1）不要涉足过分冷门的股票，因为过分冷门的股票可能使部分资金冻结。一般投资人的资金大多有限，经不起长期的冻结。

　　（2）一旦决定采用这种方法，就应该抱定不赚不卖的信心，不为各种小道消息所左右。既然网已经全部张开，只需等待，肯定会赚。

　　（3）必须关心经济景气动向，对于政治、军事等宏观的风险因素也要密切注视其变化，以便及早预测整个股市暴跌情况的发生；否则将大亏特亏，到时悔之晚矣。

（十一）以静制动法

　　当股市处在换手、轮做，行情走势表现为"东升西跳""此起彼落"时，股票投资者不妨采用以静制动法。

　　经常出入证券交易所的人，大多易受情绪的影响，如在股票轮做、行情"东升西跳"时，采取追涨的做法或跟随主力进出，很可能买到的是就要停顿或回头的股票，结果是疲于奔命，没什么收益，甚至会有损失。

　　既然在股票轮流跳动阶段，没有绝对把握去购买刚好发动涨势的股票，就不妨以静制动，选择涨幅较小，或者尚未调整价位的股票买进持有，等到其他同类股票的价位涨高了，自然会有主力发现这种未动股票的潜力，到时这种股票价格也会因主力的参与而上涨，投资者便可从中获利。这就是生意场上的所谓"大家都做的，我不做""迎风的树，结不牢果实"。

经常采用这种方法进行投资的人，一般不仅投资的技艺娴熟，而且修养也很深。因此，从事投资虽然旨在获利，但投资人的内在涵养也很重要。这即所谓"场内功夫场外学"之道理。

（十二）如何看待和利用股市中的消息

股市是信息高效率流动的市场。金融政策、宏观经济、上市公司、机构或庄家动向等各个方面和各个层次的信息，都会引发股市及其个股价格的波动。"信息就是金钱，时间就是效率"在股市中体现得淋漓尽致。

在建仓时，若能够提前知道利好消息，就能够在别人之前以较低的价格买入；同样，若能提前得到利空信息，则能够安全出局，实现获利或减轻损失。信息在股市中的重要地位，使每一位进入股市的投资者都非常重视股市信息。

机构投资者设立了专门的信息分析队伍，研究信息的有效性和力度，在一定的情况下利用信息进行炒作，达到诱空或诱多的目的。另外，市场上还有一些策划机构，将上市公司的题材和炒作思路制定成方案，联系庄家入市，通过炒作获利进行利润分配。

中小投资者与机构投资者相比，在信息来源和获取信息的时间等方面都处于不利条件。因此，许多中小投资者将获取信息的希望寄托在股评人士身上，但这种方法并非十分有效。相反，盲目地追逐市场消息或市场谣传往往成为庄家的"抬轿人"。其实，要做证券市场的主人，就必须学会根据自己了解和得到的信息进行仔细分析，通过分析去伪存真，把握消息带来的投资机会。

随着互联网技术的日益成熟，网络已经成为个人投资者获取股票市场信息的主要渠道。证监会指定的报纸、刊物也是比较主要的信息获取渠道。此外，投资者之间的交流的消息也是投资者获取信息的重要来源。相比之下，通过报刊和网站传播的信息更容易到达投资者。在网络上，面对庞杂的信息，快速寻找、获取与投资决策有关的股市信息，并筛选出其中有价值的内容，对投资者来讲至关重要。

按照中小投资者获得信息的渠道，消息源主要有以下三类：

（1）新闻媒介公布的信息，包括金融和证券市场管理政策、宏观经济报告、上市公司年报、上市公司信息公告等。其中，前两类直接影响股市大盘的走势，后两类影响个股的涨跌。

（2）各类证券市场分析报告，包括各抒己见的股评、研究人士作的上市公司分析、行业分析报告等。

（3）市场传闻，一般地，中小投资者比较关注第二类和第三类信息。由于第三类信息具有许多不确定性，极富神秘感，易于被庄家利用，引发市场的跟风气氛，因而激起中小投资者的浓厚兴趣。其实，在证券市场规模日益扩大、机构资金实力在市场竞争中不断增强的背景下，所谓庄家要对某只股票进行大资金的炒作，都必须在深入研究第一类信息的基础上进行。因为第一类信息最真实，是研判大势、精选个股的基础，同样应该引起散户投资者的高度重视。

（十三）如何看待和利用短存续期股票和长存续期股票的投资

投资者对于短存续期股票的投资偏好行为，使得短存续期股价表现具有较好的正偏特性。这种正偏特性又造成投资者对短存续期股票产生了趋势跟随的投资行为倾向，因而市场中投资者对于短存续期股票预期异质性较低，短存续期股价动量趋势明显，且这种现象在漫长的熊市中表现得尤其突出。因为持续低迷的股市表现使投资者难以对股价未来走势做出明确的判断，只能根据股价近期变动采用趋势跟随策略获取收益。而对长存续期股票而言，股票收益的负偏特性使投资者难以从动量趋势投资行为中获利。因此，长存续期股票动量趋势相对较弱。

短存续期公司由于公众对其认知有限，公司信息披露、传播的效率不高，加之我国投资者非理性程度高，投资过程中投机心理严重，"追涨杀跌"倾向明显，大多数投资者对短存续期公司特有信息的获取、处理效率比较低。因此，对短存续期公司而言，动量投资者占多数而消息投资者占少数，这就进一步造成了消息投资者的私有消息更加难以被大众获知、认可。投资者情愿只根据最近一段时间的市场表现形成对短存续期公司未来股价变化的预期，而市场相应地需要较长的时间来对已有的公司信息做出反应，最终体现为投资者对新信息反应不足，表现出较强的动量效应。与此相反，长存续期公司由于公众对其认知程度较高，投资者对公司获取、信息处理效率较高。因此，对长存续期公司而言，投资者异质程度较低，公众对其收益的预期较为一致和稳定，消息投资者的私有信息传播、处理效率高，并且投资者不会单纯根据最近一段时间收益来预测未来的收益。因此，长存续期公司股价的动量效应表现并不显著（陈伟忠和李晓帆，2017）。

（十四）不同投资期限的股票投资方法

股票投资期限选择是投资者根据各种市场因素和投资期望值来合理确定持股时间长短的策略和方法。

1. 长期投资

长期投资指投资者在买进股票后，短期内不转售，以便享受优厚的股东权益，只在适当的时机才转售求利。

长期投资者持有的股票时间最短为半年，有的长达几年、十几年乃至几十年。长期投资经常能够给投资者带来较好的利润。例如，如果一个在 1914 年以 2700 美元购买 100 股美国国际商业机器公司股票的长期投资者，在 1977 年就会变成手持 72798 股该公司股票的股东，如按当时市价计算，股票价值可达 2000 多万美元。投资者在进行长期投资时，最主要的是熟悉企业的历史与现状，尤其是企业的盈利能力及其派息的情况。比较适合进行长线投资的股票应是：该种股票发行公司的经营情况比较稳定和正常，预计在相当长时间内不会发生大的起落，且公司的派息情况大致匀称，股票的市场价格波动不大，大体走向是稳中有升。

2. 短期投资

短期投资在很大程度上是一种投机买卖，投机者持有股票的时间往往只有几天，甚至有时只有几个小时。

投资者进行短期投资主要利用股价差价来转售获利。短期投资的主要对象是市场价格不稳定且变化幅度较大的活跃型投资。由于短线投资是一种投机性很强和风险性很大的投资活动，对于初涉股市的投资者最好不要使用。

3. 中期投资

中期投资是介于长短线投资之间的一种投资期限，一般是指持股时间在几个月以内。

中期投资特别要注意选择时机，如果预计某家公司在几个月内有利好消息出现，那么这家公司的股票就是进行中期投资的最好选择。

对于某一个具体的投资者来讲，到底是选择长期投资还是选择中期或短期投资，则要依据投资者的预期目标和市场因素进行综合分析来作最终确定。

（十五）不同类型的股票投资方法

1. 大型股票和中小型股票投资方法

（1）大型股票的投资方法。大型股票是指股本额在 12 亿元以上的大公司所发行的股票。这种股票的特性是其盈余收入大多呈稳步而缓慢的增长趋势。由于炒作这类股票需要较为雄厚的资金，因此，一般炒家都不轻易介入这类股票的炒买炒卖。

对于大型股票，投资者可在不景气的低价圈里买进股票，而在业绩明显好转、股价大幅升高时予以卖出。同时，由于炒作该种股票所需的资金庞大，故较少有主力大户介入拉升，因此，可选择在经济景气时期入市投资。大型股票在过去的最高价位和最低价位上，具有较强支撑阻力作用，因此，其过去的高价位是投资者现实投资的重要参考依据。

（2）中小型股票投资方法。中小型股票由于炒作资金较之大型股票要少，较易吸引主力大户介入，因而股价的涨跌幅度较大，其受利多或利空消息影响股价涨跌的程度，也较大型股票敏感得多，经常成为多头或空头主力大户之间互打消息战的争执目标。

中小型股票的投资策略是耐心等待股价走出低谷，开始转为上涨趋势，且环境可望好转时予以买进；其卖出时机可根据环境因素和业绩情况，在过去的高价圈附近获利了结。一般来讲中小型股票在 1~2 年内，大多有几次涨跌循环出现。只要能够有效把握行情和方法得当，投资中小型股票，获利大都较为可观。

2. 成长股和投机股投资方法

（1）成长股的投资方法。成长股是指迅速发展中的企业所发行的具有报酬成长率的股票。成长率越大，股价上扬的可能性也就越大。

1）要在众多的股票中准确地选择出适合投资的成长股。成长股的选择，一是要注意选择属于成长型的行业，二是要选择资本额较小的股票。资本额较小的公司，其成长的期望也就较大。因为较大的公司要维持一个迅速扩张的速度将是越来越困难的，一个资本额由5000万元变为1亿元的企业就要比一个由5亿元变为10亿元的企业容易得多。三是要注意选择过去一两年成长率较高的股票。成长股的盈利增长速度要大大快于大多数其他股票，一般为其他股票的1.5倍以上。

2）要恰当地确定好买卖时机。由于成长股的价格往往会因公司的经营状况变化发生涨落，其涨幅度较之其他股票更大。在熊市阶段，成长股的价格跌幅较大，因此投资者可采取在经济衰退、股价跌幅较大时购进成长股，而在经济繁荣、股价预示快达到顶点时予以卖出的策略。而在牛市的第一阶段应投资于热门股票，在中期阶段购买较小的成长股，而当股市狂热蔓延时，则应不失时机地卖掉持有的股票。由于成长股在熊市时跌幅较大，而在牛市时股价较高，相对成长股的投资，一般较适合积极的投资人。

（2）投机股的投资方法。投机股是指那些易被投机者操纵而使价格暴涨暴跌的股票。投机股通常是内地的投机者进行买卖的主要对象。由于这种股票易涨易跌，投机者通过经营和操纵这种股票可以在短时间内赚取相当可观的利润。

1）选择公司资本额较少的股票作为进攻的目标。因为资本额较少的股票，一旦投下巨资容易造成价格的大幅变动，投资者可通过股价的这种大幅波动获取买卖差价。

2）选择优缺点同时并存的股票。因为优缺点同时并存的股票，当其优点被大肆渲染时，容易使股票暴涨；而当其弱点被广为传播时，又极易使股价暴跌。

3）选择新上市或新技术公司发行的股票。这类股票常令人寄予厚望，容易导致买卖双方加以操纵而使股价出现大的波动。

4）选择那些改组和重建的公司的股票。因为当业绩不振的公司进行重建时，容易使投机者介入股市来操纵该公司，从而使股价出现大的变动。

需要特别指出的是，由于投机股极易被投机者操纵而人为地引起股价的暴涨与暴跌，一般的投资者需采取审慎的态度，不要轻易介入；若盲目跟风，极易被高价套牢，而成为大额投机者的牺牲品。

3. 蓝筹股和循环股投资方法

（1）蓝筹股的投资方法。蓝筹股的特点是投资报酬率相当优厚且稳定，股价波幅变动不大，当多头市场来临时，它不会首先使股价上涨。经常的情况是其他股票已经连续上涨一截，蓝筹股才会缓慢攀升；而当空头市场到来，投机股率先崩溃，其他股票大幅滑落时，蓝筹股往往仍能坚守阵地，不至于在原先的价位上过分滑降。

蓝筹股的投资方法是：一旦在较适合的价位上购进蓝筹股后，不宜再频繁出入股市，而应将其作为中长期投资的较好对象。虽然持有蓝筹股在短期内可能在股票差价上获利不丰，但以这类股票作为投资目标，无论市况如何，都无须为股市涨落提心吊胆；而且一旦机遇来临，也能收益甚丰。长期投资这类股票，即使不考虑股价变化，单就分红配股而言，往往也能获得可观的收益。

对于缺乏股票投资手段且愿做长线投资的投资者来讲，投资蓝筹股不失为一种理想的选择。

（2）循环股投资方法。循环股是指股价涨跌幅度很明显，且一直在某一范围内徘徊的股票。由于循环股的价格经常固定在一定范围内涨跌，对应的买卖策略是趁跌价时买进，涨价时卖出。实施此项策略的关键是有效地发现循环股。寻找循环股的一般方法是从公司的营业报表中，或者根据公司有关的资信了解最近三四年来股价涨跌的幅度，进而编制出一份循环股一览表。

循环股一览表能反映出股价的涨跌幅度和范围，投资者据此可确定循环股的买点和卖点。

采取循环股买卖方法时，应避开以下三种股票：

1）股价变动幅度较小的股票。因为波幅较小的股票，纵然能在最低价买进和最高价卖出，但扣除股票交易的税费后，所剩无几，因而不是理想的投资对象。

2）股价循环间隔时间太长的股票。股价循环间隔时间越长，资金占用的成本越大，宜把股价循环的时间限定在一年以内。

3）成交量小的股票。成交量小的股票常会碰到买不到或卖不出的情形，宜尽量避免。

4. 迅速发展型、稳健适中型、发展缓慢型股票的投资方法

（1）迅速发展型公司股票的投资方法。迅速发展型公司是指开始时规模往往比较小，但活力强，年增长率为20%以上的公司。投资者如果选择恰当，股票价格会出现上涨十倍、几十倍，甚至上百倍的趋势。

如果投资者要想买迅速发展型公司的股票，关键要认真了解该公司在哪些方面能持续发展，是否能保持迅速发展型增长速度。要注意寻找资产负债情况良好、获利丰盈的公司。简言之，迅速发展型公司不会永远迅速发展。诀窍就在于要发现这些公司何时停止发展、什么原因停止发展，可为发展所用的成本占了多大比例。这在选择中有重要的参考意义。

当然，投资发展迅速型企业的股票有很大的风险，尤其是对于那些热情有余、资金不足的年轻企业，一旦资金不足就会出现麻烦，甚至会出现破产的结局。一旦出现这些情况，其股票价格就会出现下降。

假如某一股票的股价上涨40倍后，你可以确信这种股票的升值已经到头了，选择抛售其股票。其他的抛售标志有：

1）最近公司的营业情况令人失望。

2）公司高级行政人员的离开，或重要雇员转入与之相竞争的公司。

（2）稳健适中型公司股票的投资方法。稳健适中型公司的增长速度一般为10%~12%，多是一些大型公司。该类型公司的增长速度远比不上迅速发展型公司，但比发展缓慢型公司的增长速度要快。

如果投资者要买稳健适中型公司的股票，那么就不能指望该公司的股票在短时期内有10倍或更多倍的收益。但是稳健适中型公司大多是大型公司，其资产比较丰厚，可以在经济衰退和不景气的时候保护投资者的投资利益。

如果该种股票的价格超过了盈利基线，或盈利率远远超出正常范围，那么投资者可以考虑卖掉它，等到它的价格跌下来后再去买回来；或者用卖掉它的钱去买别的股票。

（3）发展缓慢型公司股票的投资方法。发展缓慢型公司，其增长速度一般在10%

以下。一般来说大型公司和陈旧公司的增长速度都不会是很高的。

发展缓慢型公司在其成长过程中也曾有过迅速发展的历史，而当其发展已经达到顶峰，或其能力不足已无法利用机会时，其迅速发展就会明显放慢。当一种行业发展不景气时，这一行业的许多公司也就丧失了活力。

发展缓慢型公司总是定期慷慨地付股息。公司想不出新办法来扩大生产时，就会慷慨地付股息。这是保持公司信誉的好办法，因为还能付股息证明企业是有收益能力的。

关于何时抛售发展缓慢型股票，应根据投资者的情况而定。对于敢冒风险的短期投资者来说，一旦发现持有发展缓慢型股票时，立即抛出，从而进行风险较大的发展迅速型股票的投资；对保守型的长期投资者来说，因该类型的股票可以避免投资的风险，而且可以从股息中获得收益，所以不要急于抛售。

5. 业绩激变股和偏高做手股投资方法

（1）业绩激变股投资方法。业绩激变股是受经济景气因素或其他因素的影响，公司经营业绩呈现不规则性极端变动的股票。业绩激变股的股价，大多同公司经营业绩的好坏呈正方向变动趋势：业绩看好，股价涨升；业绩转劣，股价跌落。一般来讲，这类股票的价格涨跌幅度较大，而其涨势与跌势的期间也比其他类股票长。

对于业绩激变股的投资方法是：

1）待其涨势明显后赶紧买进。有时也可抓住时机，抢其短线生意，以增加利润。

2）在跌势明朗时，应将所持股票尽快抛出，甚至可融券放空。

采取业绩激变股的投资策略，要求投资者密切注视公司经营业绩的变化，如果能抢在公司业绩变动之前进行此类股票的买卖，则投资效果更为理想。

（2）偏高做手股投资方法。偏高做手股是指由于人为炒作而使股价明显偏高的股票。这类股票涨升状况有时脱离常理，因此股价习性也较难以捉摸。有时在公司处于亏损状态时，因某项未来利多情况在背后支撑，导致股价明显偏高；甚至在股价已明显偏高的情况下，仍有有心人在不断做手买进，使股价继续一路上扬。一旦做手者停止操作，则股价就会出现大幅下跌。

对于偏高做手股的投资策略是：除了熟悉内幕的经验行家之外，最好不要受股价暴涨的诱惑而轻易介入买卖，在其股价盘整之后的涨升之初，仍可以小额资金短线抢进；但若遇主力撤离股市使该股转为跌势之时，则要迅速忍痛卖出所持股票，千万不可期望反弹再卖，以免被高价套牢而蒙受更大损失。

6. 周期起伏型股票和可能复苏型股票选择方法

（1）周期起伏型股票选择方法。周期起伏型公司的增长速度没有稳定的比率，它的销售和利润情况无法完全预料。但也有一定规律可循，即呈现波浪起伏的规律。周期起伏型公司呈扩展—收缩—再扩展—再收缩的格局。周期起伏型的公司受外部环境中的政府政策影响很大。

周期起伏型企业的股票最能迷惑人心。不谨慎的购股人最容易在这种股票上赔钱折本，同时还自以为买进了保险的股票。因为周期起伏型的大公司规模大、知名度高，自然和可靠的稳健适中型公司混在一起。

要做周期起伏型企业的股票投资，关键在于及时发现该企业萧条或发展的早期迹象。投资者如若在汽车、电器等有关行业工作，就占有优势。在这些行业工作是做这类股票投资最重要的因素。

抛售周期起伏型股票的一个最好时机是在其循环周期快要结束的时候，另一个比较好的时机是在出现一些问题的时候。一个明显的抛售标志是公司的存货积压，而且无法销售出去，这意味着价格和盈利都将愈降愈低。事实上，这时抛售可能已经有点晚了。商品价格降低是抛售的另一个征兆，假如你能知道该在什么时候购买周期起伏型的股票，那么就会注意到这种价格上的变化。

（2）可能复苏型股票选择方法。可能复苏型公司是指经历过惨败，萧条，并且很难支撑的公司，它们不属于发展缓慢型，因为这种公司毫无增长可言；但是一旦有可能复苏，这种公司的股票将有很大的收益。如果投资者想要选择可能复苏型公司的股票，首先考虑公司是否有改进局势的计划，改进的计划是否切实可行。其次注意观察财务收支情况有没有显著改变。如果注意到这些问题，就能从可能复苏公司股票中得到一般人所意想不到的收益。投资者在选择做可能复苏型股票投资时，最有利的一点是在所有种类的股票中，可能复苏型股票的跌涨和一般股市行情关联最小，这是因为这种股票和公司一样，被人们认为已无力东山再起而淡漠了。在选择可能复苏型股票时要注意的根本点是：必须看到可能复苏的迹象，在情况不明时，不要做这类公司的股票投资。

抛售可能复苏型股票的时机应是在其周期结束以后，所有的困难都过去了，而且大家都明白这一点：公司又恢复了崩溃前的样子——或是发展型公司，或是周期起伏型公司。股票持有者不再感到困惑了。如果公司成功地度过了循环周期，那投资者就得考虑抛售这只股票了。因为这时，它就不再是可能复苏型股票了。

7. 资产隐蔽型公司股票和特大规模企业股票选择方法

（1）资产隐蔽型公司股票选择方法。资产隐蔽型公司指的是它的资产存在的实际价值没有引起绝大多数人的注意。这种资产可能不只是一笔现金，有时可能是房地产或是将来待发展的行业。

抛售资产隐蔽型股票时应注意以下标志：

1）政府的政策中出现不利于公司隐蔽资产发展的条款。

2）公司销售的房产或其他隐蔽资产，没有达到预计的销售计划。

3）公司的股权份额大部分被大金融机构所购买。

（2）特大规模企业股票投资方法。公司规模大小对投资者购买股票能赚多少钱关系重大。大公司的股票一般不会有大的上涨。如购买可口可乐公司的股票。如果其他条件相当，最好买小公司的股票。因为一些特大规模企业，在可以预见的将来成倍发展是不可能的。相反，对于一些小企业来说，成倍的发展的可能性极大。特大规模企业的股票具有收益稳定、但增长不快的特点，比较适合较稳健保守的投资者进行投资。

（十六）股票投资组合方法

1. 分散投资组合

股票投资组合的技巧是投资者依据股票的风险程度和年获利能力，按照一定的原则进行恰当地选股、搭配以降低风险的股资策略。

股票投资组合策略的基本原则是：在同样风险水准之下，投资者应选择利润较大的股票；在相同利润水准的时候，投资者应选择风险最小的股票。股票投资组合的核心和关键是有效地分散投资，因为通过分散投资，将投资广泛地分布在不同的投资对象上，可以降低个别股风险而减少总风险。

分散投资主要包括以下几点：

（1）投资行业的分散。不集中购买同一行业企业的股票，以免碰上行业性不景气而使投资者蒙受损失。

（2）投资企业的分散。不把全部资金集中购买某一企业的股票，即使企业业绩优良也要注意适当地投资分散。

（3）投资时间的分散。可按派息时间岔开选择投资，因为按照惯例，派息前股价往往会骤然升高。即使购买的某种股票因利率、物价等变动而在这一时间遭遇公共风险而蒙受损失，还可期待在另一时间派息分红的股票身上获利。

（4）投资地区的分散。由于各地的企业会因市场、税务和政策等诸因素的影响，产生不同的效果，分开投资，便可收到"东方不亮西方亮"的效果。

总之，只要在进行股票投资中能有效地投资组合，就能在降低风险的同时获取较大的利益。

2. 保守型投资组合

保守型投资组合是投资者以选择较高股息的投资股作为主要投资对象的投资组合的技巧。这种投资技巧的主要依据是由于将资金投向具有较高股息的股票，在经济稳定成长的时间，能够获取较好的投资回报；即使行情下跌，仍能够领取较为可观的股息红利。

保守型投资组合的资金分布是将80%左右的资金用于购买股息较高的投资股，以领取股息与红利，而只将20%左右的资金用作投机操作。

保守型投资组合策略主要适宜于在经济稳定增长的时期采用，但在经济结构的转型与衰退期要谨慎使用。因为在经济结构的转型与衰退期，原先投资价值较高的投资股，有可能由于经济结构的转型和不景气，使发行这些股票的公司获得大幅度降低，甚至是转盈为亏。这样就会由于所持股票价值大幅下降而使投资者蒙受损失。

3. 投机型投资组合

投机型投资组合是投资者以选择价格起落较大的股票作为主要投资对象的股票组合的技巧。

投机型投资组合的资金分布是将80%左右的资金用于购买价格波动频繁且涨跌幅度很大的股票，而将20%左右的资金用作买进其他比较稳定的投资股，或为准备再做追价与摊平用。这种组合方式的投机比重很大，故称作投机型投资组合。

采用投机型投资组合策略的投资者通常以"见涨抢进、见跌卖出"的追价方式买卖股票。由于此种方式的买卖进出较为敏感，故经常能在股价上涨之初买到日后涨幅很高的黑马股票，给投资者带来极为可观的差价收益；而见跌卖出的结果，也能使股价持续下跌时，不至于亏损太多。

采用此种组合方式进行投资的人如若判断正确，往往比其他组合方式收益更丰。但倘若判断失误，当刚追价买到某种股票时，股价却大幅下跌；或者是刚追价卖出，股价却迅速上涨，这种状况又极易给投资者带来惨重的损失。

采用投机型投资组合策略进出股市频繁，累计交纳的手续费的数额较为可观，操作成本十分高昂。

投机型投资组合策略不适宜初涉股市的投资者，中小额投资者应谨慎使用。

4. 随机应变型投资组合

随机应变型投资组合是投资者根据股市走向变化而灵活调整证券组合的投资技巧。当判定股市走向看好时，则将资金的大部分投放在投资股票上；认为股市走向看跌时，则将大部分资金转入购买公债等风险较小的证券或持有现金以待买入时机。

5. 按投资期限制定的比例组合法

按投资期限长短划分制定的比例组合法包括长线投资、中线投资和短线投资。

长线投资是指买进股票以后不立即转售，长期持有以便享有优厚的股东收益，持有时间起码在半年以上，其对象一般是目前财务状况良好而又有发展前景的公司股票。

中线投资指的是把投资者几个月内暂时不用的钱进行投资，投资对象是估计几个月内可提供良好盈利的股票。

短线投资是指那些股价起伏甚大，几天内就可以有大涨跌的股票。

一个投资者应该把自己的资金分成较长期内不用等待获利；几个月内不用和随时可动用；搞得好可获其利，搞不好全部损失也在所不惜的三部分，分别用于长线投资、中线投资和短线投资。用于长线投资的那部分一定要沉得住气，要坚持自己的意图，放长线钓大鱼，不达目的绝不罢休，切忌股价稍有上升就轻易抛出，否则其结果往往是图了眼前小利而损失长远大利。

二、个人投资者投资心态

对于个人投资者来说，投资股票到一定时候，决定投资者成败得失的因素中，技术层面的因素可能已经是次要的了，一些内在的、更深层次的东西，比如个人的心态、定力、修为、性格，则成为主导投资者行为的关键因素。也就是说，关键要看投资者能不能战胜贪婪、幻想、恐惧、犹豫、急于求成、见异思迁等这些与生俱来的人性的弱点。

投资者的心理特点大致可总结为四类：过于自信、偏向于避害而不是趋利、追求从众和减少后悔与推卸责任。①在自信情结的影响下，无论投资者的投资水平如何，他们都会认为自己的投资决策是无比正确的，是比他人的投资判断更科学更有逻辑的。②趋利避害是人类共性，在具体的利害选择下每个人的抉择也会因人而异，实证研究得出结论：人们在进行金融交易时更注重避害，内心里给予避害的权重比趋利多一倍。③在人类相互影响力中，从众心理对投资决策的判断影响作用最大。在证券投资领域，从众心理的影响力也非常大，投资者由于从众心理表现出行为趋同、个人理性丧失，最终导致市场的完备性遭到破坏。④在金融市场上，许多投资者在做出投资决策后发现决策失误损失惨重从而产生后悔的心理。因此，如果投资者在决策时发现同样在面临投资失误的可能性下，若 A 投资策略比 B 投资策略要损失得少，那么投资者会选择 A 投资策略（陈静和张克雯，2022）。

（一）个人投资者投资前的心理准备

1. 自律

很多人在股市里一再犯错误，其原因主要在于缺乏严格的自律控制，很容易被市场假象所迷惑，最终落得一败涂地。投资者在进入股市前，应当培养自律的性格，使自己在别人不敢投资时仍有勇气买进。自律也可使自己在大家企盼更高价来临时卖出，自律还可以帮助投资者除去贪念，让别人去抢上涨的最后 1/8 和下跌的 1/8，自己则轻松自如地保持赢家的头衔。

2. 愉快

身心不平衡的人从事证券投资十分危险，轻松的投资才能轻松地获利。

投资者应保持身心在一个愉快的状态上，精、气、神、脑力保持良好的状态，使判断更准确。大凡会因股市下挫而怨天尤人的投资者，基本上就不适合于股票操作。对股市的运用未有基本了解的投资者，保持愉悦的身心不失为良策。

3. 果断

成功在于决断之中，许多投资者心智锻炼不够，在刚上升的行情中不愿追价，而眼睁睁地看着股票大涨特涨，到最后才又迷迷糊糊地追涨，结果被"套牢"，叫苦不迭。因此，投资人心中应该有一把"剑"，该买就按照市价买入，该卖就按照市价卖出，免得吃后悔药。

4. 谦逊．不自负

在股票市场中，投资者不要过于自负，千万不要认为自己了解任何事情；实际上，对于任何股票商品，没有人能够彻底地了解。任何价格的决定，都依赖于百万投资者的实际行动，都将反映到市场中。如果因一时的小赢而趾高气扬，漠视其他的竞争者存在，则灾祸常会在不自觉中来临。在股市中，没有绝对的赢家，也没有百分之百的输家。因此，投资者要懂得"骄兵必败"的道理。

5. 认错的勇气

心中常放一把刀，一旦证明投资方向错误时，应尽快放弃原先的看法，保持实力，握有资本，伺机再入，不要为了面子而苦撑，最终毁掉了自己的资本，到那时，就没有东山再起的机会了。所以失败并不是世界末日的来临，而是经由适当的整理和复原，总结经验、重新振作。在山重水复的时候，一定要有认错的勇气，这样就会出现柳暗花明。因为"留得青山在，不怕没柴烧"。

6. 独立

别人的补品，往往是自己的毒药。刚开始投资股票的投资大众往往是盲从者。跟随主力有时是上策，有时却是陷阱；试着把自己作为主力去分析行情的走势，往往对自己有极大的帮助。真正能成为巨富的人，他的投资计划往往特立独行，做别人不敢做的决定，并默默地贯彻到底。请记住，在股市中求人不如求己，路要靠自己去探索。

7. 灵感

股票市场中的高手常常能够通过观察、感觉产生预测未来的想象力。人类拥有视、味、触、嗅、听五种感觉，均可以实体感觉到，唯有灵感来自不断地学习知识，积累经验，从而达到领悟到预测股市走势的能力。因此，灵感也称为第六感。譬如某人专门绘K线图及指标，久而久之，对未来的走势常能抓准。投资者凭借长期实践经验和理论知识的不断积累，到一定的时候，常常会产生灵感。

（二）个人投资者的心理误区

1. 盲目跟风

股市被动受诸多复杂因素的影响，其中股民的跟风心理对股市影响甚大。有这种心理的投资人，看见他人纷纷购进股票时，深恐落后，在不了解股市行情和上市公司经营业绩的情况下，买入自己并不了解的股票；有时看到别人抛售某家公司的股票，也不问他人抛售的理由，就糊里糊涂地抛售自己手中后市潜力很好的股票。因此，投资者要树立自己买卖股票的意识，不能盲目跟着别人的意志走。

2. 举棋不定

具有举棋不定心理的投资人，在买卖股票前，原本制订了计划，考虑好了投资策略，但当受到从众心理的影响，在步入股票市场时，往往不能形成很好的证券组合，一有风吹草动，就不能实施自己的投资方案。

例如，投资者事前已经发觉自己手中所持有的股票价格偏高，是抛出股票的时机，同时作出了出售股票的决策；但在临场时，听到他人与自己看法不同的评论时，其出售股票的决策马上改变，从而放弃了一次抛售股票的大好时机。或者，投资者事前已看出某只股票价格偏低，是适合买入的时候，并作出了趁低吸纳的投资决策；同样地，到临场一看，见到的是卖出股票的人挤成一团，纷纷抛售股票，看到这种情景，又临阵退缩，放弃了入市的决策，从而失去了一次发财的良机。

由此看来，举棋不定心理主要是在关键时刻，不能作出判断，错过良机。

3. 欲望无止

投资人想获取投资收益是理所当然的，但不可太贪心。有时候，投资者的失败就是由于过分贪心造成的。

有利都要，寸步不让。股票市场上这种贪心的投机人，并不少见；他们不想控制，也不能够控制自己的贪欲。每当股票价格上涨时，总不肯果断地抛出自己手中所持有的股票，总是在心里勉励自己：一定要坚持到胜利的最后一刻，不要放弃，有更多的盈利机会！这样往往就放弃了一次抛售股票的机会。每当股票价格下跌的时候，又都迟迟不肯买进，总是盼望股价跌了再跌。这些投资人虽然与追涨杀跌的投资人相比，表现形式不同，但有一个共同之处，就是自己不能把握自己。这种无止境的欲望，反倒会使本来已经到手的获利事实一下子落空。他们只想到高风险中有高收益，而很少想到高收益中有高风险。

因此，有如下格言可鉴"空头，多头都能赚钱，唯有贪心不能赚"。美国股市上也有名言"多头和空头都可以在华尔街证券市场发大财，只有贪得无厌的人是例外"。

4. 股市当赌场

具有赌博心理的股市投资者，总是希望一朝发迹。他们恨不得捉住一只或几只股票，好让自己一本万利；他们一旦在股市投资中获利，多半会被胜利冲昏头脑，像赌棍一样频频加注，恨不得把自己的身家性命都押到股市上去，直到输个精光为止；而当股市失利时，他们常常不惜背水一战，把资金全部投在股票上。这类人多半落得个倾家荡产的下场。

股票市场不是赌场，不要赌气，不要昏头；要分析风险，建立投资计划。尤其是有赌博心理的人买卖股票一定要首先建立投资资金比例。

5. 专拣低价股

高价入市当然会给投资者带来不理想的后果，但一心一意想入价格低平的股票，有时不见得就一定有好的收益。在股票市场中，有很多投资者持有这种"嫌贵贪平"心理，即只想买进一些价格便宜的股票，而不考虑买入那些价格会大幅度上升的股票。贪平入市的结果可能使投资者手中持有的股票成了永远抛售不出的蚀本货。

6. 犹豫不决，贻误战机

错误地分析形势和错过买卖时机，这两种错误是密切相关的。由于错误地估计了形势，投资者往往会坐失良机。政治、经济形势的变化以及企业经营成果经常会给股市带来影响。在投资股市时，不能仅重视股市动态，还要密切注视当地和国际政治和经济形势以及企业经营成果的动向。把对形势的估计和对股价走势的技术分析结合起来。这样才能及时捕捉买入或卖出信号，作出该买时买、该卖时卖的实际行动。

在大数据时代，想要做好股票投资就必须学会如何搜集和利用有效的信息。作为普通的投资者，很难通过企业高管来了解公司的发展状况；投资者可以通过关注一些权威的机构官网来获取信息，这样既降低了收集信息的成本又确保信息真实可靠。比如，每天抽出几分钟有选择性地看看证监会出台的有关股票的政策；周末无聊时可以约有同样投资爱好的朋友一起去参加国内专业的论坛，借助专业的投资分析，从中获取上市公司重要的信息。

7. 敢输不敢赢

一般来说，股票的市场价格不一定能完全反映股票的真实价值。所以有些投资人卖出股票后，股价依然持续不断地上升，而且往往表现为卖出后的价格上升幅度比卖出前的上升幅度还大。尤其是原始股票，按照一般的国际惯例也会上升数倍。因此不能见好就收，见涨就卖；而是要以市盈率为基准，做出卖的决策。

有的股票已经过度上涨，一旦买入后，股价肯定要下跌，奇怪的是大多数投资人在这种情势下又会坚持死守下去。许多人投资股票，往往赚得非常有限，亏得却非常多。其中的一个重要原因就是"不敢赢"的心理在作怪。

8. 不必要的恐慌

有些股票投资人因受某些环境因素和小道消息的影响，对股市或某些股票的前途失去信心，感到恐慌，于是就拼命抛售手中的股票。许多股市上的经验表明，不必要的恐慌往往是虚惊一场。当然，抛售风发生在非常时期（如战争、经济危机等）似乎是在情理之中，但在一般的情况下，不少抛售风往往是由一些大户或其他人故意掀起的。一般的投资者若产生不必要的恐慌，大量抛出手中持有的股票，肯定会受到损失。

作为投资者，要在不利消息面前保持镇定，仔细分析消息的可靠性。倘若证明确有其事的话，还要看这种消息所产生的影响是长久性的，还是暂时的；若是后者，没有必要立即抛出手中的股票。

9. 漠不关心

有些投资者买入股票以后就不闻不问，任其自然发展下去。有时甚至全权委托自己的亲朋好友或经纪人操纵，自己很少介入。这种做法在股市处于涨势的情况下，还可以赚点钱；如果在股市处在下跌的趋势中，必然会血本无归。

因此，只要买了股票，投资者就是股票市场中的一员，应时时关注股市的动态。要关心自己的股票，不要过于相信自己的亲朋好友或经纪人，而是要相信自己，要有自己的判断。

（三）个人投资者调节和控制心态的建议

1. 定制针对性的纪律

投资者可以根据自己的资金、技术、性格等方面的不同情况，有针对性地给自己制定一些操作纪律，并严格执行，比如"严禁逆大盘操作""绝不买处于下降趋势中的股票""不随意展开操作，没有计划的事不做""大赢大输之后必须休整一周方可考虑操作"等，不一而足，因人而异。

2. 制定专业具体的投资计划

股市上有许多的投资者常常会随意地展开操作，这样做或许会盈利一时，但是最终往往难逃失败的厄运。

第一，要对公司的基本面尽可能地做较为全面的把握。第二，要对主力资金的运作意图和股价的整体走势做出明确的判断。第三，对于被选定的目标股，采用怎样的操作策略，计划应尽可能详细，不能寄希望于临场的发挥。计划越周详，临场反应就越迅速。

3. 个人投资者投资股票的"四不"原则

（1）不怕。股票买卖不外乎是两种情况：一种是赚，另一种是赔。投资者在只要自己的指标出现时，买点即毫不犹豫地买；出现卖点时，即毫不犹豫地卖。否则一方面怕亏本，另一方面又嫌赚得太少，又怕获利回吐。如果是这样，一定成不了气候。

（2）不悔。要想当一个成功的投资人，投资者需要学习能够在亏本时，不感到自尊心受到创伤，并且能够保持情绪稳定，这样定能踏上成功之路。在盈利时，不骄傲，不志得意满。在股市中如果一次成功就踌躇满志，一次失败就万念俱灰，这两者到头来都是悲剧。

（3）不贪。包括：①不贪买卖多种股票。②量力而为，不扩大信用。③行情赚八分饱。④心中价位到了，立即到市场中去买卖，不贪一点点差价。

（4）不急。焦躁必败，不要争先恐后，怕赶不上"车"，如果好不容易攀上"车"门，一遇到大震荡，又会不幸地掉下去。掉下去之后，短时间是爬不起来的。要注意今天股市有好的行情，明天或后天还会有，所以不要太急。

4. "投机"需具备的心理要诀

（1）稳。在涉足股票市场时，以小钱作学费，细心学习了解各个环节的细枝末节，看盘模拟做单，有几分力量做几分投资，宁下小口数，不可满口，超出自己的财力。证券投资具有较高的风险，再加上资金不足的压力，投资者在患得患失之时，自然不可能发挥自己全部的聪明才智，取胜的把握也就比较小。

"稳"当然不是随便跟风潮入市，而是要胸有成竹，对大的趋势做认真的分析，有自己的思维方式；还要将自己的估计时时刻刻结合市场的走势不断修正，并以此取胜。投机者需要灵活的思维与客观的形势分析相结合，只有这样，才能使自己立于不败之地。

（2）忍。股票市场的行情升降、涨落并不是一朝一夕就能形成，而是慢慢形成的。多头市场的形成是这样，空头市场的形成也是这样。因此，势未形成之前决不动心，免得杀进杀出造成冲动性的投资，要学会一个"忍"字。

（3）准。准就是要当机立断，坚决果断。如果凡事想一想，把时间拖得太久那也是很难谈得上"准"字的。

当然，我们所说的"准"不是完全绝对的准确，世界上也没有十分把握的事。如果大势一路看好，就不要逆大势做空；同时，看准了行情，心目中的价位到了就进场做多；否则，犹豫太久失去了比较好的机会，那就只能自己后悔了。

（4）狠。狠有两方面的含义：一方面，当方向错误时，要有壮士断腕的勇气认赔出场；另一方面，当方向对时，可考虑适量加码，乘胜追击。股价上升初期，如果你已经饱赚了一笔，不妨再将股票多持有一会儿，不可轻易获利了结，可再狠狠赚上一笔。

（5）跑。在股票市场投资中，赚八分饱就走。股价反转而下可即时退场。当空头市场来临，在股票筹码的持有上应尽可能减少，此时最好远离股市，待多头市场来临时，再适时进入。

第三节　个人投资者投资策略和风险控制

一、个人投资者行为偏差

（一）个人投资者行为偏差识别

个人投资者的决策偏差可以通过一系列具体指标来进行分析和评估。这些指标旨在揭示个人投资者在决策过程中可能存在的非理性、不合规或偏离最佳投资策略的行为。以下是一些关键指标：

1. 行为金融学相关指标

（1）过度自信指标。

1）交易频率与换手率。过高的交易频率和换手率可能表明个人投资者过度自信，频繁进行不必要的交易，会导致交易成本增加和绩效受损。

2）持仓集中度。过度自信的个人投资者可能倾向于过度集中持仓于某些自认为表现优异的资产，忽视了分散投资的重要性。

3）自我评价与期望。投资者对自己的投资能力给予过高的评价，认为自己能够轻松战胜市场，获取超额收益。投资者对未来市场的走势持过度乐观的态度，因而设定不切实际的收益目标。

4）风险承担行为。过度自信的投资者可能更愿意承担高风险以追求更高的收益。他们可能低估潜在损失，对市场的波动性缺乏足够的警惕。

5）对信息的解读与反应。过度自信的投资者可能过度解读市场信息，对利好消息反应过度，对利空消息忽视或低估其影响。他们可能更倾向于相信那些支持自己观点的信息，而忽视或否定与自己观点相悖的信息。

6）盈利预测与实际表现的差距。过度自信的投资者可能对自己的盈利预测过于乐观，导致实际表现与预测存在较大差距，这种差距可能反映投资者在决策过程中对风险的低估和对收益的过度乐观。

（2）损失厌恶指标。

1）止损点设置。个人投资者在面对损失时的行为可以反映其损失厌恶程度。不合理的止损点设置，如过于频繁地止损或长期不愿止损，可能表明投资者在决策过程中存在偏差。

2）风险承担行为。在面临潜在损失时，个人投资者是否愿意承担额外风险以弥补损失，也是衡量其损失厌恶程度的一个重要方面。

2. 绩效与基准比较指标

（1）投资回报率与基准比较。将个人投资者的实际投资回报率与市场基准指数、同类投资产品或其他可比指标进行比较，可以评估其投资决策的有效性和合理性。长期低于基准的投资表现可能表明投资者存在决策偏差。

（2）阿尔法系数（Alpha Coefficient），衡量的是投资组合相对于市场基准的超额收益能力。负的阿尔法系数可能意味着投资者的决策并未带来额外的收益，甚至可能低于市场平均水平。

3. 风险管理指标

（1）最大回撤。最大回撤衡量的是投资组合在选定周期内可能出现的最大亏损幅度。较大的最大回撤可能表明投资者在风险管理方面存在不足，未能有效控制潜在损失。

（2）波动率与风险调整后收益。通过分析投资组合的波动率以及风险调整后收益（如夏普比率、索提诺比率等），可以评估个人投资者在追求收益的同时是否有效控制了风险。

4. 投资策略一致性指标

投资策略一致性是指投资者在执行投资策略时，能够保持策略的稳定性和连贯性，不轻易改变策略的核心要素和原则。频繁改变投资策略或偏离既定方向可能表明投资者在决策过程中存在不一致性。

保持投资策略一致性对于投资者而言至关重要，因为它在有助于减少决策过程中的情绪波动和主观干扰，提高投资决策的客观性和准确性同时，是实现长期投资目标和提高投资绩效的关键因素之一。

投资策略一致性的评估可以细分为以下指标：

（1）策略执行规则的一致性。评估投资策略是否在执行过程中始终遵循既定的规则和原则，是否因市场波动或情绪影响而频繁改变投资策略，确保投资决策的一致性和可预测性。这可以通过审查投资策略的执行记录、交易日志等方式进行。

（2）投资组合构成与策略目标的匹配度。分析投资组合中各类资产的配置比例、行业分布等是否与投资策略的目标和定位相一致，如果投资组合的构成与策略目标存在明显偏离，可能表明策略执行过程中存在不一致性。

（3）交易成本与效率。频繁改变投资策略或偏离既定计划可能导致交易成本显著增加。考察投资者在执行投资策略过程中产生的交易成本，分析交易成本是否因频繁交易或策略调整而显著增加，从而评估策略的一致性和效率。这可以作为一个间接指标来诊断投资策略的不一致性。

（4）历史业绩的稳定性。不一致的投资策略往往导致业绩波动加大。观察投资策略在过去不同市场环境下的表现是否稳定，是否能够在多种市场条件下保持相对一致的投资风格和业绩表现。这可以通过分析历史业绩数据、回测结果等方式进行。高波动性可能意味着策略执行过程中存在较大的偏离。

（5）业绩波动性。观察投资策略在不同市场环境下的业绩表现，若业绩波动较大，难以保持稳定的回报，可能表明投资策略在执行过程中存在不一致性。

（6）长期业绩对比。将投资策略的长期业绩与基准指数、同类投资产品等进行比较，若长期低于基准，可能说明投资策略在执行过程中存在问题。

（7）风险管理措施的一致性。评估投资策略在风险管理方面是否采取了一致的方法和措施，包括止损点的设置、仓位控制、对冲策略等。一致的风险管理措施有助于保持投资策略的稳定性和可预测性；风险管理措施的不一致执行可能反映投资策略的不一致性。

（8）投资者情绪与策略执行的独立性。分析投资者情绪变化对策略执行的影响程度，确保投资策略在执行过程中能够独立于投资者情绪变化，保持决策的理性和一致性。

通过投资者情绪问卷调查、心理测试，市场情绪指标观察等方式，得到投资者在面对市场波动时的情绪反应和决策行为，评估投资者的情绪状态对其投资决策的影响程度，从而间接反映策略的一致性。情绪波动较大的投资者可能更容易受到市场噪声的干扰，从而做出非理性的决策。

在实际应用中，投资者可以通过定期回顾和评估投资策略的执行情况，来检查策略的一致性。投资者可以建立投资日志或投资报告，记录投资策略的制定、执行和调整过程，以便更好地监控和评估策略的一致性。此外，投资者还可以借助专业的投资分析工具或软件，对投资组合的绩效进行归因分析，以识别哪些因素对收益贡献最大，哪些因素可能导致损失，从而进一步优化投资策略并保持其一致性。

需要注意的是，以上指标并非孤立存在的，而是相互关联、相互影响的。在衡量投资者的决策偏差时，需要综合考虑多个方面的因素，并结合投资者的实际情况进行分析和评估。同时，由于市场环境和投资者个体差异性的存在，这些指标的应用需要灵活调整和优化。

（二）个人投资者常见投资行为偏差

（1）框定偏差。不同的投资构建方式会影响投资者的决策，投资者在盈利或亏损时确定的有风险的投资框架可能很随意。

（2）心理账户。投资者会将投资决策分成不同部分，并非理性地偏好高现金红利的股票，同时倾向于长时间持有亏损的股票。

（3）后悔规避。投资者不依惯例进行决策并出现不利结果时会更加后悔，这种心理会影响其后续的投资选择。

（4）前景理论。投资者在面临损失时可能是风险偏好者，而不是风险厌恶者，这与传统金融理论中的理性风险厌恶型投资者有所不同。

（5）锚定效应。投资者在进行定量估测时，会受某些特定数值作为起始值的影响，这个起始值会制约其估测值。

（6）代表性偏差。投资者常以事物的局部特征作为判断依据，而忽略了其他证据，如将好公司与好股票混为一谈。

（7）过度自信偏差。投资者可能过度自信于自己的投资能力或判断，导致过度交易或忽视风险。

（8）损失厌恶偏差。投资者对同等程度的亏损要比盈利更为敏感和厌恶，这可能导致其在面对亏损时做出非理性的决策。

（9）近因偏差。投资者过度倚重近期经验而忽视长期趋势或历史数据，这可能导致其做出错误的投资决策。

（10）确认偏差。投资者在做投资决定时倾向于收集支持自己观点的信息，而忽视反对的信息，这可能导致其无法全面评估投资风险。

（11）易得性偏差。投资者在评估问题或决策时，往往会参照脑海中最容易想起来的事例，这可能导致其忽视更重要的信息或数据。

这些行为偏差都可能影响投资者的决策和最终的投资结果。

二、个人投资者投资策略

在具体的投资活动之前，要考虑的最重要的问题在于判断与选择买卖股票的有利时机，因为高质量的股票并不一定意味着高收益，因为股票投资的收益率随着股票价格的升降而沉浮。投资者应选择证券价格被低估时买进，而在证券价格被高估时卖出，使投资组合一直保持在令人满意的状态。

根据股价的变动走势来确定最佳投资时机，是一项技术性颇强、难度颇大的决策过程。影响股价变动走势的因素是多方面的，其中包括上市公司的因素，也包括市场的因素，还包括政治、经济的因素以及人为的因素等。因此，要判断分析股价变动的走势，确定股票买卖的时机可以从图表分析（即技术分析）来判断确定股票买卖的时机；也可以从因素分析、综合分析等方面入手。

股价变动受多方面因素影响，且现阶段我国证券市场并不成熟，尤其是股市易受市场消息面因素的影响，一旦市场上出现有利或不利消息，股票价格就会大幅波动，这也使得信息成为个人投资者进行证券市场投资决策的重要依据之一。但现实情况是个体投资者所获取的信息较为滞后，机构、组织往往拥有较为完善的信息渠道，能够第一时间掌握信息，并做出投资决策。一般情况下，当个体投资者掌握信息的时候，股票价格已经拉升起来，个体投资者想要入局，其成本价就相对较高，同时，一些庄家也会利用个人投资者的不稳定心理，在股票价格全面拉升前，利用下拉方式将散户清理出局。此外，个体信息主要来源于公众媒介，包括网络、电视、股市公布数据等，缺乏稀缺性，实际上应用价值并不高。

国际、国内的宏观经济信息和股市市场法律法规政策信息，对个人投资者的投资行为影响最大，而且国际国内宏观经济政策及环境也是投资者最希望关注的信息。有调查显示，政策对投资者的交易频率有显著的影响，直接影响投资者交投的活跃度及入市的意愿。当利好政策出台后，投资者交易频率会有明显的上升，而当利空政策出台后，投资者的交易频率有较大程度的下降，且下降趋势也持续较长的时间。如果政策法规的颁布始终不明朗，投资者对信息的理解认同必然存在时间上的滞后性，必然使投资者难以确定股票市场长期的发展走向，因而会产生只顾眼前利益的短视行为。

以股价趋势来确定投资的时机，是关系着投资者投资活动成败的重要一步，但是要正确地判断股价的走势，确定投资的最佳时点，需要投资者具有扎实的股票投资的基本知识，掌握股价走势分析的基本技术和要领，以及丰富的股票投资的实践经验和果断的决策意识。

下面具体介绍在不同的时机进行投资的原则与技巧。

（一）新股发行时投资的技巧

新股的发行市场与交易市场是相互影响的。了解和把握其相互之间的关系，是投资者在新股发行时正确进行投资决策的基础。

在总的资金投入量一定的前提下，一方面，当发行新股时，将会抽出一部分交易市场中的资金去认购新股。如果同时公开发行股票的企业很多，将会有较多的资金离开交易市场而进入股票的发行市场，市场的供需状况就会发生变化。

另一方面，由于发行新股的活动一般都通过公众传播媒介进行宣传，从而使新股的申购数量大多超过新股的招募数量，这样必然会使一些没有获得申购机会的潜在投资者转而将目光投向交易市场。如果这些潜在投资者经过仔细分析交易市场的上市公司股票后，发现某些股票本益比、本利比倍数相对低，就可能转而在交易市场购买已上市的公司股票，这样又会给交易市场注入新的资金量。

虽然在直觉上可将新股发行市场与交易市场的关系作出上述简单分析和研判，但事实上，真正的影响到底是正影响还是负影响？是发行市场影响交易市场，还是交易市场影响发行市场？要依股市的当时情况而定，不能一概而论。例如，有些公司发行新股的消息公布后，不少投资者担心发行新股会冲击老股，纷纷抛出老股而形成巨大的卖压，致使老股股价出现大的跌幅，但当抽签认购率只有 5.8% 时，尚未中签的投资者纷纷又将闲散资金投向交易市场购买老股，从而又使老股股价出现连连攀升的市况。

一般来讲，社会上的游资状况、交易市场的盛衰，以及新股发行的条件，是决定发行市场与交易市场相互影响的主要因素。其具体表现是：

（1）社会上游资存量大、游资充裕、市况好时，申购新股者必然踊跃。

（2）市况疲软，但社会上游资较多时，申购新股者也较多。

（3）股票交易市场的市况好，而且属于强势多头市场时，资金拥有者往往愿将闲钱投在交易市场搏击，而不愿去参加新股的申购碰运气。

（4）新股的条件优良，则无论市况如何，总会有很多人积极去申购。

（二）新股上市时投资的技巧

新股上市一般指的是股份公司发行的股票在证券交易所挂牌买卖。

新股上市的消息，一般要在上市前十几天经传播媒介公之于众。新股上市的时期不同，往往对股市价格走势产生不同的影响，投资者应根据不同的走势来恰当地调整投资策略。

当新股在股市好景时上市，往往会使股价节节攀升，并带动大势进一步上扬。因为在大势看好时新股上市，容易激起投资者的投资欲望，使资金进一步围拢股市，刺激股票需求；相反地，如果新股在大跌势中上市，股价往往还会呈现进一步下跌的态势。此外，新股上市时，投资者还应密切注意上市股票的价位调整，并掌握其调整规律。

一般来讲，新上市股票在挂牌交易前，股权较为分散，其发行价格多为按面额发行和中间价发行，即使是绩优股票，其溢价发行价格也往往低于其市场价格，以便使股份公司通过发行股票顺利实现其筹款目标。因此，在新股上市后，由于其价格往往偏低和需求量较大，一般都会出现一段价位调整时期。新股价位调整的方式大体上会出现如下四种情况：

（1）股价调整一次进行完毕，然后维持在某一合理价位进行交易。此种调整价位方式，系一口气将行情做足，并维持与其他股票的相对比值关系，逐渐地让市场来接纳和认同。

（2）股价在一次调整过后，继而回跌，再维持在某一合理价位进行交易。将行情先做过头，然后让它回跌下来，一旦回落到与其他股票的实质价位相配时，自然会有投资者来承接，然后依据自然供需状况来进行交易。

（3）在股价调整到合理价位后，滑降下来整理筹码，再做第二段行情，调整回到原来的合理价位。这种调整方式有涨有跌，可使申购股票中签的投资者卖出后获利再进，以致造成股市上的热络气氛。

（4）股价先调整到合理价位的一半或 2/3 的价位水平，即予停止，然后进行筹码整理，让新的投资者或市场客户吸进足够的股票，再做第二段行情。此种调整方式可能使心虚的投资者或心理准备不足的投资者减少盈利，但有利于富有股市实践经验的投资老手获利。

由此可见，有效掌握新股上市时的股价运动规律并把握价位调整方式，对于股市上的成功投资者是不可或缺的。

（三）分红派息前后投资的技巧

股份公司经营一段时间后（一般为一年），如果营运正常，产生了利润，就要向股东分配股息和红利。其交付方式一般有三种：一是以现金的形式向股东支付。这是最常见、最普通的形式。在美国，大约80%以上的公司是以此种形式进行的。二是向股东配股，采取这种方式主要是为了把资金留在公司里用于扩大经营，以追求公司发展的远期利益和长远目标。三是实物分派，即把公司的产品作为股息和红利分派给股东。

在分红派息前夕，持有股票的股东一定要密切关注与分红派息有关的四个日期：

（1）股息宣布日，即公司董事会将分红派息的消息公布于众的时间。

（2）派息日，即股息正式发放给股东的日期。

（3）股权登记日，即统计和确认参加本期股息红利分配给股东的日期。

（4）除息日，即不再享有本期股息的日期。

在这四个日期中，尤为重要的是股权登记日和除息日。由于每日有无数的投资者在股票市场上买进或卖出，公司的股票不断易手，这就意味着公司的股东也在不断变化之中。因此，公司董事会在决定分红派息时，必须明确公布股权登记日，派发股息就以股权登记日这一天的公司名册为准。凡在这一天的股东名册上记录在案的投资者，公司即承认其为股东，有权享受本期派发的股息与红利；如果股票持有者在股权登记日之前没有过户，那么其股票出售者的姓名仍保留在股东名册上，这样公司仍承认其为股东，本期股息仍会按照规定分派给股票的出售者而不是现在的持有者。由此可见，购买了股票并不一定就能得到股息红利，只有在股权登记日以前到登记公司办理了登记过户手续，才能获取正常的股息红利收入。

至于除息日的把握，对于投资者也至关重要，由于投资在除息日当天或以后购买的股票，已无权参加本期的股息红利分配，因此，除息日当天的价格会与除息日前的股价有所变化。

一般来讲，除息日当天的股市报价就是除息参考价，也即除息日前一天的收盘价减去每股股息后的价格。例如，某只股票计划每股派发1元的股息，如除息日前的价格为每股18元，则除息日这天的参考报价应是17元（18元减去1元）。掌握除息日前后股价的这种变化规律，有利于投资者在购买时填报适当的委托价，以有效降低其购股成本，减少不必要的损失。

对于有中、长线投资打算的投资者来说，还可趁除息日前夕的股价偏低时，买入股票过户，以享受股息收入。若出现在除息日前夕价格偏弱的情况，主要是因为此时短线投资者较多。因为短线投资者一般倾向于不过户、不收息，故在除息日前夕多半设法将股票脱手，甚至价位低一些也在所不惜。因此，有中、长线投资计划的人，如果趁短线投资者回吐的时候入市，既可买到一些相对低廉的股票，又可获取股息收入。

至于在除息日前夕的哪一个具体时点买入，是一个十分复杂的技巧问题。一般来讲，在截止过户时，大市尚未明朗，短线投资者较多，因而在截止过户前，那些不想过户的短线投资者就得将所有的股份卖出，越接近过户期，卖出的短线投资者就越多，故原则上在截止过户前的 1~2 天，有可能会买到相对适宜价位的股票，但切不可将这种情况绝对化。因为如果大家都看好某只股票，或者某只股票的股息十分诱人，也可能会出现相反的现象：即越接近过户期，购买该股票的投资者就越多，股价的涨升幅度也就越大。投资者必须对具体情况进行具体分析，以恰当地在分红派息期间掌握好买卖的火候。

（四）多头市场除息期投资的技巧

多头市场是指股价长期保持上涨势头的股票市场，其股价变化的主要特征为一连串的大涨小跌变动。要正确地在多头市场的除息期进行投资，必须首先对多头市场除息期行情进行研判。

多头市场除息期行情最显著的特征是：

（1）息优股的股价随着除息交易日的逐渐接近而日趋上升，这充分反映了股息收入的时间报酬。

（2）除息股票往往能够很快填息，有些息优股不仅能够完全填息，而且能够超过除息前的价位。

（3）按照股价的不同，出现向上的比值趋向，投资者所认同的本利比倍数愈来愈高。

根据上述除息期行情的特征进行分析研判，可以得出多头市场的以下五点特征：

第一，股利的时间价值受到重视，即在越短的时间内领到股利，其股票便越具价格优势。反映在股价上，就是出现逐渐升高的走势。

第二，股票除息后能够很快填息，投资者愿意过户领息，长期持股的意愿也较高。

第三，行情发行初期，首先由业绩优良、股息优厚、本利比倍数很低的股票带动向上拉升；其次价位较低却有股利的股票调整价位；最后再轮到息优股冲刺。

第四，股市行情一波接着一波上涨，一段挨着一段跳升，轮做的迹象十分明显。选对了股票不断换手可以赚大钱，抱着股票不动也会有获利的机会，因此投资者一般都不愿意将资金撤出股市。

第五，由于在早期阶段本利比偏低，大批投资者被吸引进场，随着股价的不断攀升，使本利比倍数变得越来越高。

掌握了多头市场除息期行情的这种变化特征，投资者如何进行操作也就不说自明了。

（五）股价回档时投资的技巧

在股价不断上涨的趋势中，经常会出现一种因股价上涨速度过快而反跌到某一价位进行调整的现象。股市上，股票的回档幅度要比上涨幅度小。

股票在经过一段时间的连续攀升之后，投资者最关心的就是回档问题。持有股票者希望能在回档之前卖掉股票；未搭上车者则希望在股价回档之后得到补偿。

股价在涨势过程中，之所以会出现回档，主要有以下原因：

（1）在股价上涨一段时间后，成交量逐步放大，须稍作停顿以便股票换手整理。就像人跑步一样，跑了一段之后，必须休息一下。

（2）股价连续上涨数日之后，低价买进者已获利可观，出于"先得为快""落袋为安"的心理原因，不少投资者会获利了结，以致形成上档卖压，造成行情上涨的阻力。

（3）某些在上档套牢的投资者，在股价连续上涨数日之后，可能已经回本，或者亏损已大大减轻，于是趁机卖出解套，从而又加重了卖盘压力。

（4）股票的投资价值随着股价的上升而递减，投资者的买进兴趣也随着股价的上升而趋降，追涨的力量也大为减弱，使行情上涨乏力。

鉴于行情在上涨过程中必然会出现一段回档整理期，投资者应根据股市发展的趋势，对股市回档进行预期，以达到回档前出货和回档后及时进场的目的。

（六）"彷徨走势"时投资的技巧

股价随着消息走的趋势，可称之为"彷徨走势"。如碰到所谓利空消息出现，股价就会向下急速滑落；如遇到所谓利多消息，则股价又会扶摇直上。其灵敏度之高、反应之迅速，令人叹为观止。

这时股票投资者对于股票投资本身已经没有主意，只好翻阅报纸杂志，找一些消息来为自己壮胆，或者弄个借口来安慰自己。于是消息就成为当天股市行情的决定力量了。处于这种"彷徨走势"之中的股市，一般都不再注重公司业绩和技术分析，这个时候的投资者最关心的是能获得足以影响股市走势的信息。

在股价的"彷徨走势"中，投资者可采取的策略是：

（1）抽出资金以作观望，待形势明朗后再入市运作。

（2）对于各种正式消息、传闻和传播消息进行冷静分析，以免跌入股市陷阱。

（七）乖离走势时投资的技巧

乖离走势指的是股市上"多空拼斗"的情况。在股票市场里，"多空拼斗"的情形时有发生，但其最终结果无论是"杀多"还是"轧空"，都会造成股价的不合理变动。

多头是指投资者对股市前景普遍看好，预计股价将会上涨，于是先低价买进，待上涨到某一高价位时再卖出，从中获利。即投资者一般采用先买进后卖出的交易方式。空头是指投资者对股市前景看坏，预计股价将会下跌，于是先将股票卖出，待其下跌到一定价格时再买回，以获取差额收益。即投资者一般采用先卖出后买进的交易方式。

多头与空头之间采取的方法不同，多头期望股价节节上升，空头希望股价一跌再跌，所谓"多空拼斗"就是由于利益不同所引发的。

在这种"多空拼斗"的乖离走势中，一般小额投资者的策略原则是：不要盲目跟进，既不宜"见涨心痒"，冒险去追逐这种投资股票；也不宜盲目地抛空自己手头的股票。

（八）超买超卖时投资的技巧

超买、超卖是股市上两个专有的技术名词。对某种股票的过度买入称为超买；对于某种股票的过度卖出则称为超卖。

股市上，经常会出现因某种消息的传播而使投资者对大盘或个股做出强烈的反应，以致引起股市或个股出现过分的上升或下跌，于是便产生了超买超卖现象。当投资者的情绪平静下来以后，超买超卖所造成的影响会逐渐得到适当的调整。因此，超买之后就会使股价出现一段回落；超卖之后，则会出现相当程度的反弹。投资者如了解这种超买超卖现象，并及时把握住其运动规律，就能在股市中增加获利机会。

如何适时地测度出股市上的超买超卖现象。目前，测度超买超卖现象的技术分析方法很多，主要有相对强弱指数（RSI）、摆动指数（OCS）。对于这些技术分析指数，可以参见有关专门介绍股票技术分析的专业书籍。

（九）多头市场投资的技巧

一般来讲，选择恰当的股票，必须在股市循环的内涵下进行。对于涨势市场或多头市场的循环阶段，通常会出现四种行情：

（1）在多头市场的第一段行情中，大多数股票的价格会摆脱空头市场的过度压抑而急剧上涨，整个股市的指数升幅较大，通常占整个多头市场行情的50%左右。对应的在第一段行情的投资策略是：迅速将留存的观望资金投入股市，特别是投向那些高风险股票和小型成长股。由于高风险股具有最高度的走向破产的可能性，因而在空头市场可能被打击得最为惨重。持有此类股票的投资者极易在此种情况下逃离股市而使股价跌到极低的、非正常的水准；而一旦多头市场出现，投资者信心恢复，这类高风险股就会恢复到正常的水平。

（2）在多头市场的第二段行情中，市场指数的升幅往往超过多头市场行情的25%，但是股票选择变得更为困难。在此期间，大多数风险股已涨到接近其实际应有的价格水平；与其他股票相比，已不再具有投资价值，因而此时选股时必须基于长期展望来考虑。对应的第二段行情的投资策略是：将资金主要投资于成长股，特别是小额资本的成长股。因为此时人们普遍看好市况并对经济前景持乐观态度，而小额资本企业较之大型工业企业具有更大的成长性，所以小额资本的成长股能更多地吸引买盘从而使其股价更快攀升。

（3）在多头市场的第三段行情中，股价的涨幅往往少于整个多头市场行情的25%，而且只有极少数股票在继续上升。对应第三段行情的投资策略是：慢慢卖出次等成长股，将部分资金转移到具有多头市场里维持价位能力的绩优成长股；或将部分资金抽出转现。因为在此行情中，股市涨落大部分已告结束，这时买卖股票必须具有选择性，只能买进绩优成长股，以及那些在未来经济困境中仍能获益的顺应大势股。简言之，必须开始对承受空头市场的风险作好准备。

（4）在接下来的第四段行情中，该涨的股票已经基本上涨得差不多了，因此能赚到一两成就算很幸运了。此时只有绩优成长股和少数可在经济困境中获利的股票才能继续上升。对应第四段行情的投资策略是：最好将持有的股票全部脱手以观变化，将其投放在收益较安稳的各种债券和存款上，以便在空头市场完结时再进行新一轮的投资。

（十）买涨与买未涨的技巧

买涨与买未涨是两种截然相反的股票买进时机的选择技巧。

买涨通常指投资者顺势而为，见涨抢进，且大多有"追涨杀跌"的习惯。这种买涨的做法，在大势反转向多头市场时，大多能轻易获得利润；如若在遇到主力介入操纵股价时，大多也能跟进获利。其不利之处在于进出股市较为频繁，手续费的支出较高，一旦抢到最高价而不能出手，就会出现亏损累累的局面，因而风险较大。

买未涨是指投资者将购进股票的时机选择在股价处于尚未涨阶段的策略。这种投资者除了精于计算投资报酬率外，更注重发行公司的业绩展望。这种做法大多需要对个股进行分析比较，由于股市大多有轮番涨跌的习性可循，故投资者选择那些尚未上涨的成长股作为投资对象，除了风险较小以外，通常也有利可寻。如果买到最低价，有时获利甚至能多达数倍。

以上两种方法各有利弊，买涨着眼于短线利润，较具投机性，适合于一般的中短线操作；买未涨着眼于长期利润，适合于较为稳健的投资者进行中长期投资。这两种不同的买进时机选择的技巧，可供不同个性的投资者选用。

（十一）淡季时投资的技巧

成交量的增减与股市行情枯荣，有着相当密切的关系。好像只有交易热闹时进场，才有希望获得短期的差价收益。但若着眼于长期投资，则不宜在交易热闹时进场，因为此时多为股价走高的阶段，如进场建仓，成本可能偏高，即使所购的股票为业绩优良的投资股，能够获得不错的股利收益，较高的成本还是会使投资报酬率下降。

如果长期投资者在交易清淡寥落时进场建仓，或许在短期内不能获得差价收益，但从长期发展的角度来看，由于投资成本低廉，与将来得到的股利收益相比，投资报酬率还是可以令人满意的。因此，在交易清淡时，短线投资者应袖手旁观；而对于长线投资者来说，则是入市建仓的大好时机。

主张长线投资者在交易清淡时进场收购，并不是说在交易开始清淡的时候就可以立即买进。一般来讲，应该是淡季的末期才是最佳的买入时机，问题的难度在于没有人能够确切地知道到底什么时候才是淡季的尾声。也许长期投资者认为已经到了淡季尾声而入市，行情却继续疲软了相当一段时间；也许长期投资者认为应该再慎一慎的时候，行情突然好转而痛失良机。

有些投资者，尤其是大户投资者，在淡季入市时，采取了逐次向下买进的做法，即先买进一半或1/3，之后无论行情是涨是跌都再加码买进。这样即使是在淡季进场，也不错失入市良机，又可收到摊平成本的效果。

（十二）高价买进策略

高价买进策略是投资者以较高的价格买进已经上涨了的股票，以期待股价进一步上涨而获利的投资策略。采用高价买进策略必须注意三点：

（1）购买的股票应是具有良好发展前景的股票。因为股票投资的魅力在于日后获得较好的回报。只有具有良好发展前景的股票，才能在较高的价位上再节节攀升，给投资者带来丰硕的成果。

（2）高价买进的时间必须是在行情看涨期。只要是在行情看涨期，即使该股票目前不受投资者欢迎，也可能提早恢复知名度。

（3）选择知名度周期长的股票。股票知名度周期越长，其股价持续上涨的时间也就越长。

需要特别指出的是，高价买进策略是一项风险性较高的投资策略，如果尚未把握股市的通盘行情，最好不要采用。

（十三）换手策略

换手策略是投资者在股价轮番上涨的过程中，将持有的已上涨股票脱手变现，转而购进涨幅较小或尚未上涨股票的投资策略。

国内外股市运作的经验表明：股票市场在结束熊市而进入牛市的初始阶段，经常由于有心人的介入炒作而使股价出现轮番上涨的情形，投资者如能把握市场行情，不断地进行换手，即不断地抛出涨幅较大的股票，以腾出资金购进价格较为平稳的股票，就能在股市的轮番上涨期间不断地获利。

投资者进行换手的时机通常应选择在成交量值增高、交易非常热闹时进行，因为只有在交易非常热闹之时，才会有较多的投资者承接补进，才能使股票顺利实现易主。但换手策略也有缺陷：如果在股票换手后，所抛出的股票仍在继续涨升，而所承接的股票的价格仍维持原状，甚至出现下滑，就会使换手者徒具损失；如果在股票换手后，抛出的股票和承接的股票都以同等的幅度出现涨跌，则会使投资者加大投资成本，白白多支出一些交易的税费。换手投资策略只适合有经验的股市老手采用。

（十四）针对不同投资对象灵活采取投资策略

无论是储蓄存款，还是债券及银行理财产品，它们都有一个共同的特点，那就是低风险。对于选择这类投资品种的个人投资者，投资目标大多是在资产保值的基础上有所增值，因为他们并不愿意承担投资本金的损失，只要能有合适的收益，就愿意进行投资。这类投资者的投资心理更加趋向保守，对自己的资产增值期望不高，但一定要保证资金安全。这类投资者是非常理性的投资人。

在股市火爆的时候，银行的基金产品销售异常火爆，常常出现抢购的现象。可是购买这些基金的投资者中，有多少是知道自己买的基金是股票型基金、债券型基金、混合型基金还是指数型基金呢？大多数投资者看到周围的人在银行买了基金，并且赚到了钱，所以自己就跟随去买，至于买的是什么、需要承担怎样的风险，不知道的人占多数，这就是赚钱效应叠加羊群效应产生的结果。随着购买基金的投资者越来越多，就出现了专门的机构为投资者讲解基金的结构和盈利模式，渐渐地，投资者开始认识并了解基金，心理逐渐回归理性。

证券、期货类的投资品种不同于基金和保险类产品，在专业能力上对投资者要求较高。由于是独立做决策操盘，个人投资者要具备专业的分析、判断能力，要有敏锐的观察能力和灵敏的嗅觉，能够时刻关注到各种有可能影响投资标的价格因素的信息。价格波动大是这类投资品种的特点，投资这类产品，投资者即使可能将本金损失殆尽，也愿意承担较高风险博取快速高额的回报。由于证券、期货的交易特点，投资者的专业分析能力和感知市场的敏感度常常会出现偏差，导致决策失误。但在决策前，投资者往往会认为自己的决策正确无误，非常自信，从而采取相应的操作。操作后，如果发现自己判断失误，又会开始怀疑自己陷入循环的后悔中。从过度自信到后悔厌恶，是由于决策失误导致的；而决策失误又是由于存在于内心的心理账户决定的，期望获得更高的回报率、更快地收回投资成本等非理性的因素决定了投资决策，最终导致投资失败。

三、个人投资风险的控制

（一）正视股票投资风险，增强风险意识

股票投资风险是指投资者达不到预期收益或遭受各种损失的危险性。由于股市风云诡谲，投资股票存在着极大的风险。因此，对于每个要求掌握股票买卖技巧的投资者来说，正视股票风险，增强投资意识和风险意识是十分重要而迫切的。

专栏 2-7	量化的风险

假设股票投资的预期报酬为 20%，但实际只达到 10%，那么这两者的差额是 10%（即 20%-10%），就是股票投资中的收入风险；如果投资者一年前以每股 25 元买进某公司股票 1000 股，共耗资 25000 元，一年后该股票价格下跌为每股 20 元，这时卖出只能收回 20000 元，这就是买卖股票中本金受损失的风险。

如果我们还要深入一层把握风险的内涵，可以进一步从两个方面理解：一是从投资的动机上来讲，投资者投入一笔资金，预期能确定得到若干收益。二是从时间上来看，投入本金是在当前，在数额上是确定的；取得收益是在将来，相隔一段时间。在这段时间内变动性很大，而促成变动的因素又很多，各种因素都可能使本金损失、预期收入减少，或者它们的数额无法预先确定，而且时间越长，其不确定性就越大。

传统金融学假设所有投资者均具备风险厌恶特征，然而 Kahneman 运用前景理论，结合行为心理学家大量实验研究发现：投资者在面对不同的决策环境实际的投资行为可能倾向于"非理性"。具体表现为在面对期望收益相同而风险不同的投资项目时，按照传统金融学理论假设，投资者更倾向于选择风险较低的投资项目，表现为风险厌恶。即使放宽完全理性假设，认为投资者风险厌恶程度较低甚至呈风险中性态度，最终的实验结果也应当以选择规避风险的投资项目为主。大量行为心理学实验结果表明当投资期望收益为正时，投资者更愿意接受确定收益，而不愿意接受不确定收益，表现为风险厌恶，实验结果符合传统金融学理论假设；然而当期望收益为负时，多数投资者不愿意接受确定的损失，更愿意接受潜在的不确定损失，表现为风险偏好，即"非理

性"，实验结果与传统金融学理论相悖。

对股票投资风险的内涵，准确的表述是：由于对未来的不确定性，而产生投入本金和预期收入损失或减少的可能性。

购买股票是一种具有高收益率的投资方式，又是一种复杂而又充满风险的金融活动。购买股票既可能给投资者带来丰厚的收益，也可能使投资者遭受各种损失，甚至要承担倾家荡产的风险，这是每个股票投资者在进行股票买卖之前必须牢固树立的基本观念。

投资者应该对风险进行正确的认识：在制定决策时，应权衡利益和风险，选择自己所能承担风险范围内的投资方案；树立正确的投资观念，通过不断学习来储备自己的理论知识及投资技巧，不断分析以提高自己的把控能力，不断总结以提升自己的决策能力。投资者还应该树立起维护自身投资权益的意识，特别是国内的中小投资者。

个人投资者可以根据自身的状况选择不同的投资策略，以期获得更好的收益。如采取反向投资策略，对于过去表现较差的股票进行买入行为，而对过去表现较好的股票进行卖出行为；采取动量投资策略，在进行交易操作前，对股票的收益和交易量进行值的设定，当股票收益或者股票收益及股票交易量同时满足设定值时，就对股票买入或者卖出；采取成本平均策略，按照投资计划，以不同价格分批次对同一种股票进行买进或者卖出，来达到对成本进行分摊的效果；采取时间分散策略，延长投资的期限，随着对某个产品投资期限的延长，市场的风险会逐渐降低，且资产具有更强的抗压能力。

一般来说，当新增个人投资者增长率上升时，会给股票市场带来大量新的资金，增加对股票的需求，这时对股票的需求往往大于供给，就会推动股票市场的上涨；而股票市场的上涨容易出现赚钱的示范效应，这样又会吸引更多的个人投资者加入股票市场中，增加市场资金的供给，推动股票市场的进一步上涨，形成正反馈效应。相反，当新增个人投资者增长率下降时，就会使新增资金供给减少，如果股票市场的资金供给小于需求，就可能会导致股票市场的下跌。

当市场主力对股票市场的未来看好时，往往会买进股票，提高股票持仓率，增加对股票的需求，这样有利于股票市场的上涨；而当市场主力对股票市场的未来悲观时，往往会卖出股票，降低股票持仓率，减少对股票的需求，容易造成股票市场的下跌。在中国股票市场中，虽然个人投资者数量众多，但资金过于分散，无法形成合力，难以主导市场的方向；而机构投资者虽然数量少，但资金量巨大，并拥有信息、技术、人才等方面的优势，因此成为市场主力，决定股票市场的运行方向。个人投资者往往具有"追涨杀跌"的特点，当股票市场已经上涨一段时间之后，个人投资者才开始买进股票、增加仓位，而此时机构投资者往往由于获利丰厚而卖出股票，导致股票市场的下跌；反之，当股票市场已经下跌很多时，个人投资者才开始卖出股票、降低仓位，而机构投资者往往开始逢低买进而导致股票市场的上涨。

（二）股票投资收益与风险对称

收益与风险是股票投资的中心问题，其他各种问题都是围绕这个中心而展开。如果投资者既想要本金绝对安全，又要收益丰厚且确定，那是不切实际的幻想。投资者承担一份风险，往往会有一定收益作为补偿，风险越大，补偿越高。所以，收益必须以风险为代价，两者成正比例地相互交换。以公式表示：

收益率 = 无风险利率 + 风险补偿

收益率的高低对于各个投资者而言，根据其对收益与风险的态度不同而有所差别：有些人要求收益高一点；有些人可接受低一点的收益，即不愿承担过大的风险。无风险利率的意思是：把钱投在某种对象上可以得到一定的利息，而不附有任何风险。现在我们假定银行存款的定期利率为6%（剔除掉通货膨胀因素），那么6%即为无风险利率，风险补偿则是根据风险的大小增加的额外收益率。这样，收益与风险成正比。即收益越大，风险也随之越大。

在股票的买卖交易中，为了尽量回避各种买卖风险，以获得最大的投资收益，投资者必须对股票投资的风险与收益的对称关系有充分认识，以便综合权衡其利弊得失，最合理地运用投资资金，达到风险小、收益高的投资目标。同时，根据股票投资策略，采取可行的投资方式，高度警惕和避开股市中的陷阱，将股票投资的风险降到最低，以获得尽可能多的投资收益。

（三）投资风险的控制——简单地说就是及时果断地平仓止损

1. 止损的重要性

对于证券投资者来说，止损的重要性，无论怎样强调都不为过。证券投资，说白了就是所投资股票价格的涨与跌，与真正意义上的赌博不同是：对于股价涨跌概率的大小，投资者通过认真地研究和分析，能够做出理性的判断。既然投资是在赌一种可能性的大小，那么风险就会永远存在。一个投资者的成功不取决于判断的对错，甚至也不取决于买入对错次数的多少，而是取决于买对时赚了多少和买错时赔了多少。市场中有句名言叫作"截断亏损，让利润奔跑"，止损是其中极为重要的一环。这里面既包括对仓位本金的止损，也包括对账面利润的止损。

止损就像汽车的制动装置，而投资者就是司机。止损的原则，要求投资者在进行投资之前一定要设好止损点。禁止在没有设定止损点的情况下展开操作，就像一个车手驾驶没有制动装置的汽车一样，即使幸运地没有发生事故，这种做法也应该严格禁止。

止损有时叫割肉，很让人心痛的。有时还会发生在止损后股价稍做回档、重抬升势的事情。这里除了要减少止损情况的发生，更重要的是要正确地对待因为止损操作而出现的损失。另外，不要以为账面损失就不是实实在在的损失，无论是利润还是原始资本金，只要减少就是在发生着损失，不存在"不卖出就不亏损"的问题。

2. 止损位的设定

（1）首仓止损位。经过深思熟虑决定第一张买单的时候，首先应该明确的就是如果做错了，在什么位置认赔止损。一旦股价走势和投资者的预期有较大的出入，触发止损的底线，则坚决出局，锁死亏损。这个亏损的底线是对原始资本金的保护，它应该设在买进理由存在的基点上；也就是说，股价如果跌破这一点位，就意味着买入理由已经丧失，判断已经出错。而这一点位必须是明确无误的，不能有半点含糊不清。因此，一定要在股价走势图上找出支撑买进的明确基点，这个点就是止损点。

（2）不断向上移动的止损点。当股价走势按照预期不断向上发展时，止损点应该不断向上移动。一旦触发止损点，即可全部清仓，锁定利润。

对于盈利情况下止损点的设定和移动，要明确以下五个原则：

1）总仓位绝对不能由盈利盘变成亏损盘。

2）在总仓位盈利的情况下，允许最后一次加仓的部位出现亏损，允许股价出现正常回档，为利润的充分增长提供尽量宽松的条件。

3）止损点位随着增仓点位的上移而上移，最后一次加仓时该波次行情的起涨点就是当下所有仓位的止损点。

4）如果加仓的资金已经用完，而股价仍在一波接一波地上攻，止损点应该提升到最后一波次的起涨点处。

5）在相当大的升幅后，股价出现急速拉升，这时如果K线组合出现明显的头部特征，则可以实施紧贴式止损。

3. 止损的执行

严格执行止损，应该成为投资者铁的纪律。股市如战场，没有铁的纪律，没有执行纪律的铁一般的意志力，要想在股市中生存，可能性极小。因此，股价一旦触发止损位，就应该果断清仓出局，临盘操作断不可患得患失、犹豫不决。

除此之外，前面提到过，良好的心态是股市投资成功的关键，中小投资者面对的最大敌人其实是自己。中小投资者股票投资时往往都以投资开始，以投机失败结束。以下提供了几种类型的心理风险控制方法，以帮助中小投资者发现自己的缺点，不断加以克服，形成良好的心态和风险控制的习惯，以获得财富的增值。

（四）心理风险控制

（1）饥不择食型心态的风险控制。部分股民在发现牛市行情降临，股指大幅上涨时，手中却没有多少股票，由于担心失去机会，慌忙买进，结果不是买的股票有问题，就是买的时机出差错，有时甚至在强势股的阶段性预测位置介入，因而很难获利。

心理风险控制策略是：股市机会是无限的，资金是有限的，不要用有限的资金去搏无限的机会。

（2）追涨杀跌型心态的风险控制。这类股票的惯性思维比较严重，股价上涨的时候全力追涨，股价下跌的时候急忙割肉，使资金在反反复复中不断缩水。

心理风险的控制策略：要在不利的情况下看到市场的有利因素；在有利的情况下看到市场的不利因素。

（3）模仿基金型心态的风险控制。很多股民的资金不多，但操作手法却模仿基金，一个账户中有数十只股票，全面撒网、广种薄收，就算是有幸选中两只龙头股，但由于买的数量少，也很难获取较多收益。

心理风险控制策略：好好清理自己的账户，轻装上阵，与其做十件小概率的事件，不如集中精力做一件大概率的成功事件。

（4）熊市思维难改型心态的风险控制。在经历了熊市后，许多投资者已经被熊市"洗脑"，往往稍有获利就急忙卖出，然后指望着股价再重新跌回来，但等来的是股价一路上涨，自己却被远远甩在后面。

心理风险控制策略：多些牛市思维。

（5）卖涨留跌型心态的风险控制。行情走好时，投资者的持股中会有部分个股是获利的，有部分股票是仍然被套牢的。大多数投资者会选择将获利的股票卖出，将被套牢股票的继续持有，可结果他们往往发现，获利卖出的股票仍然继续上涨，而持有在手中的股票却仍然在低位徘徊。

心理风险控制策略：越是能涨的股票越是要持有，对于涨不动的股票要及早卖出，盘活资金，重新选择机会。

（五）投资组合风险控制的非理性误区

在投资者活动中，个人投资者常常表现出一些非理性行为。个人投资者的非理性行为之一是他们没有按照现代资产组合理论分散风险。

（1）投资者的资产组合中资产的数量远远低于分散风险所要求的数量，因此不足以分散风险。造成这种风险分散不足的原因是投资者过度乐观、过度自信。投资者在组合自己的股市投资时相信自己具有准确选择股票的能力；相信了解少数几个公司并投资于这些公司比分散投资更能降低自己投资的风险。因此他们相信自己可以通过选择少数几只股票并只投资于这些股票从而降低投资风险，并同时获得高于市场的回报。这导致投资者将投资集中在少数资产上。

（2）投资者在组合自己的投资资产时即使考虑了分散风险，也会表现出明显的幼稚性分散风险的倾向，即将投资资金在各种资产中平均分配。这种倾向是由两方面的心理因素导致的：第一，幼稚性平均分配资金可以帮助投资者减少未来的遗憾。在分配投资资产时，投资者有两种方法。一是依照 1/N 简单经验法则，在各种资产之间平均分配自己的投资资金；二是依据资产组合理论，通过大量的计算而组成一个效率组合。按方法二分配资金可能在未来给投资者带来很大的遗憾。这是因为如果投资者依据资产组合理论，通过大量的计算而将 70% 的资产投资于股市，而股市随后大幅度下跌，"事后聪明"会导致投资者相信自己本来就知道或者应该知道股市会下跌，本来就知道或者应该知道不该将那么多的资金投资于股市。更让投资者感到遗憾的是，本来就有一个简单、无须大量计算的分配资产的方法（即 1/N 经验法则），自己却放弃了这个简单的方法，并遭受了重大损失。第二，幼稚性分散风险符合人们的维持现状偏好。由于有界理性，人们在处理复杂问题时常常尽量将问题简化。在组成资产组合时，1/N 经验法则简单而直观，而资产组合理论要求进行大量的计算，因此投资者可能将 1/N 经验法则作为分配资金的当然方法或者自己的行为习惯。

（3）投资者以跨期投资法分散风险。投资者认为，随着投资期限的延长，股市的风险也就相应降低。投资者相信跨期投资能够分散风险，首先是因为他们错误地将小概率事件当作零概率事件，即相信股市长远投资者获得负回报的概率为零。跨期分散风险受欢迎的另一个原因可能是它可以帮助投资者推迟将账面上的损失转化为实际损失的时间。

（4）投资者在投资活动中表现出明显的本地偏好。投资者将绝大部分资金投资在自己所居住的国家的金融市场中，而且将大部分资金投资在自己任职的公司及公司总部距离自己居住地近的公司中。造成这种本地偏好的原因有三个：第一，投资者受到信息幻觉的影响，即他们错误地认为自己具有对国内公司、本地公司、自己任职的公司在信息上的优势；第二，投资者认为他们更熟悉国内公司、本地公司、自己任职的公司，因此这种熟悉性可能在某种程度上让他们更好地控制自己的投资；第三，投资者对自己过度乐观，因此他们认为自己国家的股市、自己公司的股票比其他国家股市、别的公司股票的风险更低且回报更高。

（5）投资者常常过于频繁地买入、卖出股票，而交易过量导致投资者的回报率下降。投资者过于频繁地交易是他们过度自信导致的。过度自信导致投资者认为自己对信息的处理比别人正确，认为自己能够比别人从公开的信息中发现更多、更有用的潜在信息。因此他们很可能会认为自己能够比别人更准确地预测市场的走向或者更准确地评估资产的价值，从而进行投机性交易。人们身上普遍存在的自我归功的心理偏向以及信息幻觉、控制幻觉等又强化了人们的过度自信倾向。

投资者在卖出股票的时候，常常是将已经获益的股票卖掉，而不是将亏损的股票卖出。这首先是因为投资者错误地相信，即使在很短的时间中，股市也会表现出回归平均值的特征，即股票价格在下跌之后会很快上涨。投资者对损失的厌恶也导致他们不愿将已经亏损的股票卖掉，从而避免将账面亏损转化为实际损失。在买入股票的时候，投资者买入的股票常常是那些足够引起他们注意的股票，这主要是因为人们对那些以直观、生动、形象、突出性方式表达出来的信息反应过度。

（6）在评估基金与基金管理者的业绩方面，投资者也常常表现出两个方面的偏差：一方面，他们相信某些基金管理者确实具有突出的投资能力，这些基金能够持续性地给他们带来良好的回报；另一方面，他们相信自己具有准确选择这些基金与基金管理者的能力。行为金融学理论认为，在评估基金与基金管理者业绩时，对偶然性的错误认识导致人们错误地认为基金的良好业绩是基金管理者具有突出的投资能力的表现。此外，在评估基金业绩时，投资者既没有考虑幸存者偏差现象，也没有对基金投资的风险和费用进行准确的评估。

思考练习题

一、名词解释

1. 大型股票
2. 成长股
3. 投机股
4. 蓝筹股

5. 可得性偏差

6. 锚定与调整

7. 确认偏差

8. 认知失调

9. 自我归因

二、简答题

1. 个人投资者为什么会有行为偏差？

2. 在涨势不终的多头市场和跌风难遏的空头市场中，你会采取什么样的投资策略？

3. 试列举几种个人投资者的投资心理误区（不少于三种）。

4. 过度自信有哪些影响因素？

5. 过度自信对个人投资者的投资会产生什么影响？

6. 投资三分法是指什么？如何利用投资三分法进行证券投资？

7. 按投资期限划分，股票投资可分为哪些方法？

8. 大型股票投资策略和中小型股票投资策略有什么区别？

9. 如何实施成长型股票的投资策略？

10. 股票投资组合的方法有哪些？

11. 新股发行和新股上市有哪些投资技巧？

12. 如何正确面对股票的投资风险？

三、论述题

1. 如何看待和利用股市中的消息？

2. 在变幻莫测的股市中，盈利与止损哪个更重要？

3. 股票分散投资的特点及其类别有哪些？

4. 如果你是一个股市新手，你会采取什么样的投资方法？

5. 默顿·米勒（Merton Miller）说："对于个人投资者来说，股票常常不仅是经济学模型中的一堆回报而已。个人投资者持有的每一个投资组合的背后都可能是一个关于家族企业、家庭争端、承受的遗产、离婚以及其他很多与资产组合理论基本上毫无关系的故事。在构建模型时，我们没有考虑这些故事并非是因为这些故事乏味，而是因为这些故事太有趣，可能导致我们将注意力从应该关注的主要问题上分散开。"如何理解与看待默顿·米勒的这段评论？

第三章 证券公司投资行为分析

学习目标

- 掌握机构投资者的概念及构成；
- 掌握各类机构投资者的特征与投资方式；
- 了解机构投资者的行为特征；
- 了解机构投资者发展中存在的问题及其对市场的影响；
- 掌握证券公司投资理念的不同分类以及证券公司投资理念的改变；
- 掌握资产配置投资策略和股票投资策略；
- 掌握证券公司的操作手法；
- 熟悉证券公司投资行为特征；
- 熟悉证券公司投资决策时的认知偏差；
- 了解证券公司证券投资行为的界定与行为规范；
- 了解证券公司证券投资行为的演变与趋势。

第一节 机构投资者概述

一、机构投资者的概念及构成

（一）机构投资者的概念

机构投资者从其经济组织的类型特征来看属于金融中介机构，具有聚集资金的金融功能。

从信息经济学的角度看，机构投资者是基于克服信息不全面及信息不对称的需要而产生的。相对于个人投资者来说，机构投资者获取信息和处理信息的能力更强。

从产业经济学的角度来看，机构投资者的产生是基于规模经济和规模效应的需要。规模经济可以降低投资者的平均成本，机构投资者的资金规模越大，越可以要求经纪商降低交易佣金费率；投资者分担雇佣专业的投资经理的昂贵费用，可以节省投资顾问费。同时，机构投资者的规模允许其投资大型的、不可分割的投资，或是通过多元化的投资提高投资组合的效益。

在发达国家，机构投资者一般包括商业银行、保险公司、养老基金、投资基金、证券公司、信托投资公司和各类公、民营企业。西方国家证券市场成熟，机构投资者已经取代了个人投资者的地位而占据主导优势。英国机构投资者所占市场份额已由 20 世纪 60 年代的 27.8% 上升到 80 年代的 63%；美国 20 世纪 50 年代末以来，机构投资者已持有美国公司股权的一半以上，并呈现日益增加的趋势。在我国，各类投资者中一般法人和专业机构的持股比例超过 70%（截至 2020 年末），如表 3-1 所示。

表 3-1　2020 年末各类投资者持股情况

投资者类别	持股市值（亿元）	占比（%）	持股账户数（万户）	占比（%）
自然人投资者	87042	22.93	4181.61	99.74
一般法人	212427	55.97	4.74	0.11
专业机构	67430	17.77	6.27	0.15
其中：投资基金	23171	6.1	0.45	0.01

资料来源：《上海证券交易所统计年鉴》（2021）。

由于中国实行银行、证券、保险、信托分业经营与管理，机构投资者在中国主要指信托投资公司、证券公司、企业集团财务公司、金融租赁公司、保险公司和证券投资基金、社会基金等非银行金融机构，以及国有企业、国有资产控股企业、上市公司三类企业。根据中国证券监督管理委员会（以下简称中国证监会）公布的数据，截至 2020 年底，境外投资者持有 A 股资产突破 3 万亿元，持股市值占比近 5%；境内专业机构持有 A 股流通市值合计 12.62 万亿元，持股市值占比 18.44%。

机构投资者与个人投资者有很大不同。对于个人投资者来说，其所有权和经营权是统一的，而机构投资者的所有权和经营权则是分开的，其中多了一层委托代理关系。显然，机构投资者是法人，是上市公司的大股东，但它远不只是上市公司的一般意义上的大股东，更不是个人投资者在数量上的简单汇集，而是基于委托代理契约意义上的有机组合，具有集合投资的特征。曾经一些临时进入市场的集团资金，许多是假借名义通过种种渠道流入的社会游资，其中多数的投资理念及行为均带有明显的短期特征，这些并非真正意义上的机构投资者。由于这些集团资金入市的目的主要是投机，因而一旦获利或稍有风吹草动，便会不顾一切地抛出手中筹码，自然会加剧整个市场的投机氛围和频繁动荡。左大勇和陆蓉（2013）指出：个人投资者看重基金上期简单收益率，但在基金当期业绩上个人资金流入均与基金业绩负相关。机构投资者不但注重基金历史业绩，更关心基金当期业绩，机构资金净流入与基金业绩正相关。

因此，机构投资者是一种社会化的集合投资者，由众多个人投资者的委托资金组成，是职业的、大型的专业投资机构，熟悉国家有关政治、经济政策与法规，经验丰富，实力雄厚，对市场稳定性的影响大。

当然，就机构投资者的特征来看，机构投资者呈现比较复杂的特性：一方面由于委托代理关系中激励的不相容导致代理人不能完全反映委托人的意志，另一方面由于个人投资向机构投资转化中涉及的经济法律制度安排以及机构本身的复杂性及其投资所涉及的经济法律与习惯的制度安排所致。

（二）机构投资者构成

中国主要机构投资者由以下六类组成：

1. 证券公司

证券公司是中国证券市场传统的机构投资者，是市场重要的投资主体。《中华人民共和国证券法》（以下简称《证券法》）实施后，国家对证券公司实行分类管理，允许综合类证券公司进入二级市场从事自营业务。国家还通过一系列政策措施，批准一些证券公司增资扩股，允许证券公司进入银行同业拆借市场，支持证券公司经审批扩大发行金融债券，筹集资金，制定证券公司以股票抵押向商业银行融资的办法。一批大型的、具有雄厚实力、有能力参与国际金融市场竞争的证券公司应运而生，成为市场中仅次于投资基金的第二大机构投资者。

2. 证券投资基金

证券投资基金是中国证券市场中最大的机构投资者。证券投资基金也是中国迄今为止规范化程度最高、资金实力最雄厚、投资理念最先进的机构投资者。

投资基金包括封闭式基金和开放式基金。

3. 合格境外机构投资者

合格境外机构投资者（Qualified Foreign Institutional Investor，QFII）是指经中国证券监督管理委员会（以下简称中国证监会）批准，使用来自境外的资金进行境内证券期货投资的境外机构投资者，包括境外基金管理公司、商业银行、保险公司、证券公司、期货公司、信托公司、政府投资机构、主权基金、养老基金、慈善基金、捐赠基金、国际组织等。

QFII制度的特点包括：

（1）直接投资形式：合格境外机构投资者可以直接投资于境内证券市场。

（2）资格条件严格：对境外投资机构的经营年限、经营资产规模、行业排名等有量化要求。

（3）余额管理：合格投资者取得证监会资格许可后，由外汇管理局进行备案和审批管理，投资额度有基础额度标准，超出基础额度的需申请批准。

（4）投资范围广泛：包括股票、债券、权证、证券投资基金等多种金融工具。

（5）鼓励中长期投资：对合格投资者的境内证券投资实行一定的比例限制，以引导其进行中长期投资。

QFII制度的实施使深沪市场上形成一个全新的热点板块，外资的投资组合会对其他投资者起到示范效应；引导国内证券市场的资金流动与国际市场的主流投资取向相接轨，增加深沪证券市场的国际联动性，其波动性和活跃度都会受到影响。

QFII制度通过改变国内A股市场的投资者结构对二级市场产生影响。QFII制度对投资者结构的改变不仅在于数量和类型的变化，更为重要的是各类投资者力量的对比情况发生了变化。

QFII会首选熟悉的行业和公司作为投资目标，而外资并购板块会因为外资股东的加盟而增强对QFII的吸引力，有着知名跨国公司参股的国内上市公司最有可能成为QFII长期投资的目标群体。

4. 合格境内机构投资者

QDII制度由中国香港特别行政区相关部门最早提出，与预托证券（CDR）、QFII一样，是在外汇管制下内地资本市场对外开放的权宜之计，以容许在资本项目未完全开放的情况下，国内投资者往海外资本市场进行投资。

QDII意味着中国资本市场终于开始稳妥地对外开放，允许内地居民外汇投资境外资本市场。

5. 保险类机构

保险公司是新的、具有巨大投资潜力的机构投资者。保险公司进入证券市场是推动中国市场经济稳定和健康发展的重要举措，它不仅为保险企业拓宽了投资渠道，提高了保险企业的盈利能力。

6. 各类企业法人

由于国家从未对民营企业做过明确限制，所以民营企业是中国证券市场较早的机构投资者之一。现在国家放开了国有企业投资股票市场的限制，允许国有企业认购总股本在4亿元以上的大型企业发行的新股；允许国有企业、国有资产控股企业和上市公司进入股票二级市场买卖股票；允许企业法人通过新股配售成为上市公司的战略投资者。国有企业入市既扩大了企业的投资渠道，又增强了公司对资产综合经营的管理能力；既有利于盘活国有资产存量，也有利于稳定股票二级市场。

二、机构投资者行为特征概述

（一）机构投资者行为的一般特征分析

1. 遵循一定的投资理念和富有凝聚力的企业文化

在经济全球化时代，企业之间的竞争越来越表现为理念和文化的竞争，企业投资理念和文化是确定企业生存和发展的基础。机构投资者有的在市场激烈的竞争中不断发展壮大，也有的被兼并或淘汰，生存下来的逐步形成了自己独特的投资理念和富有凝聚力的公司文化。引导公司发展战略的目标只有一个，即实现最大的增长，在增长中实现相关各方的价值。

2. 资产配置的差异化和全球化

差异化和全球化不仅是分散风险的手段，更是创造业务增长的关键。机构投资者资产组合的地区分布反映了国际化资本流动的大量增长，养老基金拥有最多部分的国外资产，保险公司则地区多样化比例最低。尽管近几年来在新兴市场的投资一直在增加，来自工业化国家的机构投资者的国际资产还是倾向集中于工业化国家的证券。

无论是根据资产类型决定主要的资产组合框架的战略水平，还是具体证券选择的战术水平，其决定都不能独立于当时的环境。投资机构化趋势增强导致机构投资者采取不同的投资行为，使机构投资者在考虑风险和回报的同时，刺激资产配置差异最大化，田澍等（2012）指出，以证券投资基金为代表的机构投资者偏好净损失成本较低的个股，同时关注股票所在地域的经济发展水平和行业特征。基金更偏好规模较大、流动性较好、历史业绩好、盈利能力强、波动性较低、股权较为分散的上市公司。

3. 个性化的投资策略

机构投资者的投资策略主要分为积极管理模式和消极管理模式：在20世纪80年代以前，人们普遍相信市场有选股高手和把握时机高手，相信他们能够取得超常的投资收益，因此积极管理模式一直是传统上的主流。但在20世纪80年代后期，消极管理模式越来越受到重视。两者的区别在于投资组合是如何组建的，前者的投资组合是为了取得高于指数的收益，通过市场时机、热点转换、个股选择来增加收益，后者的投资组合只是简单地复制指数。后来又出现了混合管理模式，其关键是有选择地承担风险，在某些领域通过技术操作可以获得额外收益；而在另外一些领域，使用投资组合进行消极管理模式。

4. 卓有成效的风险管理

在成熟的证券市场中，各种金融工具应有尽有，但风险种类也特别多，防范风险是机构投资者至关重要的任务。一旦发生风险，轻则伤筋动骨，重则有灭顶之灾。机构投资者都高度重视风险防范，设有严密的风险管理组织，并已经从20世纪80年代的定性风险管理发展到现在比较完美的定量风险管理，加上现代化的信息管理技术，形成了组织严密并能适时对风险进行监控的综合风险管理和控制模型。

5. 机构投资者的羊群行为

随着机构化已经成为进一步扩大和加深证券市场的一部分，市场的态度从盲目追求高回报向防范规避风险转变，这在机构投资者的资产分布决定中得到了体现，特别是个体行为的偏好和看法的差异加大能够直接在资产配置决定中得到体现。共同基金和独立的养老基金资产管理人尽量集中单一类型的资产组合，在选择证券时一般遵循特定的投资原则，通常指投资风格。通过在不同风格的管理人之间划分基金，机构投资者将资产分为不同类型，而投资顾问通过恰当的基准监管来评价管理人的业绩，因此投资风格的区分是投资者和投资顾问交流的有效工具。

（二）机构投资者的市场特征

机构投资者通过契约关系接受个人投资者的委托，获取个人投资者的资金进行投资。一方面具有一般投资者寻求收益最大化的特征；另一方面又涉及委托代理问题，受监管法律法规制约，行为约束较强、较全面。同时，这种委托代理关系是建立在契约基础上的市场选择行为，没有良好市场特征和市场禀赋的受托主体，其代理主体的角色便失去了持续性，直到被市场淘汰。随着市场的发展，委托代理中的信息交易对称度越高，对那些不具有良好特征及秉性的市场主体就淘汰得越快。因而，监管法规的约束和市场的自然选择，使机构投资者呈现如下市场特征：

1. 诚信

从金融资产的买卖到投票权的代理，各国监管法规都要求机构投资者要尽最大努力对其委托人负责，对由不可抗力所造成的失信或损失要做出诚实、明确、合理的解释，特别是要求机构投资者不得利用其受托人的权利及委托人的资产谋取私利，在涉及受益人利益的交易和决策中不能掺杂仅出于机构投资者私人利益的考虑。如果违规经营，要受到法规的制裁。

2. 谨慎

机构投资者在管理委托人财产时要像对待自己的财产那样尽心尽力，甚至要比管理自己的财产更慎重。投资要考虑多重困难，根据分散化投资原则进行证券组合的构成，保证投资的流动性、合理性收益；如果不令委托人满意，就要遭受市场的淘汰。

3. 勤勉

机构投资者在业务上要不断创新，及时设计更多、更方便的交易品种来满足委托人的需要；要保证受托资产有一个较高的、合理的收益水平；不能放过任何一个增加委托人财富的机会，不能享受过高的薪酬，不能间接损害基金公司股东和个人投资者的利益。

（三）机构投资者的经济特征

从机构投资者的经济特征看，无论是契约型机构（如保险公司和养老基金），还是公司型基金（如证券投资基金），机构投资者都是一个金融中介服务机构，能够极大地降低信息交易成本，有效规避交易风险。相比个人投资者，机构投资者的优点如下：

1. 信息成本较低

信息是保证投资成功的前提，收集加工信息是需要花费成本的，而且需要相当的经验和专业知识及技能。这对于一个普通投资者而言，很难做到。而机构投资者有着较高的专业素质和多年的投资经验，能够提供进行交易所需要的所有信息服务，而且信息成本的分担更加容易和合理。

2. 风险分散合理

个人投资者的资产规模太小，一般难以通过合理的投资组合来规避风险，其投资收入也基本上依赖于单个或若干个公司的正常运转。而机构投资者一般都采用组合投资的方式，投资于各行业的不同企业。这种分散化的投资策略可以大大降低单个行业或单个企业的非系统性风险，能够有效规避"把所有鸡蛋放在一个篮子里"的风险。同时，机构投资更易于及时发现、调整和转换风险，并更快地在投资活动中运用新的风险规避工具。

3. 规模效益较高

机构投资者规模效益较高，且随着规模的扩大边际成本递减，使机构投资者更易达到较优的投资规模。相比较而言，个人投资则因规模小而使集合投资的规模优势难以达到。此外，个人投资者谈判和签订合同、监督和管制合约履行需要花费时间和金钱，而机构投资的出现使众多的个人交易为机构交易所替代，个人投资者可以将这些工作交由机构投资者去完成，从而大大节约成本。

4. 监督力量较强

个人投资者大多无力承担交易后高昂的监督成本，除了"用脚投票"以外，很难直接介入公司控制权。但是机构投资者介入公司治理结构的事例时有发生，这是机构投资者监督公司管理层的主要策略。由于监督成本可列入机构运营成本，具有重复操作的技能优势，使机构投资者更有机会，也更有能力介入公司的管理。

按采取的投资策略不同，将机构投资者划分为主动型和被动型。主动型机构投资者积极参与企业日常经营管理，并且愿意利用自身资源为持股企业提供技术、资金支持，为获取长期利益而督促企业创新活动的开展。被动型机构投资者倾向于投资分散化，常常复制市场指数，不积极寻求超额收益，采取消极投资的方式获取市场平均收益。相较于被动型机构投资者，主动型机构投资者持股对于企业的经营发展有着更好的监督作用。

5. 对交易信息的掌握更加准确

机构投资者往往能够对国家经济发展的大环境、整个证券市场发展的形势、上市公司的各种消息进行详细而深刻的分析，因而他们掌握的信息也比较全面，并能够在此基础上进行科学的市场交易。对个人投资者而言，买卖股票仅作为一种副业，不可能将主要精力都花在这上面；面对市场上大量的不确定性信息，一般个人投资者无法筛选出有效信息，也无法优化投资决策，不得不承受巨大的投资风险；由于信息不对称，难以自行判断和决策，从而采取与他人趋同的投资行为。

（四）机构投资者的交易需求特征

一般个人投资者对市场交易品种及交易制度创新的需求是不强烈的，而机构投资者为了实现对委托人的承诺，以较低的风险获取较高的收益，对证券市场交易制度的安排有强烈的需求。

1. 对投资品种的需求较强较高

机构投资者要求市场能够提供丰富的交易工具，除股票、证券、资产证券化等工具外，还需要基于避险和其他投资策略所要求的金融衍生工具。从中国证券市场看，交易工具的缺少将对机构投资者的培育和发展形成制约。

2. 对交易成本非常敏感

交易规模的扩大使成本因素比较突出，尤其是市场执行成本。执行成本相当于证券的执行价格与如果没有这笔交易市场可能出现的价格之间的差额。由于中国证券市场中较活跃的大多是流通股中规模不大的股票，执行成本较西方成熟资本市场要高，这在一定程度上抑制了机构投资者的发展。

3. 对市场的流动性要求较高

市场流动性通过四个方面来衡量：市场宽度，是指证券竞买与竞卖价格的差距；市场深度，是指买卖申报的数量规模；及时性，是指完成交易的时间；弹性，是指在大笔交易被市场吸收后价格恢复到原来的程度所需要的时间。市场流动性对机构投资者的发展有重要作用，而机构投资者的发展也将促进市场流动性的改善。

4. 对交易机制的创新需求较强

机构投资者的交易策略比较复杂，要求市场提供相应的交易机制，包括多种类型的交易指令、信用交易测度和做市商制度。目前，中国证券市场交易指令单一，信用交易还没有较好发展，做市商制度尚未健全，交易机制的不完善对机构投资者的多样化投资策略产生了不利影响。

（五）中国机构投资者存在的问题

目前中国证券市场发展处于初始阶段，机构投资者的地位并未得到充分肯定，致使机构投资者的成熟度和其在市场中的作用受到了很大限制。问题表现在以下七个方面：

1. 机构投资者地位不明，业务开展受限

长期以来，中国的机构投资者在一种非主流、受挤压的金融空间中艰难生存，有的没有合法身份，有的没有必要的融资渠道。例如，有的证券公司和银行脱钩后，自有资金严重缺乏，对外融资又无合法渠道，为维持生存，有些证券公司铤而走险，挪用客户保证金，变相拆借资金或吸收存款等。而由于这些资金的短期性、非合法性和高成本，必然导致其市场行为非规范化和短期化，且存在较大信用风险。

2. 机构投资者数量少、规模小，结构有缺陷

中国证券市场的机构投资者主要是证券投资基金、证券公司、信托投资公司、私募基金和三类企业；而具有长期投资倾向的保险基金、养老基金被解禁入市的时间并不长。因入市时间晚，数量少，市场影响力小，尚难以起到稳定市场的作用。

3. 部分机构投资者内部管理不规范，行为约束缺失

由于中国整个证券市场投机气氛浓厚，监管体制尚不完善，有些机构投资者凭借资金充足、信息灵通、跑道畅通等条件操纵市场；有的机构投资者做国债期货大规模超出持仓限额，不缴保证金购买期货合约，大比例透支；还有的上市公司回购本公司股票，或炒高本公司股票价格，从中获利。

4. 机构投资者表现出较强的投机性

（1）股票交易换手率高，大大高于成熟市场的水平。高换手率表明投资者持有股票的时间普遍较短，缺少长期投资的投资理念。

（2）操纵市场现象仍然存在。在我国的股市中，"坐庄"现象至今仍然存在，一些机构投资者或个人大户，依靠资金优势和信息优势，操纵一些股票的股价。

（3）高市盈率。如果将中国股市的市盈率指标与新兴市场之间做一个横向对比，我们可以发现，中国股票市场的市盈率明显偏高，股票市场系统风险已经处在了比较高的区间。

（4）羊群行为。从投资者群体行为角度来分析，中国股市投资者存在显著的羊群行为偏差。行业集中趋势和个股集中趋势正是中国股票市场机构投资者存在羊群行为的一种外在表现。虽然某些行业和个股是各个证券投资基金精心研究后挑选的结果，但是如果大家都盲目从众追逐市场热点，就会导致市场的羊群行为，不仅不能起到稳定市场的作用，反而会加剧市场的波动性，加大市场投机行为的出现（张伟，2009）。

5. 机构投资者表现出明显的抱团现象

投资者之间存在信息共享和同步行动，从而形成抱团现象，带来了市场极端波动。在我国金融市场中，机构投资者的抱团行为屡见不鲜。而且，在抱团瓦解的时候，机构的集体出逃将导致持股的股票出现急剧下跌的踩踏现象。

导致机构投资者抱团的原因在于：机构投资者倾向于识别业绩增速最高的行业板

块，并逐渐将持仓调整到该板块中。由于更多的资金投入这一板块，导致了该板块对其他具有定期业绩考核和排名压力的机构投资者的吸引力提升，从而导致了众多机构投资者在同一板块集中持股。

6.机构投资者可能会增加股票市场价格的波动

在我国以散户为主的股票市场中，机构投资者的价值投资行为和投机炒作行为可能同时存在：某类机构投资者持股体现了其对公司价值信息的追求，却不一定意味着其在股票交易过程中放弃通过投机炒作行为获利；我国市场中数量庞大的散户投资者也为机构投资者炒作热点的行为提供了现实基础，即使某一类机构投资者打算进行价值投资，并且有能力进行价值投资，其通过在交易过程中加入热点炒作，给不知情的散户交易者提供炒作信息，增加股票市场的波动，以此来掩盖其真实的交易动机，使其掌握的价值信息缓慢融入股价中，降低持股成本。结果可能是机构投资者持股体现了其对股票价值信息的挖掘，并且促进了股票价值信息在股票价格当中反映；但其持股与交易行为却并不一定能够提高股票市场的稳定性，反而可能会增加股票市场价格波动。

在机构投资者获取到价值信息后，简单的买入或卖出行为会暴露其意图，诱发市场中数量庞大的散户投资者"搭便车"行为，使股票价格向其拥有价值信息方向靠拢，增加其持股成本。而通过制造信息、选择性信息发布等热点炒作行为，机构投资者可以隐藏其交易动机，降低交易成本，在获得更高收益的同时制造和加剧市场波动。此时，虽然机构投资者持股体现其价值追求，从结果上看也促使价值信息反映到股价中，但在制造热点的过程中却并未起到降低股价波动的作用。

（六）机构投资者对中国证券市场的影响

中国的机构投资者除了具有稳定市场、拓展市场的作用之外，还有一些特殊作用。在中国证券市场发展的独特背景条件和市场状况下，机构投资者的介入将对证券市场发展产生深远的影响。

1.引导大众投资理念逐渐走向成熟

机构投资者通常选择绩优和高成长公司作为投资对象。例如，证券投资基金为了能够维持较高基金单位资产净值，经理人必须选择高质量的证券进行投资并持有，不少证券投资基金重仓持有的股票都有出色的表现。

由于投资基金的持仓信息是公开的，这就为一般投资者提供了"搭便车"的机会。于是，基金的选股意向、资金理念及资金动向，会对市场产生越来越大的影响。机构投资者崇尚绩优和高成长的投资理念将会影响投资大众，引导资金向优势产业、新兴产业、高技术产业和朝阳产业集结，广大投资者将因此走向理性和成熟。这是市场稳定健康发展的群众基础。

2.促进公司提高经营管理效率

机构投资者持有股份的目的之一是以股东的控制权来监督经营者。机构投资者持股量的上升使他们有更多的机会在公司治理中扮演重要角色。

相对于临时型机构投资者，高持股稳定型机构投资者作为专注型机构投资者，对公司管理层和大股东的监督动机更强、效果更佳。

3. 有利于推动金融创新

中国证券市场虽然发展历史较短，但发展速度很快。在证券市场迅速发展过程中，机构投资者会充当金融创新的"急先锋"。机构投资者多元化的投资组合管理需求，会推动证券市场的品种不断创新；机构投资者出于规避投资风险的需求，会推动新兴的交易方式产生；机构投资者作为证券市场主要的中介机构在服务品种和服务技术上的革新，将会丰富市场的内容，提高市场的效率。

4. 有助于发挥监督功能

与个人投资者相比，机构投资者具备持股数量较多、规模较大和掌握信息优势等特征。机构投资者的利益往往与公司业绩联系在一起，所以机构投资者本身就具有强烈的动机和一定的能力去管理和监督公司的经营行为，提高企业的绩效。

与没有机构投资者持股的公司相比，有机构投资者持股的公司很少会发生关联方资金占用事件。当机构投资者持股数量越多，关联方资金占用概率发生的可能性就越低；产生此种情况的原因是机构投资者持股比例越高，就越能行使表决权，使企业的金字塔股权结构得到改善，从根源上降低大股东实施掏空行为的概率。只有在机构投资者准备长期持有公司股份且持股比例越高时，在公司治理过程中才会进行监督，因此要鼓励企业积极引入机构投资者。当机构投资者积极参股企业获得投票权后，能够发挥监督功能，在公司治理过程中监督大股东的行为，从而达到抑制大股东的掏空行为的目的。

三、机构投资者与散户投资者的行为特征比较

（一）交易行为

机构投资者与中小投资者在交易活跃度方面存在比较显著的差异：机构投资者资金巨大，投资趋于理性；散户资金量较小，买卖频繁，资产交易非常活跃。

机构投资者是相对个人投资者而言的金融机构，这种职业化、社会化的团体和机构将个人和非金融机构的资金，包括用自有资金以及通过各种金融工具所筹集的资金投资于金融市场的债券性或股权性工具。他们或是积极投身于证券组合管理，或是积极投身于所投资公司的管理，一般包括养老基金、保险公司、开放式基金、封闭式基金、投资银行、商业银行、证券公司、合格境外机构投资者等。同个人投资者用账户自己管理资金进行投资截然不同，机构投资者对于动员零星储蓄向投资转化、优化公司治理、发挥证券市场的社会功能和正常运作都起着举足轻重的作用；而个人投资者是以自然人身份参与股票买卖的投资者，资金较少，基本上没有单独影响股票价格的能力。严格来讲，机构投资者和个人投资者最根本的差别应该是看投资者是否拥有某种程度的对于证券价格的影响力以及通过对市场中交易主体的信息分布、信念形成等所拥有的影响力。拥有市场影响力的投资者就可以被看作是机构投资者，否则认为是个人投资者。

（二）投资方法和投资周期

从投资方法来看，机构投资者与散户投资者在使用的投资分析方法和投资周期方面差异不明显。尽管不同的交易客户存在着资金数量上的差异，但是他们采用的投资分析方法却没有显著的差别，基本面分析和技术分析是几乎所有投资者普遍使用的两种分析方法。这从一个侧面反映出：投资者对股票的价格判断都是以上市公司本身的基本面为基础，结合二级市场的价格变动情况来决定的。

从投资周期来看，各类客户群体都没有显示出具有显著规律性的投资周期。投资者都是根据各自的风险偏好程度、利润目标、基本面和技术分析情况等来决定投资对象和投资时机的。

（三）投资理性程度

大户、中户、小户、散户在进行投资决策时的考虑因素是基本相同的，所有的投资者均首先考虑收益性，其次考虑风险性，最后考虑证券的流动性。

相对于小投资者，大资金客户在投资时较为理性和冷静，不盲目追求高收益，而是追求在一定风险水平下获取最大的收益。

机构投资者与个人投资者均以短线操作获利为主。在不考虑管理层对股票进行政府干预的情况下，可以用不完全信息动态博弈理论来分析验证机构投资者与个人投资者的动机、市场交易行为。由于机构投资者是理性"经济人"，其资金来源大部分是通过负债筹集而来，时间有限、成本较高，因此机构投资者获利的欲望和胃口比个人投资者大，机构投资者利用与个人投资者之间的信息不对称，操纵股价牟取暴利，谋求自身利益的最大化。个人投资者在股票买卖过程中，只能被动地接受市场价格，对于哄抬、打压股价的坐庄行为，需要在综合分析宏观经济形势、上市公司业绩和市盈率的基础上，进行理性投资分析，再考虑是否可以跟进，不要盲目跟风；在对各股的操作中，应谨慎果断，选择好抛出获利的时机，见好就收，防止被套。

（四）信息收集成本和资金实力

相对于普通投资者而言，机构投资者具有明显的优势。实际上，因为搜集信息的成本几乎是固定的，资金量越多，则分摊到单位资金上的信息成本就越低，因此普通投资者实际上非常缺乏主动搜集信息的激励；另外，机构投资者与普通投资者在资金实力上有着巨大的差别，投资基金等机构投资者能够将分散的小额资金集成为大规模的投资基金，具有高度的规模效应，在这一点上机构投资者与中小投资者有着本质的区别。

机构投资者能够承担对上市公司详细调研的费用，并且拥有改善其他股票基本面信息的经验，所以可以准确估计出调研和改善基本面信息所需要的成本。而普通投资者既没有这种经验，也承担不起调研费用，所以不能准确估计出机构投资者调研和改善股票基本面信息的成本。机构投资者和散户在对"机构投资者调研和改善股票基本面信息的成本"这一问题的认识上，存在着信息不对称。

正因为市场信息不对称，一方面，机构投资者凭借其资源优势，有能力发现上市公司股票的内在价值，增持价值被低估的、有发展前景的公司的股票，获取价值投资收益。另一方面，机构投资者凭借资金实力，可以在持有一定数量的某只股票后，采用资产重组、关联交易等方式，提高股票业绩、制造炒作题材，改善股票的基本面信息，从而获取投机收益。股票基本面信息的调研与改善，将通过市盈率的放大作用和投资者心理预期的变化，最终反映为投资者所认可的股价水平；如果此时股价的上升超过了大盘上升的幅度，并且这种上升给机构投资者带来的收益大于机构投资者调研和改善股票基本面信息的成本，机构投资者就获取了超额收益。而散户不具备调研股票基本面信息的条件和改善股票基本面信息的能力，只能是股票基本面信息和市场价格的被动接受者。

（五）委托—代理关系

投资者和基金经理的关系是一种典型的委托—代理关系，理想的基金结构应将投资者目标与基金经理的激励联系起来，否则基金经理可能会降低努力程度，从而导致投资者收益的降低。个人投资者并不存在这类问题。

四、证券公司与中小投资者之间的博弈

在多期不完全信息动态博弈过程中，机构投资者往往占有某只股票很大的份额，对中小投资者的情况了如指掌，而中小投资者则只能根据市场表现来判断庄家的情况。加之机构投资者往往与上市公司关系密切，掌握着上市公司的内幕消息，甚至上市公司还经常发布有利于机构的信息；机构投资者往往还收买媒体或股评人士发布虚假但对其有利的信息。因而机构投资者掌握着中小投资者没有的信息。

机构投资者情绪在中等水平上会正确预测股票市场收益，然而个体投资者情绪预测方向一般错误。在过度乐观/悲观的噪声投资者驱动市场股价远离内在价值的假设下，个体投资者情绪往往对市场发展进行负向预测。当机构投资者预期个体投资者将变得更加乐观/悲观时，机构投资者会相反变得更加悲观/乐观。

机构投资者通过"坐庄"手法操纵股价，使众多中小投资者的利益受损，导致对机构投资者的信任度下降，这又反过来导致市场上短期行为增多，形成了机构坐庄、中小投资者亏损、失去对机构的信任、短期炒作这样一种恶性循环。对于中小投资者而言，跟庄好比在走钢丝，含有赌博的成分，是一种非理性的选择；对于机构而言，坐庄不是长久之计，需要调整其行为偏差，回归理性投资。

第二节　证券公司投资行为特征

散户主导型一直是中国证券市场投资行为的典型特征，但占开户总数 0.45% 的机构投资者却持有流通总市值 20%~30% 的上市证券，主导证券市场的发展走势。其中，证券公司（即券商）作为国内最重要的机构投资者之一，其投资行为的演变对证券市场的发展具有重要影响。

一、证券公司投资行为的界定与规范

证券公司的证券投资，是指证券公司以自己的名义用自有资金或依法筹集的资金以及接受客户委托，在证券市场买卖证券，获得证券买卖价差的投资行为。

证券公司是中国最早参与股票市场的机构投资者，目前其自营和资产管理等业务的规模在证券市场上仅次于投资基金，对证券市场的影响可谓举足轻重；证券公司作为证券市场的中介机构和重要的参与者，在资金、信息和交易成本上拥有个人投资者无法比拟的优势，容易通过本身的投资行为影响证券市场的供求关系，进而影响股价和市场行情。因此，证券公司的投资行为一直是市场中其他投资主体的关注对象。

目前证券公司自营和委托管理业务、投资银行（投行）业务、经纪业务已形成三足鼎立之势，其中证券自营利润以及资产委托收益已成为证券公司的重要利润来源，约占证券公司利润来源的40%~60%。

证券公司是一个国家金融体系的重要组成部分，也是证券市场中重要的中介机构、证券市场的主要参与者；证券公司不仅承担了证券代理发行、证券自营买卖、资产管理及证券投资咨询等重要职能，还是连接证券市场资金供求双方的桥梁和纽带，对于实现资源有效配置和促进产业集中发挥着重要作用。

目前，规范证券公司自营与资产管理的法律、法规及规章制度主要有《证券法》《证券经营机构证券自营业务管理办法》《中国证券监督管理委员会关于严禁操纵证券市场行为的通知》《中华人民共和国信托法》以及《中华人民共和国刑法》中的相关条款，其中对自营业务及资产委托管理的资格认定、行为规范、风险防范、违规处罚等方面均有较为明确的规定。主要体现在以下五点：

1. 证券公司自营资格的认定

根据1998年12月颁布的《证券法》，中国证券公司按业务范围划分为综合类证券公司和经纪类证券公司。

综合类证券公司要求注册资本最低限额为5亿元，净资本不少于2亿元。其业务范围包括：代理证券买卖、代理证券的还本付息和分红派息、证券代保管、代理登记开户、证券的自营买卖、证券的承销、证券投资咨询、受托资产管理和中国证监会批准的其他业务。除非获得中国证监会的批准，证券公司一般不得从事B股的自营买卖。

经纪类证券公司要求注册资本最低限额为5000万元，净资产不少于2000万元。其业务范围包括：证券的代理买卖、代理证券的还本付息和分红派息、证券代保管和签证、代理登记开户等。从《证券法》可见，在中国能够开展自营和受托资产管理等投资业务的证券公司局限于注册资本额在5亿元以上的综合类证券公司。

综合类证券公司有2000万元以上净资产、1000万元以上净资本，并具备中国证监会要求的专业人员与设备条件，公司成立半年以上。

2. 证券公司资产委托管理资格的认定

综合类证券公司有2亿元以上的净资本，具备中国证监会要求的专业人员与设备条件。

3. 证券公司投资业务的行为规范

要求禁止内幕交易、禁止操纵市场、禁止欺诈客户。

4. 自营业务的风险控制

证券公司负债总额与净资产之比不得超过 10∶1；从事证券自营业务，其流动性资产占净资产的比例不得低于 50%；持有的权益类证券按成本价计算的总金额不得超过其净资产的 80%；持有一种非国债类证券按成本价计算的总金额不得超过净资产的 20%；买入任一上市公司股票按当日收盘价计算的总市值不得超过该上市公司已流通股票总市值的 20%；当自营业务出现盈利时，每月按盈利 5% 提取买卖损失准备金，直至累计总额达到其净资本的 5% 为止，该准备金只能用于弥补证券自营买卖损失。

5. 其他行为规范性要求

上市公司或其关联公司持有证券经营机构 10% 以上的股份时，该证券经营机构不得自营买卖该上市公司的股票；证券经营机构从事证券自营业务，应将买进或卖出的证券逐笔交由证券交易所指定的登记清算机构办理交割，不得以当日卖出或买进的同种证券抵充。

二、证券公司投资行为演变

投资行为的选择与实行与当时的投资环境密切相关。1990 年至今，随着中国证券市场的稳健发展，在市场监管体系日趋完善、以基金为代表的机构投资者的比重不断增加、证券公司对自身风险管理的认识不断提高，以及证券公司对证券投资管理的原则日趋健康的背景下，证券公司的投资行为正在逐步走向成熟。

在证券市场发展初期，证券公司证券投资和实业投资两大业务并存，以房地产投资为主的实业投资规模较大，实业投资是防范证券经营业务风险的主要选择。随着证券市场的发展和业务范围的限定，证券公司的投资逐渐收缩到证券投资业务上来，形成以自营证券投资与资产管理为核心，以风险投资等为创新方向的投资格局。

证券公司的证券投资行为主要经历了以下四个阶段：

第一阶段是"一级与一级半市场原始投资"，主要出现在 1993 年以前，当时证券市场刚起步，只有数只上市证券的二级市场，常出现齐涨齐跌的现象实为必然。

第二阶段通过单纯技术分析来发掘个股进行证券投资，该阶段（1994~1995 年）技术分析之风盛行，证券公司参与一级半市场受到限制，且市场呈现"牛短熊长"的格局；此阶段随着上市证券的增加，市场炒作行为呈现"轮炒个股"的特征。

第三阶段的主要特征是以做庄为主。这一阶段从 1996 年开始，至今仍被部分证券公司采用。从 1993 年开始的长达三年的熊市中，技术分析取得的业绩实在不令证券公司满意，目前部分实力很强的证券公司在当时的熊市末期已面临倒闭。政府为活跃市场，施加了一系列的政策引导，当时证券市场的容量较小，加之证券公司以做庄为主的投资行为，使股市成为数千万人淘金的场所，漫漫熊市也发生了根本性逆转，做庄成为证券公司证券投资的最主要行为。"没有庄家的股票不活跃，没有庄家的市场无生机"是当时证券市场的名言；与其说投资者在投资股票，不如说在投资"庄家"，实际上这种观点的影响力在目前也并未被市场所肃清。此阶段，疯狂短炒、题材炒作是重要的市场特征。

目前，部分中小证券公司由于历史因素以及追逐暴利的惯性等，仍在坚持做庄的观念；而随着暴利时代的结束、投资者的日益成熟、相关政策法规的进一步完善与执法监管的加强，中小证券公司做庄的风险也会越来越大。

第四阶段从 2000 年开始，证券公司的证券投资开始注重组合投资、价值发现与价值再造。随着证券市场的发展，市场趋向平稳有序，暴利机会正在消失。《证券法》于 1999 年 7 月 1 日开始实施，大证券公司开始调整证券投资理念，重新定位金融投资业务的方向。多数大证券公司已不再将自营定位于做庄，而是在组合投资、价值发现与价值再造上大做文章，在组合投资上，证券公司将拟投资的上市证券定位于"价值发现"上，对部分上市公司进行较大动作的资产重组，来"再造价值"，制造投资机会。

但从目前证券公司投资行为看，普遍存在规模较小、经营业务品种单一、盈利模式趋同、内幕交易等问题，投资行为还有待规范。

从我国证券公司发展的趋势来看，要顺应数字经济发展的需要，证券公司当前正致力于向数字化转型的过渡时期。中国人民银行发布《金融科技发展规划（2022—2025 年）》，强调要高质量推进金融数字化转型，健全适应数字经济发展的现代金融体系。中国证监会发布《证券期货业科技发展"十四五"规划》，为新发展阶段证券行业数字化转型发展提供了纲领性指南，并明确了证券公司数字化转型的指导思想、工作原则及重点方向。

以 5G 和移动互联网、元宇宙、大数据、云计算、人工智能、区块链等为代表的金融科技蓬勃发展，与证券行业的改革深化相互交叠、相互促进。新冠疫情常态化防控要求、线上服务与线下服务融合趋势为证券行业金融科技与数字化水平提升带来新机遇。当前数字化转型已经成为证券公司发展创新的核心驱动力，推进数字化转型成为证券公司共识之举。

专注于财富管理和零售客户服务体系的中小券商，可以在数字化渠道、产品、投顾服务，以及数字化运营和买方投顾数字化体系方面重点发力，聚焦一些特定客群构建业内领先或者独具特色的数字化财富管理服务；专注于机构客户服务体系的中小券商，可以将机构交易、销售服务数字化优势最大化，打造极致、稳定的交易速度和处理性能，建设高效的投研能力输出方式，做好线上机构服务渠道建设，满足部分细分机构客群的需要，并逐步拓展到综合化机构服务。

中小券商可以优先从能够提升零售和机构客户服务水平和客户体验、满足客户获得感，以及能够对业务和管理产生实实在在的科技赋能效果的方向入手打造数字化亮点，如移动 APP 客户旅程分析和优化、一站式投顾全服务平台打造、数据驱动的客户画像、产品画像和精准营销体系建设、差异化内容服务、数字化合规风控体系构建、数字员工智能运营拓展、经营管理驾驶舱服务公司决策等。

专栏3-1 　新股"三高"利益链导致破发成常态

　　发行人与保荐人意图以更高的价格发行新股，除了满足相关项目的融资需求之外，毫无疑问，发行人希望获得更多的超募资金，保荐人希望获取更多的保荐费用，这是"三高"发行的症结所在。要截断其中的利益链条，应该正确处理超募资金问题。比如，如果新股发行时产生超募资金，监管层可规定发行人必须用超募的部分在二级市场上回购股票，并实施注销。如此，当新股破发时，这部分资金对于稳定股价无形中可以起到很大的作用，不仅保护了中签者的利益，也保护了发行人自身的利益。而发行人与保荐机构高价发行的冲动必然会受到抑制，并能进一步对新股发行价格产生影响。

　　对报价入围的询价机构而言，规定配售时按照其实际报价进行配售，报高价者高价配售，报低价者低价配售，其加权均价作为网上发行价格。在将询价机构的利益与新股发行价格挂钩后，询价机构的报价必然更加谨慎，新股"三高"发行的局面无疑会得到缓解。

——引自《财经评论》2011 年 1 月刊

三、证券公司操作手法

　　证券公司在一定的投资理念和投资策略的指导下，并考虑自身资金实力与资金来源等特点，会采取不同的操作方法。以下总结了八种典型的证券公司操作手法。

（一）中、短线迅速拉升，速战速决

　　考虑到成交量创收、代客理财资金、资金短缺等因素，反映到主力运作的手法上来，证券公司主力往往是以放大量拉升股价为标志，以中短线波段操作为手段，以求速战速决。其运作特点为平时不动，一动就不惜成本；连续涨升，一次到位，途中伴随较大的成交量。

（二）利用朦胧消息，短炒个股

　　该操作手法以短线为主，配合消息面进行拉升。

专栏3-2 　利用朦胧消息操作

　　2007 年 7 月 17 日，市场传言淮北国资委及飞亚股份大股东安徽飞亚纺织集团将要对公司进行资产重组。18 日，天一证券解放南路营业部联合兄弟营业部银河证券和义路营业部在开盘就将该股拉至涨停。

（三）厚积薄发，好戏在后头

　　该操作手法的特点是：主力往往只在异动股的交易数据里出现一次，第二天，其介入的异动股就会迅速回归平静，偃旗息鼓。平静一段时间后再发动主升浪行情。

专栏3-3　厚积薄发操作手法

　　2007 年 7 月 25 日，广聚能源涨幅达到 9%，国信证券深圳泰然九路名列其中。然而，正当人们以为大资金介入广聚能源，广聚能源即将演绎上攻行情时，该股却回归平静，走势平坦，于是大部分跟风资金认为没有希望，将资金撤出。一直蛰伏到 2007 年 8 月 3 日，广聚能源才开始真正发力，连续数日涨停，让人措手不及。

（四）潜伏吸筹，把握第二波行情

　　该操作手法的特点是：对于消息类个股，一般在第一波拉升行情中不会崭露头角，因为第一波行情往往属于知道消息提前布局的资金。待提前布局的主力拉高出货后，股价通常会回落 30%~50%，此时再开始渐渐吸筹；吸筹完毕，静静等待股价跌到一定程度，再突然出手将这只股票连续拉几个涨停，甚至超越前期的高点。

　　相较于拉升的凶猛与快速，出货时要有耐心，出货平稳，一般不会出现连续跌停的恶庄行径。采用此种手法，过程中需要足够的耐心。而对于一般散户交易者来说，跟随这种资金会相对安全许多。

专栏3-4　潜伏吸筹

　　光大证券上海张杨路营业部个性鲜明，主力素来以操作手法凶悍、喜好连续涨停而著称。该营业部对于葛洲坝介入的反应是：在第一波行情暂不介入，待主力拉高出货后，悄悄吸筹，然后待股票跌到一定程度后突然将其拉升，导致葛洲坝第四波行情，通常此时就可以在当日的成交数据买入席位看到光大证券张杨路营业部，这代表了光大证券张杨路营业部已经吸筹完毕，开始表演了；之后数日，该股通常会连续涨停，光大证券张杨路营业部就会频频见诸交易排行榜，然后再慢慢出货。

（五）快进快出，两天一个来回

　　这是一种典型的短炒手法，对于个股的炒作可以短到几乎在一天完成。采用这种方法的主力名字经常同时出现在某只股票买入和卖出的席位中。凡是某只股票的买入席位中出现该种方法主力的名字，那么大多数情况下一周内卖出席位中一定会再次出现；与此相对应的是，股价也会被打回原形。其间过程中，买入席位中出现该种方法主力名字的个股当天股价会在盘中某一时刻被突然拉起，甚至拉到涨停，但第二天的涨势就不会被继续延续，让跟进的散户深陷其中。

（六）偏爱二线蓝筹股

　　有些营业部资金充裕，素来偏好大盘股，完全不同于其他游资营业部喜好小盘股的特点。大资金往往是推动股价上涨的原动力，因此被营业部关照的大盘股一般都会有良好的表现。

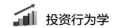

专栏 3-5	二线蓝筹股简介

　　蓝筹股是指具有稳定的盈余记录、能定期分派较优厚的股息、被公认为业绩优良的公司的普通股票，又称为"绩优股"。蓝筹股指长期稳定增长的、大型的、传统工业股及金融股，此类上市公司的特点是有着优良的业绩、收益稳定、股本规模大、红利优厚、股价走势稳健、市场形象良好。

　　国外证券市场对蓝筹股的定义如下：蓝筹股是指在相当长一段时间内（10~15年，甚至更长）企业经营业绩优秀而稳定，并每年给股东有稳定的回报。假设投资者长期持有该公司股票，每年均有高于银行利息一倍以上的收益。

　　股票成为蓝筹股的基本支持条件有：

　　（1）萧条时期，公司能够制订出保证公司发展的计划与措施；

　　（2）繁荣时期，公司能发挥最大能力创造利润；

　　（3）通胀时期，公司实际盈余能保持不变或有所增加。

　　超级航母或行业龙头就算一线蓝筹股。像工行、中行、联通、宝钢等这些都属于一线蓝筹股，几个亿或十几个亿业绩优良可称二线蓝筹股。二线蓝筹股，一般是指流通股本在 5 亿元左右，年报业绩在每股 0.50 元以上，市盈率有些还不到 20 倍，却有上升空间。

（七）凶悍出货，不计成本

　　此种操作手法极为凶悍，机构投资者一旦想要出货，公司就会表现出强烈的出货意愿，会在毫无征兆的情况下连续抛出大单，丝毫不考虑交易成本。这类券商行为缺乏理性，说明公司缺乏合理的风险控制机制。

专栏 3-6	凶悍出货

　　大唐发电于 2007 年 6 月 5 日开始从 21 元一直涨到 6 月 20 日的 45 元。2007年 6 月 21 日起主力开始拉货，大唐发电在停盘一小时后即被大单毫无征兆地压至跌停，后被抢筹资金拉起，但主力出货意愿强烈，再度被打至跌停。当日卖出席位中，国信证券北京东路营业部名列第一，之后数日大唐发电仍旧跌停。

（八）研究报告推波助澜

　　研究部门及其人员制作和发布的证券研究报告，一定程度上受公司其他部门和人员及证券发行人、上市公司、基金管理公司等利益相关方的干涉和影响；存在公司为其关联方、利益相关方、特定客户等谋取利益的倾向。

四、证券公司投资行为特征

　　中国证券公司的投资行为可根据鲜明的特点分为两个阶段：

第一阶段：2001 年以前，证券公司的投资理念和盈利模式表现为"集中投资、长线持有、借助题材、持续拉升"，投资行为以坐庄为主要特征。

第二阶段：由于中国的股票市场没有做空机制，单边的交易规则使股市上涨的时候交易者盈利，而股市一旦下跌，交易者盈利减少或亏损。在熊市中证券公司经营艰难，根本无法通过持续拉升的庄股思维来盈利。如果证券公司仍固守以前的庄股思维和投资手法，就会大大增加自营业务的风险，因为坐庄会使股票的流动性大为降低，一旦市场持续回落，庄家就会面临"欲售无门"的尴尬境地。

面对严峻的生存困境，中国证券公司开始调整自己的投资思路，证券公司的盈利模式和行为特征有了新的变化，主要表现在以下三个方面：

1. 证券公司对投资业务盈利性敏感，交叉持股现象较少

证券公司作为中国最早的机构投资者，一直保持着相对独立的局面。证券公司之间的投资合作很少，而合作成功的更是少之又少。证券公司拥有各自的自营盘而缺乏合理互助仍是过去庄股思维的一种延续，但这又是由证券公司投资业务的现实背景决定的。在中国，综合类证券公司的资金是由自营和委托理财两部分所组成的，并以自营盘为主，因此证券公司对投资的盈利性要求较高，加上单纯追求高控盘拉升股价的操作手法仍未完全摒弃；这些特点共同决定了证券公司分别持有不同的重仓股，借助题材炒作更容易获得暴利，而划定各自的投资领域也是彼此博弈的结果。

2. 证券投资方向渐渐与基金重叠，转向价值投资

尽管证券公司在操作策略上与基金有所不同，所选择的股票在盘子上明显小于基金，但证券公司的投资方向已经向价值投资转变，不再单纯集中持有逐渐成为新的操作理念。

随着这种理念的深入以及持股重合度越来越高，投资组合趋同化的倾向不断增强，存在着演变成羊群效应的隐患。

从市场发展的逻辑来看，以科技创新和产业升级为导向的实体经济发展极大地推动了直接融资规模的扩大和效率的提升。在大数据、云计算、人工智能为代表的数字化时代，传统行业的数字化改造工程以及以不同产业联姻为特征的混合并购带来的效率倍增尤其值得期待。腾讯和阿里巴巴对中金公司的入主，为传统金融机构直接注入了互联网基因，全面助推中金公司数字化转型，特别是"互联网＋"战略在各业务条线的快速实施。类似的互联网公司与证券公司之间的交叉持股、共同建立创新业务平台都将成为未来行业整合的重要方式。

面对混业经营及移动互联时代的全面到来，传统券商向互联网融合成为大势所趋。新的市场博弈正在颠覆原有的竞争规则，互联网生态圈或将取代传统金融的价值链条。

3. 证券公司持仓流动性弱，对新信息反映不足

作为庄股时代遗留下的问题，证券公司对某些股票的持仓量很大，流动性很弱。

在证券公司的投资理念中，"补涨"是一个被广泛认同的概念，即在一次行情中，如果某些股票没有上涨，那么它们就具有"补涨"的潜力。没涨的股票要无条件"补涨"，没跌要无条件"补跌"，这就造成股市"齐涨共跌"的局面。"补涨"现象其实是一种脱离了基本价值的交易现象，这也反映了证券公司投资行为中对于新信息反应不

足，不能及时正确地调整对未来收益的预期，而证券公司持仓流动性的问题又加重了反应不足的后果。

第三节　证券公司投资过程中的投资理念及投资行为偏差

一、证券公司的投资理念

证券公司的投资理念主要分为以下两种类型：

（一）投机炒作型

2001 年以前，证券公司的投资理念可概括为"集中投资、长线持有、借助题材、持续拉升"，就是典型的坐庄投机型。

（二）价值投资型

从 2001 年开始，证券公司投资理念开始转向价值投资理念，具体可概括为"组合投资、价值发现与价值再造"。

二、证券公司投资行为偏差

证券公司投资行为所表现的认知偏差主要集中在以下五个方面：

（一）过度自信

从投资行为的特征来看，证券公司在庄股时代对自己的能力确信无疑而频繁交易；而在市场环境改变之后，某些证券公司对自己的能力依然深信不疑而继续采用坐庄的投资模式，从而忽略了整体的市场环境，高估了私人信息的准确性和股价控制能力，是典型的过度自信表现。

在市场进入循环熊市之后，证券公司所表现出的风险低估和反应不足等投资行为均体现出了它的过度自信。

证券公司的过度自信在交易中表现为：低估风险而持有较高风险的投资组合；对基础信息做出错误定价，从而造成股票市价远离其基础价值；对自身的能力确信无疑，交易频繁；对于股价变化的相关信息反应不足而买入过去的赢者组合。

（二）保守性偏差

不能即时根据变化了的情况修正自己的预测，造成投资者对新信息的反应不充分，认为股票收益的变化只是一种暂时现象；不能根据收益的变化充分调整对未来收益的预期，当后来的实际收益与先前的预期不符时，机构投资者才进行调整，导致反应不足。证券公司"齐涨共跌"的投资理念在一定程度上体现出它的保守性偏差。

（三）思维定势

思维定势是在长期的投资行为中形成的，会影响投资者的判断和决策，从某种意义上来说，思维定势也是保守性偏差的一个原因。

思维定势在选股上表现为对特定股票先入为主的偏见。满仓时，心理上便不自觉地乐于接受和相信市场上的利好消息，或者将一些中性的信息都理解为利好；而对市场上的利空消息视而不见，导致主观上的判断和直接的操作失误。

思维定势在市场行情判断方面表现为：证券公司的投资决策者过于相信自己对于市场行情的判断力，常常固执己见，导致难以避免的认知偏差，特别是陷入过度自信的心理陷阱。

专栏3-7　索罗斯的投资原则

1. 突破被扭曲的观念：人类的认识存在缺陷，金融投资的核心就是要围绕那些存在的缺陷和扭曲的认识做文章。

2. 市场预期：未来价格的走势是由当前的买入或卖出行为所决定的，当投资者观察金融市场时，预期的作用举足轻重。

3. 投资于不稳定态："盛衰"给市场的发展提供了机遇，因为它使市场总是处于流动和不稳定的状态。

4. 发掘过度反应的市场：投资成功的关键就是认清市场开始对自身的发展势头产生了推动力的一刻。

5. 市场价格全盘由市场参与者的偏见决定：偏见不仅作用于市场价格，而且还影响到所谓的基本面，进而又影响到价格的波动。

6. 预测趋势：索罗斯总是在寻找市场里的行情突变，寻找可能出现的自我推进的效应，一旦自我推进的机制开始生效，市场价格就会出现戏剧性的上扬。索罗斯的技巧在于先于其他人确认这种突变行情。

7. 对冲保值：索罗斯的成功之道是因为他选择了正确的场合，这个场合就是对冲基金，其盈利是众多投资工具中最高的。

8. 选取最佳与最差：索罗斯从事宏观分析，研究国际政治、全球各国货币政策和通货膨胀、货币以及利率的变化等重大因素进行研究，找出其中最优秀的一家和最差的一家进行投资，根本不要考虑进行该行业中的其他投资。

（四）贪婪心理

贪婪是人类本性中的一大弱点，也是影响投资者心理平衡的一个重要因素。在股票市场上，证券公司同样受贪婪的诱惑。证券公司的投资中常出现过分看好某只股票，集中资金优势炒作个股，在买进之后定下目标价位，不达到这个价位决不抛出，导致错失良机。在贪婪心理的支配下，投资者往往会采取更多冒险的决策，草率的决策必然带来灾难性的后果。

（五）恐惧心理

恐惧心理常常混合着其他一些否定性的情绪，如愤恨、敌意、愤怒、报复心理等，有可能形成一定的破坏力。在股票市场上，恐惧心理的表现就是对遭受损失的恐惧，即损失厌恶的心态。证券公司在股市熊市时期，自营业务惨遭重创，恐惧心理明显占据了主导地位，对待投资业务非常谨慎。

证券公司恐惧心理在市场中的另一种表现就是对踏空的恐惧，这种现象常常发生在股票价格大幅上扬之后，担心错失投资机会，此时如果没有采取投资行为便会产生错失感；当踏空的恐惧较为强烈时，投资者会不顾一切投入。

专栏3-8　机构投资者投资心态

　　1. 当买入某只股票时，机构投资者首先要测算这只股票值不值现在市场的交易价格：也就是要测算股票是便宜，还是适中，或是贵了。这是一个机构投资者的基本素质所形成的投资心态。机构投资者依据估值方法，在不同的市场条件下对股票的价值作出合理的估价，能买到物有所值的股票。

　　2. 机构投资者应具有逆向看待股市走势的心态。大资金的建仓、出货需要一段时间，出货需要散户积极买入股票的市场环境，这逐步培养了机构投资者逆向思维的心态。另外，从股市走势的规律来讲，股市上涨见顶的时候，往往为大部分投资者狂热的时候，机构投资者则往往多一分冷静；股市下跌见底的时候，大部分投资者往往情绪低落，不敢投资。机构投资者往往在这时积极投资。

　　机构投资者的投资心态来自长期的专业训练，来自对股市规律的认识和对投资技巧的掌握。但是，机构投资者也不可能不犯错误：如一贯坚持价值投资理念的投资大师巴菲特，在美国网络股快速上涨的阶段就是不投资这类股票；但到2000年网络股最后的疯狂时也坚持不住自己的理念，在纳斯达克指数最高的时候追了网络股，成为投资界的一大笑话。

第四节　证券公司投资策略与风险控制

一、资产配置的投资策略和股票投资策略

不同证券公司经过多年的市场锤炼，形成了各具特色的选股理念和原则。

在资产配置策略方面，证券公司由于受资金来源有限、资金运用时间较短等因素的制约，一般不会采用长期持有策略，除非是被股票深度套牢，无法出局。证券公司一般都是短期炒作，将资金配置于能短期获利的各类题材股票。

在资金组合方面，证券公司一般不会采用多元化的组合策略，而是将资金集中于有限的几只股票，强调短期炒作，短期获利。

在股票投资策略方面，证券公司一般不会采纳消极的股票投资策略，如买入并持有策略和指数投资策略；也不会以纯粹的技术分析作为操作依据。一般会基于基本面分析为主，综合价值策略、市场中立多空策略、市场异常策略等作为选股原则。

对于上市证券公司，可以通过尝试拓展中长期的融资渠道以获取稳定的资金来源。在监管层政策逐步放宽的新形势下，上市券商期望抓住行业创新的机遇，加快转型发展的脚步，逐步创建多元化的业务平台及新的服务模式，以取得公司收入的稳定增长。这无疑需要对公司的各项业务增加投入。

通过发行中长期债券，一方面能够使上市券商取得稳定的资金来源，增强资本实力，另一方面也有利于改善上市券商的资产负债结构，减少财务风险。各家上市券商经过多年的发展，已经在 A 股上市，从而树立了一定的信誉口碑，具备发行中长期债券的基本条件。若能通过中长期债券发行募集资金，上市券商的流动负债占负债总额的比例会大幅下降。同时，将资产负债率保持在一定的范围内。依靠负债融资，提升财务杠杆比例，提高资产负债管理水平和资金运行效率及公司的盈利水平，有利于上市证券公司的中长期资金需求的配置和战略目标的实现。上市券商应在保证经纪、投行类传统业务发展的同时，积极拓宽资产和投资类创新业务、调整主营业务收入结构，实现在不同市场风格中的稳步发展。

二、证券公司的投资策略

1998 年以前，中国的证券市场基本上由证券公司独步天下，它的操作理念成为市场追逐的主流和热点。

1998 年投资基金产生后，此种结构被打破，投资基金与证券公司龙虎相争。在新的市场形势下，双方各自采取了扬长避短的措施。

投资基金倡导的投资理念已成为市场主流。证券公司主导的重组行情往往起到过渡和掩护的作用；加上民营企业和私募基金主导的行情，在证券市场上形成三足鼎立的格局。

证券公司对证券市场的投资早期主要是利用资金、信息等优势做庄，以获取超额利润，具有浓厚的操纵市场、多维度的投机色彩。随着市场环境、法律环境、监管环境的变化，做庄风险越来越大，做庄模式受到挑战，组合投资、价值投资开始受到重视。

证券公司通过持续调整持仓结构，减持绩差庄股和被动持有高控盘概念股，持股数量继续减少，持股集中度有所增强。

与投资基金比较，证券公司具有以下优势：

第一，机制比较灵活。

第二，证券公司产品结构比较广泛，如上市推荐、新股承销、配股包销、增发新股等融资行为，缩短了证券公司与上市公司之间的距离，为证券公司和上市公司亲密的接触创造了客观条件。

第三，证券公司开展代客理财、自营业务等，客观上为证券公司坐庄行为打开了方便之门。

第四，证券公司组织结构上设有投资银行，可以利用和上市公司比较亲密的业务关系，通过投资银行去为上市公司做项目，挖掘新的利润增长点，创造丰富的题材和符合市场炒点的炒作概念。

第五，为 ST 类上市公司做方案，进行资产重组。证券公司拥有自有资产和利润，可以将资产和利润移植给 ST 类上市公司进行资产重组，从而在二级市场上获得更高的收益。

基于上述优势，证券公司投资策略具有以下特点：

1. 基金持股重而稳定，证券公司持股轻而多变

从基金和证券公司持有的占上市公司流通股 5% 以上的股票数量来看，基金重仓持有的股票数量保持相对稳定，证券公司重仓持有的股票数量变化相对较大。证券公司在股市景气期间持有的上市公司（占流通股 5% 以上）的股票相对较少，而在行情比较低迷的时候持有的上市公司的股票相对较多。

大部分基金的投资思路相同，奉行价值投资理念，它们往往会共同看好一只股票并长期持有。当几只基金共同投资一家上市公司后，基金持有的该上市公司的流通股占总流通股的比重就明显增加；证券公司的投资思维却不同，一般证券公司很少愿意持有别人的重仓股，除非两家证券公司进行一定的合作，所以证券公司持有的股票占股票流通股的比重相对较低。这显示证券公司投资以中短期为主，有比较强烈的炒作意识和坐庄心理。

2. 基金持股与证券公司持股结构存在差异

基金积极挖掘主流板块的投资价值，持有主流板块比重大；证券公司持有主流板块比重小，投资更偏好小盘股和重组股。

在持股风格上，基金重仓股是绩优大盘股，证券公司重仓股是绩优小盘股。基金持有的重仓股的平均值大于证券公司持有的重仓股的平均值。

基金持股结构保持相对稳定，证券公司持股结构变化较大，甚至在短期内就会发生很大的漂移。这说明证券公司操作风格没有定势，既是证券公司机制灵活的体现，也是投资行为不成熟的标志。

三、证券公司投资行为的违规表现

（一）证券公司市场操纵行为分析

1. 证券公司凭借资金实力，在股票交易中占据垄断地位

相对于个人投资者而言，证券公司等机构投资者群体拥有雄厚的资本，投资管理先进，能够进行各种专业化的组合投资，并且在运作过程中和众多金融机构达成了业务关系，拥有广泛的筹资渠道，可以调动长期资金。而中小投资者虽然有了长足的发展，数量众多，但是单个资本拥有量根本无法和证券公司抗衡，加之普遍存在"搭便车"心理，联合行动的成本非常高，因此在交易中处于劣势。因此，证券公司就拥有市场操纵的有利时机，只要所持资本足够大，就可以通过大量购入某一只股票，垄断该股票的供给。

2. 中小投资者在股票内在价值分析方面的局限性提高了市场操纵者的价格歧视能力

从理论上说，股票的价格应该围绕公司股票的内在价值波动，股票的价值是上市公司未来预期收益的资本化现值。而预期收益是一个非常虚的概念，很难判断，即使对其大致的判断也需要有关公司经营管理、投资决策、风险控制以及行业背景、市场状况等方面的大量专业知识，这显然非一般中小投资者所能具备。面对上市公司信息的不断披露以及没有信息披露而出现的股价频繁波动，广大中小投资者只能根据上市公司的盈利预测、前景分析等较虚的信息，甚至真假参半的市场传闻对股价走向做出自己的预测；而市场作为一个整体，对于软信息口的反应却和其他所有信息做出的反应大致一样，即以股票价格模糊地反映出市场所有软信息。这样，股票价格的波动则给市场垄断者以充分的价格歧视能力。

3. 市场上的信息不对称使中小投资者处于完全不利的境地

相对于中小投资者所掌握的股票数量来说，中小投资者不愿意为得到完全信息付出大量的信息成本，其信息成本同收益是不成比例的；而且由于信息商品的外部性特征，获取信息的成本不可能通过市场机制获得补偿，这就使中小投资者在技术分析、公司基本面情况、行业前景方面所掌握的信息明显不足；另外，市场操纵者不仅有动力，而且有能力获取大量的信息，可以掌握有关上市公司的充分信息，甚至可以依据自己强大的经济实力去左右上市公司，制造消息，有效克服信息的不对称。这就使中小投资者处于完全不利的境地。

4. 中国证券交易所采用的交易制度是以指令驱动为特征的电子自动对盘系统，指令驱动机制具有直接性的特点，在某种程度上帮助了市场操纵行为区分不同偏好的中小投资者

因为在指令驱动的作价机制下，中小投资者根据对股票收益和风险的不同预期，遵照价格优先、时间优先的股票交易规则，接受不同的市场价格，购买不同数量的股票。在这一过程中，中小投资者暴露了不同的偏好特征。在市场操纵行为完成股票买卖的过程中，大量的中小投资者被套牢，高位转售的可能性很小，加上股票转售高昂的交易费用，这就事实上造成了股票转售的困难，完全满足了价格歧视的实现条件。

（二）证券公司的内幕交易与违规炒作行为分析

随着我国证券市场监察力度的加大，近年来我国内幕交易违规案件不断减少，但这并不说明我国内幕交易的案件就消失了；主要是因为内幕交易的方式多样化，隐蔽性增强，证据很难获得。根据我国司法，由监管部门来负责举证内幕交易，在很大程度上加大了监管的难度。而在美国法律中，对于内幕人做出了认定，只要在公司发布对股价有影响的消息之前买入股票，除非内幕人可以证明自己没有获知该消息，否则均认定为内幕交易。

（三）证券公司经营过程中的治理风险分析

从形式上看，我国大多数证券公司已经建立了完整的公司治理结构。然而，治理风险成为我国证券公司的最大风险，我国证券公司存在大量的股东相容性风险，大股东对公司存在着控制和操纵行为。目前我国的证券公司中，国有股作为第一大股东，

处于相对集中和控股地位，把持或操纵公司；中小股东和大股东的利益不相容，引发一系列控股股东控制问题的治理风险。

四、证券公司投资行为偏差的原因分析

从证券公司投资业务的现实背景可以发现，证券公司的投资行为是由公司领导层或投资部的负责人来决定的，在某种程度上可以认定为是具有专业背景的投资者的个人意志，因此证券公司投资中依然体现出一些个人投资者的心理特征，主要表现在定势心理、贪婪心理、先入为主、偏见等方面。

（一）定势心理

定势心理在心理学中被定义为由于过去的经验作用，人们在心理和行为上出现的固定倾向，它是人们在不知不觉中形成的一种非常自然的现象。另外，人的本性中具有将痛苦过滤掉的记忆特征，也就是说人们更趋向于记住快乐的事情。

在证券投资中，投资者往往对某一类股票情有独钟，或是偏好于某种操作，即便在市场情形发生变化的情况下，投资者往往依然使用原先的一套做法。Hirshleifer 等（2019）发现证券分析师发表的预测越多，分析师越有可能通过羊群行为发表一致性预测，即自我羊群。自我羊群指分析师更有可能再次发表自己对公司以前预测结果的评论。

事实上，科学的投资理念即使在成功投资后也需要不断加以改进。投资者的投资策略与行为偏好往往受到原来的心理定势影响，因为在投资成功后他们会认为决策得到了市场的检验而放松，降低警觉性。

一般来说，成功的经历强化了投资者认为"自己是正确的"的信念，在新的市场形势下较难做到及时对信息做出反应而存在反应不足的情况。近年来，证券公司重仓股受到了严重挑战，整体上来看，证券公司的重仓股普遍因滞涨和领跌成为行情中的另类，直接威胁到其生存，证券公司的投资理念与运作模式因此备受市场争议。

（二）贪婪心理

在股票市场上，价格波动非常迅速，因而对那些过分自信并且试图在短期内获取大利的投资者来说极具诱惑力。一旦投资者为这种快速致富的欲念（贪婪心理）所支配，便容易失掉客观性。

在证券公司的投资中也常常会出现过分看好某只股票，或在"集中资金优势、炒作目标个股"思想的指导下，在买进之后定下目标价位，不达到这个价位决不抛出等情况，因此错失良机。

在市场中，贪婪心理一般有两种情形：在上升市况中，投资者购买了一只待涨的股票，而后果然一涨再涨，这时，人们内心的贪欲也会随之膨胀，总是希望在下一次更高的价位再脱手；与此相反，在下跌市况中，随着价格的下挫，人们的信心也遭受打击，打算购买的欲望大为降低，常常会期望出现更低的价格再购买，结果却是屡屡错失良机。

贪婪常常会使一项本来成功的投资变为失败。投资者在经历了成功的交易之后，

势必沉浸在无法主观制约的心理愉悦中；在这种心理支配之下，投资者常常会采取更多冒险的决策。而市场总是会不断地寻找投资者所拥有的那些脆弱点，这些草率的活动必然带来灾难性的后果。证券公司所持的重仓股受到市场系统风险的影响较大，大部分的重仓股难以抵挡市场整体价值中枢下移的压力，加之该板块本身就良莠不齐，对系统性风险的抵抗力相对较弱。如果在这种系统风险的压力下，投资者不能及时调整贪婪心理，很容易在市场中失利。

（三）先入为主

先入为主就是我们通常所说的成见或主观性，表现在思维上，就是人们大脑中最先形成的思想观念对人和物的印象看法都主导着对事物、人的思考和判断。

表现在股票投资中，即当满仓时，投资者心理上便不自觉地乐于接受和相信市场上的利好消息，或者将一些中性的信息都理解为利好，对市场上的利空消息视而不见、充耳不闻。当空仓时，情况则相反。

证券公司往往从自己的利害得失出发，而对市场走势产生了主观上的期望，这种先入为主的期望阻碍了投资者对市场进行客观冷静的分析，进而导致操作失误。这也是专业投资咨询分析人员不能买卖股票的原因所在，能达到"手中有股，心中无股"境界的毕竟还是少数。有经验的投资人大都有过这样的体验：一个成功的投资决策往往是决策时内心感到很不舒服的决策。投资决策过程经常就是一个选择过程。在多种可供选择的方案中，总有一个让投资者最难受的方案；在大多数情况下，这个方案往往事后证明是最成功的方案。

（四）偏见

偏见是一种对事物的固执看法，主要是源于投资者过于相信自己对市场行情的判断。这在证券公司等机构投资者的专业化投资中较为普遍，投资主体可能因此而陷入过度自信的心理陷阱。偏见的产生在一定程度上可以用基本归因偏差进行解释。

归因是指人们对于事物有所预见，对于自己和周围世界有一个相对固定、前后一致的看法，但通常会产生基本归因偏差，即人们在对个人行为进行分析时，常夸大个人特性的作用，而贬低外部情况的影响；对不良行为的原因进行分析时却恰恰相反。

投资者对于未来的预测也会受到个人专业背景、经历以及性格、气质的影响，情绪上的波动、事件发生的先后顺序以及是否诉诸个人经验都会影响投资者的判断，因此投资者的确怀有一定的偏见，且难以避免。

一般来说，对自己的专业能力非常自信的人常常固执己见，证券公司的投资决策者难以避免认知的偏见。

（五）恐惧心理

恐惧心理常常混合着其他一些否定性的情绪，如愤恨、敌意、愤怒、报复心理等，有可能形成一定的破坏力。

在股票市场上，恐惧心理的一种表现就是对遭受损失的恐惧，即损失厌恶的心态；不仅个体投资者具有这种损失厌恶心理，证券公司在投资中也具有这种心理，投资者拥有的越多，就越害怕失去。证券公司自营业务惨遭重创后，恐惧心理明显占据了主导地位，券商自营规模普遍缩水，甚至提出逐步放弃自营和资产管理业务。

恐惧心理在市场中的另一种表现就是对踏空的恐惧，这种现象常常发生在股票价格大幅上扬之后。投资者常根据市场本身或者周围其他人的行为来做出判断，如果没有采取投资行为便会产生错失感，当踏空的恐惧较为强烈时，会使投资者不顾一切投入。恐惧还有其他一些表现形式：例如，对不确定利空消息的担忧，对过去失败记录的记忆等。恐惧可以相互传染，引起更多的恐惧，当周围的人纷纷对某个利空消息做出卖出反应时，更多的投资者可能会相信消息的可靠性。结果将难以摆脱大众的恐慌情绪和看法，会不自觉地加入抛售的行列之中。

证券公司作为我国股票市场上的重要投资实体，具有独特的投资行为特征。本部分从证券公司投资业务的现实背景出发，从认知心理学的视角分析了证券公司在投资决策中的心理过程，认为启发式偏差也是证券公司在信息解读和信息加工的过程中普遍存在的偏差。除此之外，证券公司中负责投资决策的具有专业背景的人员同样会受到各种心理因素的影响，产生和个体投资者一样的心理特征。本部分中着重分析了证券公司产生认知偏差的定势思维、贪婪心理、先入为主、偏见和恐惧心理，指出这些心理特征直接影响了证券公司的投资决策，使其表现出自我蒙蔽、后悔厌恶等认知偏差。

五、证券公司内部行为调整

（一）投资者教育

从投资者教育的实施途径来看，证券公司的投资者教育应以政府为引导，培养广泛的社会投资氛围，创造良好的社会投资环境。

（二）人才培养

证券公司应充分认识金融专业人才和管理人才对企业发展的重要性。人力资源的重要性不仅是证券业的行业特性的要求，也是现阶段中国证券行业市场竞争的要求。通过证券公司员工的专业化服务，帮助客户实现资产增值，是一种"培育富翁（客户）"的过程；同时，证券公司员工的工作过程也练就了企业家的素质和能力，是一种"培育企业家"的过程。如证券公司为企业做并购重组业务时，要帮助企业准确进行价值评估，拟定并购方案和程序，这些都需要很强的专业知识、综合能力和企业家的素质来完成。

六、证券公司风险控制

证券公司风险又称券商风险，作为金融风险的一种，券商风险可以定义为：证券公司在经营管理过程中，由于各种因素的影响，使其实际收益与预期收益发生背离，从而蒙受损失的不确定性。不利影响程度越大，券商风险也越大。

可将券商风险按不同的标准分为两类：非系统风险和系统风险。非系统风险是指某一特殊因素对某个券商或者某一类证券产生影响造成损失的可能性，包括信用风险、流动性风险、资本风险、结算风险、经营风险、财务风险等。非系统风险与市场整体没有关联，只会影响某个证券品种或某个券商。系统风险是指由于某些全局性的因素可能引起的收益损失，包括政治风险、利率风险、汇率风险、通货膨胀风险、政策风险等。这些风险表现为对所有的证券品种和所有的券商都将产生影响，即使是应用投资组合策略也难以规避。

券商风险主要分为五个方面：

1. 经营规模风险

经营规模风险表现为：资本金不足，资产规模小，未能发挥规模经济效应，难以承担经营风险。

2. 公司治理风险

公司治理风险表现为：管理制度不健全，对经营者缺乏约束，分支机构管理失控，整体经营风险加大。

我国证券公司的股东以国有企事业法人为主。按照规定，单个股东直接或间接向证券公司投资的总额不得超过该证券公司注册资本的20%，但国有资产代表单位、综合类证券公司、信托投资公司设立专门从事证券业务的子公司除外。因此，证券公司的大股东一般是国有企业，股东大会的参与者又多是国有股和法人股的代表，中小股东的权益得不到体现。

3. 经济业务风险

经纪业务风险表现为：证券公司分支机构众多，风险程度差异较大；在盈利模式变革中，创新业务带来风险隐患。

经纪业务是证券公司的基础业务也是核心业务，也是传统盈利模式最重要的收入来源，同时也是证券公司问题最多的业务。经纪业务直接面对广大客户，处于要素资源的内外交换节点，风险发生概率较高。并且，分支机构众多，风险程度和风管控制水平参差不齐。

4. 自营及委托理财风险

自营及委托理财风险表现为：违规担保，市场行情欠佳，操作风险加剧。

证券公司的自营业务要通过自有资金自行投资，可能承担投资亏损的风险。影响证券价格的因素众多，主要是市场风险、管理风险和违规操作风险。自营业务人员极可能由于信息不畅或信息欠准确而做出错误判断。此外，自营业务人员还有可能因为资金回笼压力等因素，被迫改变操作策略，进而承担亏损的风险。

5. 证券承销风险

证券承销风险表现为：承销项目争夺日渐激烈，粉饰报表共谋上市，市场环境恶化，包销风险增大。

证券承销风险是券商在投资银行发行、增发、配股、股改保荐业务中面临的风险，主要集中在项目争取风险、法律风险和市场风险（王岚和刘人怀，2006）。

为降低证券公司风险，应推动券商创新活动的开展。券商要重新梳理内部组织架构，明确各项创新业务的责任部门，包括营业部组织创新、金融产品代销业务、券商支付业务、设立专项基金、中小企业私募债券业务、私募股权投资理财产品、QDII相关业务、OTC 市场建设项目建设等，定期对项目进行跟踪，并根据监管机构的要求定期向监管机构报告。

结合创新业务特点，券商证券网点的运营模式、营销模式和成本控制等方面要体现专业化、特色化；要以客户为中心，重新组织服务架构和服务方式，推动经纪业务转型。随着金融产品日益丰富，通过产品、团队和系统平台，打造综合客户体系，加强投资者教育及风险管控水平，在合适的时候向合适的投资者提供合适的产品和服务，券商网点将向提供丰富金融产品的综合型金融超市转变，要成为券商销售各类理财产品、服务的终端网点（朱元元，2012）。

📖 思考练习题

一、名词解释

1. 机构投资者
2. 证券公司的证券投资行为
3. 投资理念
4. 证券公司过度自信
5. 保守性偏差

二、简答题

1. 目前中国证券公司经营中存在的共同问题是什么？
2. 机构投资者主要包括哪些主体？
3. 机构投资者表现出哪些行为特征？
4. 我国目前机构投资者存在哪些问题？
5. 投资理念按不同的标准有哪些分类？
6. 证券公司的证券投资行为经历了哪些阶段？
7. 证券公司在投资决策时容易出现哪些认知偏差？
8. 证券公司与基金在投资理念和投资策略上有哪些不同？
9. 在中国资本市场中，证券公司有哪些典型的操作手法，请试列举之。

三、论述题

1. 根据不同的投资环境、经济背景，讨论机构投资者与个人投资者之间的博弈行为。
2. 证券公司投资行为偏差产生的原因包括哪些？
3. 我国证券公司与国外投资银行相比，投资行为、投资策略有何特点？

第四章 基金投资行为分析

学习目标

· 掌握基金的定义与特征及其投资行为特征；
· 掌握私募基金的涵义及主体；
· 熟悉私募基金的投资策略选择和运作方式；
· 了解私募基金与公募基金的区别；
· 熟悉社保基金的投资目标与投资限制；
· 熟悉社保基金投资的主要市场和主要投资工具；
· 了解私募基金资金来源、特点与优势；
· 熟悉私募基金的运作与风险。

第一节 证券投资基金概述

一、证券投资基金的概念

证券投资基金是指通过发售基金份额，将投资者的资金集中起来，形成独立财产，由基金托管人托管，以投资组合的形式进行证券投资的一种利益共享、风险共担的集合投资方式。

对于证券投资基金的概念，不同的机构和个人有不同的理解。现在理论界和实务界对证券投资基金概念的理解主要有两种：一种认为证券投资基金是一种投资工具，另一种认为证券投资基金是一种投资组织。

把证券投资基金理解为是一种投资工具的主要是投资者，尤其是中小投资者。他们投资证券投资基金的目的和投资股票和债券等金融工具一样，是通过承担投资风险来获取预期的投资收益，而对于投资收益的来源并不是很关心，也很少参与证券投资基金的管理。把证券投资基金理解为投资工具，是一种表面上的理解。

第二种理解认为证券投资基金是投资组织。从法理上来说，证券投资基金是一种独立核算的投资组织。证券投资基金通过发售基金份额将投资者的资金集中起来，形成独立的财产，投资者根据其所持有的基金份额按比例享受该基金的财产所有权和收益权。作为一种投资组织，证券投资基金需要通过一定的程序聘请基金管理人、托管人和其他中介服务机构来运营和管理募集来的资金，并将资金投资于各种证券。随着证券价格的变化，基金的单位净值也会发生改变，从而表现在基金份额的申购和赎回价格的变化，或者市场价格的变化。投资证券投资基金的风险和收益是证券投资基金作为一种投资组织的运营结果的具体表现。

证券投资基金的投资机构特性和金融工具特性是相辅相成、密不可分的。证券投资基金的运作是以投资机构的方式进行的，证券投资基金的发展也必须从投资机构这个角度出发。证券投资基金的运营结果表现为基金的投资风险和收益，这体现了证券投资基金的金融工具的特征，同时证券投资基金的绩效反映了其作为投资机构的运营效率。

二、证券投资基金的分类

（一）根据运作方式分类

根据运作方式的不同，将基金分为封闭式基金和开放式基金。开放式基金份额的持有者可以在合同约定的时间和场所进行申购和赎回。封闭式基金在基金合同期限内，基金份额的持有人不得申请赎回，但基金份额可以在依法设立的证券交易所交易。

1. 开放式基金

（1）开放式基金的投资范围。开放式基金投资于具有良好流动性的金融工具，主要包括国内依法公开发行、上市的股票、债券以及经中国证监会批准允许基金投资的其他金融工具。

（2）开放式基金的风险与优势。开放式基金在进行证券投资时，由于中国资本市场缺乏有效的做空机制，将面临股市的系统性风险。持有仓位的开放式基金，由于难以迅速调整仓位，所以当股市出现调整时，基金的市值会出现亏损。同时基金由于难以迅速变现调整仓位，当面临赎回时，就会出现流动性风险。当然，由于管理资金量巨大，管理者所处的环境以及自身的管理水平有限，当出现市场研判失误时，就会造成基金的价值损失。

开放式基金市场选择性强，可以随时赎回，同时开放式基金通过公开自身的季报和年报，可以让投资者清楚地定期了解基金的持股仓位。图 4-1 显示了开放式基金的风险与优势。

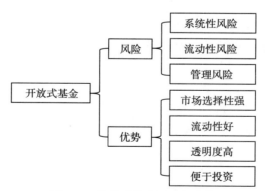

图 4-1　开放式基金风险与优势

2. 封闭式基金

对于效率市场理论而言，封闭式基金的价格常常背离其内在价值是一个谜。封闭式基金之谜包含四个方面的内容，其核心是封闭式基金股票通常溢价发行，但很快就在市场上以折扣进行交易。封闭式基金股票的价格长期低于其内在价值，而且封闭式基金股票以折扣进行交易是一种普遍现象。造成这种现象的关键是噪声交易。噪声交易对封闭式基金的影响有两个方面：一方面，噪声交易成为封闭式基金投资的一种系统性风险，承担这一风险的封闭式基金股票投资者必然要得到补偿，而封闭式基金标的资产中的噪声交易风险小于封闭式基金股票的噪声交易风险，因此封闭式基金股票价格要低于其标的资产的价格（即封闭式基金股票的内在价值）；另一方面，噪声交易形成系统性噪声交易风险，导致套利交易受到限制，因此套利交易无法迫使封闭式基金股票的价格与价值走向一致。

虽然封闭式基金常常给投资者带来负回报，但投资者仍然溢价认购封闭式基金股票。这是因为投资者有时候变得过度乐观，而封闭式基金管理者则利用投资者过度乐观提供的机会发行新基金股票。

（二）根据法律形式分类

根据法律形式的不同，将基金分为契约型基金和公司型基金。契约型基金是依据信托契约原理，规定当事人各自权利和义务的投资基金。公司型基金是发起人根据公司法组织投资公司，通过向公众发行基金股份而设立的投资基金。

（三）根据投资对象分类

根据投资对象的不同，将基金分为股票型基金、债券基金、货币市场基金和混合基金等类别。根据中国证监会的基金分类标准，早先基金资产 60% 以上投资于股票的为股票基金。2015 年 8 月 8 日，股票型基金仓位新规正式开始实施，明确要求用于股票投资的资金在基金资产中的占比要超过 80%。基金资产 80% 以上投资于债券的为债券基金。仅投资于货币市场工具的为货币市场基金。投资于股票、债券和货币市场工具，但是投资比例不符合股票基金、债券基金规定标准的为混合基金。

表 4-1　2016~2020 年股票型基金、债券型基金和货币市场基金平均收益率统计

年份	股票型基金	债券型基金	货币市场基金
2016	−12.20%	0.09%	2.61%
2017	11.98%	1.59%	3.77%
2018	−25.43%	4.23%	3.50%
2019	39.61%	5.96%	2.54%
2020	45.94%	4.02%	2.02%
平均值	11.98%	3.18%	2.88%
样本标准偏差	31.28	2.32	0.73

资料来源：Wind 数据库。

由表 4-1 可知，2016~2020 年股票型基金年化收益率最高为 45.94%，最低为 −25.43%；债券型基金年化收益率最高为 5.96%，最低为 0.09%；货币市场基金年化收益率最高为 3.77%，最低为 2.02%。2016~2020 年股票型基金、债券型基金和货币市

场基金的年化平均收益率分别为 11.98%、3.18% 和 2.88%。三类基金的平均年化收益率：股票型基金＞债券型基金＞货币市场基金。股票型基金、债券型基金和货币市场基金的样本标准偏差分别为 31.28、2.32 和 0.73。三类基金的波动率：股票型基金＞债券型基金＞货币市场基金。风险：股票型基金＞债券型基金＞货币市场基金。

（四）根据投资理念分类

根据投资理念的不同，将基金分为主动型基金和被动（指数）型基金。主动型基金的投资理念是证券市场不是完全有效的，投资者可以通过主动操作取得超额收益。被动（指数）型基金投资理念是证券市场是完全有效的，投资者无法战胜市场。

（五）根据证券发行方法分类

根据证券发行方法的不同，将基金分为公募基金和私募基金。公募基金向社会不特定公众发行或公开发行证券；私募基金通过非公开方式募集资金，募集对象只是少数特定的投资者，圈子虽小门槛却不低。和公募基金严格的信息披露要求不同，政府对私募基金监管比较宽松，因此私募基金的投资更具隐蔽性，运作也更为灵活，相应获得高收益回报的机会也更大。

根据中国基金业协会相关统计，截至 2021 年末，公募基金行业管理规模达 25.56 万亿元，基金有效账户数达 11.9 亿个，累计向投资者分红达 3.81 万亿元。尤其是 2018 年《关于规范金融机构资产管理业务的指导意见》（以下简称"资管新规"）发布以来，公募基金行业管理规模年化增速超 25%，是资产管理行业发展最快速的子行业之一；我国已经成为世界第四大基金市场。

根据中国基金业协会相关统计，截至 2022 年 3 月，全市场有超过 9600 只公募基金产品，超过 A 股股票数量，种类涵盖货币基金、债券基金、股票基金、混合基金、QDII 基金等品种。

封闭式基金与开放式基金比较如表 4-2 所示。

表 4-2　封闭式基金与开放式基金比较

	发行持股单位数	变现方式	买卖价格确定	资金利用	效益
封闭式基金	固定不变	交易所上市，委托买卖	市场竞价	可 100% 用于投资	无保留现金，长期业绩好
开放式基金	可变动	直接向管理公司申请	基金单位资产净值	保留 10% 左右的现金	无法 100% 运用，长期业绩受影响

（六）基金中基金

基金中基金（Fund of Funds，FOF）是不直接投资于股票或债券而直接投资于基金的基金。FOF 不仅是一种创新的基金产品，更是一种新型的资产管理机制。FOF 有以下特征：

1. 风险较低

投资于 FOF，投资风险是每个投资者最为关注的问题。对于投资者来说，面对市场上无数的风险及数千的基金风格，挑选的难度和风险都非常高。为规避风险，投资者更倾向于利用组合投资的方式来解决。FOF 是通过专家二次精选的基金，可有效降低非系统性风险。投资基金时，购买单只基金的难度大且风险高；而 FOF 通过基金的组合投资来降低风险。

2. 收益率较低

FOF 通过投资组合来规避风险，故 FOF 在投资基金中不可能全部投资于股票型基金或债券，需要配置一定的货币或债券型基金；相比较而言，投资收益没有投资于股票和证券收益高。

3. 便于购买和赎回

由于 FOF 的起购金额为 10 万元，而公募基金一般为 1000 元甚至更低，导致起购门槛较高。此外，对于不同开放期的券商具有不同的限制，在开放期间之外则无法购买。相对于其他基金，除封闭期外，FOF 每天都可以进行购买和赎回。

4. 手续费较高

FOF 是投资于基金的投资产品，对于基金的购买赎回手续费不可避免；同时，FOF 是通过专家二次精选基金来投资的，故手续费是在基金手续费上的二次收费，即投资者需支付双重费用，故手续费较公募基金和私募基金高（彭伟，2018）。

第二节　基金投资行为特征

一、基金特征

（一）集合理财，专业管理

共同基金将众多投资者的资金集中起来，由委托基金管理人进行共同投资，表现出一种集合理财的特点；通过汇集众多投资者的资金，积少成多，有利于发挥资金的规模优势，降低投资成本。

基金由基金管理人进行投资管理和运作。基金管理人一般拥有大量的专业投资研究人员和强大的信息网络，能够更好地对证券市场进行全方位的动态跟踪与分析，使中小投资者也能享受到专业化的投资管理服务。

我国公募基金由两人或两人以上共同管理的团队管理模式处于平稳发展中：2003年有 14 只基金采取团队管理模式，共管理人民币资产 202 亿元，占全部基金规模比例 26.73%；到 2012 年底，团队管理基金增加至 238 只，资产规模上升至 5900 亿元人民币，占比 33.74%。团队管理基金比个人管理基金风险较低，符合意见折衷理论，即团队意见是团队成员间相互妥协和折衷的结果。这种现象较明显地存在于股票型基金和混合型基金，原因之一在于股票型基金和混合型基金投资风险总体较高，采用团队管理模式后控制风险的效果更明显。

（二）组合投资，分散风险

为降低投资风险，《中华人民共和国证券投资基金法》规定，基金必须以组合投资的方式进行基金的投资运作，从而使"组合投资，分散风险"成为基金的一大特色。

"组合投资，分散风险"的科学性已为现代投资学所证明。中小投资者由于资金量小，一般无法通过购买不同的股票分散投资风险。基金通常会购买几十种甚至上百种股票，投资者购买基金就相当于用很少的资金购买了一揽子股票，某些股票下跌造成的损失可以用其他股票上涨的盈利来弥补。这样投资者就可以充分享受到组合投资、分散风险的好处。

股票和债券的投资风险较小，可以帮助基金管理者获取较为稳定的投资效益。其中当债券投资比例占 20%~50% 时，其经济效益较为可观，但实际的投入比例还需要依据市场环境的实际情况而定。从安全性和流通角度上看，上市企业的债券及国库券风险较低，尤其是国有上市企业。因此，基金管理者在考虑债券流通性和安全性的情况下，可以结合实际情况对债券进行不同持券时长的选择。通过此方式，可以有效提升基金的安全性，减少市场波动较大而带来的收益风险，从而帮助投资者获得一份较为稳定的经济收益。因此，基金管理相关人员在进行股票及债券的投资组合选取时，股票的持股比例应占据 50%~80%，并且在实际情况允许的情况下，可以选择上市企业进行投资，从而保障投资效益的提升。

综上所述，基金管理者在选取证券基金投资组合形式时，应综合考虑经济市场情况，结合投资者的实际需求，并综合考虑投资者收益效率、通胀风险等要素来降低投资风险，促进投资稳定性提升。

（三）利益共享，风险共担

基金投资者是基金的所有者，基金投资人共担风险、共享收益。基金投资收益在扣除由基金承担的费用后的盈余全部归基金投资者所有，并依据各投资者所持有的基金份额比例进行分配。为基金提供服务的基金托管人、基金管理人只能按规定收取一定的托管费、管理费，并不参与基金收益的分配。

（四）严格监管，信息透明

为切实保护投资者的利益，增强投资者对基金投资的信心，我国对基金业实行比较严格的监管，对各种有损投资者利益的行为进行严厉的打击，强制基金进行较为充分的信息披露。

加强证券投资基金的信息披露和对投资行为的监管。证券投资基金的目标是获取管理费用的最大化，基金管理人和投资者、上市公司之间难免会存在利益冲突，甚至会出现基金为了私利侵害投资者利益的事件。此外，我国基金管理公司的治理结构不太完善，基金的大股东多为证券公司，由此甚至产生了基金为大股东的股票投资亏损买单的现象。因此，监管当局除制定交易规则加强对基金的监管外，还应加大对整个基金市场的治理力度，健全基金管理公司的法人治理结构。

（五）独立托管，保障安全

公募基金管理人负责基金的投资操作，本身并不经手基金财产的保管。基金财产的保管由独立于基金管理人的基金托管人负责。这种相互制约、相互监督的制衡机制对投资者的利益提供了重要的保障。

（六）公募基金是一种间接的证券投资方式

投资者通过购买基金而间接投资于证券市场。与直接购买股票相比，投资者与上市公司没有任何直接关系，不参与公司决策和管理，只享有公司利润的分配权。投资者若直接投资于股票、债券，就成了股票、债券的所有者，要直接承担投资风险；而投资者若购买了公募基金，则由基金管理人来具体管理和运作基金资产，进行证券的买卖活动。因此，对投资者来说，基金是一种间接的证券投资方式。

根据中国基金业协会相关统计，截至 2021 年末，公募基金持有 A 股市值 6.11 万亿元，占 A 股流通市值 8.13%，已成为资本市场最大的机构投资者之一。2005 年以来，偏股型基金年化收益率平均为 16.6%。

（七）公募基金具有投资小、费用低的优点

在中国，每份基金单位面值为人民币 1 元。公募基金最低投资额一般较低，投资者可以根据自己的财力，多买或少买基金单位，从而解决中小投资者"钱不多、入市难"的问题。

基金的费用通常较低。根据国际市场上的一般惯例，基金管理公司就提供基金管理服务而向基金收取的管理费一般为基金资产净值的 1%~2.5%，而投资者购买基金需缴纳的费用通常为认购总额的 0.25%，低于购买股票的费用。由于基金集中了大量的资金进行证券交易，通常也能在手续费方面得到证券公司的优惠。为了支持基金业的发展，很多国家和地区对基金的税收给予优惠，使投资者通过基金投资证券所承担的税负不高于直接投资于证券须承担的税负。

正如《2022 年上半年植信中国财富指数报告》所指出的：公募基金已成为大部分投资者长期配置的工具。从报告中可以看到，公募基金在财富管理中呈现四个特点和趋势：一是普及化，公募基金已成为投资者资产配置的普遍选择，投资者对公募基金的需求日益提升；二是多样化，公募基金拥有丰富的产品线，比如货币基金、股票基金、指数基金等产品已为投资者所熟悉，而 FOF、公募 REITs（不动产投资信托基金）等产品也日益为投资者所接受；三是定制化，面对丰富的产品，投资者在选择时面临困难，越来越需要个性化和定制化的投顾服务；四是长期化，公募基金的价值投资和长期投资理念日益得到投资者的认可，投资者越来越将权益类基金等视为长期投资的选择（李文，2022）。

（八）公募基金流动性强，基金的买卖程序非常简便

对开放式基金而言，投资者既可以向基金管理公司直接购买或赎回基金，也可以通过证券公司等代理销售机构购买或赎回，或委托投资顾问机构代为买卖。国外的基金大多是开放式基金，每天都会进行公开报价，投资者可随时据以购买或赎回。

封闭式基金都在证券交易所上市交易，买卖程序与股票相似，流动性得到了保障。

二、共同基金投资行为特征

（一）持股集中度降低

一般而言，持股集中度越高，机构就越有可能重仓持有某一家或者数家上市公司的股票。反之，机构持股就有可能相对均匀。

持股集中度的降低说明现在基金更多的不是将投资于证券市场的资金集中投资于某一只或者某几只股票上，而是采取分散策略，将资金均匀或者相对均匀地投资于各基金组合之中。

（二）投资越来越分散

统计显示：基金持股数量持续增加，并且分散投资基金盈利能力相对好于集中持股基金盈利能力。

持股家数的增多既有资金增加的因素，也说明基金投资越来越分散；组合投资越来越成为基金投资的主流，同时反映基金投资行为越来越谨慎。

（三）过度分散化投资降低风险

在牛市时期，持股相对集中的基金业绩明显好于大盘指数的涨跌幅度，持股相对分散的基金业绩则小于大盘指数的涨跌幅度；在熊市时期，持股相对集中的基金业绩明显小于大盘指数的涨跌幅度，持股相对分散的基金业绩则好于大盘指数的涨跌幅度。

因此，在牛市时期，基金投资应以相对集中为主，过度分散化使基金在每只股票上的持股数量相对较少，基本上已经沦落为"大散户"，不能掌握主动权；在熊市时期，则可适度降低集中度，实行分散投资。

（四）专家经营性

基金公司聘请有专门投资知识和经验的证券专家和投资专家进行管理、运作。这些专家有时间，有精力，有能力，有条件对国内外经济形势、景气情况以及各行业、公司的运营和经营潜力进行系统的分析。在此基础上所做的投资决策具有相当的合理性。

三、共同基金行为差异原因

公募基金与其他机构投资者投资风格有较大差异。

（一）公募基金的盈利模式

公募基金的收入依赖收取管理费，只有抢到了市场份额，才能收取管理费，因此迅速并且大规模地抢占基金份额无疑是基金公司最重要的任务。这种盈利模式与私募基金、证券公司等是有区别的。对公募基金而言，只要有方法抢占基金份额，投资业绩不是最重要的。而对后两者而言，赚取投资绝对收益才是最重要的。

（二）基金公司股东影响

一个公司的股东风格往往形成公司文化。不同背景的股东对基金公司的投资风格起着举足轻重的影响。

银行系、保险系的基金公司，股东方对基金投资的安全性要求比较高，相对而言投资风格保守。银行系基金公司由于银行渠道在发行时的强大支持，根本不用愁市场份额。因此，银行系的基金尽管规模不算小，但业绩并不是最拔尖的，一直比较中规中矩。

外资背景的合资公司，外方股东对于公司要求更高。

证券公司系的基金公司由于关联证券公司投行、研究等部门在投研上的资源共享，依靠强大的研究平台，投资风格比较激进。

（三）公司机制

绝大多数的基金公司对基金经理的业绩考核和激励不如私募基金、证券公司等机构，基金经理做得再好，也得不到提成，缺乏动力；基金经理当然愿意稳稳当当地做，风格自然保守。

专栏 4-1　简森指数

国外对投资基金业绩的评价工作始于 20 世纪 60 年代，按照基准收益率将评价指标分为两类：一类基于 CAPM，将市场指数作为基准收益率，简称为 CAPM基准；另一类基于套利定价模型（APT 模型），以多因素模型决定的期望收益作为基准收益率，即 APT 基准。

这里对 CAPM 基准做出简单的介绍和评述。

1968 年美国经济学家 Jensen 在金融杂志上发表了一篇题为《对 1945~1964年共同基金业绩评价》的论文，系统地提出如何根据 CAPM 模型所决定的期望收益作为基准收益率评价共同基金业绩的方法，由此形成简森指数（Jensen Indices），并得到广泛应用。

现代金融理论的核心问题是研究投资组合风险与收益之间的权衡和风险分解的方法。基金作为专家理财的工具，控制投资组合的风险是其基本职能之一。现代金融理论告诉我们，如果一个投资组合中所构成的资产足够分散，那么公司的非系统风险将相互抵消，最后剩下的是无法分散的市场系统风险，这种系统风险在 CAPM 中用 β 系数表示。基金所得到的预期收益是对这种无法分散的系统风险及无风险收益的补偿，即 $E(R_p) = R_f + \beta[E(R_m) - R_f]$。因此对基金经营业绩的考核应该以这种预期收益率作为衡量的基准收益率。

如果基金的实际收益超过预期收益，则显示出该基金拥有卓越的经营管理能力。用数学表示为在纵轴上的截距 $\alpha = R_P - E(R_p) \geqslant 0$；否则，基金的业绩将不如证券市场指数的收益率。即 $\alpha = R_P - E(R_P) < 0$。Jensen 在他的论文中以标准普尔 500 种工业指数的月收益率作为基准收益率，对 135 家共同基金在 1945~1964 年做回归分析得出截距 α（简森指数）和相应的 β 系数，发现只有很少的基金业绩能够超过标准普尔指数。

专栏 4-2   夏普指数和特雷诺指数

夏普指数（Sharpe Indices），是指基金承担单位风险（包括系统风险和非系统风险）所带来的超额收益。在这里用投资组合价格的波动率——标准差作为风险的量度。其数学表达式为：

$$SP = (EP - R_f) / \sigma P$$

其中，SP 表示夏普指数，EP 表示组合 P 的实际期望收益率，R_f 表示无风险利率，σP 表示组合 P 的标准差。为评价绩效，可以将管理者组合的夏普指数与市场组合的夏普指数相比。前者高，表明该管理者经营得比市场好；前者低，则表明其经营得比市场差。

特雷诺指数（Treynor Indices）是指基金承担单位系统风险所带来的超额收益。其数学表达式为：

$$TP = (EP - R_f) / \beta P$$

其中，TP 表示特雷诺指数，EP 表示组合 P 的实际期望收益率，R_f 表示无风险利率，βP 表示组合 P 的 β 系数，是方程 $R - r = \alpha + \beta(Em - r) + e$ 中 β 的最小二乘估计值。R 是基金的收益率；E_m 是市场证券组合的收益率，国内一般用上证 A 股指数和深成股指数的平均收益率代替；α 是基金的纵轴截距；e 是回归误差。特雷诺指数越大，单位风险溢价越高，绩效越好。

这一指标也叫作波动补偿率，与夏普指数一样，特雷诺指数也是一种经风险调整后的收益率指标。可以用来进行基金间业绩的比较，特雷诺指数的值越高，该基金的业绩也越好。与夏普指数不同的是，特雷诺指数是和基金的系统性相比，而不是和基金的全部风险相比，因而特雷诺指数非常适合于那种能很好地分散投资的基金。因为分散化投资能够消除非市场风险，使投资组合的风险与市场风险相当。而夏普指数对于将全部资本只投资于一种或少数几种证券的投资者来说更为适用。

夏普指数和特雷诺指数这两个指标是经过风险调整的业绩度量方法，它在投资基金运作的风险给出之后，承担单位风险所实现的收益。在一个理性的市场中，承担风险需要有相应的风险报酬，高风险必须有高回报作为补偿，这是投资领域的一条基本定理。有的投资者只愿承担较小的风险，因而将可能得到较少的回报；有的投资者偏好高风险，将可能得到相应的高额回报；有的投资者则宁愿得到一般正常收益率。根据这些不同的偏好，投资基金的投资风格相应地设计为指数型、平衡型、进取型三类。在对不同风格的投资基金进行评价时，特雷诺指数和夏普指数能够合理地给出排名。

随着中国投资基金队伍的不断壮大，坚持风格投资的理念变得越来越重要，这不但能满足投资偏好多样化的需求，而且还使每种投资风格内的排名比较变得可能。另外，在一个有效市场中，如果投资组合的分散程度足够大，非系统风险将相互抵消，这时特雷诺指数和夏普指数的评价结果将是相同的。

专栏 4-3　　平均收益率

　　平均收益率是一种没有进行风险调整的业绩度量方法，它在不考虑承担风险大小的前提下对基金在一个特定时期内的业绩给出直观、粗略的评价。理论上，在承担相近风险的情况下，平均收益率能够方便地给出准确的评价。

第三节　证券投资基金发展现状

一、发展综述

　　自 20 世纪 90 年代初期我国开始筹建证券市场以来，证券投资基金便与之相伴而生。依据基金监管部门管辖权限的演变、基金法规的颁布与实施和基金产品的完善与发展，我国基金业的发展可划分为三个阶段。

　　1991~1997 年为第一阶段。1987 年，中国科技创业投资公司联合汇丰集团、渣打集团正式成立了中国置业基金，通过该基金对珠三角地区的相关企业开展直接投资业务，这也是中资金融机构进行投资基金业务的起点。1991 年，分别由中国人民银行武汉分行和深圳南山区政府批准成立的"武汉证券投资基金""深圳南山风险投资基金"标志着我国投资基金的起步。由于缺乏专业化基金管理公司的经营理念及管理体制，证券投资基金公司体制僵化、基金业绩差异悬殊、基金发行的政策性过强，无法真实反映资本市场的价格。

　　1998~2001 年为第二阶段，1997 年颁布的《证券投资基金管理暂行办法》对证券投资基金的设立、募集、交易、基金托管人、基金管理人和基金持有人的权利和义务，投资运作与资产管理都做出了明确的规定。1998 年 3 月，由"老基金"整顿扩募而成立的基金金泰与基金开元两只基金标志着我国基金业开始进入"新基金"时代，募资金额为 20 亿元人民币，我国基金业发展日趋规范化。2001 年我国第一只开放式基金——华安创新的设立，成为我国基金业发展过程中的又一个阶段性标志。

　　2002 年至今为第三阶段，2003 年 10 月十届全国人大常委会第五次会议通过了《中华人民共和国证券投资基金法》的提案，并于 2004 年 6 月实施。在此之后，基金的主要形式转变为开放式基金，开放式证券投资基金在这一阶段实现了跨越式发展，目前已成为我国基金业的主体力量。

　　基金业通过吸引中长期资金、促进市场稳定、提高上市公司质量等方式，在中国资本市场改革中发挥了积极作用。中国公募基金行业在近几年较快速发展的原因是公募基金收益率普遍较高，很多个人投资者将所持有的股票市值和个人储蓄转换为基金市值，促进了我国公募基金市值的增长。与此同时，银行、证券等金融机构也将业务重点放在了基金产品的代销上，间接促进了中国基金规模的增长（樊业辉，2022）。

开放式证券投资基金的迅猛发展，掀开了我国基金业新的篇章，我国基金业净值不断攀升，基金品种层出不穷。据上海证券交易所年鉴统计，2020 年基金数量达到 380 只（见表 4-3），其中 ETF、LOF、交易型货币基金分别为 236 只、120 只、24 只。基金成交金额达到 10.75 万亿元，其中 ETF 基金达到 5.29 万亿元，LOF 基金达到 0.069 万亿元，交易型货币基金达到 5.39 万亿元。

表 4-3 2018~2020 年基金概况

基金指标 \ 年份	2020	2019	2018
基金数量（只）	380	308	233
其中：封闭式	0	0	1
ETF	236	169	110
LOF	120	115	98
交易型货币基金	24	24	24
基金成交金额（亿元）	107527	68590	71651
其中：封闭式	0	72.19	86.56
ETF	52915	26844	16587
LOF	687	293	122
交易型货币基金	53925	41380	54856

资料来源：《上海证券交易所统计年鉴》（2021）。

为推动中小企业创新创业的发展，政府开始设立引导基金提升创新的力度。政府引导基金既能发挥财政资金杠杆效应，又是创业企业创新发展的重要推动者之一。2018 年，《国务院关于推动创新创业高质量发展打造"双创"升级版的意见》中明确提出，充分发挥国家新兴产业创业投资引导基金、国家中小企业发展基金等引导基金的作用，支持初创期、早中期创新型企业发展。

政府引导基金凭借其市场化运作、杠杆效应等优势，被认为是增加创业投资资本供给、克服市场配置情况下的市场失灵问题的有力工具。不同产权性质风险投资机构的动机差异使其对企业创新能力产生不同影响。相较于社会风险投资的高逐利性，政府引导基金旨在引导社会各类资本投资经济社会发展的重点领域和薄弱环节，支持相关产业和领域发展。有利于克服社会风险投资的短视行为，对企业创新具有引导和鼓励作用。

社会风险投资的作用之一在于弥补创业活动的资本缺口，而政府引导基金能够进一步填补社会风险投资的资本缺口。因此，政府引导基金联合风险投资有利于缓解创业企业融资约束的困境。此外，政府引导基金联合风险投资所具有的政治关联和社会关系网络，能够赋予创业企业丰富的投资机会和非财务资源，进而推动创业企业发展、提高创业质量。

二、证券投资基金发展存在的问题

（一）基金管理过程中，股东与关联方利益影响基金管理人投资决策

基金管理人的独立性在基金管理方面的具体应用体现在基金管理公司中的实际负责基金资产投资交易的部门应该在基金管理的过程中履行"信赖义务"，包括"关心义务""忠实义务"，尽力实现委托人利益的最大化，在基金份额持有人的利益与公司、股东有关联关系的机构和个人等发生利益冲突时，投资管理人员应当坚持基金份额持有人利益优先原则，不得在处理业务时考虑自己利益或为他人谋利。

但是在现实中，这样的规定是难以实现的，主要基于以下三方面分析：

1. 基金管理公司与其股东的利益联系使基金公司可能背叛委托人的利益

基金管理人是基金的组织者和基金资产的实际管理者，在基金运作中起着核心作用，鉴于这样的特殊地位，我国对基金公司的股东成分有着严格的准入管理，要求持有基金管理公司注册资本最高比例（不低于 25%）的股东从事证券经营、证券投资咨询、信托资产管理或其他金融资产管理业务。从而基金管理公司的大股东一般都是证券公司、银行或信托公司，他们经营的金融产品很可能成为基金管理公司基金资产的投资对象，这样的联系促使了委托—代理关系中激励不相容问题的产生，即委托人希望资产增值最大化和代理人期望代理效用最大化的目标函数发生了偏离。基金管理人与股东的连带关系极易引致道德风险的发生，从而损害基金持有人的利益。

2. 基金管理公司特殊的经营对象和市场定位可能产生损害持有人利益的关联交易

同一基金管理人管理的两个或多个基金之间的交易，如基金管理公司旗下几只基金对倒、牺牲某只基金的持有人的利益，促成向其他持有人的利益疏导；共同交易的产生，即基金管理人与处于交易的同一方的基金共同与第三方进行交易，其中也会导致基金管理人与基金之间的利益冲突；基金管理公司令其基金经理运用基金资产为其控股股东的新股承销、配股甚至自营业务服务，或令其通过高买低卖方式向控股股东输送利益。基金管理公司为追求自身利益，可能进行上述交易损害基金持有人利益。

3. 基金公司对于基金产品的规范性及基金经理对投资组合刻意"管理"可能损害持有人利益

中国基金市场长期以个人投资者为主，投资者专业度普遍较低，受到有限关注的约束较为严重。因此，投资者常常会做出不恰当的投资决策，使"基金赚钱、基民不赚钱"的问题尤为严重，从而成为影响投资者利益、阻碍基金市场高质量发展的重要障碍。为避免这种现象，应采取以下措施：①针对性地进行投资者教育。通过更精准的教育，让更多投资者更充分地认识到基金历史业绩传递给投资者的业绩持续性感知并非真正的基金业绩持续性，无助于分析基金的能力；投资者需要鼓励投资者树立长期投资理念，综合利用基金投资策略、方法以及费率等非业绩因素去评价和筛选基金，降低对基金短期业绩的依赖。②针对性地加强对基金公司的引导和监管，制定必要的措施，引导其规范基金产品的销售，并为基金产品设计合理的申购、赎回政策和合理的营销策略。③利用政策针对性地对基金经理进行引导，避免基金经理对投资组合进

行刻意的"管理"来提升基金的业绩持续性感知、迎合投资者的偏好。通过综合应用上述政策措施，可逐步提升基金投资者的专业化程度，促进基金公司、基金经理与客户利益的一致性，最大限度降低以业绩持续性感知对投资者行为的影响为代表的行为偏差对投资者利益的影响，促进行业的高质量发展。

(二) 基金营销过程中，基金管理公司营销渠道狭窄影响营销成效

基金管理人的独立性在基金营销方面的具体应用体现在，基金管理公司应该能够在真实披露信息的基础上发现效率高、效果好、畅通的基金销售渠道。目前我国基金销售以银行代销、证券公司代销、基金管理公司直销为主，销售体系呈现"以银行为主、辅之以证券公司代销和基金管理公司直销"的格局，这一体系随着我国基金业的发展逐渐暴露出许多问题。

1. 代销的渠道模式存在内在的缺陷性

无论是银行还是证券公司，都缺少对基金产品非常熟悉的专业人才，而基金销售效果在很大程度上取决于销售人员对基金产品的熟悉程度及理财咨询能力。

对于银行来说，基金产品是储蓄等银行业务的替代品，银行不愿意放弃吸收存款——商业银行贷款、结算等主要盈利的基石，积极投入基金销售——收取有限的代理费用的中间业务。商业银行分支机构在存款数量这一最重要的考核指标的压力下，也必然会消极应对基金代销。随着混业经营时代的到来，商业银行将开发各种理财产品，直接为客户管理资产，对于代销基金的热情会进一步减退，这都对基金营销产生不利影响。

对于证券投资公司也是相同的道理，交易佣金和客户交易结算资金转存利差两大部分构成了证券经纪业务的主要收入。而证券公司代销基金，一方面将使客户交易结算资金减少，进而减少转存利差收入；另一方面使原来买卖股票的客户变成买卖基金的客户，进而减少了券商股票买卖佣金收入。这种业务冲突使证券公司尤其是证券营业部对代销基金缺乏积极性。

2. 代销影响基金管理公司的独立性

商业银行网点众多，客户广泛，支配着大部分金融资源；证券公司对证券市场的参与度较高，具有无可比拟的投资视角，代销机构在基金销售方面具有许多天然的优势，这也是基金管理公司选择这些机构代销基金的原因。但是基金管理公司也因此与这些机构产生了利益的勾连。银行作为主要的代销渠道，在某一基金是否获得充分营销，营销是否成功等方面都起着决定性作用。有时，银行的重视可能直接决定某一基金募集资金的规模，这就使基金公司产生了对银行实行利益传送的动机；而银行会因为利益原因无法对代为营销的基金产品一视同仁。证券公司在代销由自己为主要发起人设立的基金管理公司的基金产品和其他产品时，也会优先向投资者推介本公司控股或参股的基金管理公司的基金产品。这使证券公司代销基金失去了公正性、客观性，投资者对其购买基金的咨询建议难以完全信赖，必然影响其代销基金的效果。

基金交易佣金按理应当用于换取券商高质量的投资研究服务，以提高基金的投资管理能力和投资回报，但是为了调动券商代销基金的积极性，基金管理公司将交易量

与券商基金代销业绩挂钩。这固然提升了券商的基金代销热情，但对基金持有人利益的极大损害。

3. 基金由推销到营销尚需进一步努力

营销不能简单地等同于推销或销售促进，而是包括基金产品、价格、促销、市场定位等诸多活动。基金市场营销要围绕投资人的需要开展一系列的产品设计、销售、宣传、售后服务活动。

在产品设计方面，我国基金产品设计并没有针对不同客户的不同风险和收益偏好，而是把所有潜在的投资者细分化类，大多数产品无差异。

在销售方面，我国基金营销多依赖人际关系和客户资源而不致力于以产品吸引投资者，依赖费率优惠等商业促销手段，而不是产品的差异性和特点作为争取客户的主要手段。

在宣传方面，我国基金侧重以广告宣传、形象宣传为主的大众宣传，较少根据特定服务对象开展针对性营销，总体而言缺乏销售整体性。

在售后服务活动方面，我国基金在首发以后持续营销投入不足，仅停留在维护的层面。很多基金公司都是在没有新基金发行或新基金发行困难的时候才进行持续营销，持续营销意识还不够强。大多数基金管理公司存在区别对待基金的首发和持续营销是基金营销管理理念和策略方面的缺陷，基金的营销工作与其他基金产品的营销工作倾向于将人为地割裂开来，而不是作为一个整体对待。这就导致基金持续营销力度不足。

（三）基金托管过程中，基金管理公司"俘虏"托管方的影响

基金管理人的独立性在基金托管方面的具体应用体现在：基金管理公司与基金托管人没有利益勾连，能够让托管人充分监管，防止基金资产挪用，安全保管基金资产。这对于整个基金业的效率至关重要。但是，基金管理公司往往从自身利益出发，将作为监管方的基金托管人"俘虏"，基金托管人监督投资运作之职责难以完成。

1. 托管人监督具有软弱性

托管人是由作为基金发起人的基金管理公司或其关联方选任的，可被基金管理人经中国证监会和中国人民银行批准后撤换，其地位很大程度受到基金管理人的左右。与此同时，基金运作中，基金管理人直接通过席位到交易所进行交易，基金买卖交易指令下达之前不经过托管人监督，在重大交易前没有义务向基金托管人报告义务，托管人只有在交易所闭市后进行数据分析后才能得知当日投资行为是否违规，这是事后监督。信息不对称问题使得及时有效的监督无法实施。这在很大程度上决定了托管人监管的软弱性。

2. 基金托管业务作为银行的一项新的业务收入

一方面，商业银行一般按基金资产净值0.25%的费率逐日计提托管费，其费率固定性决定了商业银行没有动力对所托管的基金资产进行严格的监管；另一方面，托管业务已成为各商业银行一项新的利润增长点，托管人和基金公司于是成为提供服务者和客户的关系。作为提供服务者的商业银行面对日趋激烈的市场竞争和大笔的托管费用收入，为了留住客户，有极大的动机对基金管理者提供便利，所以对各种公告和报

表的审查往往流于表面形式上的审查，不会进行实质性的监督和控制。

3. 托管银行市场准入门槛高导致了备选基金托管人的范围狭窄

随着托管市场的竞争，准入标准提升为实收资本不少于 80 亿元人民币的商业银行，这导致了垄断的产生进而影响托管效率：一方面托管费用高昂，这笔费用由基金管理公司间接地转嫁给了基金投资者；另一方面，基金托管公司由于得不到充分竞争，很难有动力提升自身服务质量，改善自身托管业务水平。

三、证券投资基金羊群行为

由于基金经理具有专业的知识背景和相对理性的投资理念，证券投资基金常被认为是有效稳定市场价格、抑制股票市场羊群行为的市场力量。从发达国家的经验看，证券投资基金发挥了市场中坚的作用，促进了金融系统的竞争，提高了资本市场的效率。对新兴市场国家而言，证券投资基金的发展也对一国金融结构的优化产生重大的影响，并对金融体系稳定性的提高起到推动性作用。

在我国证券投资基金业的迅速发展过程中，只有短暂历史的证券投资基金能否发挥稳定市场的巨大作用，这是一个值得深入研究的问题。从资本市场角度来看，中国证券市场目前仍是一个新兴市场；证券投资基金作为市场投资主体，为市场提供了大量有效资金，虽然规模不断壮大，结构也不断优化，但其规模和结构还存在不足，对证券市场的稳定作用显得力量不够。从微观主体角度来看，我国的证券投资基金不论在规模、品种、投资理念和技术上都还处于初期的发展和探索中。因此，证券投资基金的行为并没有完全反映理性、成熟的投资理念，其总体行为还存在类似散户的羊群行为。

大量的实证研究表明，由于我国证券投资基金存在投资风格模糊、投资理念趋同的问题，中国投资基金具有明显的羊群效应，羊群行为在市场上升期间更加明显，买方羊群行为度明显高于卖方的羊群行为度，高增长行业股、低价股以及小盘股上的羊群行为更加显著，中国投资基金在"只买不卖"方面的羊群效应高于美国互助基金相应的羊群效应，在"既买又卖""只卖不买"方面并不高于美国互助基金的羊群效应。

我国证券投资基金信息披露制度的不健全间接助长了羊群行为的发生。目前，在信息披露制度中，对于上市公司的信息披露时间与内容都没有严格的规定，信息公布延迟以及内容虚假等问题都由于市场的复杂性使监管部门无法及时发现并处理。

近年来，我国市场经济逐步发展，行业竞争压力也随之增加，而基金经理人之间的竞争也尤为激烈。面对巨大的竞争压力，基金经理人们在选择投资目标时一般有两个选择：投资与多数投资者不同的项目来获取较高的收益或亏损，或者选择与多数投资者相同的项目来获得行业平均收益。对基金经理人的考评机制是基金净值比较排名，排名靠后的基金经理面临着被末位淘汰的风险，因此基金经理人往往非常重视自己的声誉，较高的声誉会为自己带来更多的业务，降低被淘汰的概率。所以基金经理人通常会选择跟随大部分投资者进行投资来保护自己的声誉，导致羊群行为的发生。

第四节 私募基金投资行为

一、私募基金的概念及分类

（一）私募基金的概念

私募（Private Placement）相对于公募（Public Offering）而言，是就证券发行方法之差异，以是否向社会不特定公众发行或公开发行证券的区别，界定为公募和私募。

（二）私募基金的分类

1. 按投资品种来区分

按投资品种来区分，私募基金可分为证券投资基金和创业投资基金两类。证券投资基金是以投资证券及金融衍生品为主，对冲基金是其典型代表。创业投资基金是以投资产业为主的基金，主要以风险投资或创业投资基金为主。

上述两类私募基金中，前者直接在金融市场上运作，也是我们通常所理解的私募基金，这也是本节主要的研究对象。后者则和证券市场基本无关，属于私募风险投资基金，或曰创业基金或种子基金。

2. 按开放程度来区分

按开放程度来区分，私募基金可分为开放式、半开放式和封闭式三类。

开放式私募基金的投资者随时可以买入和赎回基金单元，资金稳定性差，运作难度也大。因此私募基金中采用完全开放形式的不多见。

封闭形式可以是基金私募成立后每隔一段时间投资者才允许进行基金单元的买入和赎回。

半开放式私募基金介于完全开放与完全封闭之间，可以是基金成立后投资者可以随时买入基金单元，但只有在特定的时间才允许赎回，或投资者可以随时赎回基金单元，但只有在特定的时间才允许买入。

3. 按组织形态来区分

按组织形态来区分，私募基金可分为公司式、契约式和金钱信托式三种。

公司式私募基金的公司架构完整且运作规范。这在国外就是基金公司、投资公司等，其股东数量不多，出资额较大，基金管理人下达交易指令并收取资金管理费与效益激励费，资金账户则由固定的金融机构托管。基金公司的交易平台和资金划拨平台彼此分离，以防止内部操纵。基金公司的注册资本每年在某个特定的时点重新登记一次，进行名义上的增资扩股或减资缩股，其实质是一种随时扩募但每年只赎回一次的公司式私募基金。公司式私募基金有一个缺点，即存在双重征税：投资人既要以公司的名义交纳各种经营税费，又要以个人名义交纳股东分红带来的个人所得税。

契约式私募基金的组织结构比较简单，一般是证券公司作为基金的管理人，选取一家银行作为其托管人，募集到一定数额的金额开始运作，每个月开放一次，向基金持有人公布一次基金净值，办理一次基金赎回。证券公司作为基金管理人，根据业绩表现收取一定数量的管理费。

金钱信托式私募基金的实质就是全权委托理财，它在设立和扩募时表面上是与每个客户签订委托理财协议，但这些委托理财账户总体上合在一起进行基金式运作，在买入和赎回基金单元时，按基金净值进行结算。其交易既有可能是每个基金持有人单独开立交易账户并全权委托，也有可能是基金持有人控制一个主账户，但分仓操作。

（三）私募基金的意义

1. 促进证券市场的健全发展

常态发展的私募基金，其管理者与投资者的产权关系明确，以管理者入股投资的方式，使其与投资人的利益趋于一致，将代理风险降到最低；此外也通过激励机制正面回馈投资人以追求最大获利。相较公募基金，私募基金多以长线投资为投资理念，基金管理人考虑长线利益，不会因市场短期、临时因素或投资人回赎压力频繁进出股市，对于稳定证券市场，提升证券市场效率有正面的效应；其较佳的经营模式将对公募基金及其他证券市场参与者产生示范的作用，迫使公募基金改善投资模式，以应对激烈的资金竞争，从而提升整个证券市场理性投资的素质，对于促进证券市场的健全发展有莫大的帮助。

2. 提高证券业竞争力以应对入世的冲击

根据 1999 年 11 月 5 日所达成的中美双边入世协议，中国以发展中国家成员身份加入 WTO，因此享有逐步自由化原则中对发展中国家成员的保护性条款，国内证券投资业的开放有五年的保护性缓冲期，根据美国贸易代表署公布的中美就中国加入 WTO 达成的双边协议中有关证券投资基金业开放的条款规定，中国加入 WTO 后，外国参股成立合资基金管理公司的比例可达 33%，3 年后达到不超过 49% 的比例，5 年后可增至 51%。外资加盟基金管理公司将对我国基金业产生重大影响，建立私募基金的法律建设使基金业得以尽快熟悉外国同行的游戏规则、完善多层次的投资管道，以增加我国基金业的竞争力。

3. 提供高新技术企业发展、管理层收购的资金动能

私募基金中的创业投资基金，其资金的运用大多以未上市且具有技术密集、资金密集、经营管理高效率、从事高科技产品研发的科研企业为对象，这些企业因其未上市、技术开发未臻成熟面临募集资金困难的窘境，不是一般公募基金关注的对象；依国内外的发展经验来看，创业投资基金绝对是高新技术企业资金主要来源。此外，私募基金也成为管理层收购的融资工具之一，故私募基金制度的建立对活络资本市场有其重要性。

4. 满足投资者多元化的投资需求

随着我国国民经济的持续发展，个人资产大幅增加，许多民间资金迫切需要多元投资管道。具有大量闲置资金的各类社会基金，如教育基金、互助基金、养老基金和保险基金等，由于保值、增值的动机，依其个别资产的状况，有针对性投资理财的需求，但公募基金因事涉投资大众权益，投资方式、投资对象多有限制，无法满足投资人多元的投资需求；而私募基金正好可补足公募基金的不足，可以运用较多元的金融工具，发挥其灵活性与个性化的服务优势。

2006年8月27日全国人大常委会通过修订的《中华人民共和国合伙企业法》引入了有限合伙制，为有限合伙制私募股权基金在我国的设立扫除了法律障碍。自2007年6月修订的《中华人民共和国合伙企业法》施行以来，以有限合伙制这一组织形式设立的私募股权基金越来越多。个人投资者与合伙制私募股权投资基金之间是相互依存、相互博弈的关系。个人投资者是否愿意参与合伙制私募股权投资基金取决于私募收益的高低，收益的高低决定了个人投资者是否愿意支付相关管理费用给合伙制私募股权投资基金；合伙制私募股权投资基金若想取得长久稳定的收益，必须获得个人投资者的参与和认同。个人投资者对私募基金的参与行为与意愿支付水平取决于个人投资者的认知与行为响应。

5.有利于机构投资者的培育

机构投资者的多寡一向是证券市场理性、效率运作的重要观察指标，一般而言，证券市场中机构投资者相较于投资大众因具有专业操作、掌握信息的优势，投资策略较为理性，比较不会因短期因素或不明、不实信息而买进或卖出。证券市场中的机构投资者越多，股价将趋近于合理的价格，股价得以充分反映信息，从而提高整个证券市场的效率。以私募基金而论，投资人以机构投资者为主，如果能将私募基金加以规范化，将改变目前证券市场散户为主要参与主体的格局。此外，机构投资者挟其专业、股权与投资判断的影响力，可以参与董事会、监事会，要求被投资公司财务信息透明化、加强公司治理，私募股权基金或创业投资基金甚至可以进一步左右或主导被投资公司决策，所以机构投资者的培育可发挥监督被投资公司提升经营效率的作用。

6.增加企业融资渠道，降低银行体系的系统风险

若整个社会的融资结构过于依赖银行，将严重影响金融市场的稳定。中国融资风险过度集中于银行系统，将导致银行不堪负荷，尤其过高比例的长期融资有可能产生流通性风险，一旦遇到因经济负面剧烈波动而产生的不可预期的坏账，更将雪上加霜。发展私募基金正可分担企业对银行贷款的需求，打破银行"独木撑天"的局面，舒缓银行体系的系统性风险，有助于维持中国金融体系的稳定。

二、私募基金的主体

（一）经营主体合法部分

1.信托机构

信托机构是中国目前能够合法接受私募性质委托理财业务的机构之一，经过几次全国范围内的治理整顿之后，关闭了一批不合法经营的信托公司。

信托公司通过发行集合信托计划来募集资金。风险控制手段主要通过组合投资的方式，对所投资的股票和债券有一定的比例限制，一般都设立风险控制委员会。

2.证券公司

证券公司是中国能够合法接受私募性质委托理财业务的机构之一。

证券公司营业部在委托理财中扮演了重要的角色，在中国证监会颁布法规允许证券公司接受委托理财业务之前，大部分委托理财合约是营业部与委托人直接签署，保

底条款或明或暗地存在于委托合同或者附属合同中，并且通常证券公司以非公开形式提供融资融券的信用服务。证券公司的资产管理业务主要来自核心客户，有相当一部分是以往通过经纪、投行等业务联系或通过其他关系联系的机构客户。

（二）经营主体地下部分

1. 投资咨询公司、投资管理公司

投资咨询公司、投资顾问公司运作的私募基金以更接近于契约型证券投资基金的形式出现，而这些投资公司实际上兼顾财务顾问、兼并重组业务。投资公司的交易账户集中在投资公司关系良好的证券公司，投资公司直接操作交易或指令客户交易。尽管在其营业执照业务范围中都没有"代客理财""受托代理证券投资业务"等内容，但是大多数从事代客理财业务，而且普遍存在保底承诺条款，承诺报酬率较同期银行存款利率高得多。

2. 工作室

较有名气的股评人士或研究人员组建的工作室，主要向客户提供详细的市场操作计划。工作室的收入大多数并不直接向客户收取，而是从证券营业部交易佣金中提取。

3. 专业型私募基金

证券公司从业人员离职自己做投资管理业务。这类私募基金大多较为规范，因此称为专业型私募基金。这类基金在出资额、使用期限、分配等方面都参照公募契约型基金，采用专用账户形式投资，让大户投资者做资金监管人；委托合同特别规定重大投资必须经投资人本人同意。专业型私募基金和证券公司、银行保持非常好的关系，因经营业绩相当不俗，在市场上颇受投资者青睐。

总的来看，中国私募基金组织形式公司制相对较少，主要以契约形式存在，并且或明或暗存在保底承诺条款是契约的一个重要特征。

三、私募基金的资金来源

1. 民间资本

民间资本力量比较雄厚的地区是中国"私募基金"最活跃的地区之一。

2. 公司资金

公司通过委托理财进行股市投资，获得"短平快"的投资收益。上市公司委托理财收益已经成为上市公司利润的重要构成部分。

3. 其他资金

私募基金获得资金的手段包括：通过股票二级市场价格，进行股票质押贷款获得资金；通过业务往来紧密的证券公司的融资、融券行为获得使用资金等。

四、私募基金的特点

目前，国际上开展私募基金的机构很多，包括私人银行、投资银行、资产管理公司、投资顾问公司等，特别是随着国际上金融混业趋势的发展，几乎所有国际知名的金融控股公司都从事私募基金管理业务，该业务已经发展成为国际上金融服务业中的核心业务之一。

2014 年 8 月，中国证监会发布第 105 号令《私募投资基金监督管理暂行办法》，私募投资基金已经成为我国资产管理市场上的重要组成部分。

与现存的公募基金和西方较规范的私募基金相比，中国的私募基金具有更多的特点：

（一）针对性更强

由于私募基金面向少数特定的投资者，投资目标更具有针对性，能够根据客户的特殊需求提供度身定做的投资服务产品，实现了投资产品的多样化和差别化。

目前市场上的公募基金特色不明显、收益不突出，对于具备一定的经济实力和抗风险能力的投资者和机构来说吸引力不大。而追求高收益、承担高风险的私募基金满足了客户的需求。从中国中产阶层崛起的趋势看，这种特殊金融服务的需求是很大的。

（二）灵活性更高

私募基金所需的各种手续和文件较少，受到的限制也较少，如对单一股票的投资占净值的比例没有上限，不必定期披露详细的投资组合；私募基金的操作非常灵活自由，投资更具有隐蔽性，投资组合随机应变，获得高收益回报的机会更大。

（三）激励性更好

在基金管理人的收益方面，往往只给管理者很低的固定管理费，以维持其开支或者根本就没有管理费，其主要收入从基金收益中按比例提取。

在风险方面，国际上基金管理者一般要持有基金 3%~5% 的股份，发生亏损时这部分将首先被用来支付，但国内大部分私募基金这一比例一般高达 10%~20%。基金经理人自身承担了较大风险，保证了投资者与管理者利益高度一致，实现了两者之间的激励相容，这较好地解决了公募基金经理人激励约束机制严重弱化的弊端。私募基金与公募基金的特征比较如表 4-4 所示。

表 4-4　私募基金与公募基金的特征比较

	私募基金	公募基金
投资者人数	一般在 100 人以内	无限制
操作	无限制	有限制
监管	不监管	严格监管
投资结构	私人投资体	公众投资公司
投资金额	限制	不限制
投资战略	不限制	限制
专业化程度	很高	相比不高
筹资方式	私募证券法规定：私募基金在吸引顾客时不得利用任何媒体做广告	公开大做广告以招徕顾客
能否离岸设立	通常设立离岸基金	不能离岸设立
信息披露程度	不用披露财务和资产状况	公开披露

续表

	私募基金	公募基金
基金管理人报酬	佣金 + 提成	一般为固定工资
管理人能否参股	可以参股	不可以参股
投资者抽资有无限制	有限制	无限制或限制很少
规模大小	规模相对较小，但增长迅速	规模大
业绩	较优，远高于一般的退休基金和共同基金	相比逊色

五、私募基金的优势

（一）私募基金发行成本较低，发行时间较短

私募无公共利益的考虑，所以监管能力薄弱，通常在发行时豁免相关行政审查，无须制作完整的招募说明书，也不需请会计师、律师提出财务会计报告与法律意见书；此外因禁止公开募集资金，亦可减省广告费用，也不用通过承销商销售基金份额而直接与合格投资人协商，相较于公募基金发行成本可大幅降低；另外，私募基金既无需注册又无需发行审查，发行时间当然可以缩短许多，也使其运用得以适时配合投资机会。

（二）私募基金具有针对性，得以满足特定投资人的投资需求

私募基金是面向特定的有资历、专业的投资人募集资金，私募基金管理人与投资人缔约能力相当，可以通过相互协商体现投资者的投资需求与基金管理人的投资专长，使私募基金充分发挥量身定做、"客制化"的特色。而公募基金往往仅基于基金管理人的判断与主管机关的相关规定，在基金成立核准前即提出投资方案，再由投资人被动地考虑接受与否，是否能满足个别投资人的理财需求大有疑问；而且为降低投资风险、维护金融市场稳定。

（三）私募基金藉由与业绩挂钩的薪酬激励机制，充分发挥专家理财的特色

私募基金就基金管理人的薪酬通常采取与业绩挂钩的激励方式，基金管理人在亏损时领不到报酬，甚至有约定基金管理人应优先就自己的投资额填补亏损；私募基金投资获利越多，基金管理人的报酬就越丰厚，所以私募基金与基金管理人的利害关系是一致的，可使基金管理人的道德危险降到最低，也可让私募基金免于逆选择的苦果。此外，因私募基金采取与业绩挂钩的报酬激励方式，较公募基金更能吸引真正优秀的基金管理人，从而使私募基金更能发挥专家理财的优势。反观公募基金，基金管理人的管理费通常以基金资产净值的百分比计算，这种管理费的计算使基金管理人与投资人的利害关系并未达成一致。与私募基金相比，公募基金的计酬方式显然无法有效激励基金管理人发挥所长，对优秀的人才比较没有吸引力。

（四）私募基金有较强的投资人保护机制

私募基金以有相等资历与专业的投资人为资金募集对象，此类投资人通常与私募

基金的发行人有对等的缔约能力，为保护其投资权利，会通过个别协商过程，议定监督基金运作、保证金制度等条款，确认其法律权利；而公募基金大多为定型化契约条款，鲜少有变更的机会，投资人也缺乏足够的专业能力、法律常识与基金发行人议约，除非有完善的法律规范与行政监管，否则投资人的权益无法受到完整保障。

（五）私募基金保密性较强

私募基金因投资人有相当的资历与专业，相较于公募基金的投资人，并不需要严格的监管力度，除了在基金成立时豁免审查外，在基金运作期间也无须定期公开披露详细的投资组合、投资策略，操作透明度相当低，使其投资更具有隐蔽性，从而使他人不容易模仿；再加上投资手段灵活，不如公募基金有许多限制，如果运作得宜的话，可能的投资收益相当高。而公募基金则必须定期公开披露资产组合等信息，投资方式容易被效仿，常常造成市场上一窝蜂地盲目跟进，投资效益相较之下不易持久、垄断。

六、私募基金的风险

（一）道德风险

私募基金管理人与投资人之间是一种委托—代理关系，在这种关系下，委托人和代理人就委托事项有不同的利害关系或方向不一的利益追求，因此面临风险时的态度也不相同：代理人可能为追求自己的最大利益滥用职权而损害委托人的利益，而代理人之所以有机可乘，乃因其相对于委托人有信息优势的地位；委托人基于信息不对称，无法观察其所监督之代理人行为的情况下，代理人的道德风险就会发生。

（二）操作风险

私募基金管理人以有限的基金财产为求扩大投资绩效来建立声誉或获得更佳报酬，通常会采取扩张信用的杠杆操作手法，也就是通过融资做到几倍到几十倍的交易，财务杠杆的比例是建立在精确的预测、科学的统计基础及极其复杂的数学模型上的。尽管理论上看似准确，但市场诡谲多变，一旦预测错误，杠杆的运用将扩大亏损。

（三）政治风险

在金融国际化、经济全球化的时代浪潮的冲突下，世界各国尤其是新兴国家的金融市场愈来愈自由化、开放化，私募基金的投资方向亦趋向于国际化、多元化。这些国际性私募基金的绩效除了受到一般市场因素的影响外，也会受到被投资区域或国家政治因素的影响，一旦私募基金所投资的区域或国家出现政治动荡或金融市场大幅度的变动时，基金财产将会受到难以预期的损失。

（四）暗箱风险

私募基金因其投资人的资格限制，其运作不涉及公众利益与社会秩序，出于平衡募集资金自由与保护公众利益的考虑，私募基金相较公募基金在资金募集、发行审查、基金运作、信息披露等监管都十分宽松，大体上都依当事人自治及契约自由原则来运作，基金管理人几乎感受不到主管机关的监管，虽然投资人均由机构投资者及有资历的自然人所组成，然而，基于委托—代理关系中先天无法克服的信息不对称性，若无特别的约定或安排，黑箱作业的弊病很可能发生。

（五）监管风险

对于私募股权基金来说，目前还存在着进一步完善监管的需要。一是现有制度缺乏对投资风险的深入监管。当前，我国私募股权投资基金监管政策交叉、监管责任不明，尤其缺少对私募股权投资基金系统性投资风险的管控。目前的政策还多存在于宏观层面的管理，对于投资者制度、基金管理人制度及风险组织架构等方面的具体监管还不明确。二是行业自律体系不健全。行业自律是确保私募股权投资基金健康、可持续发展的基石。在当前监管政策不完善的背景下，行业自律体系建设尤为重要。然而，当前相关自律规范性文件还不能被行业所正式认可。三是私募股权投资基金退出渠道偏窄。当前我国私募股权投资基金退出的主要途径是企业 IPO，而这一渠道的准备过程复杂且漫长，往往由于信息不对称造成资源配置效率偏低。

自 2016 年以来，中国证监会和中国证券投资基金业协会先后发表了关于私募基金监管的新政策，目前我国采取"7+2"自律规则体系来推进我国私募基金行业的发展。其中，"7"代表七个自律管理办法，在募集、登记备案、信息披露、从事投顾业务、托管业务、外包服务管理以及从业资格管理这七个方面对其进行规范。"2"则代表包括内部控制和基金合同这两个方面的指引。除此之外，私募行业在发展过程中不断出现新的挑战，相关政府部门对这一状况也不断出台新的应对政策，使我国的私募基金行业更加规范。由于经济行业市场对监管制度逐渐稳定成熟，我国私募基金管理行业也渐渐地向稳定、良好的局面发展；与此同时，近年来私募管理人的选择标准也在不断提高。

（六）项目风险

私募股权基金主要投向具有高成长性的中小型未上市公司股权。项目公司不仅受到宏观经济环境和产业周期环境的影响，也受到其自身战略、公司治理、公司运营和公司财务的影响。在战略上存在公司战略、经营战略上错误判断产业和产品生命周期，选择错误的战略导致公司在激烈的市场竞争中无法实现战略目标的风险；公司治理方面，初创型企业普遍存在治理结构不健全、股权结构不合理的风险；公司运营管理方面，风险投资的早期项目公司存在技术路线研发失败，核心技术难以顺利实现商业量产，存在技术优势明显但商业前景不明朗等风险，同时被投资公司普遍存在公司管理制度不健全、内部控制设计及运行无效的风险，被投资公司因经营不善等造成业绩下滑，导致市场占有率下降甚至破产清算等风险；公司财务方面，可能存在财务制度不健全、财务核算不规范的风险。

（七）流动性风险

目前我国私募股权投资退出方式主要包括 IPO 退出、上市公司并购退出、二次出售、大股东回头、清算退出。相比国外成熟的多层次资本市场，我国资本市场结构单一，过半数私募股权投资基金投资项目依赖公开市场退出。

（八）有效投资管理风险

就目前私募股权基金投资发展情况而言，很多投资企业缺乏投资管理标准，导致在投资风险出现时无法进行有效应对，更无法进行合理预测，从而导致投资风险不断发生；并且在实际投资中投资企业也很容易受到不良影响，会有一定损失。另外，由于私募股权基金投资在我国起步发展比较晚，对于这一方面的研究仍旧比较缺乏，在这一方面的投资管理中也就缺乏有效的理论依据及支持，影响投资管理工作的开展，从而导致投资风险的发生。此外，目前的私募股权基金投资发展仍旧不具备良好的宏观监管机制及政策，这也是投资管理缺失的重要因素，导致发生投资风险的可能性增加，影响最终的投资效益。

七、私募基金投资策略和运作方式

私募基金严格限制投资者范围，投资者主要是一些大的机构投资者和一些富人。

（一）私募基金投资策略

1. 证券投资

证券投资具有流动性好、投资管理过程简单、收益率比较高等优点。在投资策略方面，私募基金一般通过题材挖掘、拉动板块轮番上涨方式获益。随着中国证券市场的日益成熟，价值投资逐渐取代以往的坐庄模式，成为证券投资基金的首选投资策略。

2. 风险投资

风险投资主要投资于处于创业期、成长期的企业权益，以分享企业高速成长所带来的高收益。风险投资的特点是高收益、高风险，缺点是资金流动性较差。

风险投资主要投向具备高成长性的高科技企业，在中国方兴未艾，而且大多数新成立的风险投资基金在运作上都处于摸索阶段。在万马奔腾的格局下，怎样努力构筑并充分发挥自己的独特优势，成为众多的风险投资基金迫切需要解决的课题。

3. 产业投资

产业投资是指结合了风险投资与证券投资的优点，专门投资于某些特定产业的投资策略。基金管理者对某一行业（如信息产业或新材料）有深入的了解和广泛的人脉关系，这样基金就专注于这一产业，从事风险投资与证券投资；为了既提高收益，又保证流动性，风险投资占 1/3，证券投资占 2/3；在投资过程中，在产业内的风险投资与证券投资相互促进，彼此协调，以提高投资收益，降低投资风险。

这种产业投资策略体现了专业化与协作化这两个时代趋势：一方面，随着科学技术的进步，专业化趋势已越来越加速，只有专注于某个技术领域，才能精通这一领域，并有效地抓住这一领域所孕育的投资机会；另一方面，专业化的加速，更凸显了协作的重要性，技术背景、风险投资与证券投资这三个方面只有密切配合，才能更好地提高投资收益，控制投资风险。没有过硬的行业技术背景，风险投资和证券投资就会成为无源之水、无本之木；没有风险投资和证券投资，行业技术背景也不会为证券公司带来巨大的投资收益；风险投资需要行业技术背景作为其后盾，需要证券投资作为其退出的出口和实现收益的渠道；证券投资需要行业技术背景作为其投资依据，需要风险投资作为其获取巨额收益的前奏。专业化与协作化已越来越成为投资领域的一个趋势。

这种行业投资策略在投资界还未被广泛采用。"巴菲特模式"只是该策略的某种雏形。在充满风险的投资领域，产业投资是一种同时提高投资收益和控制投资风险的有效策略。虽然这一策略需要管理者具备很高的素质（既需要有过硬的技术背景，又需要精通风险投资、证券投资与团队管理），但随着时代的进步与竞争的加剧，这一策略必然会由于其卓越的风险收益特性而得到广泛的运用。

4. 其他

其他投资策略有对冲策略、全球宏观投资策略、特殊事件投资策略等。虽然在中国目前的市场上，这些策略中有许多不能被直接采用，但它们依然具有重要的借鉴作用。

（二）私募基金运作方式

私募基金一般采取黑箱操作，投资策略高度保密。私募基金无须像公募基金一样在监管机构登记、报告、披露信息，私募基金的经理人在与投资者签订的协议中一般要求有极大的操作自由度，对投资组合和操作方式也不透露，外界很难获得私募基金的系统性信息。

私募基金一般运用财务杠杆操作。一般情况下，基金运作的财务杠杆倍数为 2~5 倍，最高可达 20 倍以上，一旦出现紧急情况，杠杆倍数会更高。私募基金大规模运用财务杠杆的目的是扩大资金规模，突破基金自有资金不足的限制，以获得高额利润。

私募基金的组织结构比较简单。私募基金属于合伙制企业，不设董事会，由一般合伙人负责基金的日常管理和投资决策。

私募基金采取与业绩挂钩的薪酬激励机制。基金经理除了能够获得基金资产的一定比例的固定管理费外，还可以提取投资利润一定比例（通常在 5%~25%）作为奖励。

私募基金操作手法多样。私募基金经营机制灵活，没有短期的利润指标和确定的资金投向限制，在投资工具、财务杠杆、投资策略等各个方面也没有限制，这样基金经理就能在范围更广的投资领域选择投资目标，以获取长期的高额利润。

八、私募基金资金投向

私募基金在我国的发展不到 20 年时间，速度非常快，保守估计"地下私募基金"的总量超过 2 万亿元，与截至 2021 年 11 月市场上总规模有 24900 亿元的股票型公募基金相比，"地下私募基金"对证券市场及至整个金融体系的影响相当大了。

由于企业的闲钱一时找不到合适的产业投资项目，加上银行利率较低，自然就会寻找机会投入股市。其中"地下私募基金"便是一个比较方便的渠道。这些私募基金按其投资方向分为一级市场申购基金，二级市场投资基金及国债投资基金。一级市场申购基金是指银行或证券公司集合大众投资资金，利用私下购得的大量个人股东账户，通过批量申购新股，赚取无风险新股申购平均收益率的基金。这种基金最早由中国银行推出，其他银行和券商为了争取储户，存款和客户保证金，也纷纷效仿。这种基金没有保底条款，但有明确的投资方向和运作方式，新股中签卖出后的收益可随时划到客户的个人账户上，客户也可随时中止委托，因而具有很大的灵活性。同时，由于这种基金能够获得新股申购的平均收益率，在前几年新股申购收益率一直保持在两位数的情况下，吸引了大量的个人储蓄资金加入，出现了新股申购冻结资金屡创新高的现象。一级市场申购基金的管理者收益一般来自基金收益的一定比例。二级市场投资基金是指专门投资于二级市场股票的基金，合作方式主要有保本保息分红、固定比例分红等。

二级市场投资基金的运作方式有：

（1）委托者自行开户，然后全权授权受托者运作，资金账户由委托者自己保管，股票账户由受托者管理，期限一般在半年以上。在委托期内，委托者可以定期查阅自己账户的市值，但是不能知道自己的投资组合，也不能取款。这种方式一般适用于券商的资产管理业务。

（2）委托者与受托者共同出资成立一家合资公司，以投资公司名义进行运作。

（3）委托者自行开户，由受托者在委托者账户中存一定比例的保证金或股票作抵押，如10%，然后全权委托受托者操作，委托者随时监控，当市值下跌一定比例时，受托者应追加保证金，否则，委托者可强行平仓。这种方式适用于非金融机构和那些有较可靠内幕消息或者有较高操盘水平的个人，因为非金融机构或个人信誉有限，他们要想取信于人，让他人的股票账户归他们操作，必须存一定比例的保证金或股票才能合作成功。一般这种操作方式要由券商负责监控或做中间人，以保证协议的履行。

（4）委托人自行开户，受托者负责提供投资咨询，口头承诺收益率，收取会员费或咨询费，同时赚取券商的返佣。这种方式适合证券投资咨询公司。

二级市场投资基金一般都有保底收益率，其保底收益率一般为10%~12%，现在随着银行利率的降低以及一级市场和二级市场收益率的大幅下降，保底收益率可能没有以前那么高了。

九、私募股权投资基金的主要形式

私募股权基金，又称私募股权投资基金。私募股权基金的管理公司不是市场上普通的管理公司，而是为基金管理成立的专门公司。这类公司一般选择增长潜力较高的未上市企业作为投资对象，以股权或准股权进行投资，有时其基金管理公司也会参与到被投资企业的经营管理活动中，在该企业的发展较为成熟以后，再以股权转让的形式实现资本增值。

私募基金非上市股权投资的特点：

（1）非公开性：私募基金在募集时，主要通过非公开方式面向少数机构投资者或个人募集，资金管理人通过私下与投资者协商进行销售和赎回的交易。私募基金投资非上市股权时也是私下进行，很少涉及公开市场的操作，一般不需要披露具体的交易细节。

（2）多采取权益型投资方式，绝少涉及债权投资：反映在投资工具上，多采用普通股或者可转让优先股，以及可转债的工具形式。私募股权基金投资机构也因此对被投资企业的决策管理享有一定的表决权。

（3）流动性差，投资期限较长：私募基金对非上市股权的投资由于没有现成的市场供非上市公司的股权出让方与购买方直接达成交易，因此一般流通性较差，所以投资期限一般比较长，通常可达 3~5 年或更长，属于中长期投资。针对初创型和发展型的企业投资期限可能会更长。

（4）高风险，高收益：投资期限越长不确定性就会越大，风险就越高，相应的收益就会越大。

（5）投资者可参与管理：一般情况下私募股权基金都有专业的经营管理团队。投资于非上市股权时，管理团队可以为企业出谋划策，提出适合企业发展的合理方案。那些投资者也可以参与管理企业，不过没有决定权。

（6）风险、收益阶段性：私募基金非上市股权投资企业的阶段不同，面对的风险也不同，获得的收益也有区别。

（7）获利不确定性很强：企业经营的不确定性强，私募股权投资的对象一般为中小企业和高新技术企业，这些企业很可能在残酷的竞争中被淘汰，因此私募股权基金的获利的不确定性极强。

对于私募股权基金来说，其设立方式主要包括公司制、契约制、合伙制。

1. 公司制私募股权投资基金

公司制模式是效法公司成立的模式由投资人入股成立的股权投资基金。从经营权与所有权分离的角度出发，私募股权投资基金的经营决策权公司股东是不能够直接决定的，需要根据股东大会进行投票选择后的决议进行。同时，董事会负责公司整体运营及管理，并实现公司资源的合理配置。

2. 契约制私募股权投资基金

具体运作中，管理人发起基金的设立，通过收益性凭证募集资金，并形成依托资产，从而开展对外投资。第三方托管机构以托管人身份管理基金财产，并严格执行基金管理人的指令；基金投资人是私募基金的所有人，也是基金的最终受益者，基金严格根据约定分享最终的成果。

3. 合伙制私募股权投资基金

合伙制私募基金，由普通合伙人、有限合伙人构成。普通合伙人代表组织开展业务，有限合伙人以其出资额为限承担责任，但是不参与基金的运作，只是享有应分得的那部分收益。该种模式下，体现了人与资金的综合，并使效益发挥到了极限，实现了投资人、管理人双赢。可以看出，有限合伙制的私募股权投资基金模式，无论是控制权分配、报酬激励及信用机制，乃至于运营成本的控制，都存在着较多的优点，同时在避免双重纳税方面也有突出优势。

私募股权基金在运作过程中，需注意防范存在的风险。由于国家尚未出台专门针对私募股权投资基金的法律法规，导致在参与主体法律关系、权利义务、风险管控等方面存在不少立法空白或规则冲突。在具体监管中，除中国证监会依据《私募投资基金监督管理暂行办法》对基金业务活动实施监督管理，中国证券投资基金业协会实施行业自律外，原银监、保监部门均对所辖机构涉足私募股权投资业务做出专门规定，增加了各类基金规范运作、统一管理的难度。因私募股权投资高风险、高收益的属性，吸引了大量资金、机构、人力汇聚其中，导致管理水平良莠不齐，机构间竞争加剧，短期逐利行为明显，存在较为普遍的重募集轻管理、重投资轻风控、重跟投模仿轻策略研究、重前期交易轻后期管理的倾向，引发大量风险。

十、私募证券投资基金的主要形式

目前，我国存在的私募证券投资基金主要有以下形式：信托公司集合资金信托计划、证券公司集合资产管理计划、基金管理公司多客户特定资产管理业务、管理自有资金的投资公司和民间私募证券投资基金。

（一）信托公司集合资金信托计划

信托公司集合资金信托计划是指由信托公司担任受托人，按照委托人意愿，为受益人的利益，将两个及两个以上委托人交付的资金进行集中管理、运用或处分的资金信托业务活动。

从当前市场上看，信托公司的集合资金信托计划产品主要有两类：结构化集合资金信托计划和非结构化集合资金信托计划。

在结构化集合资金信托计划中，委托人可划分为优先受益权委托人和一般受益委托人。优先受益权委托人在风险相对可控的前提下获取相对稳定的信托利益，一般受益委托人在保证优先受益权委托人按照信托文件约定获取信托利益的基础上，有机会获取超额的信托利益。而非结构化集合资金信托计划对委托人不划分优先等级。典型的信托公司集合资金信托计划是华润深国投信托有限公司发行的众多集合信托产品，如早期的"赤子之心"系列开放式证券投资信托基金和当前的"通联资本"系列结构式证券投资集合资金信托计划。

（二）证券公司集合资产管理计划

证券公司集合资产管理计划是指证券公司在为多个客户办理集合资产管理业务时设立，交由相应的资产托管机构进行托管，对多个委托人交付的资金进行集中管理、运用或处分的资金信托业务活动。

集合资产管理计划根据投资对象可分为限定性集合资产管理计划和非限定性集合资产管理计划：限定性集合资产管理计划主要投资于信用度高且流动性强的固定收益类金融产品，如国债、国家重点建设债券、债券型证券投资基金、在证券交易所上市的企业债券等；而非限定性集合资产管理计划的投资范围由集合资产管理合同约定，投资对象不受限制。现有的中信理财2号集合资产管理计划、君得益集合理财产品等都是证券公司集合资产管理计划的典型例子。

（三）基金管理公司多客户特定资产管理业务

基金管理公司多客户特定资产管理业务（俗称基金公司"一对多"专户理财业务）

是指基金管理公司向两个以上特定客户募集资金或者接受两个以上特定客户财产委托担任资产管理人，由商业银行担任资产托管人，为资产委托人的利益运用委托财产进行证券投资的活动。

（四）管理自有资金的投资公司

管理自有资金的投资公司是指由几家企业共同出资，成立有限责任公司或股份有限公司并将筹集的资金主要用于投资有价证券的集合投资管理方式。一个典型管理自有资金的投资公司就是由金华市信托投资股份有限公司、浙江省商业财务公司、上海强生、联通国脉通信股份有限公司等 12 家公司共同出资筹集 1.85 亿元组建的上海邦联投资创业有限公司。

（五）民间私募证券投资基金

民间私募证券投资基金是指以咨询公司、顾问公司、投资公司、理财工作室甚至个人等名义，以委托理财方式为中小投资者提供投资服务的集合投资管理方式。

由于这类私募证券投资基金的资金筹集完全依靠亲朋关系实现，其运作管理也主要依靠投资管理人个人信誉和口头或书面协议等加以约束和控制。这类私募证券投资基金从性质上说属于民间金融行为或地下金融行为。在实际操作中，许多私募证券投资基金往往是单户理财，即投资者以自己的名义开户，将账户名称、开户地址、账号和交易密码等信息告知投资管理人，自己控制银行密码、证券公司密码等其他密码，投资管理人只负责日常交易但不能转移账户上的资金。但这种表面上的单户理财对投资管理人来说实际上形成了集合投资管理方式，因此这种操作方式被市场普遍认定为私募证券投资基金。

第五节　社会保障基金投资行为

一、社会保障基金的构成以及基本投资原则

（一）社会保障基金的构成

社会保障基金是指根据国家有关法律、法规和政策的规定，为了实施社会保障制度，按照保障体系，通过各种渠道而筹集起来的、法定的、收支平衡的、专款专用的经费的统称。

党的十六届三中全会提出加强社会保险基金筹集力度，扩大筹集覆盖面，规范社保基金管理，保障基金安全，党的十七大报告又提到通过各种途径扩充社会保险基金和加强社保基金管理，2017 年《政府工作报告》又提出进一步健全社会保障制度建设，强化社保基金管理。可见，社会保障基金已成为国家发展的重要经济支柱之一，对稳定社会有着重大的现实意义（王倩，2022）。

截至"十三五"期末，全国所有省份均启动实施基本养老保险委托投资工作，合同规模 1.24 万亿元，到账资金 1.05 万亿元。累计收益额 1985.99 亿元，年均收益率

6.89%。企业年金制度覆盖面进一步扩大，全国共 10.7 万个企业建立企业年金计划，较"十二五"期末增加 3.2 万个。参加人数 2719.6 万人，较"十二五"期末增加 403.4 万人。积累基金 22496.8 亿元，较"十二五"期末增加 12971.3 亿元，基金自投资运营以来年均加权平均收益率为 7.3%。职业年金市场化投资运营工作开局良好，除西藏外，全国 32 个统筹区启动市场化投资运营工作，委托投资规模超过 1.2 万亿元，2020 年加权平均收益率超过 12%。"十四五"期间，社会保险基金监管局将继续推动基本养老保险基金委托投资，指导各地完成城乡居民基本养老保险基金委托投资规模超过 4000 亿元的目标任务①。

由于社会保障与社会福利、社会保险内涵交叉，经常混用，我国目前对社会保障基金概念的使用还存在着混乱的状况。基于我国已经确立"统账结合"的社会保障模式，我国的社保基金可以分为以下四个部分：

1. 全国社会保障基金

全国社会保障基金是指由全国社会保障基金理事会负责管理的，由国有股减持划入资金及股权资产、中央财政拨入资金、经国务院批准以其他方式筹集的资金，及其投资收益形成的、由中央政府集中的社会保障基金。

2. 社会统筹基金

社会统筹基金就是在社会范围内对社保基金的来源和用途做出统一的规定、计划和安排，以发挥社会保险功能的基金，它来源于企业和职工缴纳的养老保险费，用于支付离退休人员的养老金。

3. 个人账户基金

"统账结合"中的"账"指的就是个人账户。我国目前存在很多形式的个人账户，城镇职工的基本养老保险、基本医疗保险、企业年金和住房公积金以及农村养老保险等都采用了个人账户进行管理，个人账户实行完全积累制。

目前我国养老金账户空账运行严重，做实账户的工作正在大力推行。随着个人账户的做实，账户基金的投资问题也逐步引起人们的关注。今后，用于养老并具有基金积累的个人账户能否实现整合，比如把基本养老保险的个人账户与补充养老保险的个人账户捆在一起进行管理，将取决于养老金制度的进一步调整和完善。

4. 企业年金

企业年金是养老金制度的第二支柱，也被称作"私人养老金计划"。我国大力发展企业年金具有十分重要的意义，因为只有企业年金发展起来了，才能减轻国家在养老方面所承担的责任，保证职工退休后仍维持较高的生活水平。

基本养老保险基金和全国社保基金是我国养老基金的重要组成部分，健全的、适合我国国情的委托代理信托投资模式是获取可观投资收益的前提和基础，有利于养老保险制度健康良性运行，实现养老基金的可持续发展。我国已初步形成了以基本养老保险基金为基础，以企业（职业）年金基金为补充，以全国社保基金为储备的养老基金体系。

---

① 资料来源：中国日报网。

截至 2015 年末，我国基本养老保险基金累计结存 39937 亿元（其中包括 35345 亿元的城镇职工基本养老保险基金和 4592 亿元的城乡居民基本养老保险基金）。以运行时间最长的城镇企业职工基本养老保险制度为例，基金收入由 1992 年的 316.8 亿元增至 2015 年的 29341 亿元，基金累计结存也从 1993 年的 245 亿元增至 35345 亿元，基金收支及累计结存规模均增长数百倍。《全国社会保障基金理事会基金年度报告（2015年度）》显示，2015 年末，全国社保基金资产总额 19138.21 亿元，直接投资与间接投资大概各占一半，境内投资占比达到 95%。

全国社会保障基金理事会数据显示，2018 年基本养老保险基金权益投资收益额98.64 亿元，投资收益率 2.56%。其中：已实现收益额 145.27 亿元（已实现收益率3.81%），交易类资产公允价值变动额 –46.63 亿元。基本养老保险基金自 2016 年 12 月受托运营以来，累计投资收益额 186.83 亿元。

（二）社会保障基金的投资原则

1. 安全性原则

社会保险基金是一种专款专用的基金，这是广大职工的保命钱，要坚持安全性原则。对社会保险机构而言，保险基金是对全体被保险人的负债资金。为了确保社会保险机构有足够的偿还能力，必须确保资金运营的安全返还。安全性原则即要求投资不仅要维持资金的名义价值，还要维持它的实际价值，这一点在通货膨胀时期尤为重要。

2. 盈利性原则

收益是社会保险基金自我积累的一个重要源泉，它是投资运营成果的综合指标，也是投资的直接目的。没有收益的投资是不予考虑的，因为没有收益就没有保值，更谈不上增值。投资收入的高低只能用投资的回报率和通货膨胀率的比较才能判断。只有当投资回报率大于通货膨胀率，基金的保值增值目标才能实现。在选择高收益的投资中，应注意到：严格来讲，收益包括经济效益与社会效益两部分，因此投资不能损害国民经济整体利益，造成对社会的危害。

为了加强社保基金的监管，应建立社保基金稽核防控体系，使该体系做到内外并重、标本兼治。防范基金流失必须从内部控制入手。首先，加强内控制度建设。严格落实经办岗位权限管理；严格执行不相容岗位分离和高风险岗位定期轮岗制度；全面落实电子社保卡扫码登录，取消用户名口令访问；大力推进虹膜识别技术，在经办系统高风险岗位推广应用；加强对非工作时间段操作高风险业务的管理和监控。其次，加强数据共享比对。将各项保险业务全面纳入综合柜员制一体化公共服务平台管理；在实现新参保、新退休等状态变化和个人关键信息变更时要实时联网核验；建立人社、司法部门数据共享比对和协查机制，做好各级经办机构与相关部门的数据共享比对。

3. 流动性原则

投资方式选择既要考虑到投资回报率的高低，又要考虑到资产变现能力，不同投资方式的变现能力是不同的。另外，需从各种不同保险项目基金的特殊用途来考虑。如失业、疾病、伤残保险基金，变现性较高，而投资收益率就低，要求投资于短期、中期投资项目；长期性保险项目，如养老保险基金对流动性要求不高，但其投资收益率较高，选择投资项目的时间可以长一些。

4. 技术性原则

利用大数据的技术先进性来提高社保基金的利用效率，实现大数据技术在社保业务中的有效应用，应当建立起一个集数据生产加工、建模分析、应用和可视化展现于一体的智能化大数据系统，具体可由大数据生产平台和智能分析应用平台两个部分构成。

大数据生产平台主要用于数据获取与分类、资源下载、文档处理、数据提取、校验、审核、衍生计算、更新同步等功能。该平台可通过运用机器学习分类算法、自然语言处理（NLP）关键词提取及非结构化文档处理等技术手段，进行多源异构数据的采集处理，形成完整、全生命周期的数据生产加工流程；同时借助可视化数据手段，对数据生产全过程进行动态可视化监控，并对数据预处理进度、提取成功率、准确率、数据完成率、作业效率等进行实时统计，确保数据生产优质高效。平台还应全面采集与经办管理相关的外部数据信息，如公安、民政、司法、税务、民航、铁路等领域的相关信息，形成一个内外部相互印证的、完整的社会保险大数据资源池。

智能分析应用平台主要用于指标设计与计算、建模、分析、数据挖掘、机器学习、应用展示等。平台依托大数据生产系统，全面深度挖掘参保人员基础信息、参保记录以及社保基金缴纳、管理、支出等各类社保信息，通过构建大数据模型、采用人工智能算法对社保数据进行深度挖掘和智能分析，高效、精准地预警风险和发现问题，有效提升社保业务的管理水平和风险防控能力。

我国可以利用大数据技术打通部门之间的数据壁垒，收集海量的社保关联信息，从中客观分析掌握社保基金变化规律。例如，连通人社局、民政局、统计局、公安局、卫生局，以及第三产业的行业数据、医疗机构、移动电信运营商等部门数据库，通过数据进行同比、类比、环比分析，精准地预测本地的生育率、治愈率、死亡率、人口迁移率等数据，建立社会保障基金实时情况一人一档，进而核算出社会保障基金的缺口和盈余，更好地指导决策。政府可以根据大数据技术提高社保基金的利用率、基金管理的效能，收集人们对社会保障基金征缴和发放等方面反馈出来的问题和评价数据，通过综合分析，让数据更加丰富、客观、精准地呈现出来，反向完善社会保障基金管理的相关法律和制度，规范社会保障基金管理行为，明确管理脉络，从社保基金管理要求、权利和职责等内容做出严格的规定，清晰划出红线，使管理更加科学化与程序化。

二、投资目标与投资限制

（一）投资目标

投资目标所包括的内容主要体现在投资者所希望达到的收益率要求和与他们的风险承受力两个方面的权衡。

下面就风险与收益两个方面对社会保障基金的投资目标进行分析（见表4-5）。

表 4-5　社会保障基金的投资目标分析

投资目标		社会保障基金
投资收益率要求		根据目前披露的信息，社保基金有两个明确的收益率要求：一是要求托管资产的年收益率不低于通货膨胀率加 3 个百分点；二是要求年投资收益要超过同期银行一年期定期存款利率 20% 以上
风险承受力	能力	从社会保障基金的投资期限较长这一点上来说，应该能够承受平均的风险水平；但以下两方面的原因使目前社保基金的风险承受能力低于平均水平： 一是中国养老保险体制由现收现付转向部分积累过程中产生的"空账问题"，统筹账户不足以支付养老金支出，便透支个人账户资金，导致当前个人账户"空账运行"。社会保障基金承担了"输血"的重任。 二是中国人口结构的老龄化趋势明显
	意愿	社会保障基金通过强调安全性、流动性说明其承受风险的意愿不强，投资风格较为保守，收益与增长并重的投资策略较为合适
总体承受力		社会保障基金总体的风险承受力较市场平均水平略低

（二）投资限制

投资限制因素包括流动性、投资期限、监管、税收以及特别要求五个方面（见表 4-6）。

表 4-6　社会保障基金投资限制

投资限制	社会保障基金
流动性	总体而言，除了留足两个月的备付金外没有其他流动性要求，但需注意的是中国人口结构老龄化趋势明显，对社保基金支付需求的流动性有上升趋势
投资期限	社保基金的投资期限较长，具备长期成长性的公司应该纳入社保基金的投资品种选择范围之列
监管	《私募投资基金监督管理办法（征求意见稿）》是目前最新的对社保基金进行监管的法规文件。对目前社保基金的投资方向作出了具体的规定
税收	没有税收方面的限制
特别要求	社会保障基金在与基金管理公司签订的协议中明确规定不得投资于以下五种股票： 1. ST 股票和严重违规的上市公司股票； 2. 购买时近两年涨幅超过 100% 的股票； 3. 涉嫌违规的上市公司股票； 4. 流通市值小于 3 亿元的上市公司股票； 5. 流通股小于 3000 万元的上市公司股票

从中国社会保障基金的投资限制因素来看，在流动性要求、投资期限及税收等方面的特征与国外的养老基金基本一致。有区别的地方主要在于监管法规中确定的对投资品种比例的设定。

《全国社会保障基金境内投资管理办法（征求意见稿）》第十四条至第十六条规定：

第十四条　境内和境外各类产品和工具投资比例，按成本计算，应当符合下列规定：

（一）银行存款，同业存单，国债，政策性、开发性银行债券，地方政府债券，政府债券回购，中国国家铁路集团有限公司发行的铁路债券、汇金债，不得低于 40%；

其中，银行存款的比例不得低于10%，在一家银行的存款不得高于全国社保基金银行存款总额的25%。

（二）信用等级在投资级以上的企业（公司）债、金融债、非金融企业债务融资工具，货币市场基金、债券型证券投资基金、货币型养老金产品、固定收益型养老金产品、资产证券化产品，合计不得高于20%；其中，资产证券化产品不得高于10%；债券正回购的资金余额在每个交易日均不得高于全国社保基金资产净值的40%。

（三）股票、股票型证券投资基金、混合型证券投资基金、股票型养老金产品、混合型养老金产品、公开募集基础设施证券投资基金、上市公司优先股、中国存托凭证，合计不得高于40%。

（四）直接股权投资、非上市公司优先股合计不得高于20%；产业基金和股权投资基金（含创业投资基金）不得高于10%；上市公司优先股和非上市公司优先股合计不得高于5%。

第十五条　按成本计算，单个投资管理人管理的全国社保基金资产投资于单一企业所发行的证券、单一证券投资基金，不得超过该企业所发行证券或该基金份额的10%，不得超过其管理的全国社保基金资产总值的10%；单个投资组合投资于单一企业所发行的证券、单一证券投资基金，不得超过该企业所发行证券或该基金份额的5%。

投资管理人管理的全国社保基金资产投资于自己管理的基金须经社保基金会认可。

第十六条　委托单个投资管理人进行管理的资产，按成本计算不得超过年度全国社保基金委托资产总值的15%。

于2015年8月颁布的《关于印发基本养老保险基金投资管理办法的通知》（以下简称《投资管理办法》），是在我国资本市场得以快速发展而基金尚未有效实现保值增值的背景下，吸取全国社保基金、企业年金和国外养老基金投资运营的经验基础上出台的《投资管理办法》第一次详细阐述了我国基本养老保险基金投资管理的具体事项，大量基金结余有望实现保值增值。

2015年实施的《投资管理办法》包括基金的主要构成、委托人、受托机构、托管人、投资管理人及具体的投资监管办法等内容。根据《投资管理办法》，基本养老保险基金由三部分构成：城镇企业职工、机关事业单位工作人员和城乡居民养老基金。基本养老保险基金投资管理体制与企业年金相似，采取委托代理模式的信托制。养老保险基金的投资范围包括银行存款、债券等固定收益性产品，基金、股票等风险较大的权益性资产，还包括不动产和国家重大工程和重大项目。

2018年，财政部和国家税务总局联合发布了《关于全国社会保障基金有关投资业务税收政策的通知》，财政部公布了《全国社保基金、养老基金税收优惠政策》。2022年2月人力资源社会保障部出台了《社会保险基金行政监督办法》，人力资源社会保障行政部门社会保险基金行政监督的范围包括三个方面：一是社会保险经办机构的监督事项：执行社会保险基金收支、管理的有关法律、法规、规章和政策的情况；社会保险基金预算执行及决算情况；社会保险基金收入户、支出户等银行账户开立、使用和管理情况；社会保险待遇审核和基金支付情况；社会保险服务协议订立、变更、履行、解除或者终止情况；社会保险基金收支、管理内部控制情况；法律、法规规定的其他事项。二是社会保险服务机构的监督事项：遵守社会保险相关法律、法规、规章和政策的情况；社会保险基金管理使用情况；社会保险基金管理使用内部控制情况；社会保险服务协议履行情况；法律、法规规定的其他事项。三是与社会保险基金收支、管理直接相关单位的监督事项：提前退休审批情况；工伤认定（职业伤害确认）情况；劳动能力鉴定情况；法律、法规规定的其他事项。

三、社会保障基金投资方向选择

（一）境外养老基金投资选择类型

境外的养老金计划一般是通过设立不同风格的基金进行投资，这些基金具备不同的风险收益特征。以香港市场上 2003 年的道亨强积金计划为例，说明几种典型的强积金基金类型的投资比例及收益率（见表 4-7）。

表 4-7　各类基金投资比例　　　　　　　　　单位：%

	保本基金（Capital Preservation Fund）	保证基金（Guaranteed Fund）	平稳增长基金（Stable Growth Fund）	平衡增长基金（Balanced Growth Fund）	进取增长基金（Aggressive Growth Fund）
现金	92.65	5.01	8.49	3.71	3.38
股票	0	44.55	34.51	75.75	93.64
债券	7.35	50.44	57	20.54	2.98
投资目标	以最低投资风险获取资本保值	一种提供资本保证或是最低回报率保证的基金，大多附有锁定期、提款条件及有限保证期等约束条款	通过投资于一系列货币市场工具、现金存款、债券及环球股票，以获取稳定的长期资本增值	长远而言，在中等投资风险下获取高于香港增薪率的资本增值	通过投资于全球股票，获取长期资本增值
投资风险级别*	1	2	3	4	5

注：*1~5 代表投资风险级别由低到高。

从投资目标与风险承受特征而言，社保基金的投资选择应该与平稳增长型基金类似。

（二）目前社保基金投资选择及策略分析

从社保基金上市以来重点持有的股票来看，社保基金目前的投资策略主要体现出以下几个方面的特征：

1. 以大盘绩优股为主要投资目标

社保基金在投资取向上坚持价值投资理念，股票选择主要以业绩优良股票为主。

2. 行业配置上以景气行业为主

社保基金在行业配置中主要倾向于与受国际经济增长影响较大，长期前景看好的行业。

3. 企业选择上以大规模企业为主

社保基金重点持有的股票，其主营业务收入的规模均远高于深沪两市的平均水平。这一投资策略也与社保基金首先注重资金安全性的特征相符合。

社保基金不足成为制约我国提高社会保险和保障水平的关键，未来应不断扩大社会保障储备率，多渠道补充社保基金来源。可以逐步将中央财政收入超预算部分以较大比例划到社保基金，将部分国有资本经营预算收入用于补充社保基金，划拨部分国有资本充实到社保基金中。同时，明确社保基金投资的权责关系，规范社保基金的运营管理，投资部门要向社会公众解释清楚社保基金投资的范围、资产配置比例、投资安全性等技术性问题，实现社保基金投资的增值保值。

为增加社保资金来源，扩大社会保障基金国家储备，必须加强对基金收支的管控。一是要加强对企事业单位社会保险的检查审计，确保企事业单位依法足额为职工缴纳相应的社会保险费，禁止瞒报、虚报、漏缴、拒缴。二是要着力扩大社会保障覆盖面。通过持续加强宣传社会保障制度知识，鼓励更多群体参保基本社会保险，特别是对流动人口的协调管理要下功夫、花心思，设计针对性更强的、适合流动人口的专项保险，或者在全国范围内直接建立一个统一的社会保险缴费自查制度，让社会保险实现"流转"；大力推广网上服务，完善网上一站式经办，增设微信、网银缴费渠道，提高征缴便捷程度和效率。

四、社会保障基金投资的主要市场及工具的选择

根据中国社会保障基金的特征可以对社保基金投资的潜在市场做出以下四项分类，并根据各种市场对社保基金保值增值的能力及特点加以阐述。

（一）安全稳定的货币市场

1. 货币市场基金

货币市场基金是一种具有高安全性、高流动性和高稳定性的投资基金品种，完全符合社会保障基金入市的基本要求。货币市场基金在国外已有相当规模的发展，但是目前在中国，货币市场规模还不大、品种单一，机制还不够顺畅。尤其是现在的货币市场业务，只有债券回购、银行同业拆借和商业票据，因而货币市场基金只是低风险、低收益的基金品种。

2. 银行存款及大额可转让存单

银行存款是社会保障基金入市以前基金资产的最主要形式。大额可转让存单是定期银行存款的一种金融衍生工具，性质上与货币基金相似，在美国根据其流动性还可以签发支票。投资大额存单是为了满足定期存款的流动性需要，相对于短期存款所能获得的利息收益更大，但这两种投资工具都面临通货膨胀及利率波动的影响。

3. 银行票据及商业票据

银行票据及商业票据作为货币市场的主要投资工具，主要包括中央银行票据、银行背书的商业汇票、银行承兑汇票等。社会保障基金以这几种方式投资，可以获得较

高于银行存款的收益，同时保持较强的流动性，因此银行票据及商业票据是社会保障基金直接入市的可靠选择途径。

（二）证券市场为社保基金投资提供了广阔的领域

与其他偏重短期利益的机构投资者相比，社会保障基金作为典型的长期机构，投资者能够参与公司治理，监督管理层和大股东的行为，缓解投资者内部、投资者与管理层之间的信息不对称程度，在提高公司治理水平方面具有比较优势。与其他长期机构投资者相比，因其独特的社会责任、独立的市场地位和优越的社会资源，社会保障基金参与公司治理的动因和能力更强，效果也更明显。以下介绍四种社保基金投资方式：

1. 股票

股票市场是证券市场上最重要的组成部分之一，也是融资能力最强、资本规模最大的市场。社会保障基金进入股市将给资本市场带来一个双赢的局面。中国证券市场正在迅速扩张，从短期看，投资股市风险相对较大；但从长期看，风险是可以控制的。由于目前社会保障基金的大部分股票资产都配置在安全可靠的范围内，社保基金应当适当扩大股票投资比例。

机构投资者具有异质性，其中社会保障基金投资者在资本市场中的安全性与稳定性特质鲜明，具有人力、信息等多种规模优势，在发挥自身治理作用的基础上，对于提升企业研发投入发挥着重要作用。一方面，从作用赋能的角度看，社会保障基金起到保障民生的作用，受到社会各界的关注，自身具有一定压力，促使其对公司的机会主义行为进行监督，从而关注并改善公司的治理环境，进而促进企业研发投入。另一方面，从持股动力的角度看，基金投资者持仓较稳定，更多地关注并改善公司的治理环境；而增加研发投入是企业取得核心竞争力、维持市场竞争地位的关键，因此社会保障基金投资者有动力敦促被投资企业提升研发活动的投入力度。

2. 国债

国债是以国家信用发行的债券，存在的风险几乎为零，是社会保障基金入市主要选择的投资工具之一。但是，考虑通货膨胀的影响，无法满足社会保障基金获得较高增值的要求。

3. 企业债券、金融债券及可转换债券

此类债券是债券市场上主要的投资品种，风险较大。出于安全考虑，社会保障基金不宜大规模进入，可以在投资组合中以较小的比例持有。

4. 证券投资基金

证券投资基金是一种间接进入市场的模式。社会保障基金可以通过购买基金份额，或委托专营证券基金管理公司代为管理基金资产。社会保障基金入市资金委托基金管理公司进行投资管理，使受托基金公司受到来自社会保障基金理事会的更严格的监督。投资过程的严格监督以及投资信息对社会保障基金理事会的高透明度都使基金公司在投资运营期间必须遵循更加专业化的原则，提高对行情把握和个股选择的准确度；完善市场风险防范手段，提高应对市场突变情况的能力。更重要的是，基金管理公司拥有大量的专业投资人才、广泛的信息渠道，能及时灵敏地对市场变化做出反应，提高社会保障基金的运作效率。

（三）海外市场

为抵消国内资本市场不可分散的风险，社会保障基金必须在系统之外的投资领域获得更符合其自身需求的投资机会，来弥补本地市场的不足。因此，为了获得持续收益和转移风险，社会保障基金可以考虑投资到海外。

海外资本市场普遍发展比较成熟，投资品种丰富多样，监管机制比较健全，可选择的风险规避方法也比较多，这些条件均是社保基金投资组合的必要组成条件。中国社会保障基金的海外投资应主要集中于风险较低的债券市场，目前也在逐步加大对海外股票的投资。

全国社会保障基金的投资范围主要包括境内和境外两个部分，其中，批准的境内投资范围包括银行存款、债券、信托贷款、资产证券化产品、股票、证券投资基金、股权投资、股权投资基金等；经批准的境外投资范围在境内投资范围的基础上增加了大额可转让存单等货币市场产品、用于风险管理的短期、长期等衍生金融工具。由于全国社会保障基金的投资原则，在高安全、低风险的前提下，才考虑基金的流动性和收益性，加上我国金融市场的不稳定性，投资的风险较大，造成尽管摆在社会保障基金面前有很多选择，但符合条件的投资范围并不多，主要是银行存款、债券、股票和基金投资，境外投资比例很小。

（四）不动产市场及产业市场

从投资组合理论及分散风险的角度分析，社会保障基金入市不一定要局限于资本市场，投资工具的选择也不一定要局限于金融工具。当把注意力集中在资本市场的同时，会把风险集中过来。可以把社会保障基金的投资扩展到一些未涉及却具有可行性的市场，如房地产市场、租赁市场等。

中国的经济正处于长期高速发展的时期，许多行业需要大量的资金支持，社会保障基金可以将资金投入产业领域，一方面为企业提供融资租赁或金融租赁，从而实现资产增值，同时可以将这部分投资证券化以实现流动性，另一方面也促进中国资产证券化的发展。这些都是丰富社会保障基金投资品种的选择。

我国社会保障基金应合理投资银行存款以及国债，这既满足了短期需求，也满足了长期需求，同时满足了养老金安全性和收益性的需要。我国社会保障基金总规模大、投资范围广、影响大、种类繁多，可借鉴社会保障基金发展较好国家的经验成果，参照国际惯例采取由少到多、逐步递推的方式，使社会保障基金在风险可控的前提下进入证券市场，可以先购买一些"安全"的证券进行投资，待发展到"青壮期"，再允许养老保险基金参与股票投资、信托投资、实业投资、不动产投资以及股指期货和股指期权等衍生金融工具。

社会保障基金的投资不仅可以延伸到创业投资领域，还可以适时地进入教育领域。教育资金的来源需要多领域多渠道的支持。社会保障基金拥有长期资金，追求长期的保值增值；从这一点看，投资教育完全符合要求。教育市场有着稳定的收入来源，而且对人力资本投资的增值潜力是巨大的。从另外一个角度看，社会保障基金投资教育将使不同阶层、不同年龄段的人享受到社会保障的益处，让社会保障带来的受益面覆盖更广。为了保持这部分资金的流动性，可以从金融创新的角度设想，创造一种叫作"教育投资券"的金融工具，使其在二级市场上流通。这样，在证券市场既多了一种投资工具，投资者又多了一种投资选择，教育事业的发展也能因得到有力的资金支持而长足地发展。

社会保障基金投资有助于企业创新的实施。社会保障基金投资结合企业对社会、政府的资源依赖关系，有效引导企业从追求股东利益最大化向企业与社会公众利益共同发展转型，促使其从战略角度布局未来发展道路，激发企业主体创新活力。企业实施战略型社会责任能够降低信息不对称程度，为创新活动获取科技资源，对创新形成有益的战略支持，形成促进作用和协同效应，为企业树立良好形象，通过信号传递效应和声誉效应增强市场竞争力，为企业创新发展提供良好的外部环境。社会保障基金投资能够有效促进企业创新，且社会保障基金持股比例越高，企业创新能力越强。

政府政策和通货膨胀率是对社会保障基金投资收益最重要的两个影响因素，社会保障基金收益管理人员应该加强对政府政策发展趋势和中国经济发展、CPI等指标的研究，从而提升社会保障基金收益管理水平，为中国社会保障基金价值增长的稳定性制定更加科学的策略。所以，为了更加科学地管理社会保障基金的投资，使收益达到最大化，需要根据社会保障基金的影响因素来建立科学的投资组合量化模型。

为充分发挥社会保障基金持股的正向治理作用，政府部门一方面应出台相关政策适当提高社会保障基金的持股比例，逐步扩大社会保障基金的入市规模，另一方面应推进社保基金多元化投资模式，积极拓宽社会保障基金投资领域。同时，上市公司应积极引入社会保障基金参股，从而借助社会保障基金对公司管理层和大股东机会主义行为的监督作用来提高公司治理水平。政府要积极完善有关社会保障基金持股方面的政策法规，加强对社会保障基金投资的监管力度，优化社会保障基金的投资流程，为社会保障基金的健康发展提供良好的外部环境及制度保障；在确保社会保障基金投资的安全性、流动性和收益性的基础上，积极引导社会保障基金参与上市公司治理，从而提高上市公司治理水平。

五、社会保障基金的投资策略与运营种类

（一）社会保障基金投资策略类型

按照投资的动机与目标不同，社会保障基金投资策略可以概括为以下三种：

1. 收入主导性投资策略与增长性投资策略

收入主导性投资组合的目标是经济收益的最大化，增长性投资组合的目标是实现社保基金的增值。概括来说，两者是短期投资和长期投资的关系。

2. 趋势投资策略与公式投资策略

趋势投资是根据证券市场的现有行情，依据一定的市场运行规律来预测其未来趋

势而进行投资的方式。公式投资是按照一个固定的计划或公式，分别计算买入、卖出价位，然后按照计算结果进行操作。

3.进攻性投资策略与防御性投资策略

进攻性投资策略也称为积极的投资策略，它是通过基本分析方法预测证券市场的未来变动方向，抓住变动的转折点进行进场操作的投资模式，是建立在大量深入细致的技术分析基础上的。

防御性投资策略也称为消极的投资策略，它认为市场行为是不可预测的，而其内在的竞争机制会调节资源的配置使其自动实现平衡，因此最优的策略是按照证券的市值比例持有市场资产组合，从而获得与市场相一致的投资收益率。

（二）投资运营模式的种类

1.政府集中运营模式

政府集中运营模式是中央政府通过强制手段，将参保人的部分收入以费或税的方式集中到一家公共管理的中央基金，政府社会保障部门直接负责这部分资金的投资运营，从而实现对社保基金的投资管理。

通过储蓄和购买国债的方式，政府实现社保基金保值增值。参与养老保险的职工个人无权自由选择基金管理公司；政府单方面制订社会保障基金的收益率，并支付给参保职工。该模式以新加坡为代表，新加坡中央公积金制度是强制性缴费计划，账户中的资金不仅用于养老，也用于医疗和购房。中央公积金完全由政府的中央公积金局直接管理和管制，公积金的利率是由政府决定的，个人没有选择的可能性。

从有利方面看，政府通过集中筹集资金，在投资管理中形成规模经济效应，降低投资管理成本。由于中央基金预先制订了收益率或给付标准，由于资金价值波动和价格波动而造成的收益风险，被全部参保人员甚至几代人分担，因而不会侵蚀个人的收益水平。单一的机构意味单一的责任中心，社保养老基金运行的各个环节虽然各有特点，但是其整体安全和保值增值的目标是贯彻始终的。由政府部门直接负责，能够保证目标的一致性。

但是，由于这种投资模式类型强调行政干预，在具体业务管理中，极易受制于政治压力，导致制度的运行缺乏透明度，甚至产生因政府挪用而造成基金损失的后果。另外，社会对政府集中管理的社会保障基金的稳定性要求较高，忽视了社保养老基金作为基金的共性，投资渠道一般会受到限制，导致投资限定于银行储蓄、购买政府债券等领域。投资风险降低了，投资收益也随之降低。

对于我国来说，实现各项社保工作全部由社会保障主管部门管理，各社保经办名称一致，社会保险费全部由经办机构征收，确保个人权益记录准确完整。社会保险登记申报、待遇支付、信息管理等集中于一个部门，成立一个综合性社会保险经办机构，这样基金运行管理的效率就会大大提高，也有利于增强社会保险经办机构的全局意识和主人翁意识。只有形成一个高效的管理体制，基金收支才能统一记账、统一核算，才能形成社保基金的预算和决算机制，才能有明确的主体去关心基金的收入和支出情况，建立正常的基金风险预警机制。

2. 分散型运营模式

分散型运营模式以智利为代表。这种模式是市场经济条件下比较理想的管理方式之一，参与养老保险计划的每个员工分别有各自的个人账户，个人对账户基金拥有完全所有权和投资选择权，可以在政府制定的多个养老基金管理公司中自由选择，开设自己的养老基金个人账户，并且可以在不同的养老基金管理公司之间自由地转移账户；养老基金由私人基金管理公司经营和管理，政府核准的基金管理公司可以自由进入市场，吸收养老基金加入。

这种模式将竞争机制引入一向由国家政府垄断的养老基金管理，养老基金委托多家私人管理公司按市场法则运作和投资，灵活性强，可以克服政府管理模式的一些弊病，如官僚主义、决策较慢、绩效难以衡量等；多家机构参与营运竞争，往往会采取最优投资组合，获取较高收益。

但是正由于投资运营过于分散，必会引致养老基金管理公司间的恶性竞争；其他金融机构不得进入养老基金管理市场，增加了养老基金管理制度的初创成本，导致投资的规模效应损失；各基金管理公司为了吸收客户、占领市场份额，管理复杂，管理和推销费用较大；参保人要从多家基金组织中挑选最优者，增加了搜寻成本，从而增加了社会成本。

3. 适度集中运营模式

适度集中运营模式采取政府公共机构统一征收投保人的社保养老基金，由政府委托经办机构（基金理事会）公开选择若干家经营良好的基金公司等金融机构，并管理运作社保基金。这种模式介于分散性运营模式和政府集中运营模式之间，主要区别在于：所有的基金管理公司虽然原则上允许自由进入养老基金市场，但必须经过一定的遴选，通常采取公开招标或拍卖等方式，确定几家业绩稳健、效率高、费用低的基金管理公司，由其管理运作社保养老基金；瑞典是采取这种模式的典型代表。

这种模式具有折中的特点：①它通过公开竞标方式，选择符合要求的基金公司来运作管理社保养老基金，避免了由政府垄断投资运营所容易导致的行政弊端；②它最大程度地克服了分散投资模式管理费用高的缺点，有利于成本费用的下降和效率的提高；③采取竞争招标、适度集中的模式相对于重新发起养老基金管理公司而言，还能有效利用现有基金管理公司具有的管理经验、市场认同、人力资源等优势。另外，政府把社会保障基金委托给基金公司经营，会产生委托—代理关系，使基金投资管理更加复杂化，需要不断改进约束和激励机制，提高运营效率。

思考练习题

一、名词解释

1. 证券投资基金
2. 共同基金

3. 私募基金

4. 开放式基金

5. 封闭式基金

二、填空题

1. 一般来说，发达国家的养老基金有_____与_____两种。目前在国外资本市场上占据较大市值的一般都是_____养老基金。

2. 不管是个人投资者还是机构投资者都会对他们投资资产的选择加以限制，一般来说投资的限制因素包括_____、_____、_____、_____以及_____五个方面。

3. 按开放程度区分，私募基金可分为_____、_____、_____三类。

三、简答题

1. 开放式基金与封闭式基金有何不同？

2. 基金存在哪些特征？

3. 与公募基金相比，私募基金有何优势与不足？

4. 发展私募基金有什么意义？

5. 私募基金存在哪些风险？

6. 我国证券投资基金经历了哪些发展阶段？

7. 我国证券投资基金发展还存在哪些问题？

8. 共同基金的投资行为有哪些特征？

9. 共同基金与其他机构投资者的投资风格是否一样？为什么？

10. 国外养老基金投资选择有哪些类型？

11. 社会保障基金投资存在哪些原则？

12. 中国社会保障基金投资策略有什么特点？

13. 社会保障基金投资的主要市场有哪些？

14. 社会保障基金投资运营模式有哪些类别？

四、论述题

1. 什么是私募基金，它与公募基金的主要区别在什么地方？

2. 论述机构投资者与散户投资者投资行为有何不同（从基金的角度讨论）。

3. 试述私募基金的投资策略，以及它的运作方式的特点。

4. 从投资目标与风险承受特点来看，社保基金应该如何进行投资选择？中国社保基金投资目前面临哪些问题？

第五章　其他机构投资者投资行为分析

学习目标

· 掌握 QFII 的涵义；
· 掌握 QDII 的涵义；
· 熟悉投资 QDII 与传统商业银行代客境外理财的区别；
· 了解 QFII 在中国证券市场的投资特征、在证券市场投资的操作、投资 A 股的特点和选股持股的特点；
· 了解各类 QDII 的区别、投资时机和投资品种的选择；
· 掌握价值型与成长型投资者的投资标准与投资策略；
· 熟悉机构投资者与散户投资者的行为特征差异；
· 熟悉主力机构的行为表现和炒作手段；
· 了解机构投资者的市场操纵手法。

第一节　合格境外机构投资者

一、合格境外机构投资者的含义

合格境外机构投资者机制是指外国专业投资机构到境内投资的资格认定制度。

QFII 制度的实质是一种有创意的资本管制。在这一机制下，任何打算投资境内资本市场的人士必须分别通过合格机构进行证券买卖，以便政府进行外汇监管和宏观调控，目的是减少资本流动，尤其是短期游资对国内经济和证券市场的冲击。

通过 QFII 制度，管理层可以对外资进入进行必要的限制和引导，使之与本国的经济发展和证券市场发展相适应，控制外来资本对本国经济独立性的影响，抑制境外投机性游资对本国经济的冲击，推动资本市场国际化，促进资本市场健康发展。

QFII 制度是在资本项目尚未完全开放的国家和地区，实现有序、稳妥开放证券市场的特殊通道。韩国、中国台湾、印度和巴西等市场的经验表明，在货币未自由兑换时，QFII 不失为一种通过资本市场稳健引进外资的方式。在该制度下，QFII 将被允许把一定额度的外汇资金汇入并兑换为当地货币，通过严格监督管理的专门账户投资当地证券市场，包括股息及买卖价差等在内的各种资本所得经审核后可转换为外汇汇出，实际上就是通过对外资有限度地开放本国的证券市场。

QFII 制度的创意在于通过一国或地区资本市场与国际资本的有限制流动，成功解决了在资本项目管制条件下向外资开放本土证券市场的问题。这意味着：在实施 QFII 政策后，国际资本通过特定途径进入国内资本市场，中国资本市场将成为国际资本市场的重要组成部分。同时，国际资本的流入，必将对我国新兴的证券市场产生积极、深刻的影响。

随着 QFII 制度的历次改革，基本特征是投资总额度在逐渐上调，2002 年投资总额度仅为 40 亿元，2005 年上调至 100 亿元，2007 年上调至 300 亿元，2012 年上调至 800 亿元，2016 年增加至 1500 亿元，2019 年 1 月直接在 2016 年的基础上增加了一倍，总额度为 3000 亿元，在 2019 年的 9 月更是取消了投资额度上限控制（桂璐，2020）。

根据 Wind 数据库数据，QFII 历年累积额度从 2003 年的 17 亿美元增加至 2019 年的 1113.96 亿美元，截至 2020 年第一季度 QFII 额度为 1131.59 亿美元。

1. 增量资金的流入有利于我国证券市场的稳定

QFII 制度作为向外资开放市场的特殊通道，其给一国（地区）资本市场最直接、最明显的影响便是增量资金的持续流入。中国作为经济转型国家，经济一直保持持续稳定的高增长态势。证券市场经过多年的发展，一大批规模大、业绩好、居行业龙头地位的大型蓝筹股公司正在形成，相信会受到不少境外投资者的青睐。随着 QFII 门槛的降低，外国资本进入中国证券市场的数量和规模都将会不断增加，而这些不断增加的、致力于长期投资收益的外国资本对于稳定我国的证券市场将起着积极的作用。

QFII 在海外的投资习惯大多是坚守价值投资，中国引入 QFII 的目的是通过 QFII 的价值投资理念，对国内金融市场的投资者产生示范效应，从而建立有效率的金融市场。因此，国家在监管市场的过程中，在熊市中，应该降低 QFII 的审批难度，鼓励 QFII 投资中国股票市场；相反，在牛市行情中，监管当局应当进行风险预警，提示投资者市场进入非理性繁荣，从而实现股票市场的价值修复，保持市场的健康稳定发展。

2019 年 9 月，国家外汇管理局宣布取消 QFII 额度限制。全面取消额度限制可以说是 QFII 制度改革的重大举措，代表着我国将大力推进 QFII 制度，更积极地引进外资。

2020 年 5 月，中国人民银行、国家外汇管理局联合发布《境外机构投资者境内证券期货投资资金管理规定》，明确并简化了境外机构投资者境内证券期货投资资金管理要求，落实取消 QFII 投资额度限制，进一步便利境外投资者参与我国金融市场。

如今，外资在 A 股市场布局愈发活跃，作为外资机构对 A 股投资的重要渠道，QFII 的投资动向一直受到市场关注。QFII 投资额度限制的取消，不仅提升了外资在 A 股市场中的地位，也增加了其对资本市场的影响力。截至 2021 年第一季度末，QFII 重仓流通股共 68.26 万股，相比 2020 年底的 51.98 万股增长 31%；持仓市值共 1687.39 亿元，相比 2020 年底的 1303.15 亿元增长 29%，持仓市值和持仓数量均持续增加。

2. 有利于上市公司结构的治理和行为的规范

国外机构投资者分为积极的投资者与交易者两大类，他们在证券市场上的投资理念和运作思路迥异，积极的投资者以公司治理为手段，以持续性的价值提升和长期回报为目标；与境内普通投资者相比，QFII 具备机构投资者和境外股东双重身份，具有专业的信息收集和分析能力，且投资行为更加成熟理性，在降低股票市场波动、拓宽资金渠道、完善公司治理结构等方面发挥着重要的作用。境外机构获得批准就可使用在境内开设的人民币账户投资我国 A 股市场，证券投资额度不再受限，并且改为登记管理。经过近 20 年的发展，QFII 在 A 股市场上的持股数量和规模逐年攀升，成为我国股票市场上一支重要的力量，对吸引境外优质资金、优化投资者结构和推进市场发展起到了积极作用。

QFII 可显著提升上市公司信息透明度，原因包括：第一，QFII 的经营年限、运作模式等需要经过中国证监会的重点审核，通常具有丰富的海外投资与公司治理经验，拥有较强的信息收集能力和专业的投资分析团队，能有效甄别上市公司的财务造假以及虚假信息的发布。QFII 的投资行为可将自身分析出的上市公司信息充分融入股价，从而提升股价信息含量与信息透明度。第二，QFII 大多为专业的基金公司或投资银行，可对企业运营情况进行深度挖掘，并向市场释放和传递价值信号，能够降低证券分析师的信息收集成本、提升分析师的预测精准度，从而吸引更多的证券分析师对 QFII 持股的上市公司进行跟踪学习。分析师关注度越高，向普通投资者提供的投资分析越全面和详实，越能显著提升上市公司信息透明度。第三，QFII 还可对上市公司形成有效的外部监督，在发现上市公司出现问题时，QFII 能够通过出售股票所带来的示范效应对上市公司形成利空威胁。

QFII 持股可显著抑制股票市场操纵，QFII 持股主要通过提升上市公司信息透明度、提高股票流动性来抑制股票市场操纵，是行之有效的外部监督力量。应进一步加快我国金融市场的对外开放程度，在充分考量我国资本市场实际情况的基础上优化 QFII 的认定标准，让更多的优质境外机构投资者参与到我国 A 股市场，促进我国资本市场的成熟化和专业化提升，显著降低股票市场操纵的发生概率，从而有力推动中国股票市场的高质量发展。

QFII 持股可对企业的管理层实施有效的监督，能改善企业的治理结构，对企业的创新行为和创新绩效有促进作用。QFII 持股对创新风险具有更高的容忍度，能激发管理层将更多的资源用于创新活动。QFII 加速了知识和技术的外溢，这极大地促进了企业的创新，提高了创新的绩效。上市企业应制定针对境外机构投资者的具体激励机制，给予他们一定的剩余控制权和剩余索取权；在股权投资方面，应尝试各种形式的交易，例如股票互换和交叉持股等方式，以增加境外机构投资者股票投资方法的灵活性和战略合作的稳定性。此外，为确保技术创新的有效开展，上市企业应重视创新，并从长远角度看待创新活动；建立专门的研发创新资金，以丰厚的待遇吸引优秀专业人才，与上下游上市企业进行合作创新等；增加对创新研发的人力和资本投资；提高上市企业核心竞争力，确保上市企业在激烈的竞争中拥有相对的优势。

目前，拥有中国 QFII 资格的机构主要是瑞士银行、花旗银行和摩根士丹利等国际投资银行，它们储备资金充足、风险承担能力强、具备有效的激励机制，这些企业作为机构投资者可以强化企业的创新条件。在引入 QFII 后，通过信号传递效应，有利于优化上市公司的资本市场环境；通过引导机构投资者长期持股建构起良好的融资氛围，缓解缺乏耐心的投资者在快速获利动机下的投机主义倾向，从而避免企业股价剧烈波动对企业高管创新投资倾向的不利影响。QFII 持股的信号效应促进企业改进激励机制，减少经理人的短期压力，进而促进企业创新。合格的境外机构投资者持股所传递的信号，将形成外部治理效应，有效缓解高管因短期绩效压力所进行的研发投入削减。QFII 持股越多，越可以减少企业经理人的短期压力，提升企业整体的创新水平。

3. 有利于我国股价结构的调整，引导投资者的投资理念趋于理性化

目前我国证券市场的投资者除了证券公司、基金管理公司外，还有大量的个人投资者，他们对上市公司的价值评估比较混乱，其主要目标是通过二级市场的短线操作而获取市场差价，所以上市公司的股票价格往往由股本大小、有无庄家等因素决定；而公司本身的经营业绩和成长性没有得到应有的重视，从而导致证券市场比价关系失调。实施 QFII 之后，由于投资行为的改变和市场效率的提高，以及信息加工分析能力和投资策略的成熟，国内市场会打破原有的市场均衡，通过股价结构的调整来实现新的合理的均衡。同时，境外大型投资机构所具有的理性投资风格会对众多中小投资者产生巨大的示范效应，有助于建立价值投资和理性投资的市场氛围，投资者会更重视上市公司本身的投资价值，中长期投资、组合投资和风险管理意识也将深入人心，这一点也可以从韩国、印度以及中国台湾实行 QFII 后证券市场投资理念的变化得到验证。

QFII 制度的实施导致了大量合格的境外机构投资者的进入，增加了证券市场中机构投资者的数量，改变了以散户投资者为主导的证券市场结构，进一步发展和完善了我国的证券市场。QFII 制度注重上市公司质量，倾向于中长期投资，运用不同的投资组合进行管理，降低投资风险。QFII 制度将改善目前我国证券市场高投机的现象，使投资者建立理性的投资理念，往中长期投资方向发展。

作为价值创造者，QFII 以长期价值投资为理念，以获取长期投资收益最大化为目标，积极参与公司治理并改善信息环境，传递有效信息。首先，QFII 作为专业投资者，具备较强的选股、识股能力，并通过"用脚投票"的方式放弃盈利差、发展前景不佳的上市公司，并采取对经理人进行证券诉讼的方式，向经理人表示不满或施压，促使经理人选择更好的会计政策，降低上市公司盈余管理，缓解委托代理问题，进而缓解信息不对称。其次，QFII 持股可以增加公司高管的业绩和薪酬敏感性，当 QFII 对公司业绩或治理不满时，会发出退出威胁信号，给股价带来较强烈的下行压力；股价下行可能会导致市场的过度反应，对公司高管的自利动机与行为将产生极大的震慑作用，促使高管提高信息披露质量，强化公司治理。最后，QFII 作为成熟机构投资者，通过发挥自身行业专长进行选股，能够发挥价值信号传递功能，从而吸引更多的分析师、外部监管者以及投资者的关注，提高投资者认知度以及股票流动性，缓解信息不对称，改善市场信息环境。

4. 将加快我国证券市场投资主体的多元化

长期以来，我国证券市场散户投资者比重过高，以散户为主的证券市场存在投机盛行、市场波动剧烈等问题。发展 QFII 制度可以大大增加机构投资者的比重，改善我国证券市场以散户为主的市场结构，最终会发展成以机构投资者为主导的市场。与此同时，QFII 的进入还有助于国内的证券公司和基金管理公司学习境外投资管理经验，提高资产运作水平，从而为正式进入国际资本市场做好准备。

引入 QFII 有利于培育良好的竞争环境，促进国内证券机构和基金管理公司的成长。我国证券市场引入 QFII 将改变现有的市场竞争格局，逐步对外开放的证券市场对国内证券机构及基金管理公司来说是一个最好的训练场。实施 QFII 后，市场的竞争必然加剧，这将有利于培育国内证券机构及基金管理公司在竞争中生存的能力。在引入

机构投资者的同时，国内投资机构可以直接或间接地学习到他们的投资管理思路、企业经营模式和方法，从而提高国内证券机构和基金管理公司的资产运作水平，促进我国证券市场的健康发展。

5.增强投资者信心

长期以来，中国资本市场是一个封闭型的市场，随着改革开放的不断深入，我国在引进外资的政策上有了长足的进展，并对经济的建设起到了重要的作用。引入 QFII 是我国对外开放、引进外资政策的拓展和延续，是引进外资的一种新形式。以往，我们主要是吸引外商直接投资，而通过资本市场进行的间接投资由于缺少必要的渠道，在我国引进外资份额中所占比例很小。通过 QFII 制度引进境外投资者，将有利于证券市场发挥其优化配置市场资源的功能，推进上市公司治理结构的完善，加速上市公司的成熟，这一切也必将使投资者对我国资本市场的信心随之加强。

2003 年 7 月 9 日，瑞士银行在中国 A 股市场进行了第一笔投资，标志着 QFII 已由前期筹备阶段正式进入实际操作阶段；2006 年，中国证监会、中国人民银行、国家外汇管理局共同发布了《合格境外机构投资者境内证券投资管理办法》，对 QFII 的投资监管行为进行了细化和完善，降低了准入门槛，鼓励长期资金入境；2012~2016 年，我国三次放宽 QFII 投资额度限制，以促进证券市场的发展；2018 年 6 月 12 日，中国人民银行、国家外汇管理局对 QFII、RQFII 制度实施新一轮外汇管理改革：取消 QFII 每月汇出资金不超过上年末境内总资产 20% 的限制，完全取消本金锁定期的要求，允许 QFII 按实际需要对冲投资中的人民币汇率风险。

2019 年 9 月国家外汇管理局取消了 QFII 额度限制，任何取得 QFII 资格的机构只需申请一次即可，极大地便利了外资机构在国内市场进行投资的日常操作。2020 年 5 月，中国人民银行发布了关于境外投资者跨境资金汇出、汇入以及实行兑换登记管理的规定。根据国家外汇管理局发布的 QFII 额度审批情况，截至 2021 年 10 月，获得审批的 476 家境外机构的投资额度已达 1162.59 亿美元，QFII 投资额度变化如图 5-1 所示，规模一直在扩大。2021 年 10 月，中国证监会发布了有关合格境外机构投资者可参与金融衍生品交易的公告，新增商品期货、商品期权、股指期权这三种交易品种，规定除了套期保值这一用途以外，股指期权不得用于其他交易目的，这表明我国衍生品市场正式对 QFII 打开了大门。

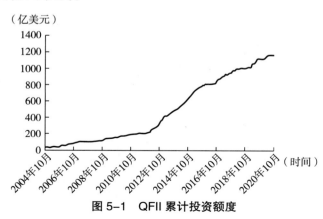

图 5-1　QFII 累计投资额度

综上所述，QFII 政策作为开放市场、活跃市场的一项制度，必将对我国资本市场造成积极的、深远的和全方位的影响。从其他地区实施 QFII 制度的经验来看，QFII 虽是过渡性制度安排，但一般都长达十年以上，无论是资格条件、机构种类还是持股比例、投资金额都无一例外地有个逐步放开的动态过程，具有明显的持久性。QFII 的实施者——资金实力雄厚、投资理念先进的大型跨国金融机构，将以其先进的内控机制、选股思路以及价值型的投资理念对境内证券经营机构产生影响，加快投资理念的变化，淡化股市的投机色彩。我国证券市场众多的参与者，包括广大的个人投资者、证券公司、上市公司以及基金管理公司将从中受益。随着时间的推移，QFII 对我国证券市场的积极作用将会越来越明显。

二、QFII 的投资行为

中国证券市场引入 QFII 制度取得了较为理想的效果，QFII 对于引导价值投资理念与市场投资行为、促进证券市场的规范化和国际化起到了积极的推动作用。QFII 通过积极布局，已成为中国证券市场的重要力量之一。

（一）具有国际背景的投资行为

QFII 具有宽广的国际化背景。一方面，随着中国经济的国际化进程，国际经济的变化，股市、汇率、利率、原材料等因素的波动越来越明显地影响到国内证券市场；另一方面，QFII 作为国际投资者，其投资决策也必然受到国际经济因素的影响。

（二）行业投资行为

从行业选择上来看，QFII 具有很强的行业分析预测能力，能够及时根据国内宏观经济政策及运行情况和行业景气周期进行相应调整。QFII 更关注国际比较优势明显、国内受宏观政策影响较少的、能充分享受我国经济高速发展成果的、具有本国行业优势的股票。

从行业来说，QFII 关注的股票主要有以下五类：

（1）非周期性行业，如日用消费品、食品行业。这些行业周期性不明显，能在一定程度上抵御宏观经济周期性波动带来的冲击。

（2）垄断性行业，如公共事业、资源能源类行业。对钢铁、有色金属和港口的持股一般基于长期的考虑。

（3）国际比较优势产业，如纺织、服装、机械、设备等劳动密集型行业。这些行业市场需求旺盛，而且具有较高且稳定的市场占有率。

（4）行业龙头股。这类股票既是我国的行业龙头股，也是具有国际比较优势的个股，具有很强的国际竞争力。

（5）大盘蓝筹股。由于 QFII 崇尚业绩，强调所选公司在行业的地位，因此那些流动性好、市盈率低、业绩优良及处于行业龙头地位的大盘蓝筹股必然成为 QFII 的首选。

QFII 依据行业的成长性和长期预期，对不同行业采取分散持股和集中持股两种模式。QFII 对于受经济周期及宏观调控相对不明显的非周期性行业多半采取分散持股模式，通过在这些行业的分散化投资来降低风险，对基于长期投资考虑的周期性行业多半采取集中持股模式。比如，对食品、零售、纺织、交通运输、金融保险等行业的投资多属于分散持股，而对金属、机械和港口的持股基本采用集中持股模式。

（三）灵活多变的投资行为

虽然稳健的投资风格是 QFII 一直坚持的，但 QFII 同时对市场信息反应迅速，并据此不断对投资的个股进行微调。这从一个侧面表明 QFII 贯彻了价值投资的理念，也在一定程度上体现了其针对新兴证券市场不够稳定的特点而采取相对稳健的投资策略。

QFII 的稳健风格不仅表现在持股的相对稳定性上，还体现在分散化投资策略的灵活性上。QFII 的灵活分散化投资有两个层次的含义：一是在资本市场的灵活分散化，二是在股票市场内部的灵活分散化。当公司公布季报、半年报或者年报时，QFII 会依据其基本面与当年的成长幅度迅速做出持仓调整。不仅如此，国家经济政策导向也是 QFII 的重要参考信息。各家 QFII 持仓总市值的时间变化趋势总的来说是平稳的，但在个别时段上其波动幅度比较剧烈，反映了 QFII 对于经济信息的敏感反映。例如，瑞士银行公司从 2007 年第二季度到第三季度短短三个月时间里，持仓总市值从 60 亿元飙升了 60%，达到了 100 亿元，而又在接下来的三个月时间里迅速卖出，仓位又降至 50 亿元。又如，花期环球金融有限公司于 2007 年第一季度到第二季度，仓位从接近最高仓位陡降至接近空仓，其间中国 A 段指数经历了一次大拉升，到 2007 年第三季度又深度跳水，而此时花期环球金融有限公司早已空仓以待了。

长江证券研报数据显示，在持仓的机构投资者中 QFII 的投资收益超过基金、银行、保险、券商和社保。2005~2018 年，QFII 年化投资收益高达 22%，QFII 重仓指数自 2011 年创立至 2019 年累计上涨了 170%。

根据东方财富网数据，2019 年度 QFII 持股总数最多的个股是上海银行，持股数达到了 42621.12 万股，持股市值达 40.45 亿元。其次是中国建筑，持股数达到了 28764.82 万股，持股市值达 16.17 亿元。

（四）QFII 的投资行为特点

1. QFII 倡导价值投资理念

从投资理念与风格上看，QFII 奉行价值投资理念，侧重于在战略的高度用长远眼光来考虑所投资公司的发展前景和投资价值，同时并不忽略短线投机。QFII 更注重于中长期稳定收益，一旦看好某个行业，一般采取稳定持有策略，换手率相对很低。QFII 对于看好的行业和个股敢于重仓持有，甚至采取全押注的方式投资个股。

在 2005 年国内 A 股市场持续低迷，牛市行情还未完全明朗的背景下，QFII 仍积极增持的操作行为惹人瞩目。根据国际经验，QFII 倾向于配置被投资地区的传统优势行业、新兴优势行业以及第三产业等。

在中国日益成为"世界工厂"的背景下，QFII 的投资重点集中在了制造业内优势行业。此外，中国经济正逐步迈向工业化的高级阶段——重化工业化时期。近年来，中国重工业产值增速一直高于轻工业，与重化工业化关联度高的金属产品制造业、化学工业、机械设备制造业、炼焦煤气及石油加工业等行业得到了倾斜式发展，这也成为了 QFII 投资的重点行业。

从仓位调整、重点配置行业变化上，也反映出 QFII 具有较强的投资分析研究能力。QFII 重仓股的行业选择根据宏观经济周期和行业景气周期适时进行了相应调整，在行业投资策略上遵循了由资源类行业向消费类行业以及与内地消费增长直接相关的行业转变的路径，显示了与中国经济发展阶段较强的相适性。

从国际经验看，QFII 对股票的流通性、公司规模、业绩稳定、分红派现的能力要求较高，一般选择支柱产业中的龙头企业，对业绩稳定的要求高于对成长性的要求。在中国市场投资中，QFII 的个股选择显示出其标准是完全以业绩为主导，注重行业龙头股业绩走向与成长性。这完全符合 QFII 在其他新兴市场和成熟市场投资的策略。

2. QFII 对中国股市投资态度虽有不同，但总体热情较高

QFII 进入中国以后，对 A 股投资的额度不断增加，交易比较积极。

在境外股东对中小创上市公司股权进行长期持有的条件下，QFII 往往会积极参与公司治理，由此推动公司治理水平的提高，助力公司价值以及经营绩效的提升。具体表现在两方面：一是 QFII 在资金方面实力雄厚，在管理经验以及技术方面也具有先进性，可以借助提议案、行使投票权以及与管理者进行沟通等众多方式介入公司管理中，由此可以推动公司治理变得更具高效性，助力中小创上市公司经济绩效的提升。二是有效监督假说认为：上市公司的外部大股东面向控股股东以及管理层能够发挥出重要监督作用。由于其所扮演的角色是外部监督人，所以 QFII 持股可以对控股股东"一股独大"的状况加以一定制约，并在一定程度上使决策层的战略视角得以拓展，优化内部结构，给中小股东的权益提供更有力的保障。因此，QFII 持股不管是主动层面上的参与公司治理，还是被动层面上的监督职能发挥，均能够促进中小创上市公司绩效的提升。而鉴于 QFII 持有的上市公司股权比例有所差异，其在所参股公司的地位以及对绩效的影响也并不相同。QFII 所持中小创上市公司股权占比越高，其对于公司的影响力以及公司治理的参与度也就越深，能够正向作用于公司绩效（徐勇和陈曦，2021）。

3. QFII 强调资产的稳定性和安全性

在股票投资方面，QFII 对股票的流通性、公司规模、业绩稳定的要求较高，一般会选择支柱型产业中的龙头企业，对公司业绩稳定性的要求高于对公司成长性的要求。被投资公司都属于经济增长中景气度较高的行业，且都是各行业的龙头。QFII 往往还会关注在海外投资不到的行业，以作为海外组合的补充。

在债券投资方面，QFII 倾向于低风险投资，热衷于可转债。市场上几乎所有可转债 QFII 都参与。由于可转债既可在股市低迷时带来保底收益（纯债券价值），又可在股市行情向好时带来转股收益（期权价值），符合 QFII 在国内投资策略的基调。QFII 极少涉足国债。

在基金投资方面，QFII 也表现出一定的热情。QFII 参与认购了各种类型的基金，既依靠庞大的中国研究团队来主动投资，也不否认中国本地机构投资者对市场的熟悉程度而进行被动投资。上述投资行为显示出 QFII 对资产安全性的高要求。

4. QFII 投资范围广泛，资产组合性投资较强

QFII 进入中国以后，虽然 A 股一直是其在内地证券市场的投资重点，但 QFII 一直没有放弃资产的分散组合，投资了包括可转债、封闭式基金和国债等品种。

5. QFII 一般长期持有证券

对于成熟的机构投资者，在一个陌生的市场环境中从事短线投机是非理性的。QFII 的投资理念可用"绝对投资"来形容，在操作上遵循"个股精选、长期持有"的策略。QFII 看中的是中国经济高速发展的机遇，更多地采取自上而下的投资策略，对股票的流通性、公司规模、业绩稳定的要求较高。相对于企业的收益指标，QFII 更关注的是企业的发展指标，即更强调对业绩的长期预测，投资手法是以长期持股为主，一般对短期题材的股票没有兴趣。QFII 的投资基础是公司的基本面和发展前景，一旦选择，便会长期持有，保持着较低的换手率。QFII 对可转债的情有独钟基本也源于其对可转债到期转股收益的重视。

6. QFII 集中投资

通过分析 QFII 在中国证券市场的投资情况，可以发现 QFII 对集中持股的偏好。QFII 的投资很集中，主要是一些大盘的、盈利好的股票。

7. QFII 个性化特征明显

尽管 QFII 整体上投资理念比较接近，也存在着交叉持股的现象，但由于 QFII 独特的投研思路决定了各自不同的策略和手法，投资策略和操作方式开始逐步体现出差异性，并不存在国内机构身上所看到的联手交易、跟风操作的行为。如瑞银集团操作风格比较稳健，投资周期比较长；花旗环球呈现核心股票持有期较长、其余偏短的特征；日兴资产管理公司在操作上则表现为持股周期短、热点转换频率快、换仓幅度大的特征。

8. QFII 具有宽广的国际化视野

从 QFII 的具体持仓来看，国际化视野这一主线非常明显。QFII 全球化的视野及充足的资金来源使其形成了独特的资本估值标准、立足于未来的成长性，偏好选择流动性好、市盈率低且基本面扎实的大盘蓝筹股构建投资组合，注重企业的规模、资产质量、行业地位、品牌优势和资源优势及由此形成的核心竞争力和垄断性，重在从上市公司管理层的经营思路发掘其战略投资价值，所增持的股票具有明显的业绩导向特征。

对于企业短期业绩与行业景气周期的变化，QFII 并不是不分股票、不分时段地一概减持或加仓，而是利用市场调整的机会或行业低谷期逢低买入，进行跨周期操作，将短线投资变为长线投资的补充，从而使其价值投资理念能够有机地融成长性和现有资产价值于一体。相对而言，受证券投资基金制度及投资者赎回压力等因素的影响，国内基金的投资主要以营销为导向，考核强调实现绝对收益，投资决策往往受制于基金的短期业绩排名。这大大限制了国内基金价值投资理念在实际操作过程中的发挥空间，致使基金偏重上市公司短期业绩的变动及行业景气度的变化，往往是长线选股、短线操作，扮演"追涨杀跌"的角色。

总之，从 QFII 在中国市场投资显露出来的风格看，虽然和在国外成熟市场相比有一些不同，没有证据表明其利用资金和信息优势"故意性"的市场操纵行为。总体上来说，QFII 仍然采取了价值性投资理念，有助于改善中国市场原先所出现的强烈投机性。这一点也获得了中国监管机构的认可。QFII 先进的投资策略在获取较好收益的同时，逐渐成为国内投资者追捧和仿效的对象，使价值性投资成为中国市场的主流投资理念。

当然，QFII 的投资行为中也出现了快进快出、短期性概念炒作等投机性行为，这从其盈利的本性来说是可以理解的，但也和中国市场总体投机气氛浓厚、信息披露以及监管措施滞后具有很强的关系。同时，不可忽略的是，QFII 集中性的持股会对个股股价具有一定的影响，随着投资数量的不断增加，在市场中所占比重不断增大，加上对市场号召力的进一步增强，这种策略将会增加整个市场的波动性。

目前我国对于 QFII 的准入门槛呈现逐渐降低的趋势，随着 QFII 资金的大量持续流入，对于 QFII 资质审查应当更加规范化，对于 QFII 资金来源、信用状况等方面的调查应当更加完善，严格做好把控，防止不良资金进入国内市场引起的不良波动。制定合理的投资范围和投资额度，在一定程度上引导资金流向，对于我国渐进开放市场起着重要作用（韦筱，2019）。

QFII 所关心的是满足资金来源地投资者的收益回报要求，这种强利益约束和驱动导致境外机构投资者有可能利用东道国在证券市场监管方面的漏洞和缺陷进行投机性的投资行为。同时，QFII 有很强的资金实力，如果没有严格的监管，更容易出现欺诈和操纵市场的现象。而且，QFII 如果能够通过操纵市场而获利，就没有动力成为"精明的投资者""积极的投资者"，更不会发挥其对于提高证券市场有效性和改善上市公司治理的作用，从而使引入 QFII 的目的落空。因此，在加快证券市场开放、增加 QFII 投资额度的同时，我们要注意加强对 QFII 投资的监管。

三、QFII 在证券市场投资的操作策略

（一）QFII 投资操作步骤

QFII 在各国证券市场的投资操作基本相似，一般经过宏观经济形势分析、确定重点行业、锁定公司、跟踪微调四个具体步骤。

1. 宏观经济形势分析

在 QFII 决定投资某一证券市场时，首先会要求内部相关研究机构对该国的整体经济形势进行综合判断；内部的研究机构则根据有关的宏观经济指标对投资的整体规模做出合理的预测，QFII 在预定的投资规模内进行投资时，可以根据该国宏观经济形势的变化相应追加或减少投资。QFII 在一国资本市场投资的首要定位是分享经济成长收益，因而一国的经济增长预期是 QFII 决定投资与否以及投资规模的首要考虑因素。

2. 确定重点行业

最能体现出一国（地区）经济成长收益的当然是该国（地区）的主导产业，QFII 分享投资经济成长收益的最佳投资策略当然是投资于重点主导产业。重点主导产业即在国内经济结构升级中占主导地位的行业，而这些行业往往就是一国经济中最具景气

度和竞争力的行业。目前中国经济结构具有两重性：一方面正处于完成工业化、推进重化工的时代；另一方面处于高新技术迅猛发展的时代，高新技术产业已经发展成为国民经济的支柱产业。这就决定了 QFII 在中国的投资行业重点可能以能源、黑色金属冶炼、交通运输业和高新技术产业等为主。

3. 锁定公司

QFII 选股主要依赖于研究报告。研究报告主要关注的基本面指标首先是 1~3 年公司的盈利能力和成长空间；其次是公司的治理结构、核心竞争力以及未来发展战略；最后是公司在行业中的地位、资源的垄断性、规模的大小等。在对重点行业的公司进行了全面的考察后，筛选出理想的公司，QFII 即会做出重仓持有的决策。

从实际操作看，QFII 重仓的股票一般是优势行业中的龙头公司。

4. 跟踪微调

一旦投资，QFII 将长期持有证券，直至到达预定的目标，但在此期间 QFII 会在每个一定时期（一般半年）对投资组合进行一次评估和调整。

（二）QFII 在选股方面的特点

1. QFII 的行业选择

QFII 具有很强的行业分析预测能力，能够及时根据国内宏观经济政策及运行状况和行业景气周期进行相应调整。

2. QFII 的个股选择

从个股选择上看，要业绩与成长性并重。其他国家和地区 QFII 个股选择方面一般着重于对公司业绩的要求；在中国 A 股市场 QFII 也遵循了这一标准。所持的股票基本上是国内相应行业龙头企业，属于绩优大盘蓝筹股。QFII 也介入了一些中小盘成长型股票，如高科技板块等。

（三）QFII 在持股方面的特征

1. QFII 持股长短期搭配

通过上市公司公开披露的季度报表、年度报表有关资料，可以发现 QFII 持股的变化趋势：有些股票的持股时间长且较为集中，有些股票也会根据市场情况进行短期调整，甚至调整股票的速度较快。

2. QFII 重视公司业绩

根据市场公司报表披露出的信息来看，QFII 投资首要看重投资对象业绩，较少投资 ST 公司，除非该公司具有重大重组题材、业绩提升题材，或者已经撤销其退市风险警示。

3. QFII 有集中持股的趋势

根据上市公司年报和季报披露的大股东持股比例看，QFII 只要看好某一特定公司，一般会倾向集中持股，持股比例可达 10%~20%。

综上所述，QFII 的投资具有长期性、进攻性、全面性和均衡性的特征，以有效发掘企业的战略投资价值。全球化的独特视野及充足的资金来源使 QFII 形成了独特的资本价值评估体系和标准，既强调现阶段的分析，又立足于未来几年的成长性，注重企业的规模、资产质量、行业地位、资源优势及由此形成的核心竞争力和垄断性，重在从上市公司管理层的经营思路发掘其战略投资价值，所增持的股票具有明显的业绩导向特征。对企业短期业绩和行业景气周期的变化，QFII 利用市场调整的机会或行业低谷期逢低买入，进行跨周期操作，将短线投资变成长线投资的补充，从而使其价值投资理念将成长性和现有资产价值有机地融为一体。

第二节 合格境内机构投资者

一、合格境内机构投资者的含义

合格境内机构投资者（Qualified Domestic Institutional Investors，QDII）是由中国香港特别行政区政府部门最早提出的，是指在人民币资本项目下不可兑换、资本市场未开放条件下，在一国（地区）境内设立，经该国有关部门批准，有控制地允许境内机构投资境外资本市场的股票、债券等有价证券投资业务的一项制度安排。

与 CDR、QFII 机制一样，QDII 是在外汇管制下内地资本市场对外开放的权宜之计；而且由于人民币不可自由兑换，CDR、FDII 在技术上有着相当难度，相比较而言，QDII 的制度障碍则要小很多。QDII 和 QFII 的最大区别在于投资主体和参与资金的对立。站在中国的立场来说，在中国以外的国家发行，并以合法的渠道参与投资中国资本、债券或外汇等市场的资金管理人就是 QFII；而在中国发行，并以合法的渠道参与投资中国以外的资本、债券或外汇等市场的资金管理人就是 QDII。

获准 QDII 资格的银行可以募集境内投资者资金，即与客户签订"代客理财业务合同"，由银行代替客户从事境外资金运作，并约定给客户一定收益。

二、各类 QDII 的区别

根据 Wind 数据库数据，QDII 历年累积额度从 2006 年的 183.08 亿美元增加至 2019 年的 1039.83 亿美元，截至 2020 年第一季度 QDII 额度为 1039.83 亿美元。目前，国内获得 QDII 资格的机构投资者主要包括商业银行、保险公司、基金公司。

（一）基金公司系 QDII

集合境内机构和个人的自有外汇、外汇资金开展 QDII 业务，主要直接投资境外证券市场不同风险层次的产品。

1. 基金 QDII 产品特点

（1）起点仅为 1000 元人民币，门槛较低，适合广泛的投资者参与。

（2）QDII 产品投资比例理论上可达到 100%。

（3）QDII 产品投向广泛，目标锁定全球股票市场，包含股票在内的组合证券投资，具有专业性强、投资积极主动的特点。

（4）QDII 的预期收益一般高于银行代客境外理财产品。

（5）业务以个人和机构手中的自有外汇为主，汇率风险较小。

（6）适当分散投资风险。由于很多海外市场跟中国 A 股市场的关联性相对较低，在 A 股市场下跌时，很多市场其实是往上走的。因此，如果分散程度适当，可以在不降低收益的情况下大幅度降低风险。在投资管理过程中，QDII 可借助境外投资顾问的力量，组成专门的投资团队参与境外投资的整个过程，享有完全的主动决策权。

2. QDII 基金投资特性

QDII 基金可以投资于中国市场以外的所有境外市场，但是众多的境外市场存在着巨大差异：如发达国家市场成熟而稳定，但增长速度比较平稳；而新兴市场上升潜力巨大，但风险性较高。因此，投资者在投资 QDII 基金之前，必须对其投资范围进行了解。基金公司开展 QDII 业务，主要是直接投资境外证券市场不同风险层次的产品。与银行同类产品主要投资单一市场或结构性产品以及多数实施投资外包不同，基金公司的 QDII 产品投向更为广泛，把目标锁定全球股票市场，具有专业性强、投资更为积极主动的特点。与第二代银行 QDII 允许直接投资海外股市的比例达 50% 相比，基金 QDII 产品投资比例理论上可达到 100%。在投资管理过程中，除了借助境外投资顾问的力量外，国内基金公司组成专门的投资团队参与境外投资的整个过程，享有完全的主动决策权。此外，基金 QDII 产品的门槛较低，适合更为广泛的投资者参与，大部分银行 QDII 产品认购门槛为几万元甚至几十万元人民币，而基金 QDII 产品起点仅为 1000 元人民币。

对于看好中国经济长期发展的投资者，投资于中国概念类的 QDII 基金可以更加全面地分享中国企业的长期发展；对于那些希望全面参与国际化市场的投资者来说，全球重点市场类 QDII 基金产品可以广泛地投资于众多优质资本市场，实现多元化投资；介于以上两者之间的投资者不妨选择亚太市场类 QDII 基金，这样既能分享其他资本市场的发展利润，又围绕中国市场，比全球重点市场类产品更加稳健。从全球基金业发展的趋势看，最终投资海外基金的数量超过中国 A 股基金的数量。

（二）银行系 QDII

银行系 QDII 产品具有以下特点：

（1）投资股票资产不得超过 50%，是一种中低风险的产品。

（2）银行缺乏投资海外、投资股票型产品的投资队伍，一般采取委托海外机构的策略。

（3）投资对象主要有境外债券、境外股票、境外基金类产品、境外结构性产品等，不得投资于商品类衍生产品，对冲基金以及国际公认评级机构评级 BBB 级以下的证券。

银行系 QDII 在资金的投资范围上，涵盖了亚太、美国、欧洲、拉丁美洲等多个市场，投资区域呈现扩大化趋势。

（三）保险系 QDII

保险机构按其总资产的一定比例购汇进行境外投资，不能集合资金运作，只能投资于境外固定收益类产品及货币市场工具。保险系 QDII 运作的是保险公司自己在海外的资产，一般不对个人投资者开放。

Wind 数据显示：截至 2019 年 12 月底，从 QDII 额度的分配来看，银行类审批额为 148.4 亿美元，证券类审批额度为 468.8 亿美元，保险类审批额度为 339.53 亿美元，信托类审批额为 83.1 亿美元。QDII 产品额度分配相对不平衡，证券类产品所占比例达到 45.1%，信托类所占比例很小，这就出现了信托公司有资格但是没额度的现象。

（四）QDII 存在的问题及应对措施

QDII 存在的主要问题是投资范围较窄、产品吸引力不高、发行销售不理想。

从银行经营机构看，一是由于投资范围较窄，银行只能投资境外收益率较低的固定收益产品，且产品推出正处于市场对人民币升值存在一定预期的阶段，投资者心存一定的忧虑，所以产品发行很不理想。二是代客境外理财尚处于初始阶段，境内投资者对海外市场情况、产品设计及潜在风险的认知不够，需要一个逐步了解的过程。

从投资区域上来说，目前商业银行所推出的 QDII 产品大多选择了在新兴市场上，投资区域也相对集中在亚洲市场，较欧美等成熟市场而言，比较看重新兴市场的基本面。虽然看好新兴市场的前景以及收益情况，但在资本市场下跌的时候，新兴市场的跌幅远远超过了成熟市场。这就决定了 QDII 产品必然难以抵抗市场下跌带来的风险。在投资行业上，QDII 比较集中于金融、能源、工业材料等行业，而对防御性行业如医疗保健等涉足较少。可以看出，银行系 QDII 在设计之初就急于进攻而忽略了防守，使得产品攻守失衡，不利于分散资本市场上的风险。

Wind 数据库显示，截至 2019 年底，QDII 投资范围多集中在我国香港市场和美国市场，两者分别占 QDII 基金投资总值的 52.92% 和 36.51%。2019 年 QDII 基金行业市值分布大多数偏好金融行业和信息技术行业，其中金融业投资市值达 1186790.75 万元，占比达 20.39%，信息技术市值占比达 17.67%，这些行业风险较高。

从保险机构来看，境外证券投资均集中于境内银行在香港上市的股票，投资范围亦比较有限。从证券经营机构来看，基金 QDII 产品可以投资境外包括股票在内的组合证券产品，具有较强的产品竞争力，但资金来源仅限于自有外汇资金。

在当前全球资本流入中国沪、深股市的大背景下，中国大部分投资者对国内股市更为关注，对 QDII 兴趣不大。QDII 的投资范围只能投资于境外固定收益类产品，存在投资范围窄、预期收益率低的问题，难以吸引投资者购买。QDII 实际上是投资活动市场化、多元化，是扩大对外开放过程中的一步。对于 QDII 投资来说，一旦出现人民币升值速度加快、人民币加息，投资者的实际收益就有可能低于预期收益。而如果 QDII 投资回报率低于人民币升值幅度，也就意味着投资亏损。QDII 产品主要是给人民币投资境外提供方便，同时，外汇理财产品经过了这么多年的市场打拼，产品设计已经相当成熟，投资渠道也比 QDII 要宽泛。这些因素均让 QDII 显得略逊一筹。

目前，我国 QDII 额度发放实现常态化、规则化，推动 QDII 产品和投向多元化。国家外汇管理局 2021 年共发放七轮 QDII 额度，截至 2021 年底，已累计批准 174 家

QDII 机构投资额度 1575.19 亿美元，包括 34 家银行、68 家基金公司及证券公司、48 家保险公司、24 家信托类机构。其中证券类机构中的基金公司以 705.4 亿美元的额度在各类机构中居首，占全部额度的 45%。QDII 额度发放常态化、规则化，投资主体种类日益丰富，有力推动 QDII 产品和投向多元化布局，不断优化境外资产配置。截至 2021 年底，QDII 基金总规模约为 2616.27 亿元人民币（见图 5-2）。

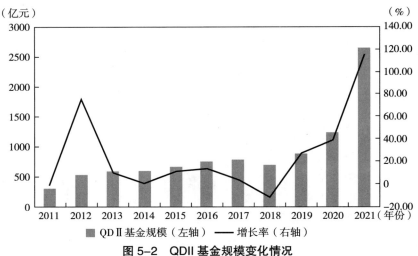

图 5-2　QDII 基金规模变化情况

　　Wind 数据显示，2018 年 QDII 基金平均收益为 –9.02%，其中 74.5% 的基金全年净增长为负。2019 年 QDII 基金平均收益为 19.89%，其中美国市场股票类 QDII 平均收益为 31.24%，在各类 QDII 基金中表现最佳。2020 年受新冠疫情影响，第一季度 QDII 基金收益率表现不佳，收益率为 –0.81%，大部分 QDII 基金都没有实现正收益。

　　在实施 QDII 过程中，风险是不可避免的，我国的投资机构应建立完善的风险管理机制。QDII 产品的投资标的或工具要多元化，应该开发高收益债券产品或新兴市场债券产品。在市场波动剧烈的条件下，应投资于不同领域的债券，以分散风险。此外，积极培养国际型投资人才。QDII 涉及国际金融市场，具有很大的复杂性和风险性。基金管理人的投资理念和经验，以及其海外合作方的研究能力和影响力，对于他们的行为选择至关重要。好的基金管理者不会盲目随波逐流，追涨杀跌，能够对国际市场的运作规律有较强的分析能力，协调好风险与回报关系。

三、投资 QDII 与传统商业银行代客境外理财的区别

　　传统商业银行代客境外理财业务，是指经中国银行保险监督管理委员会（现更名为"国家金融监督管理总局"）批准的商业银行，通过向境内居民发行以人民币标价的境外金融产品，并将募集的人民币资金购汇后，统一购买成外汇投资境外金融产品的一项业务。投资本金和收益汇回国内后，商业银行将其结汇并以人民币方式支付给境内居民。两者的区别在于：

（一）可投资证券种类不同

传统银行代客境外理财业务可以投资海外的固定收益类产品，但不得直接投资于股票及其结构性产品、商品类衍生产品，以及 BBB 级以下债券和票据。QDII 允许内地居民用外汇投资境外资本市场，根据中国证监会《合格境内机构投资者境外证券投资管理试行办法》，QDII 没有股票投资比例上限，更允许进行金融衍生品投资。

（二）风险不同

QDII 业务中，客户与银行之间是一种委托与被委托关系，银行只是对客户资金进行投资管理，并从中收取管理费，收益和亏损由投资者自己承担。而传统理财产品中，个人与银行之间是交易对手关系，个人购买的是银行设计的产品，属于低风险产品。

（三）期望收益率不同

由于可投资金融产品种类和比例不同，QDII 的预期收益一般高于银行代客境外理财产品。相比之下，传统银行代客境外理财业务收益率一般不会超过其预先设定的最高收益率。

（四）发行货币不同

传统银行代客境外理财业务募集的是境内机构和个人的人民币资金，银行通过购汇，投资于境外固定收益类产品。QDII 在境外进行的投资，要求境内机构和个人必须拥有外汇，如投资者手中不拥有外汇，需自己购汇后才能进行投资。另外，QDII 也不能像传统代客境外理财业务那样可以通过一定手段规避人民币汇率风险。

四、QDII 投资策略分析

（一）投资时机的选择

QDII 投资组合在任何时候都要面临汇率风险，这是无法规避的。因此，在投资组合时，要选择那些汇率波动比较平稳的市场，或者选择那些强势货币的国家或地区进行投资，即选择有升值趋势的货币所在国家或地区。要根据各地宏观经济的状况判断利率走势，最好选择那些利率有下调趋势的国家或地区进行投资，才能确保固定收益类产品的持有期收益率处于稳步上升的状态。

（二）投资品种的选择

1. 债券及黄金的选择

除了考虑采用期货或期权等金融衍生工具规避风险外，也要配置债券类资产和黄金类资产做对冲。

2. 不同币种投资产品的选择

为了避免因汇率波动而造成的损失，在配置投资组合时，要考虑选择不同币种的投资产品，降低投资组合所面临的汇率风险。

五、QDII 投资风险控制

QDII 产品在投资运作过程中所面临的风险有很多种：除了一般基金的投资风险，如基金管理风险、流动性风险、操作或技术风险、不可抗力风险等，QDII 还具有汇率风险、市场风险、新兴市场投资风险，以及由于不同国家（地区）的制度差异而可能导致的法律风险、会计制度风险、税务风险等。与 A 股基金相同，QDII 投资于境外市场，在境外投资过程中可以通过以下方式控制风险：

1.通过在多个国家、地区市场的分散配置，规避单一市场系统性风险

商业银行必须深入了解不同国家的外汇管理政策、汇率制度、税收等财政政策，熟悉国外的投资环境，改变依赖境外投资机构的现状，对国外的经济金融环境有自己的见解，并结合自身的管理能力和投资水平进行实际运作。

在进行对外投资之前，必须对投资国的投资环境进行分析，并依据投资行业的不同，对于潜在的风险因素、交易对手的资信情况进行审慎调查，避免由于缺乏对境外投资环境的了解而造成损失。在 QDII 风险管理方面，需要采取主动应对、积极管理的方式，制定完善的内部控制管理制度，将风险管理中的风险评估、风险监控权限分开，正确处理风险控制部门与投资本部之间的关系。只有风险意识提高了，才能从根本上规避国际投资所带来的风险。

2.通过不同投资对象及多空交易机制分散组合风险

与目前其他开放式基金相比，QDII 的投资对象更为广泛，除了股票、债券以及货币市场工具外，还可以投资公募基金、金融衍生品等其他中国证监会批准投资的金融工具，在分享多种金融产品收益的同时，也通过不同的投资品种来分散风险。

QDII 可通过投资金融衍生工具，利用境外市场成熟的多空交易机制进行风险管理。在 QDII 产品设计过程中应该注重投资区域、投资行业、投资市场的分散化程度，可以将募集到的资金投在收益较为稳定、风险较低的保本型资产上，以确保本金的安全。同时，在指定期限内可提供固定回报的结构性产品上适当增加投资比例，而对那些收益较高、风险较大的资产则要根据市场的行情审慎地确定其所占的比例。在实际配置资产过程中，既要注重"金砖五国"等具有发展潜力的新兴市场，也要强调欧美等成熟市场。不应把注意力完全集中于高投资收益率上，应该坚持分散风险的原则，避免因持有的某一资产在投资份额中占比过高而引起风险；还要密切关注世界各国各区域资本市场的变化以及相互间的关联性，利用长线投资成熟市场，再以部分资金寻求新兴市场高投资报酬的机会，争取在弱势市场中也能取得较好的投资收益，这样才能在动荡的国际金融市场中平衡 QDII 的风险和收益。

3.通过多币种投资和汇率避险操作相结合，规避汇率风险

QDII 投资于全球多个地区的市场，这些市场可能采取不同的结算货币。在人民币升值的背景下，QDII 可以通过投资于以其他货币结算的市场，比如澳元、欧元等相对人民币升值的货币，有效降低投资单一市场所面临的汇率风险，还可分享外币相对于人民币升值带来的好处。QDII 还可通过投资一些远期外汇合约等衍生工具来进行汇率的避险操作。在北美等金融市场发达的国家，机构投资者可以运用多种

手段，如通过远期外汇合约、掉期、外汇期货、期权等金融工具锁定远期汇率规避风险。

第三节　保险公司投资行为分析

一、保险公司投资行为特征

第一，保险公司在进行证券投资时，通过适当的分散资产构建合理的投资组合，以期达到风险收益的最佳权衡是其最基本的目标和职能。保险公司进行投资时首先必须确定投资政策，包括投资目标、投资规模和投资对象三方面的内容，进而进行证券投资分析和构建投资组合，其次还要考虑一系列的限制条件，包括资产流动性、通货膨胀预期、税收政策、政府监管等。

第二，在融合上面的投资步骤后，保险公司就形成了自己独特的投资策略，并选择有效的证券组合进行投资。在实施过程中还要确定投资组合中所要包括的资产类型，如股票、债券、外汇、黄金、期货、不动产以及货币市场工具等。

第三，保险公司投资方式包括战略性资产配置、战术性资产配置和证券投资选择三个方面。战略性资产配置属于长期性决策，即对投资组合进行宏观部署；战术性资产配置则属于短期资产周期性调整，随时根据短期市场动态进行；证券投资选择是指在一个资产投资组合中，选择什么样的行业、板块和个股。

第四，保险公司是有限理性的。保险公司作为投资专业化、组织化和社会化的产物，往往被人们认为是使用各种复杂和精密的经济模型来进行投资决策的机构。但现实中，保险公司在进行证券投资时和一般投资者一样，也会有违背有效市场假说中的理性人假设，在投资中表现出有限理性。

二、保险资金运营组织模式

目前国内保险公司资金运用的模式有三种：第一种是以中国平安、太平洋保险为代表的委托集团公司进行资产管理的投资组织模式；第二种是以中国人寿为代表的委托内部关联公司（资产管理公司）进行资产管理的投资组织模式；第三种是以泰康人寿为代表的委托外部关联公司进行资产管理的投资组织模式。

其中，第一种投资模式比较具有代表性，在这种模式中，集团公司处于绝对控股地位，对保险公司的控股比例达到90%以上。鉴于受托方和委托方之间的绝对控股关系，受托方在进行投资时，可以比较充分地在委托投资关系中体现委托方的利益。

三、保险资金特征及作用

保险资金分配具有有偿和无偿的双重性，根据合同有条件返还。而财政资金是无偿的，信贷资金是有偿的，保险产品成本存在确定的滞后性。费率是保险产品的价格，其依据是保险产品的成本；但保险产品成本只有在风险事故发生并赔付后才能确定，因此产品销售即保费收取是根据预计的灾害事故确定的。财政资金由税收形成，并根据政府职责按预算分项列支。

保险资金具有广泛的社会性。保险资金是由社会上分散的广大投保人缴纳的少量保险费汇聚而成。保险资金数额巨大，损失发生与赔付间有时差，各年的赔付不均衡，可能存在巨灾风险和大额赔付，需要从保费收入减去赔付、税收、费用等的结余中提取各种准备金才能形成利润。

准备金不是实际支出，而是闲置资金，在赔付之前可以投资。保险资金偿还以合同为准，信贷资金必须偿还。保险资金参与国民收入再分配，减少财政收入和信贷资金来源，减少家庭消费，但其经济补偿减少了社会救济和福利等财政支出，有利于财政支出稳定，形成的保险资金也参与金融市场投资，增加了投资主体，储蓄和投资分红性保险为消费者提供了长期稳定的收益，使消费者消费水平稳定。

保险基金的建立将有利于新的投资品种的建立和机构投资者的壮大，促进资金向投资转化的金融机制的形成。同时，保险基金改变了以往银行存款、政府债券、金融债券的单一投资方式，促进证券市场的稳定和发展；侧重于资金的长期投资收益，有助于改变上市公司的股东结构，完善上市公司的现代企业制度。

四、保险资金运用方式的发展

（一）中国保险业发展阶段

第一阶段是 1980~1987 年，为无投资或忽视投资阶段，保险公司的资金基本上进入了银行，形成银行存款。这个阶段，资金运用风险小但收益低。

第二阶段是 1987~1995 年，为无序投资阶段，房地产、有价证券、信托，甚至借贷，无所不及，从而形成大量不良资产。

第三阶段是从 1995 年《中华人民共和国保险法》颁布后到 2002 年，为严格限制投资阶段。加大了监管力度，对保险公司的投资范围进行了严格限制，保险资金的运用限于银行存款、买卖政府债券、金融债券和国务院规定的其他资金运用形式。大体上结束了第二阶段的混乱状况。

第四阶段为专业经营阶段（2002 年至今）。2002 年《中华人民共和国保险法》进行了修订，投资范围进一步放宽，但仍规定："保险公司的资金不得用于设立证券经营机构，不得用于设立保险业以外的企业。"不过，此条款已于 2019 年删除。

2009 年 2 月 28 日，党的十一届全国人大常委会第七次会议通过的新修订的保险法增加了保险资金可以投资不动产等的规定，为保险资金运用分散投资风险、增加投资机会、提高投资能力、构建合理的投资结构、培育新的盈利模式创造了有利条件。

随着我国保险业资产总额的迅速增长和监管政策的逐渐放开，我国保险业用于投资的资金总额也在不断增加。中国银保监会（现更名为"国家金融监督管理总局"）官网数据显示，2009 年我国保险业资金运用余额为 3.70 万亿元，到 2019 年增长至 18.53 万亿元，年复合增长率达 17.48%。保险资金的增长也使用于投资股票和证券投资基金的资金逐渐增加。总体而言，经过多年的发展，我国保险资金投资于股票及基金中的比例稳中有升，保险公司已经成为我国资本市场上仅次于证券投资基金的第二大机构投资者，越来越多地影响着我国资本市场的发展。

随着资本市场的调整，监管层对保险资金入市的监管态度也在不断转变。2015 年 7 月，保监会发布《关于提高保险资金投资蓝筹股票监管比例有关事项的通知》，将保险资金投资蓝筹股票的比例上限提高至 40%。该项政策发布后，保险资金大幅增持股票，"险资救市"的说法也由此产生。然而，2015~2016 年，部分保险公司大规模发行万能险、投连险等投资型保险产品，并频繁举牌上市公司。以"宝万之争"为导火索，监管层开始重视险资举牌乱象，在此期间先后出台多项监管政策，以规范险资举牌及投资型保险产品的发行。特别是在 2016 年 12 月 13 日，保监会召开专题会议，提出"保险姓保"，关于保险公司保障属性和金融属性的探讨得到了公众和监管机构的高度关注。

2017 年至今，新一轮的监管政策开启，监管重心转为引导保险机构投资者加大权益类资产投资、拓宽保险资金支持实体经济的渠道。2018 年 3 月，《保险资金投资股权管理办法》发布，保险资金开展 18 股权投资的行业限制被取消。2020 年 7 月，中国银保监会发布《关于优化保险公司权益类资产配置监管有关事项的通知》，明确调整保险机构权益类资产投资比例最高可占上季度末总资产的 45%。而在此之前，保险公司权益类投资比例的上限统一设定为 30%。自此，监管机构鼓励险资入市的态度日渐明朗。

伴随我国保险业的快速发展，在充分履行风险保障和社会管理职能、保险业资产总额持续增加、保险业在国民经济中的地位日益突出的同时，保险市场的激烈竞争使保险公司承保利润总体呈下降趋势；企业更为强调投资类业务的发展，将盈利的希望集中在投资收益。在这种经营方式和盈利模式下，一旦资本市场动荡、投资收益滑坡，就可能出现资产缩水和业务萎缩，导致保险企业的经营状况和偿付能力明显恶化，形成重大经营风险。

（二）保险资金运用结构

我国的保险资金运用明显呈现质量优化的特征，主要表现为增长速度高、规模扩张快、运行质量好。

保险资金运用中，银行存款、债券等流动性较强、收益率相对稳定的资产所占的比例有所上升：银行存款占资金运用余额的比例约为 20%；债券所占比重约为 50%。股票（股权）和证券投资基金所占比例约在 20%。

（三）保险资金运用收益水平

2000~2004 年，受央行降息及投资渠道狭窄等因素的影响，我国保险资金运用的综合收益率普遍不高，分别为 4.12%、4.3%、3.14%、2.68% 和 2.4%。2005 年以后，受政策因素的影响，投资收益率开始上升，2007 年资金运用收益率创历史最高点为 12.17%。2008 年以后，保险资金运用收益率开始下降。

（四）当前我国保险资金运用存在的主要问题

1. 资金运用渠道过窄

我国保险资金运用渠道主要为银行存款和债券投资，投资结构欠合理。我国保险资金运用中用于银行存款的比例太高，保险资产与负债匹配结构问题严重，面临很高的匹配风险；股票投资一直受到严厉限制，也限制了保险资金的收益性。

2. 投资收益率偏低，保险资金利用效率差

由于受投资理念比较保守，投资渠道有限等因素的影响，我国保险资金收益率一直很低。

3. 资本市场不完善

保险投资行为短期化，期限匹配问题严重，使我国寿险业面临很高的资产负债匹配风险。我国的资本市场不发达，使我国的保险资金一直面临缺乏固定收益的中长期投资工具，长期寿险资金难以找到相匹配的投资品种的困境。股票市场不成熟，房地产行业面临很大的泡沫和不确定性，加上市场上投机思想比较严重的影响，都进一步加剧了我国保险资金投资的短期化。

五、保险公司投资策略

1. 资产与负债匹配策略的合理性

保险公司的资产负债（资产负债率）要相匹配，才能避免一系列的风险。资产负债双方要在期限、成本收益、数额、性质等方面双边形成一定的相匹配和对称，并且保险公司也要不断调整自身的资产和负债结构，降低投资时发生风险的可能性，并尽可能地获取最大收益，从而达到流动性、安全性和营利性的整体效果。

2. 投资策略的科学性

保险公司规避风险过于集中的重要手段就是确定保险投资的类别和比例，如果保险公司把过多的资金投资于某一行业、某一产业、某一品种、某一上市企业，即使在投资时进行了密切和谨慎的分析和控制，也会不可避免地遇到各种不可能预测到的情况。分散投资则有利于对保险行业进行控制和分散风险。如果保险公司能够对证券投资组合进行有效的组合，可以在市场发生波动时，有效地规避系统风险，降低非系统风险，从而在保持资产的高度流动性的同时达到最大的期望收益。

3. 风险控制政策的良好性

保险公司的投资风险就是在不确定因素或者事先未知因素发生时造成的风险。保险公司必须提前做好各种风险防范措施，提高自身对风险的防范和控制能力，以确保当风险发生时，可以迅速制定出不同财务处理方案和安全保障手段等方式的风险策略来化解风险。这些能力主要包括对风险的预测、监控、分析和应变等。

4. 财务政策的稳健性

保险公司在进行证券投资时，必须随时考虑突发事件可能带来的流动性风险、化解流动性风险所付出的代价，并要考虑可能产生的其他风险以及防范措施，把投保人

的资金安全和盈利放在最重要的位置。需要注意的是，保险公司不应当采取放大交易的方式，在博取收益时，不应当不注意风险的存在，因为一旦失败，很容易给自身以及投保人带来很大的伤害。通过研究发现，保险公司的防范措施主要包括：免疫策略、限制高风险投资策略、宁缺毋滥策略、适当的流动性策略等。

5. 应对策略的适时性

保险公司在调整自身投资策略的时候，应该适时变化，紧随国家有关部门的政策和法规，保险公司的投资策略主要包括主动的投资策略和被动的投资策略。主动的投资策略是根据国家政治经济的情况，根据管理层的意图和思想，通过把握国家政策和行业政策，以及分析国家有关主管部门可能颁布的政策和法规，提前做好应对和防范准备，主要包括产品的设计应对、投资战术的分析变化、内部投资政策的变化以及投资品种的开发和研究等，以争取通过主观的战略战术，在政策发生变化时，及时跟进，达到收益最大化。被动的投资策略是指当国家的政策法规发生改变时，被动地采取措施，按照已经改变过的政策法规来调整保险公司的投资组合和投资比例，以期待获取投资收益。

第四节　主力机构投资者行为分析

主力机构投资者是指高度控制上市公司二级市场流通筹码的机构或大户。高度控制是指控制流通筹码至少占流通股本的 60%。一般所谓的"庄家"角色都由主力机构担当。

一、庄家的分类

1. 根据操作周期分类

根据操作周期分类，主力机构（即庄家）可分为短线庄家、中线庄家和长线庄家。

短线庄家的特点是重势不重价，对于持仓量没有严格的控制。大致可分为两种：一种是抄反弹股，即在大盘接近低点时买进，然后快速拉高，当散户也开始抢反弹时迅速出场。另一种是炒题材的，在出重大利好消息前拉高吃货或出消息后立即拉高吃货，之后再继续迅速拉升并快速离场。

中线庄家看中的是某只股票的题材，经常会对板块进行炒作。中线庄家往往是在底部进行一段时间的建仓，持仓量并不是很大，然后借助大盘或利好拉高，通过板块联动效应以节省成本，然后在较短的时间内迅速出场。中线庄家所依赖的因素都是其本身能力以外的，所以风险较大，操作起来较谨慎。

长线庄家往往看中的是股票的业绩，是以投资者的心态入市的。由于长线庄家资金实力大、底气足、操作时间长，在走势形态上才能够明确地看出吃货、洗盘、拉高、出货。"黑马"一般都是从长庄股票中产生。长线庄的一个重要的特点就是持仓量，由于持股时间非常长，预期涨幅非常大，所以要求庄家必须能买下所有的股票。出货的过程持续较长时间，到了后期才会不计价格地抛售。

2. 根据走势振幅与强度分类

根据走势振幅与强度分类，庄家可分为强庄与弱庄。

强庄的前提是持仓量大。持仓量越大，庄家拉高的成本就越低。强庄并不是一定就比别的庄家强，而是某一段时间走势较强或是该股预期升幅巨大。

弱庄一般是资金实力较弱的庄家。由于大幅拉升顶不住抛盘，所以只能缓慢推升，靠洗盘、打差价来抬高股价。由于庄家持仓量低，靠差价就能获得很大的收益，所以累计升幅并不大。

3. 根据股票走势和大盘关系分类

根据股票走势和大盘关系分类，庄家可分为顺势庄与逆势庄。

顺势庄即股价走势与大盘是一致的，顺势庄属于高水平的庄家。

逆市庄是指庄家持有的个股走势与大盘完全没有共性，即人们常说的"庄股"。逆市庄由于做盘难度大，失败的较多。当然，有些庄家在建仓时逆势，在出货时顺势，也属于高水平的庄家。

根据其他分类标准，庄家还可以分为获利庄、被套庄；老庄、嫩庄；毒庄、善庄等。

二、庄家坐庄过程分析

1. 坐庄流程

一轮完整的庄家坐庄过程是从庄家发现了一只极有上涨潜力和空间的上市公司股票并准备买入开始。一般的庄家会充分利用大盘下跌所导致的"空头"环境氛围或辅助以人为"利空"制造出来的恐慌情绪，以此来达到打压目标上市公司股价使之大幅下挫的目的，为未来的股价上涨创造出相对较大的盈利空间。坐庄流程如图5-3所示。

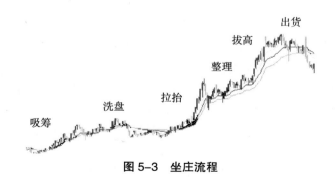

图 5-3　坐庄流程

庄家总是想方设法地在相对较低的股价位置上开始吸货建仓，等到吸筹达到了足够多的份额之后就会开始把股价拉抬起来，并使之迅速地离开自己持有筹码的成本区域。股价拉抬到了一个相对较高的位置上时，就会开始寻找各种时机对目标股票进行打压股价，采取震仓、砸盘等多种手法来反复清洗场外的筹码。庄家就在这种主动控制、引导所创造出来的市场机会之中扩大自身的盈利。如此循环往复，一旦他们从股市上榨取到了极大的利润之后，就会寻找各种机会千方百计地把手中的"仓位"全部套现卖出，而买入与卖出两者价格之间所存有的那一段价格上的空间，就是庄家的获利空间，也是庄家坐庄的主要利润来源。

2. 庄家成本转化

在庄家建仓过程中，最初始阶段是做好长线持股准备的。当股票从高位大幅度跌落到市价之时，就表明庄家已经开始建仓了。随着反复收集、打压、吸筹的操作，所控制的"底仓"就会慢慢越来越多。当庄家建仓完成之后，市场上的主流成本也会从原来的高位上大幅度跌落到市价附近，"底仓"就成为市场上的主流成本。庄家成本转化如图5-4所示。

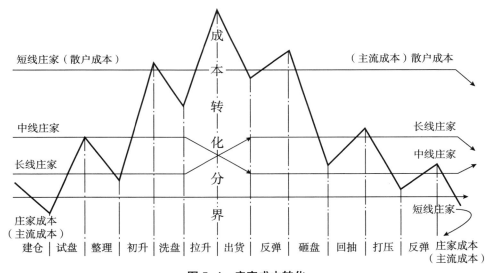

图5-4 庄家成本转化

前期的长线庄家因为其重复的买入和卖出，成本随着操作的不断延续反而有所提高，成本在操作中逐步上移而变得比主流成本略高一些了。但是，这时长线庄家原则上也是处于长时间的锁定状态，一旦突然出现大幅度从低位上提升至市价附近之时，一般也就到了庄家出货前奏的时期。庄家会逐步地将自己的"底仓"筹码在市场上往外暗中慢慢地派发出货给其他一般投资人，主流成本的庄家"底仓"就开始逐渐地流向散户，并向散户成本转化。当这部分"底仓"中的绝大多数筹码被庄家派发之后，就真正成为市场上的散户成本，一旦出现主流成本大幅度从低位上提升至市价附近之时，表明庄家出货已经完成，此时的散户成本成为市场上的主流成本，如此周而复始，循环变化。

三、主力机构投资者现象

1. 大手成交

根据投资者累计的经验判断，一只个股是否有主力机构投资者介入，有一个十分重要的指标：那就是该只个股是否存在连续的大手成交。一只个股大手成交越频繁，主力机构投资者活动的迹象越明显，因为一般的投资者由于资金量有限，难以连续进行大手笔买卖。因此，认真观察每只个股每笔成交量在一定时间的分布状况，是不难发现主力机构投资者的活动迹象的。

2. 主力机构投资者群落类型

根据主力机构投资者的属性，可以将中国证券市场主力机构投资者群落划分为四种类型：

（1）基金主力机构。主要为基金管理公司下辖的基金。

（2）证券公司主力机构。尽管证券公司做主力机构已有所收敛，但由于利润指标的压力和投资渠道的狭窄，特别是大部分证券公司在进行了增资扩股后具有了雄厚的资金实力，证券公司仍然在一定程度上参与了做庄。

（3）民间机构主力机构：1997年以来，随着民间资本的扩张，民间机构做主力机构愈演愈烈，最著名的当数新疆德隆系、中科系、明天系、上海邦联系等。

（4）国企主力机构：自从允许国有企业进入股市后，部分国企也参与了做主力机构，最典型的当数首创集团和哈里投资等。

3. 挖空心思，炮制题材

题材就是炒作一只股票的借口，是用以激发市场人气的工具。对恶主力机构、黑主力机构来说，所谓的题材就是他们事先设计的一场诱导中小投资者跟风的骗局和事先掘好的陷阱。事实上，不明原因的中小投资者经常会在美好的憧憬中逐步落入恶主力机构、黑主力机构的陷阱之中。

在1999年的"5·19"行情中，受美国NASDAQ网络股大幅上扬的刺激，国内的某些恶主力机构、黑主力机构在国内的所谓网络股中大举建仓；但由于当时的经济环境影响，"5·19"行情最终夭折，而此时NASDAQ网络股依然大放异彩。1999年底，中国证券市场开始回暖，那些在"5·19"行情中被网络股套牢的主力机构投资者以及其他套牢主力机构投资者便开始紧急启动网络经济和新经济这一法宝，将自己做主力机构的个股纷纷披上网络的外衣，于是网络股便开始了。

4. 与上市公司相互勾结

为了谋取私利，少数上市公司与恶主力机构、黑主力机构们配合得十分默契。要利润时包装利润，要洗盘时制造利空，要出局时炮制题材；就是在公司未来的经营能力不容乐观的情况下，他们也不遗余力地高比例送股和利用资本公积金转赠股本。更有甚者，部分上市公司还委托主力机构投资者理财，于是上市公司与恶主力机构、黑主力机构们便结成了利益共同体，这就是部分上市公司为主力机构投资者效命的根本原因。

专栏5-1　**亿安重组内幕** ①

　　亿安科技的前身为1992年5月上市的深锦兴，1998年该公司净亏损达6260万元，每股收益为 -0.85元。尽管该公司在1998年进行了一次资产重组和股权转让，第一大股东易主，但公司的经营仍没有起色。1999年5月，公司公告再次进行了实质性的资产重组，第一大股东变为民营企业——广东亿安科技发展控股有限公司，同年公司更名为"亿安科技"。

　　广东亿安科技收购深锦兴后，首先大规模置换资产，并彻底改变了原公司的主营业务。同时积极发展有较高科技含量和较好市场前景的高科技新产品，亿安科技也成了小有名气的高科技企业，经营业绩也大幅增长。1999年该公司的每股收益达到0.255元，2000年中期每股收益达到了0.348元。

　　公司基本面的彻底改变为主力机构投资者的长袖善舞提供了很大的市场想象空间。特别是2000年初高科技股的全面启动，代表着一场亿安科技的股价革命开始了。

　　主力机构投资者开始进驻亿安科技的时间为1998年10月下旬，完成建仓时间为1999年1月。在1998年11月29日至1999年1月14日的55个交易日里，亿安科技的累计成交量高达8191万股，换手率高达232.12%。按此计算，主力机构投资者底位仓的成本为10元。这说明内幕人士和主力机构投资者至少在1998年10月后就得知了亿安科技的重组内幕。

　　5. 内幕交易，黑箱操作

　　内幕交易就是内幕知情人士利用内幕消息在二级市场上赚取非法利润的行为。黑主力机构、恶主力机构们操纵市场重要的手段就是通过内幕交易和黑箱操作来实现的。

　　以第一大股东易主的重组类公司为例，一般来说，重组类公司的内幕人士包括以下四个方面：一是被收购上市公司的高级管理人员；二是收购方的高层人士；三是财务顾问；四是所谓的二级市场炒作方，即所谓的主力机构投资者。

　　一般来说，收购方和二级市场的炒作者是合二为一的。如果二级市场无利可图，收购方收购所谓空壳资源公司的积极性将大打折扣。收购方和二级市场的炒作者合二为一便构成了完完全全的内幕交易。

专栏5-2　**内幕牟利：董正青之内幕交易案** ②

　　2009年1月9日，广州市天河区人民法院对董正青、董德伟、赵书亚内幕交易案作出宣判。公诉人广州市天河区人民检察院指控：董正青在任广发证券总裁期间，从2006年2月至5月，多次将"广发证券借壳延边公路上市"的内幕信息透露给董德伟，并指使董德伟买卖延边公路股票。董德伟利用该内幕信

---

① 资料来源：CCTV《证券时间》2001年11月1日《遭遇"急刹车"——亿安科技重组分析》。
② 资料来源：中国经济网2009年1月9日《中国券商内幕交易第一案今日宣判》。

息，于 2006 年 2 月 23 日至 10 月 18 日通过其控制的股票资金账户，共投入资金 7000 余万元买入延边公路股票 1457 万多股，卖出获利 5000 多万元，并将本金和账面盈利全部提取现金，共计 1 亿多元。其中，董正青、董德伟在中国证监会认定的 2006 年 5 月 10 日至 6 月 5 日价格敏感期内，买卖延边公路获利人民币 2284.67 万元。2006 年 5 月，董正青又将该内幕信息透露给赵书亚，赵书亚即利用该内幕信息，在价格敏感期内买卖延边公路股票获利 101.73 万元。

最终，根据《中华人民共和国刑法》第一百八十条的规定，法院判处：①被告人董正青犯泄露内幕信息罪，判处有期徒刑四年，并处罚金人民币 300 万元。②被告人董德伟犯内幕交易罪，判处有期徒刑四年，并处罚金人民币 2500 万元。③被告人赵书亚犯内幕交易罪，判处有期徒刑一年九个月，并处罚金人民币 100 万元。

2009 年 3 月 27 日，广州中院二审驳回董正青等人的上诉，维持原判。

点评：内幕交易是指内幕信息的知情人员或者非法获取内幕信息的人员，在涉及证券的发行、交易或者其他对证券的价格有重大影响的信息尚未公开前，买入或者卖出该证券，或者泄露该信息以获取利益或减少损失的行为。根据《证券法》，中国证监会可依法作出行政处罚，根据《中华人民共和国刑法》第一百八十条，检察院可依法提起公诉。而投资者也可依法起诉，要求内幕交易人承担侵权民事责任并赔偿投资损失。

专栏 5-3　徐玉锁内幕交易"远望谷"案 [1]

作为上市公司实际控制人内幕交易的典型案例之一，徐玉锁内幕交易"远望谷"案违法行为性质恶劣，案件影响很大。2017 年 1 月，中国证监会对远望谷实际控制人徐玉锁内幕交易"远望谷"案做出行政处罚，认定远望谷拟出资至少 9550 万欧元分 4 笔购买 Bibliotheca Group GmbH 公司（以下简称 B 公司）100% 股权事项属于内幕信息，徐玉锁不晚于 2014 年 9 月 11 日知悉内幕信息，徐玉锁在内幕信息公开前控制使用"廖某松"账户买入 25 万股"远望谷"构成内幕交易，中国证监会决定没收徐玉锁内幕交易违法所得 540 余万元，并处以 1600 余万元罚款；对徐玉锁两次短线交易行为，给予警告，并处以 20 万元罚款；同时，对徐玉锁采取 5 年证券市场禁入措施。

本案当事人徐玉锁是"远望谷"实际控制人，长期担任公司董事长、总经理，后因涉嫌单位行贿罪 2012 年 12 月不再在"远望谷"任职。徐玉锁理应清楚知悉并自觉遵守证券法律法规，致力于公司长远发展和提升公司规范化运作水平，但其自 2007 年"远望谷"上市伊始就开始实际控制使用其远亲"廖某松"的证券账户频繁交易"远望谷"股票，其中大量存在窗口期交易、短线交易的违法行为而长时间未被发现。此次内幕交易违法所得金额巨大，违法行为性质恶劣。

---

[1]　资料来源：中国经济网，2017 年 7 月 10 日。

本案的成功查处，表明内幕交易的违法主体不仅包括上市公司管理层、重大资产重组标的方及中介机构，上市公司实际控制人亦可能在利益驱使下铤而走险从事内幕交易行为。中国证监会对内幕交易行为的查处无死角、全覆盖、零容忍，对上市公司实际控制人的内幕交易行为更是从重处罚。本案的查处彰显了证监会打击内幕交易违法行为的决心和能力，既让违法行为人付出了应有的代价，同时对市场参与者也起到了极大的震慑效果。

6. 控盘操作，虚拟价格

由于主力机构的投资者控制了某股票的流通筹码，从根本上改变了该股票的供求关系，其价格制定就不再取决于该股票的经营业绩和内在的投资价值，而是完全决定于主力机构投资者的操作计划和资金实力。因此，扭曲了该股票的价格定位，出现了虚幻的价格，从而放大了股市的泡沫。这样便看到了市盈率在1000倍以上的个股也大放异彩。

从K线量价表现分析，该股票从当日起开始出现明显的价升量增走势（见图5-5）。表面上看这是机构大量入场的标志，但实际上表现出了主力操盘制造出来的迷惑一般投资者的假象，真正的目的是通过大量对敲吸引市场散户入场接货。

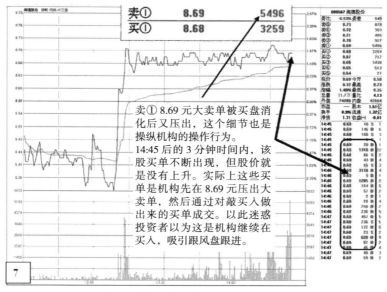

图5-5　庄家操纵股价细节分析

专栏5-4　操纵股价：程文水之"中核钛白"案[①]

2009年4月16日，中国证监会以程文水、刘延泽存在操纵"中核钛白"（002145）股票价格行为为由，对其作出行政处罚决定。

---

① 资料来源：中国证券监督管理委员会《北京证监局"12·4"普法以案释法案例之四：程文水、刘延泽操纵市场减持解禁限售股份案》2011-12-13。

中国证监会认定的事实如下：程文水、刘延泽作为实际控制人，实际控制了北京嘉利九龙商城有限公司、天津联盛伟业科技开发有限公司、西安浩拓商贸有限公司、甘肃新秦陇投资管理有限公司、海南太昊贸易有限公司共五家公司，并通过上述五公司设立的股票账户进行了涉及操纵"中核钛白"股票价格的股票交易。而河北夏成龙拉链有限公司则将其营业执照出借给程文水、刘延泽办理证券账户，并由程文水、刘延泽指使的个人进行了涉及操纵"中核钛白"股票价格的股票交易活动。

2008年9月10~12日，程文水、刘延泽利用持股优势、资金优势，以连续买卖和在自己实际控制的账户组中买卖"中核钛白"股票的方式，操纵和影响"中核钛白"交易价格和交易数量。根据统计，账户组在2008年9月10~12日交易"中核钛白"的账面收益为−5806527.67元。

在程文水、刘延泽利用六家公司的账户组操纵"中核钛白"股价时不久，"中核钛白"曾于2008年9月17日发布《股票价格异常波动公告》，认为公司股价在2008年9月11日、9月12日、9月16日连续三个交易日内日收盘价格跌幅偏离值累计超过20%，属于股票交易异常波动。此公告引起了"中核钛白"投资者的关注，之后，成交量迅速放大。

点评：操纵市场是指少数人以获取利益或者减少损失为目的，利用其资金、信息等优势或者滥用职权，影响证券市场价格，制造证券市场假象，诱导或者致使普通投资者在不了解事实真相的情况下作出证券投资决定，扰乱证券市场秩序。根据《证券法》，中国证监会可依法作出行政处罚；根据《中华人民共和国刑法》第一百八十二条，检察院可依法提起公诉。而投资者也可依法起诉，要求内幕交易人承担侵权民事责任并赔偿投资损失。

7. 多开账户，逃避监管

为了隐蔽操作，逃避监管，主力机构投资者在多家营业部利用多个个人账户分散筹码。

专栏5-5 黄光裕案 [①]

黄光裕是国内最大的家电连锁超市国美电器公司的创始人，曾多次排名胡润内地富豪榜首位。2007年4月，中关村上市公司拟与黄光裕经营管理的北京鹏泰投资有限公司（以下简称鹏泰公司）进行资产置换，黄光裕作为中关村上市公司的董事及鹏泰公司的法定代表人，参与了该项重大资产置换的运作和决策。在该信息公告前，黄光裕决定并指令他人借用龙某、王某等人的身份证，开立个人股票账户并由其直接控制。2007年4月27日至6月27日，黄光裕使用龙某、王某等6人的股票账户，累计购入中关村股票976万余股，成交额共计9310万

---

① 资料来源：安阳市金融工作局。

余元。至 2007 年 6 月 28 日该信息公告日时，以上 6 人股票账户的账面收益额为 348 万余元。

2007 年 7~8 月，中关村上市公司拟收购北京鹏润地产控股有限公司全部股权进行重组。在该信息公告前，黄光裕指使他人以曹某某、林某某等 79 人的身份证开立相关个人股票账户，并由黄光裕控制，同时安排杜鹃协助管理以上股票账户。杜鹃于同年 8 月 13 日至 9 月 28 日，按照黄光裕的指令，指使杜某、杜某某、谢某等人使用上述股票账户，累计购入中关村股票 1.04 亿余股，成交额共计 13.22 亿余元，至 2008 年 5 月 7 日该信息公告日时，上述股票账户的账面收益额为 3.06 亿余元。其间，许钟民明知黄光裕利用上述内幕信息进行中关村股票交易，仍接受黄光裕的指令，指使许某某在广东借用他人身份证开立个人股票账户或直接借用他人股票账户共计 30 个。上述股票账户于 2007 年 8 月 13 日至 9 月 28 日累计购入中关村股票 3166 万余股，成交额共计 4.14 亿余元，至 2008 年 5 月 7 日该信息公告日时，上述 30 个股票账户的账面收益额为 9021 万余元。

8. 虚假造市

要达到诱骗中小投资者跟风炒作的目的，黑主力机构、恶主力机构们除了为炒作的股票制造题材外，还必须向外扩散这些题材。在资讯时代高速发展的今天，主力机构投资者要达到这一目的十分容易。此外，主力机构投资者还利用所谓股评家和咨询机构的市场影响力努力推荐即将出货的股票，于是我们便看到了大量的投资价值分析报告。

专栏 5-6　虚假造市

在 2000 年 12 月 25 日之前，关于中科创业的好评如潮，有报道认为中科创业正在进行二次创业，前景辉煌；有股评家认为，中科创业是大市下跌的避风港。

1999 年 8 月 31 日《中国证券报》发表了一篇有关康达尔的投资价值分析报告，报告称"康达尔经过目前开始的资产重组后，将涉足优质农业、生物医药、网络信息设备、网络电信服务、高技术产业投资等多个新兴产业领域，通过项目投资和股权投资等多种投资方式以及其他资本运营手段，逐渐发展成为一家具有一定产业基础的投资控股公司。康达尔具有广阔的发展前景，将有望发展成为中国的伯克希尔·哈撒韦"。然而事实上的中科创业却给了这些"抬轿者"一记有力的耳光。

9. 大胆逼空，小心诱多

逼空就是多头不断把价格上推，一直到空头坚持不住止损投降为止。逼空行情在起势时总会屡遭投资者不屑。

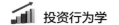

诱多是指主力机构投资者有意制造股价上涨的假象，诱使投资者买入，结果股价不涨反跌，让跟进做多的投资者套牢的一种市场行为。

专栏5-7　大胆逼空

　　海虹控股主力机构投资者在吸筹完毕后，采取了期货式的逼空手法，连续拉出了22个涨停。这种凶悍的期货手法确实骇人听闻，主力机构投资者一边拉涨停，一边又在悄悄地出货，而等头脑简单的投资者在最后的涨停板被打开后勇敢地杀进的时候，那便是世纪之套。

---

10. 涨也对倒，跌也对倒

对倒是指证券市场主力在不同的证券经纪商处开设多个户头，然后利用对应账户同时买卖某个相同的证券品种，人为地拉抬价格，以便抛压或刻意打压后以便低价吸筹。

根据主力机构投资者一般的操作手法，无论是拉抬，还是洗盘，无论是做开盘价，还是做收市价均存在严重的对倒行为。因为主力机构投资者的资金实力总是有限的，他不可能将所有的筹码全部吸收；而且主力机构投资者最终出货才能将账面利润实现为实际利润。所以主力机构投资者要用有限的资金推动股价，就必须通过对倒才能完成。

11. 打"老鼠仓"

"老鼠仓"（Rat Trading）是指主力机构投资者在用公有资金拉升股价之前，先用自己个人（机构负责人，操盘手及其亲戚关系户）的资金在低位建仓，待用公有资金拉升到高位后个人仓位率先卖出获利。

排除内幕人士在主力机构投资者的成本区建仓的筹码外，还有很重要的一条途径就是主力机构投资者为了达到某一目的在开盘、盘中或收盘时打出的比上一个交易日的收盘价便宜得多（有的甚至就是跌停板）的筹码，而当"老鼠仓"打出后，该股在未来的几个交易日后便开始疯涨。因此，一般来说，"老鼠仓"就是将巨额利润送给某些重要人物的重要手段。

专栏5-8　我国基金"老鼠仓"现状①

　　目前我国对于基金从业人员买卖股票的制约几乎是国际上最严格的，但没能制止"老鼠仓"，已经报道曝光的不过是冰山一角。可见，严厉的规则只是纸老虎。原因在于，规则表面严格，实际如同渔网处处见风。基民见严厉的规则而心安，不过是在围城中给自己一些心理安慰。而一部严厉的法律需要高效的执行力。中国的证券市场有无数严厉而无用的规则，这些规则大多数增加了交易各方的愤怒，却对建立市场秩序无能为力。

---

① 资料来源：叶檀.财经评论，2011年3月。

四、主力建仓方法

1. 隐蔽吸货，不露声色

此类股票的走势大都是当前阶段的冷门股，在相对于过去的较低的价格上进行箱形盘整，与大盘的趋势一致，成交量很小。在建仓阶段，尽量不能让人察觉有大资金介入，在操作上不能大手笔地明码执杖买入，必须将大资金拆小，这对于资金量大的机构主力来说，相对建仓时间会较长，也必须有足够的耐心和耐力，因为在底部吸的筹码越多，其建仓的成本越低。通常在低位盘整时间越长，则未来涨幅越大。

对这类股票投资人只要注意就可以了，不必介入其中和庄家比耐心。

2. 震荡建仓，上打下拉

由于底部的低点较难判断，同时大资金不可能全在最低点吸到筹码，因此大资金在进入底部区域后即开始分批建仓，越低越买。

3. 拉高吸货，哄抢筹码

当突发性重大利好公布或者是股价已极度超值之时，某股票尚无主力入驻、散户正犹豫之时，大集团资金往往先下手为强，在当日大量买入低位筹码，即使拉涨停板也在所不惜。往往在几天或几个小时就可完成建仓任务。

通常，大牛股在庄家建仓的后期会出现如下特征：

（1）其K线组合会构成一个明显的箱体，股价在这个箱体中波动的频率开始加大，通常股价上涨时成交量放大，而股价下跌时成交量明显萎缩。比如，邯郸钢铁于1998年10月至1999年3月，股价一直在7~8元的箱体内波动，而且价升量增，价跌量缩，为明显的主力吸货特征。

（2）在低迷的股市中会表现出一定的抗跌性，时常有下影线出现。比如：云天化的主力于1998年8月至1999年3月在9元一带吸筹，每当大盘破位下行之时，反而成为主力吸纳低价筹码的大好时机，因此表现出良好的抗跌性。

（3）从技术指标来观察，有底背离现象产生。比如：能量潮OBV曲线在底部横盘或已缓缓向上，而此时股价仅是横向波动甚至下跌。同时在周K线图上有一段5周以上的横盘K线组合，并且阴阳交错，RSI指标或KDJ指标均出现双底或底背离现象。在吸货阶段，往往短期成交量均线（5日均线）会逐步向上爬升，当向上交叉长期成交量均线（10日均线）时则表示上档浮码很少，多方已开始组织力量反击，买点随即形成。

（4）市场开始有一些有关该股的消息流传，但是股价和成交量基本没有反应，有时还会小幅下跌几天。

（5）进入建仓后期庄家其实已经没有退路了，不做也得做。如果这时基本面遭到重大利空打击，对我们来讲是再好不过的事情：天赐良机，发财的机会来了。大部分庄家会在风头过后变本加厉地反扑。

（6）建仓后期庄家的任务是维持股价并等待合适的机会启动拉升。拉升的日期一般是庄家倒推算的，如上市公司合同签约日、中报年报出台日、股东大会召开日等，一般要在信息公布前后达到拉升目标位附近，所以出消息就是庄家出货的标志，当然这是指在股价已经有很大的涨幅之后。

4. 主力机构低位建仓

主力机构在股价较低时完成建仓行动（见图5-6）。

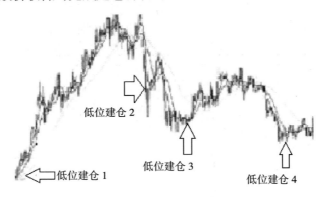

图5-6　主力机构低位建仓

图5-6中，该股票当前股价相对位低，K线出现"上升放量，调整缩量"的机构吸筹痕迹。这是机构对该股建仓为后市行情做准备的标志。

5. 主力机构高位建仓

主力机构在股价高位时，对后市走向充满把握和信心，于是在上升市场中，机构大胆高位入市，完成建仓行动（见图5-7）。

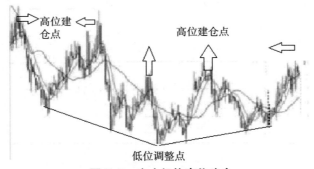

图5-7　主力机构高位建仓

五、主力机构炒作手段

1. 发掘题材

在挖掘题材，搞清楚个股究竟有没有题材、有什么样的题材、有多少题材可以利用和发挥之后，吸筹再有计划地把题材公布出去。事实上每一只股票都有题材可供挖掘和利用。不同历史阶段、不同的政治经济大环境下还会产生新的题材，发掘题材是主力机构投资者机构取之不尽、用之不竭的手段。

2. 制造概念股

概念股是指具有某种特别内涵的股票。而这一内涵通常会被当作一种选股和炒作题材，成为股市的热点，如事物题材等。概念股有具体的名称，例如金融股，地产股，资产重组股，券商股，奥运题材股，保险股，期货概念等都称之为概念股。

3. 激发散户的想象

主力机构投资者不会突发奇想或激发想象就去做主力机构，因为他们是理智的；而散户则不同，他们是盲目的，往往对股市充满无限遐想。所以，当散户听到股评家讲述，某股票想象空间巨大，如何利好，如何有发展潜力，就会激发起想象，凭借着想象去投资。很多上市公司的股东们就是利用散户投资者的非理性思维，用引进新项目、开发新技术来包装自己，以获得巨额资金。

4. 制造规律

股市有些规律是自然形成的，常常被称为股理；有些规律则是人为制造出来的，常常被称为陷阱。比如单边上扬规律，如果投资者不买某只股票，主力机构就会拉一个涨停板；如果再不买，他又拉一个涨停板；如果还不买，他继续往上拉涨停板，股票天天往上涨。可是当投资者看出了规律买进，主力机构却发疯地往下砸，结果投资者被高位套牢。这种主力机构投资者制造规律的事例屡见不鲜。

六、主力机构选股

1. 垃圾股票

垃圾股票的主要特点是：进货容易，出货难，在高位不容易站稳，只能凭一时的冲力暂时冲上高位。因为垃圾股没有长期投资价值，平时没有长主力机构进驻。主力机构投资者炒作垃圾股的操作策略是速战速决，快进速炒，急拉猛抬，快速派发，是一种短期投资行为。一些主力机构投资者之所以喜欢炒作垃圾股，就是因为垃圾股的速战速决特点。垃圾股炒作的基本思路是诱使市场犯错误，所以垃圾股就要浪费空间，换取散户犯错误。

2. 绩优股票

绩优股就是业绩优良公司的股票，也称作"蓝筹股"。对于绩优股的定义，国内外有所不同，在我国，投资者衡量绩优股的主要指标是每股税后利润和净资产收益率。一般而言，每股税后利润在全体上市公司中处于中上地位，公司上市后净资产收益率连续三年显著超过10%的股票当属绩优股之列。绩优股票的主要特点是：主力机构投资者建仓比较难，建仓时间比较长，但是拉抬容易；形成大势后，一般不会出现暴跌现象，在高位可以长时间站稳，可以从容出货。因为绩优股具有长期投资价值，一般的都是有主力机构股炒作，绩优股的操作策略是：持久战吸筹，时间长，平稳地拉抬，中间过程中还往往伴有洗盘整理等阶段，只要主力机构投资者不砸盘，炒作过程就没有什么风险。

3. 小盘股与大盘股

小盘股是指发行在外的流通股份数额较小的上市公司的股票，我国现阶段一般不超过 1 亿股流通股票都可视为小盘股。大盘股是指发行在外的流通股份数额较大的上市公司的股票，我国现阶段一般超过 10 亿股流通股票都可视为大盘股。

对于主力机构投资者来说，小盘股容易控制，大盘股不容易控制；对于跟风主力机构的散户来说，炒作小盘股的散户投资者多一些，炒作大盘股的散户则少一些。因此小盘股比大盘股人气热一些。这就是小盘股为什么活跃很容易被炒作上去；而大盘股惰性，往上炒作困难，甚至长期走势低迷的道理。

七、主力机构投资生命周期

1. 第一阶段：选择投资股票对象

主力机构投资者在做主力机构之前，最重要的一点就是如何选择对象，这往往事关做主力机构的成败。因为只有选准了对象，才会有中小投资者的跟风，才有可能最大限度地保证出货过程的顺利。而从目前市场中的主力机构股共性来看，小盘股成为主力机构股的可能性最大。

2. 第二阶段：收集筹码

在选准了对象之后，就开始了筹码的收集阶段。主力机构投资者往往在市场不被看好时，进行逢低吸纳筹码，其中最典型的做法就是在上市公司发布利空消息，股价大幅下跌后，开始进场吸纳。有时大势的不好也会成为主力机构投资者吸纳筹码的良机，尤其对新股与次新股而言，这也是新股与次新股中容易出现"黑马"的原因。

3. 第三阶段：放量与洗筹、拉抬

成交量持续放大到一定时候，至少在三个交易日以上，此股就有可能成为主力机构股。随后的走势一般就是洗筹阶段，因为不少中小投资者也熟谙技术分析，其中的胆大者就会跟风介入，加大了主力机构投资者拉高股价的成本和压力，此时主力机构投资者就选择了洗盘。一方面可以使低位跟风者出局，另一方面也可以使市场平均成本提高，减轻日后拉抬所受到的抛售的压力。

4. 第四阶段：出货

当主力机构股经历了吸筹、洗筹、拉抬之后，就进入到最后一个阶段——出货，这也是主力机构股的最后目的。如何把握主力机构股的出货征兆，就成为中小投资者领先主力机构一步全身而退的最首要的任务。

在四个阶段中，出货是主力机构投资者的最终目的，而出货技术是大资金操盘最难以掌握的一项技术：掌握这项技术需要智多识广、心理逻辑严谨等经验作基础，不是缺乏丰富大资金经验的操盘者所能轻易使用的。

八、主力机构出货手法

1. 金钩钓饵式出货法

（1）规律性出货法。有的主力机构投资者为了出货，故意每天低开，全天多数时间让股价低位运行，然后尾市拉高，连续数天如此，给散户投资者造成短线操作适当获得丰厚的感觉。一旦某天接盘众多，主力机构投资者果断砸盘出货，或者在K线图上形成有规律的箱体震荡，操作方法与前者相似。

（2）假换主力机构出货法。在盘面上进行明显的不同仓号对调，造成大手笔成交不断，或者干脆利用一个周五的时间进行一笔或者几笔特别大的成交（超过百万股），尾市上涨；同时配合著名咨询机构在电视媒体指出这种异动，从而诱发一些投资者出手。

（3）大异动出货法。在盘面上挂出连续大买单，一分钱一分钱地把价格往上推，推到一定程度后突然跳水，使来不及撤单的买单砸成交。或者是在买单上挂上特别大的买单，吸引那些不知情的投资者上当，当然这包括许多通过软件选股的人。

2. 重大利好式出货法

（1）高业绩出货法。如果可能的话，使用财务手段或者投资收益手段把上市公司的业绩公布得十分优秀。利用股价刚刚送股除权后公布优良业绩，诱导散户误解业绩，达到出货的目的。

（2）大题材出货法。如果这个股票价格已经高了，先高比例送股，然后改成适合当时热点的名称，其后制造一个特别大的利好，紧接着出货。

（3）好形态出货法。用连续的小阳线上涨，进行所谓的低位放量，研究销量较大的软件公式，吸引单一技术的痴迷者的买盘出货。

3. 金蝉脱壳式出货法

（1）新换主力机构出货法。目前有一些机构专门帮助一些不会出货的机构出货，条件是接货价格比市价便宜一些协议出货，有些证券公司甚至利用职权出货给基金。

（2）暗消息出货法。到一些大中户比较多的营业部，故意不断地买进某一只股票，让成交回报暴露，同时私下传播消息，达到出货的目的。

专栏5-9 认识主力出货思路手法

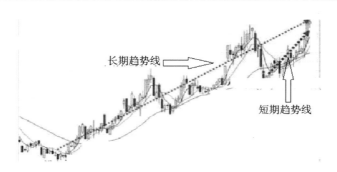

讨论：应当对个股进行全面分析，中短期走势尤为重要。从短期看，该股上升幅度达到30%左右，波段主力的减仓属于正常行为。从长期看，股票升幅较大，说明市场与主力机构获得了丰厚的盈利。

九、区分震仓和出货的技巧

震仓的含义只是想甩掉不坚定的短线跟风盘，并不是要吓跑所有的人。主力机构投资者震仓的目的是尽量把心态不坚定的跟风盘甩掉。在实际操作中，许多投资者却把主力机构投资者的震仓当作出货，或者把出货当震仓，结果卖出的股票一路狂升，捂住的股票却一跌再跌，深度被套。以至于除了经济上造成损失外，也对投资心态产生了较大的破坏。

主力机构投资者出货的目的是尽量吸引买盘，通过各种手段稳定其他持股者的信心，而自己却在尽量高的价位上派发手中尽量多的股票。区分两者是十分关键的，其直接关系到投资者在此只个股上的获利率。

1. 盘口方面

主力机构投资者出货时在卖盘上是不挂大卖单的，下方买单反而大，显示委买比较大。这造成了买盘多的假象，或下方也无大买单，但上方某价位却有"吃"不完的货，或成交明细中常有大卖单卖出而买单却很弱，导致价位下沉无法上行。

主力机构投资者震仓时在卖盘上挂有大卖单，造成卖盘多的假象。若主力机构投资者对倒下挫时是分不清是震仓还是出货的，但在关键价位，卖盘很大而买盘虽不多却买入（成交）速度很快，笔数很多，股价却不再下挫，多为震仓。

2. K线形态方面

主力机构投资者震仓仅想甩掉不坚定的跟风盘，并不是要吓跑所有的人，否则主力机构就要去买更多的筹码了，必须让一部分坚定者仍然看好此股，仍然跟随它，帮它锁定筹码。

震仓时，某些关键价是不会跌穿的，这些价位往往是上次震仓的起始位置。这是由于上次已洗过盘的价位不需再洗，即不让上次被震出去的人有空头回补的价差。这就使K线形态有十分明显的分层现象。

主力机构投资者出货以力图卖出手中大量的股票为第一目的，关键价位是不会守护的，导致K线价位失控，毫无层次可言，一味下跌。

3. 重心方面

重心是否下移是判别震仓与出货的显著标志。主力机构投资者的震仓是把图形做得难看，但并不想让其他人买到便宜货，所以日K线无论收乌云线、大阴线、长上影、十字星等，或连续四五根阴线甚至更多，但重心始终不下移，即价位始终保持。

主力机构投资者的出货虽有时把图做得好看些，收许多阳，但重心却一直下移。

当然，主力机构投资者的震仓与出货方法仍在不断地推陈出新，手法也越来越凶悍。只有在具有扎实的基本功的前提下，及时地去研究思考，及时地去适应，方能在操作上获得成功。

专栏 5-10　　主力机构砸盘行为

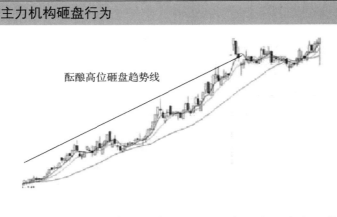

酝酿高位砸盘趋势线

分析：盘中巨单大幅砸盘在个股中最明显的特征是 K 线留下较长的下影线。砸盘行为在个股的高位、上升中途、下跌中途、底部等各种位置都可能出现。

盘中利用一两张巨大卖单瞬间大幅砸盘打压股价的行为动作多属于主力试盘行为。小部分则属于主力送礼或为自己"老鼠仓"输送利益的行为。

由于盘中巨单瞬间大幅砸盘动作影响大，近年来监管机构对主力"老鼠仓"和各种各样的利益输送行为监督明显加强，所以利用盘中巨单瞬间大幅砸盘实施利益输送的行为已经较少见。这种利用盘中巨单瞬间大幅砸盘的行为现多被一些主力用作试盘或吸引投资者注意、吸引人气和跟风盘所用。

思考练习题

一、名词解释

1. 机构投资者
2. QFII
3. QDII
4. 主力机构投资者
5. 内幕交易
6. 拉抬、打压与锁定

二、填空题

1. QFII 在证券市场的投资操作一般经过_____——_____——_____——_____四个具体步骤。

2. QDII 是由_____最早提出，在目前人民币资本项下不可自由兑换条件下，允许经认可的_____参与_____的一项制度安排。也就是说，合格境内机构投资者是在_____发行，并以合法（Qualified）的渠道参与投资_____的资本、债券或外汇等市场的资金管理人。

3. 目前，国内获得 QDII 资格的机构投资者包括_____、_____以及_____在内的几十家机构。

4. 主力机构投资股票要经历_____、_____、_____、_____四个阶段。

5. 根据操作周期分类，主力机构庄家可分为_____、_____、_____。

6. 价值投资的核心思想是利用某一标度方法测定出股票的_____，并与该股票的_____进行比较，进而决定对该股票的买卖策略。

7. 开盘价格操纵是指在_____时段，通过抬高、压低或者锁定等手段，操纵开盘价的行为。

三、简答题

1. 简述 QFII 投资行为特征。

2. QFII 制度的实施对我国证券市场产生了什么影响？

3. 在中国资本市场中，QFII 持股具有哪些特征？

4. 简述投资 QDII 与传统商业银行代客境外理财的区别。

5. QDII 的实施目前在我国存在哪些问题，应如何应对？

6. 保险公司投资存在哪些行为特征？

7. 保险资金的特征和作用是什么？

8. 保险公司投资主要包括哪些策略？

9. 主力机构投资生命周期一般经历哪几个阶段？

10. 主力机构一般有哪些出货手法？

四、论述题

1. 如何控制 QDII 的投资风险？

2. 银行、保险公司、基金公司等机构的 QDII 投资有什么不同？

3. 试论述主力机构震仓与出货有什么不同，如何区分。

第六章 投资行为操作

学习目标

· 掌握证券投资风险的概念及分类；
· 掌握证券投资风险的控制方法；
· 熟悉投资者应具备的心理素质与投资素质；
· 掌握不同市场的不同操作策略；
· 熟悉市场不同阶段的操作策略。

第一节 投资素质与投资心理塑造

证券投资是家庭投资的一个组成部分和一种重要的形式。家庭投资有广义和狭义之分：广义的家庭投资泛指一切能使家庭财产得到增值的活动，包括购买房地产、置办实业、购买国债、投资保险、投资字画古董、集邮等；狭义的家庭投资仅指股票等证券市场的投资，或者更准确地说，只是指二级市场也就是自由交易的证券市场的投资。作为一个证券市场的投资者（或者叫股民），都有一个由非股民到准股民再到正式股民的角色蜕变过程，这个过程是投资者的发展过程，也是其心理演变的心路历程。

一个人如果决定在证券投资市场进行投资，那么他就必然会到处寻找有关证券投资方面的书籍来看，了解有关证券投资的一系列程序和规定；这就意味着他完成了角色蜕变的第一个阶段，即由非股民变成了准股民。当一个人一旦完成了证券投资的一系列前期准备工作之后，便会到证券登记公司去开户，拥有股权证之后再选定一家证券交易公司去开资金账户，并注入第一笔资金，不久便会战战兢兢地试着买入第一只股票，这时就会有一大堆有关证券投资的心理问题，推也推不开，甩也甩不掉，无法面对也必须面对。因此，有关证券投资过程的基本心理分析主要涉及证券投资的起步心理、买入心理、持有心理和抛售心理等方面的心理分析。

一、股市中的人性弱点

（一）心态焦躁

1. 表现

急于求成，频繁换股，忽视中长期价值；过度关注短期波动，忽视企业的基本面和长期发展潜力。

2. 修正方法

设定明确的盈利目标和投资期限，避免被短期波动干扰；关注企业的长期价值，而非短期市场情绪。

3. 案例

许多投资者在牛市中频繁换股，最终错失优质股票的长期上涨机会。

（二）慌乱

1. 表现

对市场波动过度敏感，盲目抛售或追涨；在股价下跌时恐慌抛售，或在股价上涨时盲目追高。

2. 修正方法

建立冷静分析机制，区分短期噪声与长期趋势；制定明确的止损策略和止盈策略，避免情绪化操作。

3. 案例

2008 年金融危机期间，许多投资者因恐慌抛售而错失市场反弹的机会。

（三）盲从

1. 表现

依赖外部意见（如股评、小道消息），缺乏独立判断；盲目跟随市场热点，忽视自身风险承受能力。

2. 修正方法

结合专家意见与自主研究，培养独立思考能力；建立基于数据的投资逻辑，避免被市场情绪左右。

3. 案例

专栏 6-1 强调纪律性操作，避免盲目跟风。

（四）贪婪

1. 表现

过度追求收益最大化，忽视风险控制；在股价上涨时不愿止盈，最终错失获利机会。

2. 修正方法

遵循"次优原则"，设定止盈点止损点，平衡收益与风险；避免过度杠杆操作，控制仓位风险。

3. 案例

许多投资者在牛市中因贪婪而未能及时止盈，最终在市场回调时遭受重大损失。

（五）不愿承认错误

1. 表现

固执持有亏损股票，拒绝止损；过度自信，忽视市场变化和自身判断的局限性。

2. 修正方法

建立止损纪律，定期复盘投资决策；接受投资中的不确定性，避免过度自信。

3. 案例

专栏 6-3 展示了如何在错误中总结经验，避免重复犯错。

二、投资者应具备的心理素质

（一）自律

1. 重要性

自律是投资者成功的关键，能够帮助投资者避免情绪化操作。

2. 方法

制定明确的投资计划，严格执行止损和止盈策略。

3. 案例

专栏 6-1 展示了通过严格的纪律性操作，实现稳定的收益。

（二）耐心与决策力

1. 重要性

耐心是长期投资的基础，决策力则帮助投资者抓住关键机会。

2. 方法

长期持有优质资产，等待价值释放；果断执行计划，避免因为犹豫导致机会流失。

3. 案例

专栏 6-3 展示了如何通过耐心持有股票，最终获得丰厚回报。

（三）风险意识

1. 重要性

投资与风险并存，风险意识是投资者生存的基石。

2. 方法

接受投资中的不确定性，制定风险管理计划。

3. 案例

专栏 6-4 通过技术分析规避风险，展示了风险控制的重要性。

（四）适应性

1. 重要性

在市场环境不断变化的背景下，帮助投资者灵活调整策略。

2. 方法

避免心理定势，及时调整投资组合以适应市场变化。

3. 案例

专栏 6-2 揭示了如何避免固执持有股票，灵活应对市场变化。

三、投资者应具备的投资素质

（一）知识素养

1. 基础金融知识
掌握财务分析、市场机制等基础知识。

2. 持续学习
关注新兴技术与政策动态，保持知识的更新。

3. 案例
许多成功的投资者通过不断学习，掌握了市场的最新趋势和投资机会。

（二）实践经验

1. 模拟投资
通过模拟投资验证策略的有效性，积累实战经验。

2. 小额试水
从小额投资开始，逐步扩大规模，降低试错成本。

3. 案例
许多新手投资者通过模拟交易和小额试水，逐步掌握了市场的规律。

（三）独立分析能力

1. 重要性
独立分析能力帮助投资者避免盲目跟风，做出理性决策。

2. 方法
结合基本面分析和技术分析，建立基于数据的投资逻辑。

3. 案例
第二章"投资三分法"展示了如何通过独立分析，实现资产的合理配置。

（四）道德责任感

1. 重要性
关注企业社会责任与合规性，避免投机性操作。

2. 方法
选择具有良好治理结构和社会责任的企业进行投资。

3. 案例
许多投资者通过关注企业的社会责任，选择了具有长期价值的投资标的。

四、投资者素质培育

投资者素质培育是一个全面而深入的过程，旨在提升投资者在金融市场的竞争力和长期投资成功率。以下是投资者素质培育的四个关键方面：

（一）知识素养的提升

1. 专业知识学习

掌握金融市场运作机制、投资工具特性、财务分析、风险管理等基础知识；通过阅读专业书籍、参加培训课程、关注权威财经媒体等方式获取知识。

2. 持续学习

紧跟市场动态和新兴技术，了解最新的投资理念和策略；建立个人学习计划，定期回顾和总结学习成果。

（二）心理素质的强化

1. 风险意识

树立正确的风险观，认识到投资与风险并存；在投资前做好充分的风险评估，制定合理的风险管理计划。

2. 情绪管理

面对市场波动时保持冷静和理性，避免情绪化决策；通过制定投资纪律、设定止损点等方式增强自我控制力。

3. 长期投资心态

具备长期投资理念，着眼于长远价值的增长，而非短期收益；学会耐心持有优质资产，等待其价值实现。

（三）实践经验的积累

1. 模拟投资

通过模拟投资平台进行实战演练，积累投资经验；模拟投资帮助投资者熟悉市场规则、了解投资流程、检验投资策略的有效性。

2. 小额试水

在具备一定知识和心理素质后，从小额投资开始，逐步增加投资规模；通过实际操作感受市场的脉搏和投资的魅力。

3. 复盘与反思

每次投资后进行复盘和反思，总结成功经验和失败教训；通过复盘不断优化投资策略，提高投资决策的准确性和效率。

（四）综合素质的培养

1. 独立思考能力

不盲目跟随他人的意见，形成自己的投资逻辑和决策体系；在获取信息和做出决策时，学会分析信息的真实性和可靠性。

2. 社交能力

与创业者、企业家、业内专家建立有效的合作关系，获取更多市场信息和投资机会。

3. 灵活变通与适应能力

善于接收外界的有利帮助，及时调整策略以适应市场变化。

4. 道德品质与责任感

具备高尚的道德品质和强烈的社会责任感，关注社会公共利益和环境保护；通过诚信经营和合法合规的投资行为树立良好的企业形象和社会形象。

专栏6-1   案例讨论——赚10%的计划

20世纪初，在美国有一个名叫萨姆·汉弥尔顿的人，他文化水平低，又无谋生的一技之长，日子过得很艰难。好不容易在太平洋证券交易所谋了个看门的工作。工作来之不易，汉弥尔顿干活勤勉，是个称职的看门人，春夏秋冬，年复一年，汉弥尔顿每天像钟表一样准时地收发信件，门里门外地把交易所打扫得干干净净。进出交易所的人们熟悉这个整日里忙忙碌碌的看门人的身影，但很少有人和他搭讪，因为在人们眼里，他是一个地位卑微的穷人。

汉弥尔顿在看门的工作上一干就是几十年。当他年近八十即将退休时，人们开始可怜这个默默无闻的穷老头：勤奋操劳一辈子，仍将在贫穷中度过余生，令人们大吃一惊的是，这老头退休的那天，竟传出爆炸性的传闻：汉弥尔顿拥有三十多万美元的财富！20世纪初，这是一份数量很大、令人眼红的财产。汉弥尔顿的老友们，那些自认为非常熟悉这个老实巴交的看门人的人们，怎么也不敢相信这一事实，问他是用什么方式得到这份财富的，汉弥尔顿平平淡淡地道出：炒股票。

后人将汉弥尔顿所使用的方法称为"赚10%的计划"。这是一种用于短期投资的策略。采用这种策略的投资者认为，股市是一个波动的市场，在一两个月内，很多股票的股价波幅超过10%或20%。只要你不是贪心太重，把握这10%到20%的上下限，低价购入，高价抛出，便很容易在短期获利。当然，使用这个策略还要考虑佣金和税收的费用，只有当卖出所获利润超过成本，才是真正的获利。

专栏6-2   案例讨论——死多头的奥秘

在股市上的股友们可能常碰到这样一种令人沮丧的情况，某段时间内，股指起涨，许多股票的价格一路猛升，而自己手中的股票却不涨。失望之后，只得换股。可是等到股票卖出后，却发现这些股票开始猛涨，心里不免懊悔不已。恐怕踏空，又回过头来再追这些股票。追到时，却又是股价开始回跌的时候了。此时，无论忍痛割肉或是被迫长期套牢，都只得连叹"赔了夫人又折兵"，无可奈何。

如何才能避免这类尴尬的事情？不要怨自己无内幕消息，也不要怪自己运气不佳，错误要归咎于自己没有正确的投资理念。

一位资深投资家告诫说，买股票是投资，不要指望买进后股价天天涨停板，更不能指望能买到最低价，卖到最高价，只要确定某只股票确有发展潜力，就应长期抱牢，待价而沽。股价涨到一定程度，自己认为满意了，就可断然出货。唯有长期投资才能真正在股市上赚钱，才能免去上述的失望。

案例讨论——强大的忍耐力

　　20世纪70年代在美国有一个叫斯塔夫的年轻人。斯塔夫有个叔叔是某联合基金公司的经理。一次他去叔叔家度假，时常听到叔叔与委托人谈论股票，便对股票产生了浓厚的兴趣。

　　回到纽约后，斯塔夫集中自己的所有储蓄，凑齐了1万美元，在10点上买了大众电影公司的股票，时值1974年。斯塔夫很为自己的这笔交易得意。因为他从叔叔的谈话中知道大众电影公司是个发展前景看好的公司。

　　买进一个月后，大众电影股票开始持续走低。斯塔夫感到绝望了，一次酩酊大醉中，跌进了下水沟，摔断了胳膊，住进了医院。叔叔慷慨解囊，替他还清了全部债务，告诫他，买卖股票必须有"忍功"，要能忍住"贪欲"，给自己留有回旋的余地。不能把资金一次全部投入，将力量一次用完，更不能在大势不明时买股票。

　　日子年复一年地过去，斯塔夫每年圣诞节都要照例给叔叔寄去明信片，上书"圣诞快乐。大众电影未卖"。日月如梭，一晃9年过去了。这一年斯塔夫依旧给叔叔寄去明信片，很快就收到叔叔回复的明信片，上面一反惯例，写着"赶快卖掉你的大众电影吧！你会度过一个惊喜的圣诞节"。第二天，斯塔夫从交易所得知，大众电影股票已从9年前的4.5点涨升到74点，差不多涨升了17倍！至此，斯塔夫的股票每股值150美元的市价，这还不算这几年来公司不断的分红派息。斯塔夫卖出股票，竟成现金60万美元！他真是欣喜异常。回想9年前的那场噩梦，看看今日丰厚的回报，斯塔夫哈哈大笑。现在，他终于明白9年前叔叔所讲的"炒股票必须忍耐"的道理。

案例讨论——理财博士

　　某大学数学研究所副教授、数学博士赵老师，投资股市，以其厚实的数学功底、娴熟的定量化技术深入探讨中国这个特定股市的变化起伏规律，批判性地灵活应用经典的股市理论和操作技巧，几经鏖战，几经沉浮，终于在股市投资中稳打稳扎，步步取胜。

　　2009年5月，赵老师初入沪市，买了2万元的"小飞乐"股票，一买即跌。惧怕套牢，随即割肉抛出。一出手，股价却转跌为涨，又遭受踏空之苦。

　　第一次失利给他上了一堂深刻的股市风险课。教训使他认识到投资股市必须具备三力：智力、魄力和定力。三者缺一不可。"智力"要求投资者必须研判股市大势，做深入的基本分析；了解股价涨跌的动因，可从技术分析指标中得到某些启示和预警。买卖进出要独立思考，要有主见，不要盲目从众，拿出"魄力"。对待"被套"和"盈利"，要有定力。不受外界骚动的干扰。

　　2009年7~11月，沪市经历了5次大跌，众多股民损失惨重。这次大跌中，赵老师借助教学工具，对股指趋势做了几何图形的研判，采取"通道"理论，严密注视股价下降通道的走向，他不但成功地躲避了这七次风险，还利用技术分析方法在暴跌和反弹的缝隙中进货、出货，成功地抢反弹，搏差价，从而在股市暴跌的整个过程中逐渐完成了脱贫。

散户抄底的结果是屡抄屡套、不得已时不得不以"低价摊平"应付。"低价摊平"是资金雄厚的大户们干的事，散户资金有限，难以实施到底。散户入市要用智力，采取稳健的操市方法。2009年10月前，股市曾跌了400余点，赵老师并没有抄底，10月后，股市由跌转涨，他还是按兵不动，等待股指回落。不久，赵老师认定股市反转之势已定，在37元买进"申华"，然后抱牢不放，根据波浪理论，静观股价上升，50元、60元、70元都没抛。直至三浪主升浪完成后，才伺机在80元价位抛货。

第二节　投资者风险教育

一、投资者风险教育概述

对投资者进行风险教育，是指通过各种行之有效的途径和方式，让投资者掌握证券市场投资知识，增强风险意识，提高防范风险和承受风险的能力。

风险教育是保护投资者利益的需要。保护投资者利益是中国证券市场发展与监管的重要内容。保护投资者利益，一方面要靠规范运作，防止市场过度投机，避免市场大起大落，减少投资者不应有的损失，另一方面则有赖于加强风险教育，提高投资者自身防范风险和抗风险的能力。如果投资者缺乏风险意识和防范风险的能力，就会被市场波动和各种信息、传言搞得晕头转向，一有风吹草动，就会惶恐不安，不知所措。这一方面可能使一些投资者错过难得的投资机会；另一方面也可能造成较大的经济损失，甚至引起心理失衡，由此产生不良的后果。因此，从保护投资者利益出发，风险教育势在必行。

风险教育是帮助投资者了解和认识市场的需要。许多投资者不懂得投资技巧与方法，也不会做宏观分析、企业分析、市场分析，因此他们轻信市场传言，盲目跟风、追涨杀跌，这就大大增加了入市的风险性。风险教育的目的就在于帮助投资者了解市场、认识市场，让投资者懂得证券市场投资的基本规则，学会分析、判断的操作方法，增强风险意识，提高防范风险的能力，做一个理性的、成熟的、高素质的投资者。

风险教育是保证证券市场健康发展的需要。证券市场是以承受高风险、追求高收益为驱动力的，极易诱发冒险之风。证券市场风险的积聚和暴发，会极大地损害证券市场的健康发展。对投资者进行风险教育，培养理性投资者，减少投资风险，有利于减少和化解市场风险，有利于保证证券市场健康发展。

二、风险认知

证券投资是一种非常复杂的投资行为，它可能使投资者富起来，也可能使其倾家荡产。一个比较成熟的投资者在充分认识证券投资收益的同时，要充分认识证券投资的风险，力求合理运用资金，以实现把风险压到最低而把收益提高到最大的目标。

（一）证券投资风险的概念

在证券投资过程中，存在着这样的情况，即投资者的行为结果与他们的预期有一定的距离。例如，预期会有收益而实际发生了亏损，或是预计收益很高，而实际只得到较小的收益。因此，无论证券投资商预先对他们的行为结果作何种估计，都存在着不确定的因素，这些因素可以统称为证券投资的风险。从另一方面来说，在证券投资活动中，投资者有多种投资选择，而多种选择的结果预先无法确定。因此，证券投资风险也可看作是证券投资的机会成本损失，因为选择一种投资方式，就必须放弃另一种投资方式，从而可能带来机会成本的损失。

风险在多种经济活动中是普遍存在的。大到世界经济形势、国家贷款的收回，小到某一证券的收益情况，无不存在着风险。在西方经济理论中，"风险"是指事物变化存在着多种结果的可能性，而这些结果事先已经全部预知，只是最后的实际结果不能事先确定，这是由概率中的分布问题决定的。就像从一副牌中任意抛出一张牌，必然是预知的全副花色牌点中的一张；至于到底会抛到哪一张花色牌上，则不能确定。

在证券投资中，传统的风险观念总是与不好的结果和投资损失联系在一起。但从20世纪50年代马尔柯维茨创立现代证券投资组合理论以来，对证券风险的理解出现了根本性的变化。证券风险被认为是证券报酬的变动，这个变动既包括报酬的减少，也包括报酬的增加；衡量这个变动的方法就是计算证券报酬的方差或标准差。标准差越大，风险越大；标准差越小，风险越小。与传统的风险概念相比，现代的风险观念突出的优点是：可用数学方法精确地衡量出风险的大小，有利于进行证券间的比较和选择。

证券交易的风险就是证券交易者由于买卖证券的行为而遭受损失的可能性。风险一旦发生，并不一定使证券交易者受到实际的损失。一般人往往容易把风险简单地理解为损失，认为发生风险就意味着承担实际的损失，常常在风险面前望而却步，而不管风险背后的收益有多大，这其实是一种错误的理解。还有些人只看到证券收益高于储蓄存款，认为证券市场应该保护投资者的利益，而对潜在的风险因素认识不足，这种近乎盲目的投资行为本身就蕴含着风险。

在证券交易中，由于证券的交易价格本身受到种种因素的影响和限制，而这些因素的出现在大多数情况下是无法预知的，证券交易具有相对较大的风险性。风险与收益联系比较密切，而且较高的收益通常伴随着较大的风险。由于证券交易受到各方面因素的制约，有发生风险的客观必然性，这就要求证券交易者必须对各种风险做出事前估计和事后迅速的反应。一是要充分认识证券交易的风险，即证券价格变动的各种因素及其影响；二是要运用各种合法手段及措施，对风险进行控制和处理，确保证券投资的收益。

（二）证券投资风险的类别

证券投资风险按照其影响范围和能否避免可以分为系统性风险和非系统性风险两大类。

1. 系统性风险

系统性风险是指某种对市场上所有的证券都会带来损失可能性的风险，如政策风险（重大的政治变动、政府的有关重要经济政策出台）、利率风险、购买力风险、市场风险等。对于投资者来说，这些风险影响广泛，难以通过个别投资者的行为来消除。

（1）购买力风险。购买力风险也称通货膨胀风险，指因通货膨胀导致货币的购买力下降而给投资者带来的损失。各种证券和银行存款都从该项风险中遭受损失，只是程度不尽相同。对于债券、优先股等固定收益的证券，该项风险的影响尤为明显，因为这些证券不能通过收益和本身价格的提高而对通货膨胀带来的损失做出补偿；相反，因利率的上升而使本身价格下降，从而使投资者遭受损失。但对于普通股等非固定收益的证券，则可以通过股票收益、价格的提高部分抵消风险。避免与减少损失的办法是防卫，如在通货膨胀期间重点投资于短期债券，或投资于有保值功能的黄金、不动产、艺术品和其他有价值的商品。

（2）市场风险。市场风险是指有的普通股因证券行业的变化而可能造成的资本损失（优先股与债券因收益固定而使市场价格较稳定，因此市场风险较小）。由于影响股市变动的因素是多种多样的，如突发的战争、重要政治人物的疾患与死亡、政局的变动等，但更重要的是股票发行企业的经营状况、通货膨胀情况及投资者的心理状况，因而企业本身很难控制股票价格的升降。

市场风险的影响面相当广泛，几乎所有普通股票的投资者都要受其制约。即使一家公司财务状况较好，收益增长率也很高，也仍然会受到市场风险的影响。不过，许多投资专家认为，长期具有良好的财务状况和发展前景的企业尽管一时波动性较大，但这些企业的股票最具有上升潜力。

（3）利率风险。利率风险是指由于市场利率变动而给证券投资者带来损失的可能性。利率的变动对证券的影响有两种情况：一是当利率提高而证券收益一定时，证券价格会因证券利率提高而下降。因为当利率提高后，用相同的资金在市场上购买利率较高的新证券，可以比同样资金购买原有较低利率的证券得到更多的收益。所以旧证券的价格要相应下降才能卖出。二是当利率下降时，原有较高利率的证券价格就可能上升，投资的资本便要增加。一般来说，利率风险对具有固定收益的证券影响更为显著。防止或减少该风险所导致损失的方法有：购买短期债券；将持有债券保持到兑付日期，以避免资本损失；购买公债以取得减免税收优惠；投资不同期限的债券等。

2. 非系统性风险

非系统性风险指对市场上某一种或某几种证券造成损失可能性的风险。造成这一风险的因素是多种多样的，如某一企业经济状况的恶化、市场供求状况的改变、有关不利于某一企业或行业的经济政策的出台、产业结构的调整等。这种风险影响某一种或少数几种相关联的证券，而其他证券并不会受到影响，故属于非系统性风险，投资者可以通过多样化投资来消除这种风险。

（1）企业风险。企业风险是指因发行企业收益能力的变动，使投资者的收益受到损失。企业风险随着企业经营状况的变化而变化。如果企业缺乏稳定的经营状况，竞争能力不强，其收益必然会减少，进而影响到股息的多少和股价的高低。

（2）财务风险。财务风险是指与企业进行融资时所采取的方法相联系的风险。某企业的财务风险可以通过对该企业的资本结构进行分析而确定。

（3）信用风险。信用风险也称违约风险，是指不能按时向股票持有人支付本息而给投资者造成损失的可能性。此类风险主要针对债券投资品种，对于股票只有在公司破产的情况下才会出现。造成违约风险的直接原因是公司财务状况不好，最严重的后果是公司破产。

（4）道德风险。道德风险主要是指上市公司管理者的不道德行为给公司股东带来损失的可能性。上市公司的股东与管理者之间是一种委托—代理关系，由于管理者与股东追求的目标不一定相同，尤其在双方信息不对称的情况下，管理者的行为可能会造成对股东利益的损害。

三、投资者风险意识培养

（一）理性投资

在面对市场波动时，强调投资需理性、谨慎，避免情绪化决策，避免盲目追求高收益而忽视潜在风险。

（二）风险评估

根据自身财务状况、投资目标和风险承受能力进行科学的风险评估，不投资超出自己风险承受能力的产品。

（三）长期投资

倡导长期投资理念，避免频繁交易带来的成本和时间损耗。

在投资之前，对所要投资的标的进行深入研究和分析，包括市场趋势、竞争情况、公司财务状况等，以更准确地评估投资风险。

（四）定期评估和调整

定期回顾和评估投资组合，根据市场状况和个人情况的变化及时调整投资策略，纠正投资偏差，锻炼自身的市场洞察能力和投资定力。

（五）风险承受能力评估

了解自己的风险承受能力，根据自身的财务状况、年龄、投资目标等因素来评估可以承受的最大损失，并据此调整投资策略。

（六）利用专业工具和资源

广泛构建和利用资源，拓宽专业信息来源，拓展自身的分析视野。使用专业的投资分析软件和工具，获取更深入的市场和公司分析；咨询专业的财经顾问获取建议。

四、风险控制

系统风险不容易分散，而非系统风险可采用分散投资来弱化甚至消除，但分散投资不能改善宏观水平上的系统风险，却可使之趋于市场整体水平。不过，有两种有效地降低系统风险的办法：一种方法是将风险证券与无风险证券进行投资组合，当增加无风险证券的投资比例时，系统风险会降低；另一种方法是套期保值，实际是进行时间分散的投资。

（一）分散投资

分散投资是指投资者为降低风险而将资金分别用于购买不同企业、不同种类和不同性质的有价证券的投资方式。采用分散投资方式，则可能是此亏彼赚，以盈补损，避免更大的风险。分散投资方式主要包括三类，即投资对象分散、投资时间分散、投资市场分散。

1. 投资对象分散

投资对象分散是指投资者将资金按不同比例投资于若干类型不同、风险程度不同的有价证券（如股票、债券），建立合理的资产组合，以将投资风险降到最小限度。选择投资对象时，一是对多种证券进行投资。二是在对多种证券投资时，应把投资资金分为进攻性部分和保护性部分，前者主要指股票，后者主要指债券。因股票的投资风险较大，债券的风险相对较小，把投资资金一分为二，即使投资于股票部分资金亏了本，投资于债券部分的资金还可以保证不至于全盘皆输。

2. 投资市场分散

各个证券市场具有不同的特点，投资者可以在不同国家的不同证券市场上分别进行投资。如果能灵活地在国内外市场进行投资，资产的运用效果会比死守一个市场好。

3. 投资时间分散

购买有价证券的时间要注意分散，因为经济发展有周期性规律可循，时起时伏，因而不可于某一集中时间内投资。应抓住投资时机，做到适时买入和适时卖出。

（二）组合投资

投资者投资决策的原则是获得尽可能大的期望收益率，承担尽可能小的风险。如果仅投资于单个证券，决策选择十分有限。为了获得更多的选择机会，投资者可以将资金按一定的比例分别投资于若干不同的证券上，这种投资方式叫证券的组合投资。每一种证券组合相当于一种投资机会，因而通过组合投资，投资者可以创造出无限种新的投资选择机会。换言之，组合投资就是指依据证券的收益与风险程度，通过证券分析，对各种证券进行有效选择、搭配，创造多种投资选择机会，并确定降低风险的投资组合。组合投资应遵循的基本原则是当证券风险水平相同时，选择收益率高的证券；当证券收益率相同时，投资者应选择风险最小的证券。

分散投资与组合投资的区别在于：分散投资有助于弱化甚至消除非系统风险，但丝毫不能改善宏观水平上的系统风险；组合投资通常既能降低系统风险，又能弱化甚至消除非系统风险。组合投资是借助于调整无风险证券与风险证券之间的投资比例来实现降低系统风险的目的。当增加无风险证券的投资比例时，系统风险将降低，极端的情况是将全部资金投资于无风险证券上，这时风险便全部消除。但绝对的无风险证券实际上是不存在的，即便将钱存入银行，也将承担利率风险和通货膨胀风险。

（三）回避风险

回避风险指投资者事先预测风险产生的可能程度，判断导致其实现的条件和因素，在行动中尽可能地驾驭它或改变行动的方向以避开风险。具体来讲，可采取以下措施：

（1）当判断出股价上升进入高价圈，随时有可能转向跌落时，应立即抛出手持股票，等待新的投资机会。

（2）当股价处于盘局阶段，难以判断股价将向上突破还是向下突破时，不要采取投资行动，先观望一下。

（3）当多次投资失误，难以做出冷静判断时，应暂时放弃投资活动，进行心情调整。

（4）当对某种股票的性质、特点、发行公司状况、市场供求状况没有一定了解时，不要忙于购进。

（5）如果不具备较高的投资技巧，最好不要进行期货交易、期权交易等风险较大的交易。

（6）将部分投资资金做准备金，其目的：一是等待更好的投资时机，一旦时机到来，就将准备金追加进去，以增强获利能力；二是作为投资失利的补充，一旦预测失误投资受损，将准备金补充进去，便可保持一定的投资规模。

（7）不碰过冷和过热的股票。过冷的股票，虽然价格低，但价格不容易波动，上涨乏力，成交量小，变现困难，购入后长期持有，本身就是损失；而过热的股票，价格涨跌猛烈，成交量大，一般投资者很难把握买卖时机，搞得不好损失更大。

（8）做到不卖最高，不买最低。投资者都期望在股价最低时买入，最高时卖出，以获取最大差价收益。但是，由于股价的波动性和难以预测性，别说是一般投资者，就是那些投资专家也很难做到卖最高买最低。投资者能够做到在低价圈内买入，在高价圈内卖出就相当不错了。

（四）止损设置

通过设置止损点，限制亏损幅度，避免亏损扩大。止损设置遵循以下步骤：

一是设定止损点。在投资前，根据市场情况、个人风险承受能力和投资目标，设定一个合理的止损点。

二是严格执行。一旦市场价格达到或跌破止损点，立即执行卖出操作，避免损失进一步扩大。

三是定期调整。根据市场变化和个人投资状况，定期检查和调整止损点，确保其仍然符合当前的投资策略。

通过以上步骤，投资者可以有效地实践止损设置，降低投资风险。

（五）仓位控制

仓位控制是指根据市场情况和个人风险承受能力合理分配投资仓位。

（六）资金管理

资金管理是指在总资产的基础上进行资金的分配和管理，保持资金的流动性和安全性。

（七）风险转移

风险转移是指通过契约等方式，将风险转移给受让人承担，如购买保险。

（八）风险自留

风险自留即风险承担，如果损失发生，经济主体将以当时可利用的任何资金进行支付。

五、重要交易品种投资须知

证券市场的任何投资品种都是风险品种，投资者除防范股票风险外，还应注意以下投资品种的风险：

（一）权证投资须知

权证属于具有杠杆效应特殊的交易品种，投资者虽然有机会以有限的成本获取较大的收益，但也有可能在短时间内蒙受全额或巨额的损失，投资者在选择权证投资前应确认充分了解权证交易的以下风险：

（1）权证具有证券类产品交易所具备的各种风险。

（2）权证是一种高杠杆投资工具，在存续期间均会与标的证券的市场价格发生互动关系，标的证券市价的微小变化可能会引起权证价格的剧烈波动。投资者应特别关注标的证券价格波动对权证价格的影响。

（3）权证上市前，由发行人确定其行权价格、行权比例、行权日期等要素（权证的行权价格和行权比例将随着标的证券除权除息而调整）。权证上市交易后，权证价格容易受到供求关系等多种市场因素的影响。

（4）投资者在参与权证交易前，应分析了解权证发行人的履约能力，如财务状况、信用状况等，研究权证发行的条件及各项约定。

（5）当权证期满且无其他履约价值时，权证即无任何价值。投资者还应关注该权证约定条款是否包含有自动行权机制，如无自动行权机制，投资者应注意及时行权，避免投资损失。

（6）投资者在进行权证交易时，必须了解其开户证券公司是否有资格从事权证交易经纪服务，或其交易资格可能受到部分或全部限制，并作相应安排。

（7）有部分证券公司未取得交易所和结算公司授予的权证交易和结算业务资格，不可代理投资者买入权证。因此投资者在通过证券公司参与权证交易前，须了解其开户证券公司是否具备业务资格。

（8）当权证交易出现重大异常交易或涉嫌违规行为时，交易所可能采取包括临时停牌、公布相关账户交易信息、限制交易等监管措施，投资者也应注意由此可能对投资决定产生的影响。

（9）投资者应特别关注权证的行权方式。很多投资者购买权证时经常未分清认股和认沽权证的类别，导致错误行权，造成不必要的损失。

（二）基金投资须知

基金是一种相对股票来说比较安全的投资品种，但并不意味着基金没有投资风险。基金投资者应注意以下问题：

（1）基金是长期理财的有效工具。不要把基金当成储蓄，把理财当发财。请不要把预防性储蓄投资到高风险的资本市场中，更不要抵押贷款进行投资。

（2）基金的种类很多，不同的基金有不同的风险收益特征。收益越大，风险越大。股票基金、混合基金、债券基金、货币市场基金可能取得的收益和承担的风险依次降低。

（3）基金宜长期持有，不宜短期频繁炒作。

（4）注重分散风险，不要把所有的鸡蛋都放在同一个篮子里。

（5）投资者要对自己的风险承受能力和理财目标进行分析，投资与风险承受能力相匹配的产品。

（6）要到合法场所购买合法基金管理公司的产品。规范机构和产品名单可到中国证监会网站或中国证券业协会网站查询。

（7）基金并非越便宜越好，价格高是其具有较好历史业绩的证明。

（8）购买新基金并非比老基金好。在牛市购买业绩一直比较优良的老基金可能会取得更好的投资收益。

（三）可转债投资须知

可转债是指发行人依照法定程序发行，在一定期限内依据约定的条件可以转换为股份的公司债券。投资可转债可以有效防范股票投资风险，但也应该认识到：

（1）投资可转债存在利息损失风险。当股价下跌到转换价格以下时，可转债投资者被迫转为债券投资者。因可转债利率一般低于同等级的普通债券利率，此时会给投资者带来利息损失。

（2）投资可转债存在提前赎回的风险。许多可转债都规定了发行者可以在发行一段时间之后，以某一价格赎回债券。提前赎回限定了投资者的最高收益率。

（3）投资者在投资可转债时必须认真阅读相关条款，特别是回售条款、赎回条款和转股价修正条款，以免不必要的损失。

（4）投资者购买了可转换债券之后，应特别关注发债公司的公告，如在股票持续上涨的时候，发债公司按规定要多次公告警示，并留有足够的时间给持有人转股或卖出转债。一旦忽视了这些警示，就会导致强制赎回，投资者的损失将会非常大。

（四）股指期货投资须知

投资者在投资股指期货过程中主要应关注以下五类风险：

（1）法律风险。股指期货投资者如果选择了不具有合法期货经纪业务资格的期货公司从事股指期货交易，投资者权益将无法得到法律保护；或者所选择的期货公司在交易过程中存在违法违规经营行为，也可能给投资者带来损失。

（2）市场风险。由于保证金交易具有杠杆性，当出现不利行情时，股价指数微小的变动就可能会使投资者权益遭受较大损失；价格波动剧烈的时候甚至会因为资金不足而被强行平仓，使本金损失殆尽，因此投资者进行股指期货交易会面临较大的市场风险。

（3）操作风险。和股票交易一样，行情系统、下单系统等可能出现技术故障，导致无法获得行情或无法下单；或者由于投资者在操作的过程中出现操作失误，也可能会造成损失。

（4）现金流风险。现金流风险实际上指的是当投资者无法及时筹措资金满足建立和维持股指期货持仓之保证金要求的风险。股指期货实行当日无负债结算制度，对资金管理要求非常高。如果投资者满仓操作，就可能会经常面临追加保证金的问题，如果没有在规定的时间内补足保证金，按规定将被强制平仓，可能给投资者带来重大损失。

（5）连带风险。为投资者进行结算的结算会员或同一结算会员下的其他投资者保证金不足、又未能在规定的时间内补足，或因其他原因导致中金所对该结算会员下的经纪账户强行平仓时，投资者的资产可能因被连带强行平仓而遭受损失。

六、风险警示与防范

第一，警惕金融诈骗。注意保护个人信息，不轻易透露银行账户、密码等重要信息；警惕各类金融诈骗手段，遇到可疑情况立即与银行联系。

第二，选择正规机构。投资前务必进行充分调查，选择正规金融机构和产品，远离非法集资、传销等违法金融活动。

第三，抵制小道消息。不盲目相信和传播未经证实的"小道消息""概念炒作"，避免因此遭受损失。

七、投资者权益保护

第一，投资者应了解自己的权益和法律保护途径，如投资者权利保护的法律途径等。

第二，在权益受到侵害时，知道如何通过合法途径进行维权。

一是投资者赔偿机制。针对因财务造假、虚假信息等导致的投资者损失，建立有效的赔偿机制，能够直接保护投资者的经济利益，受到广泛欢迎。

二是多元化纠纷解决机制。建立包括调解、仲裁在内的多元化纠纷解决机制，为投资者提供便捷、高效的维权途径，有助快速解决投资者与上市公司、中介机构之间的纠纷，维护市场稳定。

总之，投资者风险教育的内容涵盖了风险认知、风险意识培养、风险应对策略、风险警示与防范以及投资者权益保护等多个方面。通过全面深入的风险教育，可以帮助投资者更好地识别风险、应对风险和保护自身权益。

第三节　投资策略与操作

本节介绍不同市场的不同操作策略，期望投资者能够判断出现在市场的特征，从而采用相应的对策进行调整，从而避免不必要的损失，及时地捕捉行情。

一、底部的操作

（一）如何判断底部

股价波动的底部形态是指股价由下跌转为上升的转折点，这种转折可以是一个急速的过程，也可以是一个缓慢的过程。在底部，股价可能是急剧振荡的，也可能是平缓波动的，由此形成了从最平缓的潜底到最陡峭的 V 底的各种不同的底部形态。

（二）底部的类型及如何判断

按行情的规模大小，将底部划分为短期底部、中期底部和长期底部。

短期底部是指股价经过一段不长时间的连续下跌之后因导致短期技术指标超卖，从而出现股价反弹的转折点；中期底部是由于股价经过长期下跌之后借助于利好题材所产生的历时较长、升幅可观的弹升行情的转折点；长期底部则是指弱势行情完全结束，多头行情重新到来的转折点。

以上三种不同层次的底部行情特征和各股表现都不大相同。

短期底部以 V 底居多，发生行情转折的当天经常在日 K 图上走出较为明显的下影线，在探到底部之前，常常会出现 2~3 条大的阴线，也就是说，每一次加速下跌都会探及一个短期底部。短期底部之后，将是一个历时很短的反弹，这一反弹的时间跨度多则 3~5 天，少则只有 1 天，反弹的高度在多数情况下很难超过加速下跌开始时的起点。在反弹行情中，低价位的三级股表现最好，而一线优质股则波幅不大。

中期底部各种形态出现的可能性都有，其中 W 底和头肩底出现的概率稍大些。中期底部一般是在跌势持续时间较长（10 周）、跌幅较深（下跌 30%）之后才会出现。在到达中期底部之前往往有一段颇具规模的加速下跌。中期底部的出现一般不需要宏观基本因素的改变，但往往需要消息面的配合，最典型的情况是先由重大利空消息促成见底之前的加速下跌，然后再由利好消息的出现，配合市场形成反转。在见底之前的加速下跌中，往往优质股的跌幅较大，股价见底期间，优质股的成交量会率先放大。中期底部之后，会走出一个历时较长（一至数周）、升幅较高的上升行情。这段上升行情中间会出现回调整理。大体来讲升势可分为三段：第一段由低位斩仓者的补货盘为主要推动力，个股方面优质股表现最好；第二段由炒题材的建仓盘推动，二线股轮番表现的机会比较多；升势的第三段是靠投机性炒作推动的，小盘低价股表现得会更活跃一些。在中期底部之后的升势发展过程中，会有相当多的市场人士把这一行情当作新一轮多头市场的开始，而这种想法的存在正是能够走成中级行情而不仅是反弹的重要原因。

长期底部是熊市与牛市的交界点。长期底部的形成有两个重要前提，首先是导致长期弱势形成的宏观基本面利空因素正在改变过程当中，无论宏观基本面利空的消除速度快慢，最终的结果必须是彻底地消除；其次是在一个低股价水平的基础上投资者的信心开始恢复。长期底部之后的升势可能是由某种利好题材引发的，但利好题材仅是起一个引发的作用而已，绝对不是出现多头行情的全部原因；也就是说，市场须存在出现多头行情的内在因素，才有走多头行情的可能性。而这种内在因素必须是宏观经济环境和宏观金融环境的根本改善。长期底部的形成一般有简单形态和复杂形态两种。简单形态是指潜伏底或圆弧形底，这两种底部的成交量都很小，市场表现淡静冷清；而复杂形态是指规律性不强的上下振荡。长期底部走成 V 形底或小 W 形底的可能性不大，见底之后将是新一轮的多头市场循环。

由以上分析可以看出，作为股市上的投资者应当十分重视中期底部与长期底部的形成。一旦看准中长期底部出现，可以下大注去搏；而对于短期底部，可以不予理睬为上策，即使确实有兴趣进行短线投机，也应严格控制入货总量，并坚决按照止亏纪律进行操作。那种逢底便抄，几乎天天都在抄底的投资者必然损失惨重。

专栏 6-5	筑底行情的形成

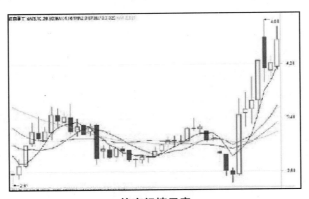

筑底行情示意

图中显示，该股股价从 2004 年 5 月到 2005 年 5 月一直沿着标准的"下级通道"缓慢盘跌，而当股价拦腰被砍一半时出现了 3 个月的横盘整理。当时市场许多分析人士认为已经到底，因为股价一般理论极限位是 50%。恰恰这时此股又出现了又一次猛烈暴跌，出乎市场许多分析人士意外。之后出现了标准"启明星"见底信号。"启明星"的出现，不言而喻；市场给出了第一次买入信号。此时投资者应介入 1/3 仓位。

此时股价在相对的箱体内进行整理，成交量也出现了有规则的交替放大，2006 年 4 月 28 日又一次出现了"启明星"见底信号，之后拉出一根巨大的太阳，开始"狂牛"向上。投资者应在 4 月 28 日在介入 1/3 仓位，大阳出现当天把最后的 1/3 仓位全部买入。

此技巧常出现在庄家震仓基本完成后，从底部开始快速放量拉升，同时成交量会维持一个比较高的水平。一般来讲，庄家建仓完毕后至少要让股价走出翻番行情，否则也赚不到钱。实际操作中由于各种外界因素，股价可能翻两三倍，也有可能涨幅不到 70%。关键要关注成交量的变化，推算出主力介入的成本。

（三）底部操作原则

1. 不要认为能抄最低点

大部分投资者认为反弹即底部，担心错过买入时机，次日无法追高，但由于抢反弹是高风险的行为，建议投资者千万不要希望能买到一个最低点。投资者等待底部形态成熟后再大量买进，以免在跌势中被低点套牢。

2. 不要迷信底部量

价跌量缩，大家都知道，但量缩了还可以缩。所以应等待大盘指数走稳后，六日均量连续三日迅增才能确认。

3. 不要认为底部是一日

俗话说"天价三天，地价百日"就是这个道理，一般说底有几种形态，W 底及圆弧底是较为常见的底部，绝不要去抢 V 底，因为 V 底经常就是一个右肩，一买入就有被套住的可能性。

4. 底部确认的标准

底部的确认有阶段性之不同考虑，一般而言，底部出现必须符合技术方面的三大条件，并从操作应注意的三个方面考虑：

（1）技术方面的三大条件。

1）各种技术指标必须向上突破下降趋势线，由于各阶段其下降趋势线均有所不同。一般以 25 日平均线为准。

2）从形态上看，以前的最低底部都会是参考点。如果在一年内有几次都是在某一最低位置反弹上升的，那么该位置即可认为是一处中期的底部。

3）KDJ、RSI 的周线已成多头排列时，六日均量连续三日迅增。

（2）操作应注意的三个方面。

1）技术面：技术线指标已严重超跌，走势上也出现有利于多方的形态。

2）基本面：中国股市有一通例，即当政治及经济消息未明朗前常易跌难涨，年底收紧银根之类银行利率下调，新股上市之前等消息都可能使股市再跌一个台阶，反之涨易跌难。

3）其他因素：由于资金短缺，加之大量机构准备收金回府，只逢高出货，不进场拉高，使整个市场心理上看淡，使"底部"是个长期的建立过程。

二、顶部的操作

（一）如何判断顶部

随着上升波的延续，市场上的获利筹码越来越多，获利回吐性的抛盘就会不断增加，在顶部形成之前，这种回吐所造成的股价回档的幅度是有限的。因此，一个升势的持续，成交量的逐渐增长是很重要的，一旦成交量跟不上去，则越来越多的获利盘就会被抛出，造成股价的回档整理，当这种回档在一定限度之内时，投资大众的心态仍能保持"逢低吸纳"的状态，如果股价出现较大的跌幅，就会唤醒一部分投资者的风险意识，使之产生获利平仓、落袋为安的想法，而这种想法又势必导致股价的进一步受压，从而唤醒更多的投资者，如此循环，大众心态得以转变，大市即会见顶。

因此，时刻保持清醒，冷静地看待股价的波动，有助于及时看到即将见顶的征兆，从而避开风险，保住盈利。

（二）顶部的市场特征

1. 一线股表现呆滞、垃圾股轮番跳升

这一迹象是预示升势即将见顶的最早出现的征兆，起初一般一线绩优股原地踏步，稍后才会出现一线股价表现沉重。而与此同时，三、四线股却会轮流大幅跳升。这一市场特征出现时，虽然意味着升势即将见顶，但也不见得会很快见顶，垃圾股轮跳会持续一段时间，在这段时间里，大市仍然会艰难地上升。

2. 日 K 线图上出现较大的阴线

在升势之中，市场上人气很旺，大家都不惜追高买入，一旦股价有回落稍显便宜，理所当然地会被抢购的入市者承接住，因此，升势在延续过程当中一般不会出现大的阴线。如果有一天走出一条大大的阴线，说明市场上的人心有变，买与卖的力量正在形成新的对比。所以，大阴线的出现预示着市场已好景不长了。

3. 股价大幅上下振荡

在升势的顶部区域，看多者买入勇气未减，看空者忙于大量出货，必然造成股价上下剧烈波动，并且这种波动的高点和低点都不断降低，这种状态制造了许多很好的短线机会，但是由于是在顶部区域，这类短线的风险性也应当重视。

4. 重大支持位被打穿

一般来说，这里指的重大支持位是总升幅回落 38.2% 处的价位。只要这个重要位置被击穿，甚至只要日 K 线的下影线穿过此位，就足以说明市场上投资大众的信心已被动摇。因此，在大升特升之后，只要股价有力量向下穿透支撑位，往往意味着走势已经出现问题了。

5. 成交量减少

成交量减少是股价近顶的明显表现。不过升势中的第二浪及第四浪调整也会出现成交量的大幅减小，因此成交量下降不是判断顶部形成的可靠依据。

6. 市场舆论出现较严重的分歧

市场舆论是投资者信心的反映，如果在对市场的信心上产生严重分歧，升势很难长时间维持下去，因此舆论的严重分歧也是大市处于顶部区域的一大特征。

三、反弹的操作

（一）把握反弹机会

反弹是股市趋势中的一种固有现象，一次强劲的反弹丝毫不亚于一波次中级或短多行情，而且具有极高的盈利概率。以上证指数为例：1998 年 3 月 27 日开始的中级行情用了 49 个交易日才上涨 19.69%；而经历 8 月的暴跌后，大盘仅用 5 个交易日反弹，就使股指完成了 14.17% 的升幅。因此，不仅股市上涨可以获利，充分利用股市暴跌后形成的反弹机会也可以赚取丰厚的利润。

（二）成功抢反弹的条件

1. 存量资金

存量资金是成功抢反弹之首要条件，你不能指望一位在跌市中严重套牢者能够有效地利用反弹机会。投资者应培育自己的一种职业素养，即行情见顶后，果断出局，为自己储备好充足的资金；一旦反弹机会出现，则迅速出击。

2. 有的放矢

一波强劲的反弹行情通常由一两个主流板块领涨或采用板块轮涨的形式。与此同时，反弹过程中个股的反弹力度参差不齐。投资者应锻炼自己的辨别能力，即在股市下跌中准确地判断出未来反弹强劲的板块与个股，从而择机建仓。

3. 果断退场

反弹行情不同于反转，它只是市场对一种趋势的过分反应的技术修正。一旦这种修正完成，股指仍会沿着原有趋势运行。因此，投资者应懂得节制，不能被突然赚到的利润冲昏了头脑，过分恋战，以至到手的利润再次被市场吞噬。

（三）怎样把握反弹的时机与幅度

适时抢反弹是一个比较复杂的技术性问题，从理论上讲，大盘 K 线走势一旦形成一条下降通道，每一次股指快速跌破该通道下轨，即可被视为进场的时机；而股指无量上冲该通道上轨之时，则应获利了结。

政策有利；技术上各项指标，如 RSI、KDJ 等显示严重超卖；成交量迭创地量；新股发行节奏明显减缓；股指跌至整数大关或历史上的重要点位等因素，也是判断股市将要反弹的重要参考依据。

对 1996 年底沪深股市实行涨跌停板制度以来的历史数据（在此采用了相对比较准确的上证指数）进行分析处理后，得出了两个有趣的结论：

第一，上证指数每次连续下跌（中间不带反弹小子浪）达 19% 左右，大盘会在随后 20 个交易日左右形成近 20% 的反弹幅度。

第二，上证指数单日跌幅达到 9% 左右时，大盘会在随后 3~4 个交易日内形成 10% 的反弹幅度。

当然，以上结论只可作为参照系数，切不可机械套用。值得注意的是，指标股滞涨，带动反弹的领涨板块及个股开始见顶而大盘又切换不到新的热点，股指跌破 20 日均线，在随后 1~2 天内不回抽，成交量创反弹以来天量，指数却徘徊不前，那多半是反弹接近尾声的征兆。

（四）抢反弹的对象

以下五类股票可作为投资者抢反弹的主要对象：

1. 跌市前的明星股

一波多头行情通常是由数只强势股领涨的。但在跌市中，有些该类个股的操盘主力或是由于严重被套出不了货，或是手中的筹码尚未派发干净，因此反弹行情一经形成，该类个股即开始作秀。

2. 指标股

股市下跌时，指标股往往成为空头主力率先打压股指的工具。随着大盘指数不断下挫，空方势力渐成强弩之末。此时多头开始准备反击，拉抬指标股遂成为主力烘托人气带动大盘反弹的有效手段。故适时选择指标股建仓，可使投资者迅速取得立竿见影的效果。当然，各个指标股的反弹表现也不尽相同，那些绝对价位低、流通盘适中、业绩稳定的个股效果可能更好。

3. 严重超跌的绩优股与新股

某些绩优股虽然股性不甚活跃，然而本身却质地优良，一旦反弹局面出现，这类因股价下跌投资价值凸显的个股很快又会反弹回其合理的价值中枢区域。而一些跌市中上市的新股，由于上市时恰逢股市下跌，开盘价定得不高，上方更无套牢盘，则很容易成为机构的选择对象。

4. 流通盘偏小，股性活跃的个股

流通盘偏小使主力控盘相对容易，反弹时向上拉升自然比较省力。而股性活跃的个股，盘中的庄家更不会放弃反弹良机，借势振荡，以博取差价。

5. 新强势股

有时，一轮跌市看似接近尾声，但突然加速下滑，这往往有主力人为打压的因素在内，某些具有潜在题材的个股往往成为其觊觎的首选目标。随着股市下跌，机构采取暗度陈仓的手法，悄悄收集筹码。大盘反转后，此类个股通常能走出极具爆发力的行情。

（五）抢反弹的技巧

一般来说，在调整期抢反弹要遵循以下原则：

（1）由于反弹仅仅是下跌市道中的一种回抽，因此打反弹时应采取"跌得越多，抢反弹；跌得不多，不抢反弹"的原则。具体来说，就是不大跌不抢反弹。只有跌得厉害，反弹才有力度，才可能有较强的反弹空间，抢反弹才有意义。因为抢反弹后总是要出来的，如果预期反弹力度有限，就不要去抢反弹。

（2）绝不能全仓抢反弹。抢反弹时最应该注意仓位控制，全仓打反弹有可能使你深陷泥潭，无法自拔；打反弹不成，反而全线被套。正确的方法应该是，分批逐步进仓，反弹时再逐渐清仓，这样当你的一部分筹码被套住时，还可以有剩余的资金解救被套筹码。再有就是"打不赢就跑"，当反弹发生时，你就可以对自己手中的打反弹筹码有一个较好的价值评判：如果正好抓住反弹点，则出货可以从容些；如果离反弹点太远，就不可对手中的筹码寄希望太高，应在反弹结束时及时了结，甚至割肉出逃。

（3）反弹点的捕捉。有这样三种方法：一是黄金分割法。一般股价在下跌到前期升幅的 1/3 位、1/2 位和 2/3 位时发生反弹。二是 K 线组合方法。如果是暴跌形态，应考虑在连跌三根大阴线之后建仓抢反弹；如果是点降形态（即阴跌状态），则应在股价拉出大阴线之后介入。三是乖离率的方法。乖离率是指股价与移动平均线之间的距离。在打反弹时，如果股价与 10 日移动平均线乖离过大就应介入，否则宜谨慎。

专栏6-6　如何上演反弹好戏 [①]

大盘转机希望寄托于如下三点：

首先，外围市场企稳，股市转机的概率就会大增。

其次，大盘企稳转强仍然取决于后续进一步的救市政策导向。

最后，护盘资金频频出手权重股，给市场带来转机希望。

这三点在一定程度上会减缓市场调整惯性，增强市场投资信心。

不过，在外围市场趋稳和国家利好政策出台之前，一定要坚持快进快出，并适时作出调仓换股或及时出局的操作。

四、解套的操作

（一）套牢

股市中用得最多的词就是"套牢"，"套牢"并不可怕，可怕的是套牢以后。

套牢分为热门股套牢和普通股套牢，又分为被动性的高位套牢和一般的中位套牢。套牢以后，套牢之苦接踵而来，然而就像围棋中的定势转换，完全可以化被动为主动。

1. 热门股套牢

热门股套牢以后的办法和普通股套牢以后的办法是不同的。前者往往根据成交密集区来判断该股反弹所能摸高的位置和根据量价关系来判断该股反弹的时机。

热门股涨得快，跌得更快。如其下跌 10%，还不宜补仓，更不用说在同一成本增仓，因为一旦过早补仓，往往"弹尽粮绝"。由于高位追逐热门股被套，投资者首先必须确立一个宗旨：是救自己而不是再谋求盈利，因为第一步已经走错，千万不能走错第二步，不然"洞"越补越大，以后"翻身"的日子都没有。

在以后的大盘反弹或上升趋势中，原先热点很可能已经沉寂，即使大盘逐波走高，原热点题材很可能像普通股走势一样，采取的措施既不要急又不能拖。

操作中有三方面问题需要迅速分析：

（1）先分析其密集区在哪里，理论上有可能存在的反弹高度。

（2）分析其是否已具备补仓条件。

（3）分析补多少的问题。

---

① 引自新浪财经评论。

2. 普通股套牢

普通股套牢（一般的中位套牢），不像热门股套牢那样揪心，但解套周期较长，除了一般的接球，还可以通过互换，即将普通股换成股性活跃、股本扩张能力或题材丰富的其他股票的办法，缩短套牢周期。

3. 高位套牢

在面对高位套牢时，投资者首先变高位套牢为中位套牢。当大盘瀑布式直泻后，许多股票回到其长期构筑的平台，出于市场平均成本及多种原因，一般来说，迟早会有一波次级行情出现，许多中小投资者往往此时买一些，抱着买套的心理介入，这时不能说不会再跌，而是中期上扬空间大于短期下跌空间。如股价出现反弹，可将补仓筹码获利回吐，从而降低上档套牢筹码成本；再进行一次循环，则上档套牢筹码就变为中档套牢筹码。更何况在涨跌停板制度下，迅速的、持续的无量下跌极易形成空头陷阱，此时不买点放着，一旦出现无量上涨，且以涨停板的情况出现，想补仓或者建仓都不能如愿了。

4. 止损

上述三种方法都强调适时补仓或换筹，那是建立在中短期股价必有弹升的基础上，多少有些被动，主动的行之有效的方法就是设止损位。

（二）解套策略

解套策略，也称反套牢投资策略，是投资者在高价套牢后所寻求的解脱方法。通常的解套策略主要有以下五种：

（1）快速方式止损了结。即将所持股票全盘卖出，以免股价继续下跌遭受更大损失。采取这种解套策略主要适合于投机为目的的短期投资者，或者是持有劣质股票的投资者。因为处于跌势的空头市场中，持有品质较差的股票的时间越长，给投资者带来的损失也将越大。

（2）弃弱择强，换股操作。即将手中弱势股抛掉，并换进市场中刚刚发动的强势股，以期通过涨升的强势股的获利，来弥补其套牢的损失。这种解套策略适合在发现所持股已为明显弱势股，短期内难有翻身机会时采用。

（3）采用拨档的方式进行操作。即先止损了结，然后在较低的价位时，予以补进，以减轻或轧平上档解套的损失。例如，某投资者以每股60元买进某股，当市价跌至58元时，他预测市价还会下跌，即以每股58元赔钱了结，而当股价跌至每股54元时又予以补进，并待今后股价上升时予以沽出。这样不仅能减少和避免套牢损失，有时还能扭亏为盈。

（4）采取向下摊平的操作方法。即随股价下挫幅度扩增反而加码买进，从而降低购股成本，以待股价回升获利。但采取此项做法，必须以确认整体投资环境尚未变坏，股市并无由多头市场转入空头市场的情况发生为前提；否则，极易陷入愈套愈多的窘境。

（5）采取以不变应万变的"不卖不赔"方法。在股票被套牢后，只要尚未脱手，就不能认定投资者已亏血本。如果手中所持股票均为品质良好的绩优股，且整体投资环境尚未恶化，股市走势仍未脱离多头市场，则大可不必为一时套牢而惊慌失措；此时应采取的方法不是将套牢股票和盘卖出，而是持有股票以不变应万变，静待股价回升解套之时。

值得注意的是，股票被套牢的现象多种多样，投资者在运用解套策略时，必须谨慎选择、灵活运用。

五、牛市的操作

（一）牛市市场特点

1. 持股

多头市场基本的投资策略是持股。只要没有确认市势已脱离市场多头状态，就不要抛出股票，并且每一次回落都是宝贵的买入机会，上升就不必去管它。投资者不要认为股价上升的幅度较高就可以抛掉股票：在一次真正的强势中股价升了可以再升，以至于升到你不敢相信的程度。如果在升势的中间抛出有一些获利的股票，投资者除非不再买入或者换股，一般来说都会截掉一段应得利润。从本质上说，在整个多头行情的上升过程中，这种在中间抛掉股票之后又不得不用高一点的成本补回的错误操作是上升行情的重要推动力。

2. 选股

在强势运行的整个过程中，选股是至关重要的操作环节。一般来说，强势的起始阶段应当是优质股率先上升，如果优质股表现不佳，具有投机题材的低价小股轮番跳升，则意味着当前的行情很有可能是一段投机性升势。在这种情况下，应当随时做好出货离场的准备。不过，有时候大的多头行情也可能由投机题材引发，但接下来一线优质股必须能够及时跟上。然后再一路带头向上展开，并由此给二、三线股腾出上升空间，拉动大市一路向上；如果一线股和二线优质股的升势一直靠低价位投机股的上升推动，并且成交量过多地分布在投机股上，即使是升势也难以持久。

在操作中千万注意这些重要的行情迹象，不可被一时繁荣热烈的市场表现冲昏头脑。在多头市场的中间阶段，表现最好的股票一般以股本较小的二线优质股为多，特别是有利好题材的小盘绩优股，在多头行情中总有机会当上一轮明星。因此，多头行情进入主升段之后，宜购入并持有这一类的小盘绩优股。不过，即使是在这一类股票中，也应当尽量选择受比价关系制约较小的股票。有的股票虽然确实盘小绩优，但其前后比价关系比较固定，上涨起来也常常不够迅速。一方面，多头行情的最后阶段往往是疯狂的投机热潮，三线低价股乱跳是主要的行情特征，在这个阶段当然可以参与这种投机游戏，但千万不可追入已被炒得非常热的三线股；另一方面，在这个阶段应随时考虑抛股套现，离开市场。

3. 获利了结

当股价不断升高，成交量不断增加的走势持续了一段时间之后，就需要随时注意升势到顶的一些预兆了。典型的顶部征兆除投机潮大起但一线股比指数升得慢很多之外，就是成交量持续保持在高额状态，但大市的上升已出现了停顿，这期间尤其需要留意日线图的图表形态，如果图表上有走出典型的反转形态如"M头""头肩顶"的迹象时，就当特别小心了，不可被市场气氛所迷惑。

当然，在升势的全过程中，股价会出现几次回落调整，区分回落调整与升势见顶有一定难度，正常的强势调整一般是跌幅有限，并且成交量在调整期间会减少。另外，调整主要体现在短时间内升幅很大的股票上，升幅小的优质股一般不会回落太多，回落调整所经历的时间不会太长，如果长时间地走高位横盘行情，说明市场上追高资金太少，后市可能会向下发展。

一般来说，在强势刚刚形成不久的期间不必太担心股价会跌下去，跌势经常是在市场上百分之百的人都处于获利状态的时候出现，并且一经出现跌势，最初的下跌是很猛的；但随之而来的则是一个极好的短线反弹机会，反弹做完之后就不要再恋战。

（二）牛市操作策略

针对牛市的操作策略主要应把握以下十种：

（1）"牛市"行情一旦爆发，资金蜂拥而入时，必须敢于重仓跟进，仍采用 1/3 仓位或半仓操作者，斩获肯定有限。

（2）一旦重仓介入，就要坚定持有股票，不应该稍有震荡或稍有获利，就抛售股票，这样永远摆脱不了熊市中的"五分钱万岁"思维。

（3）必须敢购买领涨的股票，不要惧怕股票连涨 3 个涨停板，要敢于在涨停板时排队购买。

（4）不能孤立等待回档再介入，而要顺应时势，在应该追时坚决追，应该观望时则观望。

（5）技术指标大多处于"失灵"状态。股票涨了还继续涨，连涨近十个涨停板的股票的情况并不少见。

（6）散户要以"我是主力"的角色换位，来揣摩预测大资金的动向，作换位思考。不能仍然站在小散户的立场上，为得到一小部分差价而忙碌。

（7）每只股票都有机会上涨，不可见异思迁，频繁地追热点股，结果顾此失彼，只赚指数不赚钱。

（8）人气是股价的重要因素，人气越旺，股价越高，分析太理性，常用市盈率做选股标准的，往往抓不到股票中的"大黑马"。

（9）股票市场热点较多，转换也非常快，一天出现几十个涨停板的股票是正常现象，领涨股不翻倍，不要抛售。

（10）股票价格升幅比较大也非常快，一天的价格起伏有时等于两个月的起伏，所以投资者不要轻言见顶，也不要轻言调整。

六、熊市的操作

（一）持币

在跌势中股价的主体趋势是向下的，因此跌势中的主导策略应是抱住现金，看准反弹做次短线操作，并尽快平仓离场；千万不要认为股价出现反弹就会升到比较高的位置，能搏到一点短线差价就已经算是成功的。不应惧怕买不到股票，也不要认为股价跌幅较大，已非常便宜，买了套住也不惧怕，这些想法是不对的。长期弱势所能达到的低价往往在我们想象之外，股价跌了还可以再跌。因此，抢反弹一定要在看准的有效支撑位处买入，看不准时宁可错失短线机会，也不宜在跌势未尽时束手被套。

（二）观望（观察 K 线图）

进行短线操作，不能不仔细研究 K 线图。K 线图是一种记录股价走势的特殊语言，每一条日 K 线相当于一个短语，描述了当天的股价变化情况：由许多条 K 线构成的图形则相当于一个语句。精通 K 线的人会从图表上读到"看涨语句""看跌语句""不明朗语句"。在读到"看涨语句"时进，读到"看跌语句""不明朗语句"时在场外观望，必能在跌势中保存实力，同时又能赚一点短线差价。只是 K 线图这门语言相当深奥，需下功夫去研究。不过为了利润，多下点功夫是值得的。当然除 K 线图外，其他的技术分析工具也需参考。

（三）做好止损准备

股市是一个风险市场，入市者应对所面临的风险进行细致的推敲，并预先想好对策，只有做到这一点才能在亏损时不慌不乱。不要因亏损而乱了方寸，应审时度势，在跌势中保存实力，股价见顶时应大胆斩仓出货，即使亏损也认赔出局。总而言之，在弱市之中操作股票并不可怕，关键是只要投资者精心设计，用心去做，不将手头的资金一次用尽，看准时机，亦能获利。

专栏 6-7　熊市操作策略 [1]

1. 以现金为王。如果股市由牛市转变为熊市，那么调整的时间通常会相当长，而且下跌的速度也会相当大。投资者在应对熊市时首先要转变在牛市中持续看多的思想观念，坚定地持续看空，以便把资金安全带到熊市末期或牛市初期。

2. 坚持长空短多。反弹操作不宜重仓出击，因为在熊市中，投资者的持股信心整体不足，反弹行情随时都有可能夭折。无论长线投资者还是短线投资者，都应见好就收，落袋为安。当然，反弹行情一旦结束，就更应立即撤退，止损出局。

3. 反弹时，要紧盯超跌品种。在牛市中，暴涨之后常会出现暴跌；同样，在熊市中，暴跌之后常会出现暴涨。在熊市中买进股票时，投资者可以挑选一些暴跌的品种。不过，同样属于暴跌的品种，暴跌得越深，离阻力位越远，将来反弹的力度也就越大。投资者要尽量选择一些超跌的股票，以便抓住更大的反弹，获得更多的投资收益。

4. 抢反弹，要快进快出。在熊市中，空方力量明显大于多方力量，即使出现反弹，其幅度较小，时间一般也很短；反弹之后常常还会继续下跌，迭创新低，投资者抢反弹时要眼明手快。

5. 要及时止盈止损。熊市中做股票犹如刀口舔血，少量参与时，一定要做好随时撤退的准备。

---

① 引自凤凰财经。

七、平衡市的操作

（一）平衡市市场特点

平衡市即通常所说的"牛皮偏软行情"，是一种股价在盘整中逐渐下沉的低迷市道，一般相伴的成交量都很小。对于炒家来说，出现这种市况期间是调整的好时机，在股价盘软、交投清淡的时候，不宜太迷恋市场，而应当趁此机会做一些细致的研究工作，包括对各个上市公司的调查和比较、对宏观经济情况的分析，以及对一段较长时间以来大市所走过的历程的详细图表分析。通过这些在作战间隙的研究工作，投资者可以比较清楚地了解到大市所处阶段以及发现一些潜质好的上市股票，以便下一个机会到来时能准确地抓住战机。

（二）平衡市市场操作策略

1. 在股价相对高位时出现牛皮偏软行情的情形

一般来说，在相对高价位区，股价横向盘整是盘不住的，尤其是在人气逐日消散、成交渐渐疏落的情况下，走势非常危险，后市很可能在连续几天的阴跌之后出现向下的加速运动，这时的操作策略应当是坚决离场。

当然，有一种情况是例外的：那就是大多头市场中的强势调整，在强势调整中也会出现股价的高位横盘和成交量的萎缩，调整之后股价却会继续上升，这期间显然不能采取"坚决离场"的策略。

强势调整容易与高位的牛皮偏软行情区分开来，区分的办法是观察三方面因素：

（1）观察成交量萎缩的程度。牛皮偏软行情中对应的成交量是极度萎缩的。强势调整期间成交量虽大幅萎缩，但由于人气未散，会比较活跃，成交量不会太小。

（2）市场对利好消息反应的敏感度。在强势调整过程中，市场对利好消息的反应仍然相当敏感，对于个股的利好消息，往往会相当强烈地体现在其股价的波动上。而在高位的牛皮弱市期间，市场对于利好消息反应相当迟钝，有时甚至根本不理睬市场上的利好传闻；在个别情况下，还有可能把实际上是利好的因素当作利空来对待。

（3）调整时间。强势调整一般不会历时太长，而在高位的牛皮弱势则可能会维持比较长的时间，直到股价来回震荡，使人们对多头失去信心之后，股价就会跌下来。

2. 在中间价位出现牛皮弱势的情形

作为一般性的原则，在中间位的横盘向上突破与向下突破的可能性都有，应当在看到明确的有效突破之后再顺势跟进。在多数情况下，发生在中间价位牛皮弱势往往最终会向下突破，其原因一方面可归结为弱势的惯性；另一方面由于人气已散，市场上看好后市的资金不多，如果没有一个较大的跌幅出现，持币者是不肯在此不伦不类的价位轻易追高入市的。

在上述一般性原则的基础上，还应当注意不要轻易追高进货，见反弹及时减磅。在此期间，区分反弹与向上有效突破不是很难，反弹行情中，成交量在低价位投机股上的分布较多；而向上的有效突破应当是一线优质股价升量增，并且这种价升量增的程度须是远远大过二、三线股。

3. 在低价区出现牛皮弱势的情形

这是大额投资者趁机吸纳的大好时机，在此期间斩仓操作是不明智的。推荐的做法是投资者每次在股价低位时分批次地少量吸纳，股价高时不追涨，也就是说可以当成短线来做，如短线因无出货机会而被暂时套住则可越跌越买。吸纳的对象宜以优质股为主，手中如还有长期被套的投机股也最好将其换成一线优质股。

总而言之，在高价区出现牛皮弱势时勿存幻想，在低价区出现牛皮势时要有信心，再需要一点耐性和警觉。

八、不同类型股票的投资策略

（一）大型股票投资策略

大型股票是指股本额在 12 亿元以上的大公司所发行的股票。这种股票的特性是：其盈余收入大多呈稳步而缓慢的增长趋势。由于炒作这类股票需要较为雄厚的资金，一般炒家都不轻易介入这类股票的炒买炒卖。

对应这类大型股票的买卖策略是：

（1）可在不景气的低价圈里买进股票，而在业绩明显好转、股价大幅升高时予以卖出。由于炒作该种股票所需的资金庞大，故较少有主力大户介入拉升，可选择在经济景气时期入市投资。

（2）大型股票在过去的最高价位和最低价位上，具有较强支撑阻力作用，是投资者买卖的主要参考价位。

（二）中小型股票投资策略

中小型股票的特性是：由于炒作资金较之大型股票要少，较易吸引主力大户介入，因而股价的涨跌幅度较大，其受利多或利空消息影响，股价涨跌的程度，也较大型股票敏感得多，经常成为多头或空头主力大户之间互打消息战的争执目标。对应中小型股票的投资策略是耐心等待股价走出低谷，开始转为上涨趋势，且环境可望好转时予以买进；其卖出时机可根据环境因素和业绩情况，在过去的高价圈附近获利了结。一般来讲中小型股票在 1~2 年内，大多有几次涨跌循环出现，只要能够有效把握行情和方法得当，投资中小型股票，获利大都较为可观。

（三）成长股投资策略

成长股是指迅速发展中的企业所发行的具有报酬成长率的股票。成长率越大，股价上扬的可能性也就越大。

投资成长股的策略是：

（1）要在众多的股票中准确地选择出适合投资的成长股。成长股的选择，一是要注意选择属于成长型的行业。二是要选择资本额较小的股票，资本额较小的公司，其成长的期望也就较大。因为较大的公司要维持一个迅速扩张的速度将是越来越困难的，一个资本额由 5000 万元变为 1 亿元的企业就要比一个由 5 亿元变为 10 亿元的企业容易得多。三是要注意选择过去一两年成长率较高的股票，成长股的盈利增长速度要大大快于大多数其他股票，一般为其他股票的 1.5 倍以上。

（2）要恰当地确定好买卖时机。由于成长股的价格往往会因公司的经营状况变化发生涨落，其涨幅度较之其他股票更大。在熊市阶段，成长股的价格跌幅较大，可采取在经济衰退、股价跌幅较大时购进成长股；而在经济繁荣、股价预示快达到顶点时予以卖出。牛市阶段投资成长股的策略是在牛市的第一阶段投资于热门股票，在中期阶段购买较小的成长股，而当股市狂热蔓延时，则应不失时机地卖掉持有的股票。由于成长股在熊市时跌幅较大，而在牛市时股价较高，成长股的投资一般较适合积极的投资人。

（四）投机股买卖策略

投机股是指那些易被投机者操纵而使价格暴涨暴跌的股票。投机股通常是内地的投机者进行买卖的主要对象，由于这种股票易涨易跌，投机者通过经营和操纵这种股票可以在短时间内赚取相当可观的利润。

投机股的买卖策略是：

（1）选择公司资本额较少的股票作为进攻的目标。因为资本额较少的股票，一旦投下巨资容易造成价格的大幅变动，投资者可能通过股价的这种大幅波动获取买卖差价。

（2）选择优缺点同时并存的股票。因为优缺点同时并存的股票，当其优点被大肆渲染时，容易使股票暴涨；而当其弱点被广为传播时，又极易使股价暴跌。

（3）选择新上市或新技术公司发行的股票。这类股票常令人寄予厚望，容易导致买卖双方加以操纵而使股价出现大的波动。

（4）选择那些改组和重建的公司的股票。因为当业绩不振的公司进行重建时，容易使投机者介入股市来操纵该公司，使股价出现大的变动。

需要特别指出的是，由于投机股极易被投机者操纵而人为地引起股价的暴涨与暴跌，一般的投资者需采取审慎的态度，不要轻易介入；若盲目跟风，极易被高价套牢，成为大额投机者的牺牲品。

（五）蓝筹股投资策略

蓝筹股的特点是投资报酬率相当优厚稳定，股价波幅变动不大，当多头市场来临时，它不会首先使股价上涨，经常的情况是当其他股票已经连续上涨一截时，蓝筹股才会缓慢攀升；而当空头市场到来，投机股率先崩溃，其他股票大幅滑落时，蓝筹股往往仍能坚守阵地，不至于在原先的价位上过分滑降。

蓝筹股的投资策略是：一旦在较适合的价位上购进蓝筹股后，不宜再频繁出入股市，而应将其作为中长期投资的较好对象。虽然持有蓝筹股在短期内可能在股票差价上获利不丰，但以这类股票作为投资目标，无论市况如何，都无须为股市涨跌提心吊胆。而且一旦机遇来临，也能收益甚丰。长期投资这类股票，即使不考虑股价变化，仅分红配股，往往也能获得可观的收益。

对于缺乏股票投资手段且愿作长线投资的投资者来讲，投资蓝筹股不失为一种理想的选择。

（六）循环股买卖策略

循环股是指股价涨跌幅度很明显，且一直在某一范围内震荡的股票。

由于循环股的价格是经常固定在一定范围内涨跌，对应的买卖策略是趁股票跌价时买进，涨价时卖出。实施此项策略的关键是有效地发现循环股。

寻找循环股的一般方法是从公司的营业报表中，或者根据公司有关的资信了解最近3~4年来股价涨跌的幅度，进而编制出一份循环股一览表。循环股一览表能反映出股价的涨跌幅度和范围，投资者据此可确定循环股的买点和卖点。

采取循环股买卖策略时，应避开以下三种股票：

（1）股价变动幅度较小的股票。波幅较小的股票，纵然能在最低价买进和最高价卖出，但扣除股票交易的税费后，所剩无几，不是理想的投资对象。

（2）股价循环间隔时间太长的股票。间隔时间越长，资金占用的成本越大，宜把股价循环的时间限定在一年以内。

（3）成交量小的股票。成交量小的股票常会碰到买不到或卖不出的情形，宜尽量避免。

（七）业绩激变股投资策略

业绩激变股是受景气或其他因素的影响，公司经营业绩呈现不规则性极端变动的股票。

业绩激变股的股价，大多同公司经营业绩的好坏呈正方向变动趋势：业绩看好，股价涨升；业绩转劣，股价跌落。一般来讲，这类股票的价格涨跌幅度较大，其涨势与跌势的时间，也比其他类股票长。

对应业绩激变股的投资策略是：待其涨势明显后赶紧买进。有时也可抓住时机，抢其短线机会，以增加利润。在跌势明朗时，应将所持股票尽快抛出，甚至将可融券放空。

业绩激变股的投资策略是：要求投资者密切注视公司经营业绩变化，如果能抢在公司业绩变动之前进行此类股票的买卖，投资效果更为理想。

（八）偏高做手股投资策略

偏高做手股是指由于人为炒作而使股价明显偏高的股票。

这类股票涨升状况有时脱离常理，股价习性也较难以捉摸。有时在公司处于亏损状态时，因某项未来利多情况在背后支撑，或是多空之间，已演成轧空的做手战，也导致股价明显偏高。甚至在股价已明显偏高的情况下，仍有有心人在不断做手买进，使股价继续一路上扬。一旦做手者停止操作，股价就出现大幅下跌。

偏高做手股的投资策略，除了熟悉内幕的经验行家之外，最好不要受股价暴涨的诱惑而轻易介入买卖；但在其股价盘整之后的涨升之初，仍可以小额资金短线抢进。但若遇主力撤离股市使该股转为跌势之时，则要迅速忍痛卖出所持股票。千万不可期望反弹再卖，以免被高价套牢蒙受更大损失。

九、成功理念

将股票视为一张纸或是符号的投机者，通常都不关心公司的财务状况和经营情况，仅专注于市场情况，如股价走势图的形态或市场消息等。理性投资者则更为看重持股公司的基本面状况，因为不管你拥有多少股份，是大股东还是小股东，你的投资结果归根结底是与企业的经济命运密切相关的。

股票市场中有两种非常具有影响力的投资理论：稳固基础理论和空中楼阁理论。

稳固基础理论认为，包括股票在内的任何一种投资工具，都有一个确定的内在标准——真实价值，或称固有价值，这是投资决策的主要依据。对股票投资而言，它的真实价值可以通过对上市公司经营业绩以及未来发展潜力的分析与评估而得出。根据经济学原理，价格总是围绕价值波动，股票价格对其价值的偏离终究会被市场纠正，市价早晚要向其真实价值靠拢。因此，当股票的市价偏离其真实价值时，买进或卖出的时机也就来了。

空中楼阁理论认为，投资者不应该把精力用于估算股票的真实价值，而应用于分析投资大众未来的动向，以及他们如何乐观地把希望构建在空中楼阁上。空中楼阁理论更加强调心理因素的影响。对股票投资而言，值得购买的股票是由于购买者认为还会有人愿以更高的价格接手。因此，价格高低不是问题，关键问题是有没有人还愿意以更高的价格接手。

"空中楼阁"与"稳固基础"是两种完全不同的投资模式。从风险的角度考虑，稳固基础理论应该更为切实可行，实际上世界各国股市的成功者中，更多的也正是注重价值判断的理性中长线投资者。从短线或中线操作来看，依据空中楼阁理论操作的投资者，往往可以借助技术分析工具的配合而大出风头，获得不俗的业绩。如果能挑选出基本面、技术面、市场面均较为有利的个股，那么在风险与收益的比较中，将会发现这是一个难得的投资机会。

股市说到底是综合智力的较量，你的选择能得到的印证愈多，成功的机会就愈大。投资制胜的基本理念有以下四种：

（一）价值观念是投资的基石

价值观念可以说是一切股票投资理念的核心和基石。从一个比较长的时期来考察，无论是五花八门的题材还是层出不穷的概念，不过都是股市长河里的一朵朵浪花，最终决定股价的因素还是公司的业绩。

投资活动成败的关键，并不在于持有时间的长短，而是在于对所持股票价值的判断及其与价格的比较：物有所值或物超所值则风险小；过度投机而远离价值的追涨杀跌则风险极大。对投资者来说，不应因为市场暂时的不理性而放弃稳固基础理论，因为这时候反倒能显示出市场自我调整的能力，市场终究会以缓慢而无情的方式纠正不理性的行为。反常的行情可能突然发生，市场可能乐观过头，吸引一群没有警觉性的投资者，但真实价值最后还是会被市场承认，这是投资人应该注意的。

然而，价值判断却绝非易事。企业的经营面临众多的内部与外部环境因素，不可能都看得一清二楚，更何况很多复杂的因素是根本无法作定量判断的。显然，价值判断不能过于追求精确，因为由不确定的因素得出的确切数字根本是靠不住的。如果能够通过对公司基本面状况的充分了解，再运用一些客观正确的评估方法，找出真实价值应有的大致范围，就已经算是很大的成功了。

随着管理层对信息披露和市场监管有关规范化措施的逐步落实，建立在公开资料基础上的基本面分析将愈加切实可行。但是值得投资者注意的是：要以动态的眼光进行价值判断，因为企业的基本面是不断变化的，以此为基础而评估出的价值当然也会随之发生变化。因此对于企业基本面的变化，投资者一定要保持密切关注，及时调整，果断纠错。

（二）树立中长线投资理念

中国股市历经十多年的发展，市场已从早期暴涨暴跌的狂热投机逐渐向以理性投资为主过渡。不管用什么方法来预测股票短期内的涨跌，正确的机会都和用抛硬币来预测差不了多少，对错的可能性各占一半。然而，如果你以合理的价格买进一家好企业的股票长线持有，结果多半要比你天天在市场里抢进抢出好得多。

对股票投资者而言，至关重要的是通过不断的学习，找到正确的分析方法，并努力去发现尚处低价区的高成长性绩优股；选择到好股票后，就要有耐心持有。只要股票投资者对企业基本面的判断正确，公司的业绩和成就终将会被市场所证实。

（三）关注小盘股

股票和商品一样，价格变动都要受到供求关系的影响，同样适用于"物以稀为贵"的道理：流通盘小的个股，买盘稍增，股价即可上扬；流通盘大的个股，推高股价则需大量的买盘才行。

小公司股票有更好的表现：除了流通盘小易于炒作外，小公司，尤其是创业初期的小公司往往勇于开拓进取，富于创新精神，而大企业则更容易陷入"懒散"和平庸。小公司具有更大的业绩增长潜力和股本扩张能力，可能带来更高的投资回报。小盘股由于股本小，随着业绩的增长，股本扩张的潜力很大，持续的、绵绵不绝的股本扩张能力是孕育大牛股的温床。投资者在寻找优势行业中的优势企业的同时，应给予小盘股特别的关注。

（四）判断上市公司的成长期

和生物一样，上市公司也有其生命周期。初生期一般问题比较多，常会面临生存危机。经历了初生期而存活下来的，就将进入一段快速成长期，然后是较为稳定的成熟期，直至最后的衰退期——再次面临生存危机；而经过重大调整或转型成功者，又将进入新一轮成长周期。

对中长线投资者而言，只有高速成长的企业才能不断带给其超出平均水平的收益，因此在选股时最应该关注的就是上市公司的成长性。无论其股本大小、股价高低、有无概念、有无庄家，只要具备优良的成长性，能够使企业的经营业绩持续获得高增长，它就是真正的长线黑马。如何去寻找有持续增长潜力的成长股，判断企业的成长性，可以从以下四个方面考察：

1. 经营管理层的素质

人的潜能是巨大的，任何定量方法都难以精确估算。很多企业能够获得迅猛发展，往往和最高管理者以及他所带领的一个勇于面对挑战、团结上进的领导集体密不可分。

2. 行业的成长期

属于朝阳行业的企业，市场前景极为广阔，且随着技术进步会不断推出新产品，以满足不断增长的社会需求。实际上，行业也有生命周期，也会经历初生期、成长期、成熟期、衰退期等阶段。投资者要选择优势行业中的优势企业，也就是要选择处于成长期的行业中的杰出企业。

3. 企业的竞争优势

如果一个企业具有垄断技术或产品，它在市场竞争中显然占据优势，增长潜力不言而喻。另外，对市场的垄断可以保证企业在产品维持高价的同时而不会失去市场。

4. 成长的持续性

公司业绩的持续增长是股价保持强势上升的原动力。对业绩成长性的分析，需要对行业及企业基本面的各方面情况的变化进行深入细致的分析，并敏感地做出反应与决策。

专栏6-8　经典案例分析：成功的投资者

"杨百万"在中国证券投资界是一个无人不知的人士，他的真名叫杨怀定。"杨百万"的成功能够给我们初涉证券投资市场的投资者提供许多有益的启示。

杨怀定是"文化大革命"以前的初中毕业生，曾在上海铁合金厂当过工人，后来又当了仓库保管员。当时由于生活不富裕，他就和妻子悄悄地干起了第二职业，妻子承包了浙江上虞一家乡镇企业的销售业务，他自己也在业余时间干点推销的活。由于第二职业收入不错，慢慢地竟有了2.9万元的存款。这在20世纪80年代的中国可是一个不小的数字，于是老杨便出手大方起来，有时买上几条外国烟请工友抽。不料这么一来，却引起了工厂保卫科的注意。有一次他管的仓库被盗，人家怀疑他监守自盗，公安局请他去"谈话"，他惊呆了。6天后，事情查清了，是别人干的，但这件事却深深地刺激和伤害了自尊心很强的杨怀定。他认为：我对工厂很负责，到头来却得不到信任，于是便提出了辞职。

辞职了，没退路了，怎么办？他想干个体户，挣一笔钱。将他从40多岁辞职到60岁退休的20年工资挣回来，并将自己安度晚年的钱也挣回来。但干个体户，能挣回来吗？他不敢相信，于是，他便钻进了上海图书馆去看报纸、查资料，看看报上有什么致富信息。有一天，当他正看一份《人民日报》时，他不禁眼睛一亮，上面有一段时任中国人民银行行长李贵鲜的讲话，其大意是：经国务院批准，中华人民共和国境内的公民可以自由买卖国库券。这就意味着国库券可以由死钱变活钱了，可以流通了。这让他想了很多，并果断地进行了国库券的异地买卖。特别是在1989年底，杨怀定从报刊上看到一篇讨论国内金融形势的文章，从中捕捉到银行利率可能下调的信息，于是果断地抛出手中所持的国库券，年收益率达到40%。

卖出国库券后，杨怀定敏感地认识到：银行利率下调势必引起股价上涨，随即投入了股票市场。当时沪市100元面值的"电真空"股票卖出价为91元，而该股的年收益率达到了16%，远远高于同期的银行存款利息，杨怀定据此果断买进2000股，仅仅过了半年，"电真空"股价一路升到220元。杨怀定抓住有利时机，将手中的股票全部抛出，从而在极短的时间内成为一个名副其实的"百万富翁"。

杨怀定平时非常注意学习，爱看书、看报。有了钱，干什么？他首先想到的就是买书、订报。他不仅买股市操作方面的书，买国库券交易方面的书，而且最多时他还订了大大小小118份报纸。他说："我的事业，就是从报纸开始的。"

杨怀定炒股从不迷信技术分析，认为技术分析只能总结过去，对以前的股价走势和今后的最高点、最低点有类比作用。但股市是一个错综复杂的竞技场，许多股民迷信分析，结果常常受大骗子的蒙蔽，屡遭损失，因此他提倡股友们要学会独立思考。1992年，沪市人气沸腾，股指直指1500点，当时所有的股评家都看好后市，说"沪指将涨到1800点"。杨怀定独立思考的结论是"大家都看好的时候往往是要跌的时候"，因此采取逆向操作法，马上抛出。不久，沪指暴跌，杨怀定避开了风险，又一次获胜。

在《炒股大王秘籍》一书中，杨怀定提醒投资者要时刻牢记"入市八要"：①要规避风险，有风险时，宁可不赚，也要保住本钱；②切忌莽撞赌博，要量力而行；③在购买股票前，要考察公司的资产、资本值和每股税后利润；④以投资者的眼光购买股票，用投机者的技巧保障自身利益；⑤要做好风险管理，定好止损点；⑥要关心、了解自己持股的公司；⑦注意研究宏观经济变化及金融政策；⑧根据个人个性选择投资方法。

思考练习题

一、名词解释

1. 投射自我
2. 自我认识
3. 自我调控
4. 智能心理
5. 证券投资风险
6. 系统性风险
7. 非系统性风险
8. 利率风险
9. 可转债

10. 动能心理

11. 自我体验

二、填空题

1. _____风险是无法消除的，_____风险可以通过多样化投资来消除。

2. 心理素质包括_____、_____和复合心理素质三个方面。

3. 投机股是指_____股票。

4. 导致证券市场波动的因素包括_____、_____、_____、_____等。

5. 分散投资方式主要包括_____、_____、_____三类。

6. 购买力风险指因_____导致货币的购买力下降而给投资者带来的损失。

7. _____是指股价涨跌幅度很明显，且一直在某一范围内徘徊的股票。

8. 按行情的规模大小，将底部划分为_____、_____和长期底部。

三、简答题

1. 谈谈您对风险的理解。

2. 系统性风险具体包括哪些风险？

3. 股票市场投资中，投资者应克服哪些不良心理？

4. 投资者进行证券投资时应具备哪些心理素质？

5. 投资者进行证券投资时应具备哪些投资素质？

6. 什么是权证？权证投资具有什么特点？

7. 什么是股指期货？投资股指期货需要注意哪些风险？

8. 什么是股市的牛市和熊市？

9. 简述如何买卖不同类型的股票。

四、论述题

1. 如何判断底部和顶部？操作中应注意什么问题？

2. 如何有效控制证券投资中的风险？

3. 如何把握反弹机会？怎样抢反弹？

参考文献

［1］Avery C, Zemsky P. Multidimensional Uncertainty and Herd Behavior in Financial Markets［J］. The American Economic Review, 1998, 88（4）: 724–748.

［2］Baker M, Wurgler J. Investor Sentiment and the Cross–Section of Stock Returns［J］. Journal of Finance, 2006, 61（6）: 1645–1680.

［3］Banerjee A V. A Simple Model of Herd Behavior［J］. The Quarterly Journal of Economics, 1992, 107（3）: 797–817.

［4］Banz R W. The Relationship between Return and Market Value of Common Stocks［J］. Journal of Financial Economics, 1981, 9（1）: 3–18.

［5］Barberis N, Huang M, Santos T. Prospect Theory and Asset Prices［J］. Quarterly Journal of Economics, 2001, 116（1）: 1–53.

［6］Barberis N, Shleifer A, Vishny R. A Model of Investor Sentiment［J］. Journal of Financial Economics, 1998, 49（3）: 307–343.

［7］Basu S. The Relationship between Earnings' Yield, Market Value and Return for NYSE Common Stocks: Further Evidence［J］. Journal of Financial Economics, 1983, 12（1）: 129–156.

［8］Bates D S. The Crash of'87: Was It Expected? The Evidence from Options Markets［J］. The Journal of Finance, 1991, 46（3）: 1009–1044.

［9］Benartzi S, Thaler R H. Myopic Loss Aversion and the Equity Premium Puzzle［J］. The Quarterly Journal of Economics, 1995, 110（1）: 73–92.

［10］Bethke S, Gehde–Trapp M, Kempf A. Investor Sentiment, Flight–To–Quality, and Corporate Bond Comovement［J］. Journal of Banking and Finance, 2017（82）: 112–132.

［11］Bikhchandani S, Hirshleifer D, Whelch I. A Theory of Fads, Fashion, Custom and Cultural Change as Informational Cascade［J］. Journal of Political Economy, 1992（100）: 992–1027.

［12］Black F. Noise［J］. The Journal of Finance, 1986, 41（3）: 528–543.

［13］Blume L, Easley D. Evolution and Market Behavior［J］. Journal of Economic Theory, 1992, 58（1）: 9–40.

［14］Bondt W F, Thaler R. Does the Stock Market Overreact?［J］. The Journal of Finance, 1985, 40（3）: 793–805.

［15］Bondt W F, Thaler R. Further Evidence on Investor Overreaction and Stock Market Seasonality［J］. The Journal of Finance, 1987, 42（3）: 557–581.

［16］Breeden D T. An Intertemporal Asset Pricing Model with Stochastic Consumption and Investment Opportunities［J］. Journal of Financial Economics, 1979, 7（3）: 265–296.

［17］Brown R H, Schaefer S M. The Term Structure of Real Interest Rates and the Cox,

Ingersoll, and Ross model [J] . Journal of Financial economics, 1994, 35 (1) : 3–42.

[18] Campbell J Y. Asset Pricing at the Millennium [J] . The Journal of Finance, 2000, 55 (4) : 1515–1567.

[19] Canina L, Figlewski S. The Informational Content of Implied Volatility [J] . Review of Financial Studies, 1993, 6 (3) : 659–681.

[20] Carhart M. On Persistence in Mutual Fund Performance [J] . The Journal of Finance, 1997, 52 (1) : 57–82.

[21] Chen M P, Chen P F, Lee C C. Asymmetric Effects of Investor Sentiment on Industry Stock Returns: Panel Data Evidence [J] . Emerging Markets Review, 2013 (14) : 35–54.

[22] Chen Y W, Chou R K, Lin C B. Investor Sentiment, SEO Market Timing, and Stock Price Performance [J] . Journal of Empirical Finance, 2019 (51) : 28–43.

[23] Chopra N, Lakonishok J, Ritter J R. Measuring Abnormal Performance: Do Stocks Overreact? [J] . Journal of Financial Economics, 1992, 31 (2) : 235–268.

[24] Chou P H, Ho P H, Ko K C. Do Industries Matter in Explaining Stock Returns and Asset–Pricing Anomalies [J] . Journal of Banking & Finance, 2012 (36) : 355–370.

[25] Chung S L, Hung C H, Yeh C Y. When does Investor Sentiment Predict Stock Returns [J] . Journal of Empirical Finance, 2012 (19) : 217–240.

[26] Cipriani M, Guarino A. Herd Behavior in A Laboratory Financial Market [J] . The American Economic Review, 2005, 95 (5) : 1427–1443.

[27] Cox J C, Ross S A, Rubinstein M. Option Pricing: A Simplified Approach [J] . Journal of Financial Economics, 1979, 7 (3) : 229–263.

[28] Daniel K D, Hirshleifer D, Subrahmanyam A. Overconfidence, Arbitrage, and Equilibrium Asset Pricing [J] . The Journal of Finance, 2001, 56 (3) : 921–965.

[29] De Bondt W F, Bange M M. Inflation Forecast Errors and Time Variation in Term Premia [J] . Journal of Financial and Quantitative Analysis, 1992, 27 (4) : 479–496.

[30] De Long J B, Shleifer A, Summers L H, et al. Noise Trader Risk in Financial Markets [J] . Journal of Political Economy, 1990, 98 (4) : 703–738.

[31] Dong H J. Asymmetric Investor Sentiment and Broker Sentiment Contagion in the U.S. Equity Market [J] . International Journal of Economics and Finance, 2014, 6 (11) : 160–172.

[32] Fama E F, French K R. Common Risk Factors in the Returns on Stocks and Bonds [J] . Journal of Financial Economics, 1993, 33 (1) : 3–56.

[33] Fama E F, French K R. Permanent and Temporary Components of Stock Prices [J] . The Journal of Political Economy, 1988, 96 (2) : 246–273.

[34] Ferson W E, Harvey C R. The Variation of Economic Risk Premiums [J] . Journal of Political Economy, 1991 (99) : 385–415.

[35] Figlewski S. Information Diversity and Market Behavior [J] . The Journal of Finance, 1982, 37 (1) : 87–102.

[36] Figlewski S. Market "efficiency" in A Market with Heterogeneous Information [J]. The Journal of Political Economy, 1978, 86(4): 581–597.

[37] Fisher K L, Statman M. Investor Sentiment and Stock Returns [J]. Financial Analysts Journal, 1999, 2(2): 11–13.

[38] Friedman M. The Case for Flexible Exchange Rates [M]//Essays in Positive Economics. Chicago: University of Chicago Press, 1953.

[39] Gould J P, Verrecchia R E. The Information Content of Specialist Pricing [J]. Journal of Political Economy, 1985, 93(1): 66–83.

[40] Griffin D, Tversky A. The Weighing of Evidence and the Determinants of Confidence [J]. Cognitive Psychology, 1992, 24(3): 411–435.

[41] Hirshleifer D, Levi Y, Lourie B, Teoh S H. Decision Fatigue and Heuristic Analyst Forecasts [J]. Journal of Financial Economics, 2019(133): 83–98.

[42] Hong H, Stein J C. A Unified Theory of Underreaction, Momentum Trading, and Overreaction in Asset Markets [J]. The Journal of Finance, 1999, 54(6): 2143–2184.

[43] Humphery-Jenner M, Lisic L L, Nanda V, Silveri S D. Executive Overconfidence and Compensation Structure [J]. Journal of Financial Economics, 2016(119): 533–558.

[44] Hur J, Singh V. How do Disposition Effect and Anchoring Bias Interact to Impact Momentum in Stock Returns? [J]. Journal of Empirical Finance, 2019(53): 238–256.

[45] Illeditsch P K. Ambiguous Information, Portfolio Inertia, and Excess Volatility [J]. The Journal of Finance, 2011, 66(6): 2213–2247.

[46] Jaffe J F. Special Information and Insider Trading [J]. The Journal of Business, 1974, 47(3): 410–428.

[47] Kyle A S. Continuous Auctions and Insider Trading [J]. Econometrica: Journal of the Econometric Society, 1985, 53(6): 1315–1335.

[48] Lakonishok J, Shleifer A, Vishny R W. The Impact of Institutional Trading on Stock Prices [J]. Journal of Financial Economics, 1992(32): 23–43.

[49] Lancaster K J. A New Approach to Consumer Theory [J]. The Journal of Political Economy, 1966, 74(2): 132–157.

[50] Lee C, Shleifer A, Thaler R H. Investor Sentiment and the Closed-End Fund Puzzle [J]. The Journal of Finance, 1991, 46(1): 75–109.

[51] Lee C M C, Swaminathan B. Price Momentum and Trading Volume [J]. The Journal of Finance, 2000, 55(5): 2017–2069.

[52] Le Roy S F, Porter R D. The Present-Value Relation: Tests based on Implied Variance Bounds [J]. Econometrica: Journal of the Econometric Society, 1981, 49(3): 555–574.

[53] Li Y, Yang L Y. Prospect Theory, the Disposition Effect, and Asset Prices [J]. Journal of Financial Economics, 2013(107): 715–739.

[54] Ljungqvist A, Nanda V, Singh R. Hot Markets, Investor Sentiment, and IPO Pricing

[J]. Journal of Business, 2006, 79 (4): 1667–1702.

[55] Lucas R E. Asset Prices in An Exchange Economy [J]. Econometrica: Journal of the Econometric Society, 1978, 46 (6): 1429–1445.

[56] Malcolm B, Jeremy C S. Market Liquidity as A Sentiment Indicator [J]. Journal of Financial Market, 2004, 7 (3): 271–299.

[57] Mehra R, Prescott E C. The Equity Premium: A Puzzle [J]. Journal of Monetary Economics, 1985, 15 (2): 145–161.

[58] Mendel B, Shleifer A. Chasing Noise [J]. Journal of Financial Economics, 2012 (104): 303–320.

[59] Noth M, Weber M. Information Aggregation with Random Ordering: Cascades and Overconfidence [J]. The Economic Journal, 2003 (113): 166–189.

[60] Phua K, Tham T. M., Wei C. Are Overconfident CEOs Better Leaders? Evidence from Stakeholder Commitments [J]. Journal of Financial Economics, 2018 (127): 519–545.

[61] Robert J S. Behavior Economics and Institutional Innovation [J]. Journal of Southern Economic, 2005, 72 (2): 269–283.

[62] Roll R. On Computing Mean Returns and the Small Firm Premium [J]. Journal of Financial Economics, 1983, 12 (3): 371–386.

[63] Scharfstein D S, Stein J C. Herd Behavior and Investment [J]. The American Economic Review, 1990, 80 (3): 465–479.

[64] Schmeling M. Institutional and Individual Sentiment: Smart Money and Noise Trader Risk [J]. International Journal of Forecasting, 2007 (23): 127–145.

[65] Schmeling M. Investor Sentiment and Stock Returns: Some International Evidence [J]. Journal of Empirical Finance, 2009, 16 (3): 394–408.

[66] Shefrin H M. On the Combinatorial Structure of Bayesian Learning with Imperfect Information [J]. Discrete Mathematics, 1981, 37 (2): 245–254.

[67] Shefrin H, Statman M. Behavioral Capital Asset Pricing Theory [J]. Journal of Financial and Quantitative Analysis, 1994, 29 (3): 323–349.

[68] Shiller R J. Do Stock Prices Move Too Much to be Justified by Subsequent Changes in Dividends? [J]. The American Economic Review, 1981, 71 (3): 421–436.

[69] Shiller R. J. Conversation, Information, and Herd Behavior [J]. American Economic Review, 2000 (85): 181–185.

[70] Siganos A, Vagenas–Nanos E, Verwijmeren P. Divergence of Sentiment and Stock Market Trading [J]. Journal of Banking and Finance, 2017 (78): 130–141.

[71] Solt M E, Statman M. Good Companies, Bad Stocks [J]. The Journal of Portfolio Management, 1989, 15 (4): 39–44.

[72] Solt M E, Statman M. How Useful is the Sentiment Index? [J]. Financial Analysts Journal, 1988, 104 (2): 45–55.

[73] Stambaugh R F, Yu J F, Yuan Y. The Short of It: Investor Sentiment and Anomalies

［J］. Journal of Financial Economics, 2012, 104（2）：288-302.

［74］Stein J. Overreactions in the Options Market［J］. The Journal of Finance, 1989, 44（4）：1011-1023.

［75］Tversky A, Kahneman D. Availability: A Heuristic for Judging Frequency and Probability［J］. Cognitive Psychology, 1973, 5（2）：207-232.

［76］Tversky A, Kahneman D. Belief in the Law of Small Numbers［J］. Psychological Bulletin, 1971, 76（2）：105-110.

［77］Tversky A, Kahneman D. Judgment under Uncertainty: Heuristics and Biases［J］. Science, 1974, 185（4157）：1124-1131.

［78］Weil P. The Equity Premium Puzzle and the Risk-Free Rate Puzzle［J］. Journal of Monetary Economics, 1989, 24（3）：401-421.

［79］Wurgler J, Zhuravskaya E. Does Arbitrage Flatten Demand Curves for Stocks?［J］. The Journal of Business, 2002, 75（4）：583-608.

［80］Yu J F, Yuan Y. Investor Sentiment and the Mean-Variance Relation［J］. Journal of Financial Economics, 2011（100）：367-381.

［81］Zhong X L, Wang J B. Prospect Theory and Corporate Bond Returns: An Empirical Study［J］. Journal of Empirical Finance, 2018（47）：25-48.

［82］包青. 社保基金持股与权益资本成本［J］. 中南财经政法大学学报, 2022（1）：62-73.

［83］毕鹏, 王生年. QFII持股缓解了股价延迟吗?——基于我国A股上市公司的经验证据［J］. 中国地质大学学报（社会科学版）, 2021（21）：105-118.

［84］边文龙, 王向楠. 投资职能对保险公司风险的影响研究［J］. 金融研究, 2017（12）：158-173.

［85］曹冬娜. 中国资本市场券商投资行为分析及政策建议［J］. 中国商论, 2019（12）：55-56.

［86］岑云静. 设立私募股权投资基金的模式探讨［J］. 审计与理财, 2022（3）：17-18.

［87］常丽, 武小楠. 社保基金投资、战略型社会责任与企业创新［J］. 财经问题研究, 2022（7）：66-73.

［88］陈静, 张克雯. 行为金融学视角下的证券投资行为研究［J］. 中国管理信息化, 2022（13）：155-157.

［89］陈立新. 上海股票市场有效性实证研究［J］. 中国软科学, 2002（5）：36-39.

［90］陈琳. 我国证券市场羊群行为实证分析——基于Realised GARCH模型［J］. 现代商业, 2020（31）：141-144.

［91］陈伟忠, 李晓帆. 投资者行为与股价动量效应关系的研究——基于上市公司存续期分类的比较分析［J］. 价格理论与实践, 2017（2）：135-138.

［92］陈彦斌, 周业安. 行为资产定价理论综述［J］. 经济研究, 2004（6）：117-

127.

［93］成亿苓 . 我国证券投资基金羊群行为的成因、影响与对策分析［J］. 中小企业管理与科技，2021（10）：64-66.

［94］邓路，王化成 . 投资者异质信念与定向增发股价长期市场表现［J］. 会计研究，2014（11）：38-45.

［95］邓玉兰 . 个人投资者投资心理因素对投资行为影响分析［J］. 中国市场，2020（17）：76-77.

［96］段相域 . 行为金融学视角下我国个人投资者投资行为分析与启示［J］. 经济师，2020（3）：113-115.

［97］樊业辉 . 中国投资基金行业发展现状及投资策略分析——以中国公募基金为例［J］. 辽宁经济职业技术学院 . 辽宁经济管理干部学院学报，2022（3）：4-6.

［98］方军雄 . 我国证券投资基金投资策略及绩效的实证研究［J］. 经济科学，2002（4）：64-71.

［99］奉立城 . 中国股票市场的"月份效应"和"月初效应"［J］. 管理科学，2003（1）：41-48.

［100］甘霖 . 对我国社保基金投资收益实证的分析［J］. 辽宁师专学报，2017（1）：65-68.

［101］高银珠，任达，薛辰琳 . 中国证券市场反向及动量投资策略的实证研究［J］. 沈阳工业大学学报（社会科学版），2016，9（4）：338-344.

［102］葛永波，张振勇，张璐 . 投资者情绪、现金持有量与上市公司投资行为［J］. 宏观经济研究，2016（2）：106-112.

［103］桂璐 . QFII 制度改革与上市公司融资约束的实证研究［J］. 西部金融，2020（3）：58-63.

［104］郭施亮 . 怎样解读养老保险基金投资成绩单？［J］. 中国外资，2021（19）：11.

［105］郭文伟 . 中国开放式基金投资风格漂移程度的量化研究［J］. 广东商学院学报，2012（27）：32-40.

［106］何平，吴添，姜磊，伍良杰 . 投资者情绪与个股波动关系的微观检验［J］. 清华大学学报（自然科学版），2014，54（5）：655-663.

［107］贺京同，霍焰 . 投资者行为，资产价格与股市波动［J］. 南开经济研究，2004（2）：62-67.

［108］胡强 . 我国券商治理风险及对策［J］. 证券市场导报，2006（1）：58-62.

［109］胡为民 . 大数据在社保风险防控中的应用［J］. 中国社会保障，2021（12）：86-87.

［110］黄少安，邢宇，杨晨姊 . 机构投资者的异质性及其对股票市场的影响［J］. 经济纵横，2022（8）：107-118.

［111］黄希 . 基于私募股权投资基金风险及控制措施的思考［J］. 时代金融，2020（8）：3-5.

［112］黄兴旺，朱楚珠.行为金融理论述评［J］.经济学动态，2000（8）：66–69.

［113］景乃权，陈新秀，叶庆祥，等.证券市场行为解释：BSV和DHS模型［J］.经济学家，2003（5）：112–116.

［114］琚聪怡.我国机构投资者抱团行为研究［J］.新经济，2022（4）：83–90.

［115］睢岚，马千惠，李含.中国保险机构投资者持股对上市公司经营业绩的影响——基于保险公司经营属性视角的实证研究［J］.武汉金融，2022（8）：18–28.

［116］李国平.行为金融学［M］.北京：北京大学出版社，2006.

［117］李国秋，李琦.中国股票市场个人投资者信息行为实证研究与模型构建［J］.信息资源管理学报，2012（4）：16–26.

［118］李红刚.上海股市价格指数变动随机性及其与市场效率关系研究［J］.数量经济技术经济研究，1995（11）：70–72.

［119］李佳.我国社保基金投资收益与风险的宏观影响因素分析——基于VAR模型的实证研究［J］.价格理论与实践，2014（5）：94–96.

［120］李濛.QFII投资范围进一步扩大对金融市场的影响研究［J］.长春金融高等专科学校学报，2022（1）：27–34.

［121］李奇泽，张铁刚，丁焕强.中国证券投资基金羊群行为——基于周期规律与板块效应的实证分析［J］.中央财经大学学报，2013（6）：37–43.

［122］李胜利.机构投资者股票投资行为与证券市场波动实证研究［J］.经济纵横，2007（2）：20–22.

［123］李文.公募基金拥抱财富管理新时代［J］.中国外汇，2022（5）：68–69.

［124］李心丹.行为金融理论：研究体系及展望［J］.金融研究，2005（1）：175–190.

［125］李志辉，陈海龙.QFII持股能抑制股票市场操纵吗？——基于尾市价格偏离模型的检验［J］.中央财经大学学报，2022（8）：43–56.

［126］凌文豪，袁双双.关于我国养老基金投资的若干思考［J］.平顶山学院学报，2016（6）：82–88.

［127］刘洪颖，陈晔婷.机构投资者持股与企业创新行为——基于Meta分析的研究［J］.金融发展研究，2022（5）：11–21.

［128］刘家和，金秀.考虑行为特征的多期鲁棒投资组合模型及实证研究［J］.系统工程理论与实践，2015，35（6）：1405–1415.

［129］刘洋溢，廖妮，罗荣华.基金赚钱、基民不赚钱：业绩持续性感知与基金投资者行为［J］.中国工业经济，2022（2）：156–174.

［130］刘志立.中国股市个人投资者行为的影响因素分析［J］.广州大学学报（社会科学版），2003（4）：66–69.

［131］龙晶，曾亚东.基于行为金融学对中国股市中个人投资者投资行为的分析［J］.时代金融，2018（2）：149–152.

［132］鲁训法，黎建强.中国股市指数与投资者情绪指数的相互关系［J］.系统工程理论与实践，2012，32（3）：621–629.

［133］陆晓楠．我国私募股权投资基金发展现状及风险管理策略［J］．经济管理文摘，2020（6）：13-14.

［134］骆盈盈，任颋．基金管理模式、投资风格与经营绩效：来自中国公募基金探索性研究［J］．现代财经（天津财经大学学报），2015（35）：22-33.

［135］吕长江，王克敏．上市公司股利政策的实证分析［J］．经济研究，1999，12（12）：31-39.

［136］聂无逸．券商整合大趋势［J］．现代金融导刊，2020（10）：39-45.

［137］攀登，施东晖，曹敏．中国个人投资者采用股价趋势交易策略的经验研究［J］．世界经济，2003，26（11）：71-77.

［138］庞家任，陈大鹏，王玮．融资融券制度与企业投资行为——基于"外部治理"和"信息学习"渠道的分析［J］．投资研究，2019（4）：4-29.

［139］彭礼．《证券投资基金》课程中基金风险的案例剖析［J］．西部皮革，2016（9）：111.

［140］彭伟．公募基金、私募基金、基金中基金三者的特征比较——基于筹资者与投资者两个不同的视角［J］．现代商业，2018（20）：80-81.

［141］彭晓洁，王丹丹，王安华．机构投资者和个人投资者投资行为的差异分析［J］．调研世界，2015（9）：53-56.

［142］单树峰．行为金融理论中的投资者行为［J］．国际金融研究，2004（3）：15-20.

［143］上海证券有限责任公司金融科技总部．中小券商数字化转型突围之道［J］．金融电子化，2022（4）：16-17.

［144］申景奇．机构投资者投资行为行业比较分析［J］．财会通讯，2010（7）：5-7.

［145］沈冰，赵小康．个人投资者行为对中国股票市场影响的研究［J］．学习与实践，2016（11）：50-56.

［146］宋景峰．基于行为金融的证券投资策略分析［M］．上海：上海人民出版社，2008.

［147］宋军，吴冲锋．基于分散度的金融市场的羊群行为研究［J］．经济研究，2008（11）：21-27.

［148］宋军，吴冲锋．金融市场中羊群行为的成因及控制对策研究［J］．复印报刊资料（金融与保险），2002（3）：49-51.

［149］宋军，吴冲锋．中国股评家预测行为的实证研究［J］．数理统计与管理，2003，22（3）：1-5.

［150］宋颂兴，金伟根．上海股市市场有效实证研究［J］．经济学家，1995（4）：107-113.

［151］宋泽芳，李元．投资者情绪与股票特征关系［J］．系统工程理论与实践，2012，32（1）：27-33.

［152］孙建军，王美今．股市政策对个体证券投资者交易行为的影响——行为金融

理论对我国股市低迷现状的解释［J］.数量经济技术经济研究，2004（6）：141-146.

［153］孙美琪.我国社会保障基金管理存在的问题和建议［J］.农村经济与科技，2021（32）：221-222.

［154］孙培源，施东晖.基于CAPM的中国股市羊群行为研究——兼与宋军、吴冲锋先生商榷［J］.经济研究，2002（2）：64-70.

［155］孙显超，刘学航，李杰.汇率波动、QFII投资与中国股票价格关系研究——基于VAR模型的实证分析［J］.价格理论与实践，2017（3）：124-127.

［156］孙显超，张莉，刘学航.QFII投资中国A股市场——信息交易还是噪音交易？［J］.投资研究，2019（5）：66-80.

［157］谭瑭.证券投资基金风险及应对分析［J］.投资与创业，2021（24）：27-29.

［158］谭颖，杨筝.QFII持股与企业技术创新［J］.金融论坛，2020（25）：69-78.

［159］汤晓莉.坚决打赢打好新时期社保基金守护战［J］.中国社会保障，2021（5）：28-29.

［160］汤卓雅，石乘齐.中国证券投资基金发展与状况［J］.科技资讯，2022（20）：168-170.

［161］唐德祥，马金海，郑茜.我国股市模仿投资行为的RBC经济模型分析［J］.企业经济，2004（3）：191-192.

［162］陶士贵，徐琳.我国资本市场"引进来"与"走出去"的制度差异——基于QFII制度与QDII制度的分析［J］.创新，2022（16）：57-74.

［163］陶瑜，刘寅，彭龙.中国证券投资基金羊群行为及其影响因素研究［J］.北京邮电大学学报（社会科学版），2015，17（5）：60-67.

［164］田澍，林树，俞乔.新兴市场环境下机构投资者投资行为——基于中国大陆资本市场的研究［J］.金融研究，2012（8）：139-151.

［165］汪静.全国社会保障基金投资：现状、困境与对策探讨［J］.湖南工业职业技术学院学报，2020（20）：41-44.

［166］王春燕，赵康平，孙烨，朱磊.社保基金持股促进了企业创新吗？——基于差异投资模式的分析［J］.财务研究，2020（6）：37-48.

［167］王聪.私募FOF基金未来发展方向研究［J］.中国经贸导刊，2019（2）：59-60.

［168］王冀宁，李心丹，刘玉灿.基于信号传递博弈的中国股票投资者的学习机制研究［J］.数量经济技术经济研究，2004（9）：78-83.

［169］王冀宁，李心丹.基于多因素权重模型的证券投资者交易动因的研究［J］.东南大学学报（哲学社会科学版），2003，5（5）：27-31.

［170］王佳英，王作功.中国证券投资市场投资者行为分析［J］.中国管理信息化，2022（3）：125-128.

［171］王岚，刘人怀.证券公司风险的实证分析及风险券商处置模式研究［J］.管理工程学报，2006（1）：118-123.

［172］王垒，曲晶，赵忠超，等.组织绩效期望差距与异质机构投资者行为选择：

双重委托代理视角［J］.管理世界，2020（7）：132–152.

［173］王美今，孙建军.中国股市收益、收益波动与投资者情绪［J］.经济研究，2004（10）：75–83.

［174］王明涛，黎单.新动量交易策略在 A 股市场的有效性研究——基于过去 52 周最高价格的实证检验［J］.证券市场导报，2015（7）：64–71.

［175］王倩.社会保险基金风险防控分析及对策建议研究［J］.财经界，2022（30）：69–71.

［176］王小泳.股票收益率波动与机构投资者投资行为——基于行为金融理论的视角［J］.当代经济，2012（11）：130–131.

［177］王晓国，王国顺.中国基金市场惯性和反转现象的实证研究［J］.系统工程，2005，23（1）：69–73.

［178］王晓宇.互联网证券步入 2.0 时代［J］.河南科技，2016（5）：15–16.

［179］王永宏，赵学军.中国股市"惯性策略"和"反转策略"的实证分析［J］.证券市场导报，2001（6）：56–61.

［180］王振瀚，黄玥，王清清.债券基金的规模效益递减现象与最优规模探析［J］.金融市场研究，2022（9）：93–102.

［181］韦筱.QFII 在我国发展现状、问题及前景分析［J］.现代商贸工业，2019（40）：53–54.

［182］文凤华，杨鑫，龚旭，等.金融危机背景下中美投资者情绪的传染性分析［J］.系统工程理论与实践，2015，35（3）：623–629.

［183］吴斌，潘雅悦，楼雯倩.政府引导基金联合风险投资对创业质量的影响：基于 PLS 模型的实证考察［J］.财务研究，2022（3）：55–64.

［184］吴梅英，苏东风.QFII 持股对上市公司的创新绩效的影响研究［J］.福州大学学报（哲学社会科学版），2021（35）：53–59.

［185］吴玉桐，梁静国.过度反应，股市危机与应对措施［J］.现代管理科学，2008（5）：59–60.

［186］吴玉桐.基于有限理性的中国个体投资者行为与投资策略研究［D］.哈尔滨工程大学博士学位论文，2011.

［187］吴中春，杨文超.对个体投资者行为偏差研究的回顾与前瞻［J］.求索，2006（10）：12–14.

［188］肖娟.我国私募基金的发展现状、存在的问题及相关建议［J］.中国乡镇企业会计，2021（8）：85–87.

［189］谢艳丽，任程扬.QFII 制度对我国证券市场的影响［J］.广西质量监督导报，2019（6）：235–236.

［190］邢学艳，曹阳.合格境外机构投资者投资行为的实证分析［J］.经济经纬，2008（5）：138–140.

［191］胥婉葭，蒋葵.机构投资者与个人投资者投资行为羊群效应比较分析［J］.财会通讯，2011（3）：4–6.

［192］徐文涛.社会保险基金运行现状及对策研究［J］.中国集体经济，2021（21）：115-116.

［193］徐勇，陈曦.合格境外机构投资者持股对中小创上市公司绩效的影响［J］.华南理工大学学报（社会科学版），2021（23）：18-28.

［194］徐振龙.私募股权基金投资中的风险管理［J］.现代商业，2020（29）：143-144.

［195］许学军，刘轶群.QFII持股行为对上市公司股价波动的影响研究［J］.中国物价，2022（10）：100-103.

［196］杨斌，刘小波，史文璟.中国A股动量交易策略效应实证研究［J］.投资研究，2015，34（1）：137-147.

［197］杨春鹏.基于行为金融的证券投资"认知风险"度量研究［J］.数量经济技术经济研究，2004（5）：79-84.

［198］杨洪瑞，程素婷，万翠英.中国股票市场中机构投资者与个人投资者的投资行为分析［J］.石家庄铁路职业技术学院学报，2006（4）：89-93.

［199］杨墨竹.证券市场机构投资者投资行为分析［J］.金融研究，2008（8）：133-144.

［200］杨舒，张剑辉.QDII基金配置稳字当头［J］.中国外汇，2022（2）：66-67.

［201］姚德权，黄学军，杨光.中国机构投资者情绪与股票收益关系研究［J］.湖南大学学报（社会科学版），2010，24（6）：46-50.

［202］于波.我国私募股权投资基金现状及风险管理策略［J］.商展经济，2022（2）：81-83.

［203］余刚.浅析大数据在社保基金中的应用［J］.中国管理信息化，2020（23）：151-152.

［204］俞乔.市场有效，周期异常与股价波动［J］.经济研究，1994（9）：43-50.

［205］张里程.我国证券投资基金的发展与缺陷——基于行为金融学视角［J］.经贸实践，2017（15）：53-55.

［206］张琳琳，沈红波，范剑青.证券投资基金规模适度性研究——基于中国市场的证据［J］.金融研究，2022（3）：189-206.

［207］张强，杨淑娥.中国股市规模效应及成因研究［J］.当代财经，2007（8）：55-58.

［208］张少帅.关于证券市场个人投资者非理性行为的分析［J］.现代营销，2020（5）：60-61.

［209］张水泉，韩德宗.上海股票市场股利与配股效应的实证研究［J］.预测，1997，16（3）：28-33.

［210］张伟，周丹，王恩裕.我国券商问题的根源与治理：一个分析框架［J］.金融理论与实践，2005（12）：69-71.

［211］张伟.我国证券市场机构投资者行为分析［J］.合作经济与科技，2009（3）：68-69.

［212］张雯睿.基于因子分析法对中国上市券商竞争力的实证研究——以29家上市券商面板数据为例［J］.无锡商业职业技术学院学报，2018（3）：18-24.

［213］张学勇，廖理，罗远航.券商背景风险投资与公司IPO抑价——基于信息不对称的视角［J］.中国工业经济，2014（11）：90-100.

［214］张谊浩，吴金鹏.现代投资者行为理论评述［J］.生产力研究，2006（1）：241-243.

［215］张玥.投资者情绪与上市公司投资行为研究［J］.金融视线，2021（23）：80-82.

［216］张志红，庞永悦，王昊.私募基金非上市股权投资估值方法的运用研究［J］.中国资产评估，2020（1）：39-45.

［217］张宗琼.大数据下个人投资者行为浅议［J］.合作经济与科技，2019（1）：49-51.

［218］赵国宇，翟秋玲.机构投资者持股、高管激励与大股东掏空抑制［J］.金融理论与实践，2020（2）：88-96.

［219］赵新顺.投资者的理性，偏好，生存性与股票市场的均衡价格［J］.数量经济技术经济研究，2004（8）：77-84.

［220］珍妮特·洛尔.沃伦·巴菲特如是说——世界上最伟大的投资者的聪明与智慧［M］.海口：海南出版社，1998.

［221］郑也夫.信任论［M］.上海：上海人民出版社，1997.

［222］周琳杰.中国股票市场动量策略盈利性研究［J］.世界经济，2002（8）：60-64.

［223］周战强.中国个人投资者交易行为偏差及其防范［J］.金融教学与研究，2007（3）：37-38.

［224］朱德胜，李金怡，朱磊.社保基金持股、市场竞争与企业研发投入［J］.财政金融，2022（4）：104-112.

［225］朱德武.危机管理——面对突发事件的抉择［M］.广州：广东经济出版社，2002.

［226］朱建民.证券公司证券投资行为研究［J］.河南金融管理干部学院学报，2002（5）：38-40.

［227］朱崟.个人投资者对私募股权基金的认知与行为响应——基于参与行为与意愿支付水平的影响因素分析［J］.求索，2016（7）：132-137.

［228］朱元元.关于券商创新业务发展的几点思考［J］.中国证券期货，2012（7）：75.

［229］祝小全，曹泉伟，陈卓."能力"或"运气"：中国私募证券投资基金的多维择时与价值［J］.经济学（季刊），2022，22（3）：843-866.

［230］宗颖.我国社保基金投资渠道存在的问题及完善对策［J］.当代经济，2021（1）：56-58.

［231］邹松霖.巴菲特怎么逆市抄底——囤石油、赌银行、摘苹果［J］.中国经济周刊，2022（10）：111–112.

［232］邹小芃.我国证券市场回报率过度反应的实证分析［J］.经济科学，2003（4）：32–40.

［233］左大勇，陆蓉.理性程度与投资行为——基于机构和个人基金投资者行为差异研究［J］.财贸经济，2013（10）：59–69.